MÉMOIRES

DU

GÉNÉRAL BARON THIÉBAULT

L'auteur et les éditeurs déclarent réserver leurs droits de reproduction et de traduction en France et dans tous les pays étrangers, y compris la Suède et la Norvège.

Ce volume a été déposé au ministère de l'intérieur (section de la librairie) en octobre 1895.

LE BARON THIÉBAULT
Fragment du portrait
peint à Hambourg

LA BARONNE THIÉBAULT.
Fragment du portrait
peint par Robert Lefèvre

SERMENT D'AMOUR
ÉCHANGÉ ENTRE PAUL THIÉBAULT ET ZOZOTTE CHENAIS

MÉMOIRES

DU GÉNÉRAL

Bon THIÉBAULT

Publiés sous les auspices de sa fille
Mlle Claire Thiébault

D'APRÈS LE MANUSCRIT ORIGINAL

PAR

FERNAND CALMETTES

V

1813-1820

Avec une héliogravure

QUATRIÈME ÉDITION

PARIS

LIBRAIRIE PLON

E. PLON, NOURRIT ET Cie, IMPRIMEURS-ÉDITEURS

RUE GARANCIÈRE, 10

1895

Tous droits réservés

N. B. Les notes suivies de l'indication (Éd.) sont ajoutées par l'éditeur. Les autres sont de l'auteur.

MÉMOIRES

DU

GÉNÉRAL BARON THIÉBAULT

CHAPITRE PREMIER

Rentrant en France après une absence de plus de trente mois, y revenant après un désastre dont le monde retentissait, croyant notre cause à peu près perdue dans cette Espagne que je quittais et qui, en cinq ans, avait dévoré l'équivalent de ce que les glaces de Russie venaient d'anéantir en cinq semaines, je ne pouvais manquer de sonder l'opinion des départements que je traversais. Dans les campagnes tout était douleur et crainte, dans les villes appréhensions et mécontentement, alors que je trouvai Paris retentissant de reproches. Et pourtant qu'on était loin de connaître la véritable étendue des pertes! L'armée de Russie, il est vrai, avait à peu près disparu comme armée; mais on se figurait encore que le père, le frère, l'époux, le fils pour lequel on tremblait, était prisonnier, et je ne sais quel prestige, créant une légende sur l'humanité d'Alexandre, avait fait naître la pensée qu'après avoir fanatisé ses hordes contre des hommes en état de combattre, il saurait contenir leur férocité contre des soldats désarmés et se respecterait assez pour faire respecter le malheur;

mais il n'eut l'air de songer aux infortunés tombés dans ses mains que quand la mort seule eut mis fin aux tortures de presque tous. Ainsi, et sous l'escorte de bandes de Cosaques, relevés trois ou quatre fois par jour comme pour leur enlever le temps de se laisser gagner par la pitié, on avait formé d'immenses troupeaux de nos prisonniers; par vingt-huit degrés de froid, ils devaient faire des trajets écrasants sans vivres, sans abris; les rires seuls répondaient aux cris de la faim et de la douleur, et les injures aux gémissements de l'agonie. Ceux qui tombaient harassés, les malades ou blessés incapables de suivre étaient assommés d'abord et percés ensuite à coups de fer de lance, et, si l'un de ces malheureux qui n'avaient plus la force de marcher était parvenu à se soustraire à la fureur homicide de ses conducteurs, à se jeter dans une maison pour implorer quelques secours, c'est par la fenêtre qu'on le précipitait, et le plus souvent mutilé ou brisé. Quant à ceux qui se soutenaient encore, avaient-ils quelque vêtement, du linge, des souliers, on les leur arrachait en leur jetant quelques haillons, qu'on leur arrachait de nouveau si d'autres brigands de leur escorte se trouvaient en avoir de plus hideux, de sorte que, sous l'action meurtrière des frimas, ils cheminaient sans aliments, le corps à demi découvert et les pieds nus. La nuit, on les parquait entassés dans des enclos sans refuge ou dans des granges sans toits et qui étaient bientôt transformés en autant de charniers.

Témoins de tant d'horreurs, les officiers russes trouvèrent le moyen de renchérir sur elles. En les avalant, au risque d'en périr, plusieurs de ces infortunés avaient sauvé quelques pièces d'or, que les paysans leur refusèrent faute de les connaître; eh bien, les officiers, spéculant à la fois et sur l'ignorance des leurs et sur l'excès de besoin des malheureux, s'entendirent pour ne changer ces napoléons qu'à raison de huit francs pièce; puis, comme les habitants, tout en accablant d'injures et de malédictions les prisonniers, ne leur vendaient les plus exécrables aliments qu'au taux de dix fois la valeur, un napoléon n'arrivait plus à représenter que quatre-vingts centimes. Parvenus à leur destination, ceux qui vivaient encore eurent à subir de nouvelles horreurs. Sans doute on leur fit une petite solde; quelques-uns d'ailleurs reçurent un peu d'argent de leur famille; mais, par exemple, dès que l'un d'eux tombait malade, il était expulsé de son gîte et jeté dans des maisons abandonnées, où il restait sans soins comme sans feu et ne tardait pas à disparaître. Ainsi deux cent mille braves, dignes d'un sort si différent, ont péri dans les tortures, victimes de tant de rapines, de barbarie et de spéculations infâmes, et cela pendant que les prisonniers russes, arrivés en France, étaient l'objet d'une sollicitude qu'on avait la crédulité de regarder comme une réciprocité.

Et qu'on ne croie pas que je charge les tableaux ou que je parle d'après des on dit... Non, j'ai sous les yeux les relations d'un officier et d'un employé supérieur, le premier ayant fait partie d'une colonne de dix-huit cents prisonniers, le second ayant fait partie d'une colonne de trois mille deux cents, et ce qui prouve à quel point sont déchirants les détails que je supprime, c'est que, de ces cinq mille malheureux, trente seulement ont revu la France, et encore grâce à quelques dignes Russes qui, au risque de se compromettre, les ont soignés et secourus. Aussi cette effroyable masse de victimes couvre-t-elle ces pages de l'histoire de la Russie et d'Alexandre d'une tache de sang à jamais corrosive; aussi, et sans se dégrader comme Français, personne n'a jamais pu, à propos de cette campagne, parler autrement qu'avec horreur des Russes et de leurs chefs, et s'abstenir de proclamer que, si la renommée des Russes est restée grande et pure, c'est comme pillards, assassins et sauvages.

Mais, je le répète, lors de mon retour en France, ces faits étaient encore inconnus, et, dans les campagnes surtout, on se rattachait presque superstitieusement à l'espoir que ceux qui ne revenaient pas n'étaient que prisonniers. Dans les villes, on semblait moins rassuré; quant à Paris, il frémissait, car on y raisonnait trop pour pouvoir admettre que des Cosaques pussent s'être humanisés. Mille bruits absurdes, véritables amplifications à la Ségur de tous les mauvais propos qu'on peut ramasser dans un quartier général, circulaient dans la capitale; et seuls les esprits modérés, en passant toutes ces nouvelles au creuset du bon sens, se rapprochaient de la vérité. Cette vérité, quoique moins effroyable que la légende qui se créait déjà sur cette terrible campagne, n'en était pas moins cruelle et entraînait à l'examen et à la critique des fautes commises, des torts impossibles à nier ou à pallier; et on s'exaspérait en énumérant les plus graves d'entre eux. On répétait que cette guerre était sans opportunité, et qu'il ne fallait pas l'entreprendre sans les moyens de la soutenir et de la terminer avec succès, c'est-à-dire sans en avoir fini avec l'Espagne et sans être en mesure de recréer le royaume de Pologne, seul moyen d'échafauder cette colossale entreprise. Je me rappelle à ce sujet qu'un jour Duroc expliqua devant moi comme quoi cela n'avait pas été possible; mais il ne parvint pas à faire oublier que cela aurait dû l'être; et en effet comment nier que, si Napoléon avait seulement trouvé à Smolensk une armée de soixante mille Polonais et Lithuaniens, tout était sauvé?

Quelques personnes allaient plus loin et prétendaient

qu'on aurait dû commencer par partager la Prusse, d'abord parce qu'en l'affaiblissant on aurait produit une effervescence que son démembrement seul pouvait calmer, ensuite et surtout parce que la Russie, se déclarant sa protectrice, aurait été forcée de venir la défendre, ce qui permettait à nos troupes d'entrer en Russie à la suite d'une armée russe battue, au lieu qu'elles durent courir jusqu'à Smolensk pour atteindre la première, et elles ne l'atteignirent qu'après avoir été fatiguées par des marches accablantes et après avoir déjà fait de grandes pertes.

Quant aux autres griefs, et en classant et résumant ce qu'il y avait de fondé dans les cris de colère et de désespoir, on disait : 1° Qu'ayant pour auxiliaires des corps autrichiens et prussiens, Napoléon devait les faire marcher et combattre sous ses yeux, et ne pas faciliter leurs trahisons en les plaçant à l'extrémité de ses ailes, surtout les Prussiens à portée de la Prusse, les Autrichiens à portée de l'Autriche; 2° que, le prince royal de Prusse lui ayant été offert pour le suivre dans cette campagne, il devait l'accepter comme aide de camp, afin de l'avoir comme otage; 3° qu'il aurait dû partager les opérations de cette guerre en deux armées. Il aurait consacré la première armée à affranchir la Pologne, qu'il eût levée tout entière, où il eût organisé cent cinquante mille hommes de troupes, s'y fût fortifié de toutes les ressources des Polonais, de leur haine, de leur vengeance, et eût pu y retrancher et y approvisionner des quartiers d'hiver. Quant à la seconde de ces armées, il l'eût portée sur Moscou ou sur Pétersbourg, et de préférence sur cette dernière ville, parce qu'un État est toujours plus faible à une des extrémités qu'au centre, parce que Pétersbourg est accoutumé aux révolutions des Empires, parce qu'en bouleversant toute la famille impériale, en la chassant de ses palais, de ses habitations, on la déconsidérait, et de fait on n'attaquait que la Cour, alors qu'en allant à Moscou on se mettait aux prises avec la Russie entière, que l'incendie de cette ville a embrasée. Enfin la noblesse de Moscou aurait vu avec plaisir l'humiliation de la ville rivale, de cette capitale de Pierre si jalousée par la vieille capitale de la religion et de l'Empire.

4° D'autres plaintes s'élevaient encore. On criait qu'ayant fait la faute d'aller à Moscou, ayant eu le malheur d'y trouver un monstre comme Rostopchin et jugeant à la lueur des flammes le plan que tant d'autres incendies n'avaient que trop éclairé, l'Empereur aurait dû commencer de suite l'évacuation des blessés, rester au plus dix jours, ce qui suffisait pour dater des décrets du Kremlin, même ceux relatifs à la Comédie française, puis se replier sur Smolensk et signifier de là que, si la paix n'était pas faite dans un temps donné, il vengerait, l'année suivante, Moscou par la destruction de Pétersbourg, ce qui aurait d'autant mieux assuré la paix que, de sa personne, il serait revenu à Paris d'où il aurait contenu l'Europe, d'où il aurait échelonné la Grande Armée par de nouvelles armées, tout en la rendant plus formidable que jamais. 5° Mais, après qu'il se fût laissé jouer à Moscou, on prétendait qu'il eût peut-être mieux fait d'y retrancher quarante mille hommes, que l'hiver seul eût défendus, et de revenir avec le reste, sans bagages ni blessés, en marchant assez légèrement pour gagner de vitesse les armées russes; de rentrer alors en Pologne, de reformer des secours à Wilna et sur le Niemen, et, avec toutes les forces de la Pologne, avec de nouvelles levées faites en France et de nouveaux contingents obtenus, se reporter sur Moscou, aux premiers jours du printemps, et marcher de là sur Pétersbourg. 6° Et rien de tout cela n'ayant été fait, il ne fallait jamais emmener de Moscou six cents pièces de canon, par exemple, ce qui faisait six pièces par mille hommes, trois cents pièces dépassant déjà toutes les proportions admissibles; de cette sorte il aurait eu cinq mille chevaux de plus disponibles pour le transport des vivres et des blessés. 7° On ajoutait que les désastres de la Berezina avaient été dus à la destruction si intempestive des deux équipages de pont, que l'Empereur fit brûler à Orscha et dont un seul eût prévenu cette épouvantable destruction. 8° On observait également qu'il avait encore ralenti sa retraite, alors qu'il aurait dû la presser par tous les moyens possibles, et qu'il avait augmenté ses pertes en laissant à Moscou le maréchal Mortier, que bientôt il fut forcé d'attendre, puis en faisant des haltes inutiles, en laissant à chaque instant et sans motifs indispensables des corps en arrière de lui, en se morcelant quand il fallait se serrer, marcher réuni et en masse; fautes graves, avouées par ses angoisses sur le corps de Davout, sur le prince Eugène et sur le maréchal Ney dont il n'a dû le retour qu'à des miracles; fautes également constatées par la marche des trois armées russes qui l'ont devancé, quand il pouvait les précéder, et auxquelles aucun de nos hommes n'aurait échappé, sans les haltes de Koutousow et les bévues de ses lieutenants. 9° Joignant le sarcasme aux reproches, on s'évertuait sur ce qu'il avait continué à mentionner dans ses ordres des débris d'un millier de moribonds, comme s'ils formaient encore des armées de trente ou quarante mille hommes. 10° Enfin, considérant que les désordres et la démence du retour l'avaient disputé à l'aveuglement et à la folie de la marche, que sa présence avait fini par équivaloir à l'absence de tout chef et qu'il avait laissé faire sous ses ordres ce que, sous un autre chef, des soldats n'eussent pas osé imaginer, on soutenait, et selon moi avec raison, que, rentré à Paris, il eût dû se hâter de tout remettre en ordre et, pour cela, rappeler Joseph d'Espagne et y renvoyer Ferdinand VII. Et en effet, ce prince n'étant pas guerrier, ce n'était qu'un homme de plus qui, d'autre part, ne pouvait jamais s'accommoder de la constitution révolutionnaire de 1812 et l'aurait détruite, ou du moins aurait créé deux partis en Espagne; alors même qu'il n'eût pas tenu complètement les traités qu'on eût faits avec lui, il les aurait exécutés en partie, attendu que l'évacuation de l'Espagne aurait été le prix de cette exécution et que cette Espagne avait assez souffert pour avoir besoin de repos. Ce renvoi était donc justifié par les plus hautes considérations et simplifiait toutes les questions de la guerre; mais, semblable au dogue, l'Empereur ne lâchait plus que ce qu'on lui arrachait en le brisant.

Tels étaient les reproches auxquels on s'arrêtait et qui malheureusement n'étaient que trop fondés. On allait même beaucoup plus loin. L'enthousiasme avait fait place à la sévérité et à l'injustice. Les uns par amour-propre, les autres par esprit national, étaient blessés ou humiliés de ne plus retrouver qu'un homme dans celui en qui ils s'étaient accoutumés à trouver un héros et un demi-dieu. Dans l'élan de cette réaction d'opinion, les amis n'hésitaient plus à prévoir de nouvelles fautes et de nouveaux malheurs, tandis que les ennemis se donnaient carrière, et de ce nombre mon ami Rivierre qui, en sa qualité de bourbonien enragé, ne le cédait à personne. Homme si spirituel, d'ailleurs, ayant mis trop de malice et trop de hâte à proclamer ses espérances, il avait été arrêté et conduit à la Force, d'où il sortait comme j'arrivais d'Espagne. Bien d'autres arrestations du même genre avaient été opérées. C'était un retour marqué vers les persécutions; mais, comme pour Rivierre il ne s'agissait en réalité que d'un propos, et que Rivierre, bon et charmant garçon, avait beaucoup d'amis, Savary, alors ministre de la police, se trouva assailli de gens qui lui demandèrent la mise en liberté du prisonnier. Vu la situation menaçante, Savary crut devoir se montrer inexorable, et il fallut la moins grave des circonstances pour le décider à déroger à la gravité de ses mesures de rigueur. Lenoir, notre ami commun, ayant dîné chez lui, lui adressa la même requête en sortant de table et n'obtint rien; mais cet aparté les avait conduits dans la salle de billard, et l'occasion, la conscience de son habileté à ce jeu et les prétentions de Savary à être un grand joueur, inspirèrent à Lenoir, toujours si drôle et si original, l'idée de lui répliquer aux derniers mots de son refus : « Eh bien ! remettons-nous-en au hasard pour qu'il soit l'arbitre de cette liberté; et toi, accepte au moins de la jouer en parties liées. » Savary commença par rire; puis, et pour ne pas avouer qu'il pût craindre de perdre, il finit par accepter. Jamais parties ne furent mieux disputées; enfin Lenoir gagna, et Rivierre quitta la Force. Mais en devint-il plus modéré et plus sage? Non sans doute. Aussi eûmes-nous à ce sujet des querelles assez vives, et c'est au cours de l'une d'elles qu'il me dit : « Votre aigle ne sera jamais pour moi que le vautour de Prométhée. » A quoi je ripostai : « Vos fleurs de lys ne me semblent que des fers de lance propres à me déchirer les entrailles. » Et, quand nous nous étions querellés avec rage, nous nous moquions de nous-mêmes et nous nous embrassions.

Il s'en faut cependant que les hommes de parti et la masse de la nation élevassent seuls la voix d'une manière fâcheuse. Il n'y avait plus un général qui ne se plaignît hautement de ce que cette fureur de guerroyer ne laissait l'espoir d'aucun répit et qui n'eût pour écho tous ceux dont les enfants, les maris, les frères étaient au service ou en âge d'y entrer. Ceux-là mêmes qui avaient reçu le plus de grâces se plaignaient le plus haut; de fait, plus on leur avait concédé de moyens de jouir, plus ils regrettaient de ne pouvoir en user. Avoir des palais et bivouaquer au milieu de la boue ou des glaces, des femmes et les condamner au veuvage, des familles et ne pas connaître ses enfants, des fortunes et vivre dans la misère, des amis et être sans cesse aux prises avec de barbares ennemis, n'était-ce pas la torture des contrastes, le supplice de posséder et de voir échapper en même temps tout ce qui pouvait contenter ou le désir ou le besoin? Mais encore que devenait notre gloire, et jusqu'à cette gloire antérieure à celle de Napoléon; et ne finirions-nous pas par risquer de perdre jusqu'aux conquêtes que nous avions faites avant lui, j'entends ce cours du Rhin sans lequel la France ne sera jamais qu'un pays honteusement mutilé! Comment éviter ces terribles réflexions, à la vue de la Prusse naguère à discrétion et maintenant prête à guerroyer, de l'Autriche qui allait nous trahir, alors que toute l'Europe septentrionale répondait à l'appel de la Péninsule, que, pour nous détruire, les glaces du Nord s'alliaient aux ardeurs du Midi, que de Lisbonne à Moscou la victoire abandonnait nos drapeaux, et que l'abîme, en se creusant sous nos pas, semblait devoir s'approfondir en raison de l'élévation à laquelle nous étions parvenus. Et ce qui mettait le comble au découragement, c'est que l'Empereur, considéré jusqu'alors comme un palladium, était atteint dans son prestige sacré, maintenant que son génie et sa fortune paraissaient entamés; et pourtant, comme on continuait à le juger maître de faire la paix, on lui attribuait à crime la continuation de la guerre;

car on prévoyait une nouvelle coalition de l'Europe excitée contre nous, et, les peuples n'ayant pas moins souffert de toutes nos guerres que les souverains, il était à croire que nous allions être l'objet de la croisade du monde; croisade d'autant plus formidable que nous en étions à nos dernières ressources d'hommes, d'argent et de patience, et que nos ennemis, beaucoup moins épuisés, s'exaltaient par la certitude de cet avantage. Or, si pour d'autres une si grave situation fut un motif pour montrer de l'humeur et pour mettre leurs services à prix, pour moi ce fut une raison de plus pour confirmer mon dévouement, et, alors que dans mes précédents voyages à Paris je m'étais montré à peine et le plus tard possible au château, je m'y rendis le lendemain du jour de mon arrivée, jour qui précisément se trouva être un dimanche, de sorte que je fus le matin à l'audience de la messe et le soir à une grande réception qui avait lieu chez l'Impératrice.

A l'audience du matin, l'Empereur me demanda : « Depuis quand à Paris? — Depuis hier, Sire, et tout entier à l'espoir que Votre Majesté daignera utiliser mon zèle. » Il me fixa avec bonté, fit un signe de tête approbateur et me répondit : « Je me souviendrai de vous. » Mais quelle différence, grand Dieu, entre ses réceptions et les dernières auxquelles j'avais assisté à Compiègne! Qu'étaient devenus ces rois, archiducs ou princes étrangers, ces ambassadeurs, voire même celui d'Autriche, dont l'absence prouvait que Marie-Louise et le corps du prince de Schwarzenberg avaient provoqué deux déceptions? Et en effet ce luxe, cette gloire, cette pompe, ces tributs du monde, tout cela avait disparu. Aussi l'Empereur était-il sérieux, Marie-Louise embarrassée, toutes les figures sombres, et, si quelques personnes s'efforçaient de sourire, c'était à l'aide de grimaces plus significatives que l'expression sincère des sentiments qu'elles cherchaient à cacher.

Le soir, chez l'Impératrice, ce changement me parut encore plus frappant, et je n'eus qu'un instant d'amusement que le hasard et le général Kellermann me procurèrent. En faisant le tour du cercle, Marie-Louise arriva à moi, et, parlant à l'impromptu parce qu'il était difficile qu'elle parlât autrement, elle me dit : « Je vous croyais reparti, général. — Madame, je ne suis à Paris que de la nuit dernière. » Désappointée de sa gaucherie, elle s'adressa au général Kellermann, et, prenant un air étonné, elle lui dit : « Ah ! général, je ne vous savais pas de retour à Paris. — Madame, répliqua-t-il, j'y suis depuis six mois. » A peine dépassés, nous nous retirâmes dans une embrasure de fenêtre en pouffant de rire, mais en payant un tribut bien mérité à cette pauvre Joséphine qui, à défaut de mieux, était vierge de semblables gaucheries.

A propos de cette aimable Joséphine, je restais fort indécis de décider si j'irais à la Malmaison. J'y étais entraîné par sa position ; mais sa protection si déplorablement accordée à un Sonnet de La Milousière ; la manière évidente dont ce misérable avait été soutenu par elle ou par ses alentours contre moi, en dépit de toute raison et toute justice ; le silence sur le rapport que je lui avais adressé et ce fait qu'elle ne m'avait pas même remercié du chamois que j'avais envoyé à sa ménagerie de la Malmaison ; l'embarras avec lequel son chevalier d'honneur, le comte de Beaumont, avait écouté mes récriminations sur ce sujet ; enfin l'espèce de froideur avec laquelle elle me reçut à mon retour de Tilsit, me déterminèrent à ne pas la voir.

J'eus, encore une fois, une très forte velléité de demander une audience à l'Empereur. Mon but était de lui parler de l'Espagne et de lui dire sur ce pays et sur la manière dont il y était servi la vérité entière; mais il était impossible que vingt à-propos ne m'entraînassent pas à parler de moi en bien, de beaucoup d'autres en mal et en très mal; enfin, et quant à l'Espagne, il ne s'agissait plus de remède, mais d'agonie; dès lors qu'avais-je à dire qui fût de nature à compenser cette démarche?

Dans ces conditions, et ne voyant pour le moment rien de plus utile à faire, je me rappelai que j'avais fini par rédiger le *Manuel général du service des états-majors,* et je restai frappé de cette idée que jamais semblable publication ne pouvait être plus nécessaire qu'en ce moment où l'on avait un si grand nombre d'officiers à remplacer et à improviser, ni plus opportune, attendu que la campagne de Russie avait enfin révélé à l'Empereur l'importance de ce service, dont il n'avait voulu jusqu'alors s'occuper. J'en écrivis donc au ministre de la guerre. On demanda la communication de mon manuscrit, qui fut apporté de suite, et, à quinze jours de là, je reçus du général Pommereul, alors directeur général de la Librairie, un billet m'invitant à passer chez lui (1). Après quelques mots d'amitié et de souvenir sur la Touraine, il me parla du *Manuel,* me fit les compliments d'usage et finalement m'annonça qu'un des chapitres ne pouvait être imprimé. C'était le chapitre relatif aux gouvernements en pays étrangers : « Cependant, répli-

(1) Je craignais d'arriver en retard à ce rendez-vous, et le malheur me fit monter dans un fiacre dont les chevaux étaient incapables de prendre le trot. L'impatience s'empare de moi; après avoir crié, juré, tempêté, bondi, sans autre résultat que de redoubler mon impatience, je trouve trente sols dans ma poche, j'ouvre la portière, je saute à bas, je jette la pièce, je me sauve à toutes jambes et je laisse dans ce fiacre une boîte d'or charmante que j'aimais beaucoup et que je n'ai jamais revue.

quai-je, c'est celui qui, vu l'importance et la nouveauté de la matière, me paraissait le plus fait pour se recommander. — On n'approuve pas la publication de tout ce qu'il renferme. — Mais une publication faite par moi seul n'engage que ma propre opinion. — Sans doute, s'il n'y avait pas de censure, vous auriez raison; mais laisser faire ce qu'on peut, même ce qu'on a charge d'empêcher, c'est en quelque sorte approuver.. » Voilà tout ce que j'obtins, et, sans avoir pu savoir ce qui avait déplu, je dus me soumettre. L'ouvrage fut imprimé, moins le chapitre incriminé, dont je conservai seulement le titre en le faisant suivre de plusieurs lignes de points, et, quelques mois après, me trouvant commandant supérieur à Lübeck, je le fis imprimer de ma propre autorité, sans y changer un mot; mais je n'en fis tirer qu'une centaine d'exemplaires, et seulement pour ne pas risquer de le perdre. Quant au *Manuel*, j'ai dit comment il fut jugé, ce que je pensais moi-même de sa valeur et combien je fus déçu que mon fils aîné ne consentît pas à le reprendre et à en faire une meilleure édition.

Par le trouble et la dispersion que la Révolution et surtout les guerres de l'Empire avaient amenés dans les familles, le sentiment filial ne comportait plus l'idée de culte et de souvenir en quelque sorte sacré auxquels nous avaient habitués les mœurs existant au temps de notre enfance; et je ne dis pas ceci pour me vanter, mais pour marquer la différence des temps, l'intérêt des ouvrages de mon père, et de sa mémoire me trouvait toujours inflexible, alors que tout naturellement j'étais beaucoup plus traitable pour tout ce qui, dans cet ordre d'idées, m'était personnel. Je me souviens que, pendant ce séjour à Paris, sur sa demande et ses instances, j'acceptai M. Dampmartin comme éditeur de la troisième édition des *Souvenirs* de mon père. Ce Dampmartin avait joui d'une certaine situation à la Cour du successeur de Frédéric II, et il crut devoir se faire l'écho des assertions injurieuses que ce successeur ou ses flatteurs firent répandre contre le grand Frédéric. De plus, il considéra l'ouvrage de mon père comme sa propriété, y fit des suppressions inconcevables, des intercalations que rien n'autorisait; d'où il résultait que quelques éditeurs semblables auraient fini par ne laisser de mon père que le titre et le nom. Indigné de la manière dont il avait trompé ma confiance, je cessai de le voir, de le recevoir et même de le saluer. Or son beau-frère, le comte Armand de Durfort, très estimable homme que j'avais connu en Portugal, avec qui je fis une connaissance plus intime au Comité de l'état-major durant les trois années que j'y présidai, vint me voir un matin pour me parler du Dampmartin. « Je comprends, me dit-il, qu'il ait pu avoir des torts; mais vous le traitez bien mal; il en est affligé, et je désirerais obtenir de vous une réconciliation. » Certes, s'il eût été question de torts à mon sujet, j'aurais arrêté au premier mot cet excellent comte de Durfort et je me serais empressé de lui complaire en ce qu'il me demandait, comme j'eusse désiré le faire pour toute autre chose; mais il s'agissait de torts faits à l'œuvre de mon père; je préparais une quatrième édition pour désavouer la troisième; je devais m'y plaindre nominativement de M. de Dampmartin, et cette réparation due à la gloire du grand Frédéric et à la mémoire de mon père, je ne pouvais la sacrifier même à ma grande estime et à mon amitié pour M. de Durfort, pas plus que je ne l'eusse sacrifiée à qui que ce fût au monde. Ce fut donc la dernière fois qu'à mon plus vif regret nous nous vîmes, Armand de Durfort et moi, l'un chez l'autre; mais la quatrième édition parut; elle eut le succès des précédentes, et l'admiration si complète de mon père pour le grand Frédéric fut rétablie selon la vérité.

C'est pendant le même séjour à Paris que se termina d'une manière fort inattendue, je dirai presque inexplicable, un projet de publication dont j'avais eu l'idée à Vitoria. J'avais été outré de la manière dont on exaltait le duc de Wellington, alors qu'un rapprochement entre la réputation qu'on lui faisait et l'énormité de ses fautes me semblait prouver combien était fausse une pareille adulation. J'avais donc été entraîné à rédiger un examen critique de la conduite militaire du duc pendant la guerre de la Péninsule, en le suivant depuis le moment où il avait pris le commandement des armées anglo-portugaises, comme général en chef, jusqu'à la bataille des Arapiles. Mon travail terminé, j'avais pensé que je devais le communiquer au ministre de la guerre, à qui je l'avais adressé le 24 novembre 1812. J'avais joint à l'envoi une lettre soumettant au ministre et l'ouvrage lui-même et l'idée de sa publication; je m'attendais à une réponse prompte et d'autant plus approbative qu'il me semblait utile de ravaler dans l'opinion un homme dont on faisait un géant et qui, en dépit des succès déjà obtenus par lui et de ceux par lesquels il devait les couronner, ne sera jamais un grand général. Et pourtant cette réponse ne m'était pas encore parvenue lorsque je quittai l'Espagne, et, sous la date du 5 mars 1813, elle me fut remise à Paris. Après un mot relatif au grand retard de sa réponse, le ministre me disait : « Il ne paraît pas que le gouvernement puisse avoir des motifs pour autoriser l'impression de ce mémoire, et, sans méconnaître les intentions qui l'ont dicté, je pense qu'on peut sans inconvénient se dispenser de le publier. » Je fus stupéfait et je suis encore à comprendre les motifs d'une telle défense, à moins de supposer que le ministre n'eût déjà la prévision d'une trahison qui, à cette époque, ne pouvait guère avoir germé, quoique bien des gens pressentissent un prochain retour des Bourbons et que Préval eût pu donner à un de ses parents, en procès avec un bourbonien forcené, le conseil d'en finir à tout prix, car « dans un an, disait-il, les Bourbons seront rentrés en France ». Quoi qu'il en soit du motif qui provoqua la décision du ministre, je dus pour le moment m'en contenter. En juin 1815, je profitai des circonstances plus favorables pour faire imprimer mon factum écrit sous la forme d'une lettre au duc de Wellington; la perte de la bataille de Waterloo m'empêcha de le mettre en vente; quelques exemplaires, frauduleusement gardés par le libraire, furent en partie vendus par lui au prix de dix louis pièce, et de ce nombre un exemplaire pour l'empereur de Russie, un pour l'empereur d'Autriche et un pour le duc de Wellington.

Dans cette brochure, j'avais eu l'occasion de montrer comment les lenteurs du duc de Wellington s'élevaient parfois à la hauteur de véritables fautes. Le général Reille, pour expliquer ces lenteurs, me dit que Wellington, étant sûr de pouvoir accomplir ses desseins, n'avait rien voulu compromettre, ni le succès d'un seul combat ni les besoins des troupes, et il me cita le fait suivant pour me prouver avec quelle précision Wellington était renseigné par les Espagnols et comment il était à peu près sûr de l'être toujours à temps. La veille de la bataille de Vitoria, Clausel arrive avec son corps d'armée à une couchée avant Logroño, hâtant sa marche pour rejoindre à Vitoria le reste des troupes que nous avions encore en Espagne, celles de Suchet exceptées; à l'instant le corregidor, bien informé des forces du corps de Clausel, part sur une mule de cinquante louis, la crève, mais arrive dans la nuit auprès de Wellington qu'il décide immédiatement à nous livrer cette bataille, notre dernier désastre dans la Péninsule. Or ce fait prouve simplement que Wellington fut bien servi et heureux, mais non que, se trouvant depuis plusieurs jours en mesure d'attaquer avec succès, il ait eu raison de retarder volontairement son attaque; car c'est à la bonne volonté d'un corregidor, au souffle d'une mule, qu'il s'en remettait des chances d'une victoire dont il était assuré auparavant, tandis que, la mule crevant en route ou le corregidor se tuant dans un fossé, il avait le lendemain Clausel sur son flanc et devait perdre non seulement la bataille, mais son armée.

Si la réserve et les atermoiements de Wellington peuvent avoir une explication, c'est dans le seul cas, que son aide de camp, le général espagnol Alava, a exposé à M. de La Roserie, dans le cas où il se trouvait en présence de Soult, que de suite il avait su par cœur et sur le compte duquel il s'expliquait ainsi : « Avec le maréchal, disait-il, tout se borne à résister à son premier mouvement, ce qui parfois est difficile parce que ses premières dispositions sont le plus souvent bonnes; mais, dès qu'il manœuvre en combattant, il gâte ses attaques et finit toujours par se battre lui-même. Il ne faut donc avec lui que savoir prolonger l'action. » Mais cela encore n'explique que dans un cas bien particulier l'incommensurable prudence du duc de Wellington, dont je ne blâmais pas d'ailleurs les seules lenteurs et à l'actif duquel j'avais relevé bien d'autres fautes; mais je le quitte, lui et ma *Lettre* dont il fut l'objet, et je reviens à mon séjour à Paris.

En dehors de ces quelques occupations sérieuses, je consacrais le temps de mon congé à mes amis et à Zozotte. Pour me rapprocher d'elle plus vite, j'avais pris la poste et, comme d'habitude, j'avais brûlé les distances des relais, n'étant resté qu'une heure à Bayonne où j'avais eu cependant plusieurs affaires, la vente de mes chevaux et équipages à régler, et ne m'étant pas arrêté plus d'un quart d'heure à Tours, où je vis ce pauvre M. Chenais pour la dernière fois.

Rivierre prétendait que, relativement à mon amour pour cette Zozotte, la destinée me traitait avec une incroyable coquetterie, chacune de nos séparations ayant l'avantage de me faire retrouver une femme nouvelle en ma femme. Rivierre si léger et si heureux en amour (je prends ce mot dans sa banalité) ne pouvait me juger que d'après lui, qui avait besoin d'attiser sans cesse sa passion; il ne pouvait comprendre que ce que j'aimais en Zozotte, c'était précisément la même femme, telle que je l'avais laissée chaque fois que le devoir m'arrachait de ses bras, telle que je la revoyais et la désirais dans l'éloignement, telle que je la retrouvais avec sa voix d'enchanteresse et ses mots qui, comme l'écrivait M. Viennet huit ans après cette époque, « échappaient avec tant de grâce et de rapidité à l'étonnante vivacité de ses impressions ».

A propos de sa voix qui avait la pureté, la suavité que j'ai dites, je veux revenir sur un souvenir qui me ramène de deux années et demie en arrière, à l'été de 1810, au moment où j'arrivais en Espagne, et que je n'ai pas consigné à sa date parce qu'il se trouvait hors du cadre des événements que j'avais à raconter. Notre demeure était au 13 de la rue des Trois-Frères, et l'autre côté de cette rue se trouvait alors presque entièrement occupé par l'hôtel de la rue Chantereine, n° 1, et par le prolongement de son jardin. Cet hôtel, qui précédemment avait appartenu à M. Feuillant, beau-frère de M. Roy, et qui après la Restauration appartint à Mme Moreau, était alors occupé par M. Bassouin, des jeux, et, comme l'argent est un aimant à la puissance duquel on ne résiste guère, cet homme recevait journellement beaucoup de monde et des gens de toute condition. Au nombre de ses habitués se trouvait le général Margaron, brave militaire, très bel homme, espèce d'Hercule, de plus bon camarade, avec qui depuis ce temps j'ai été très lié, mais qu'alors je ne voyais ni chez lui, ni chez moi, et qui m'a conté que, pendant les belles soirées de cet été de 1810, on était, chez ce Bassouin, aux aguets pour entendre chanter Zozotte; lorsque, ses fenêtres ouvertes, elle se mettait à son piano où, selon M. de Villarceaux, elle ne pouvait manquer de s'enchanter elle-même, toute la société Bassouin quittait le salon, se réunissait dans l'endroit du jardin le plus près de nos croisées, s'asseyait sur des sièges placés là tout exprès et restait jusqu'à ce que le chant eût cessé.

Et, puisque j'ai été ramené sur les souvenirs passés qui la concernent, j'en ajouterai deux qui certes n'ont pas plus de valeur, mais auxquels je me rattache pour parler d'elle plus longtemps. Pendant l'hiver de 1810 à 1811 que je passai à Salamanque, elle avait couru un véritable danger, un jour qu'elle eut à faire une course assez avant dans le faubourg Saint-Germain. Il neigeait; pour ménager ses chevaux, elle prit un fiacre, sur les trois heures et demie, et partit sans domestique. Afin de se garantir du froid, elle avait fermé les glaces et s'était cachée dans sa pelisse jusqu'au nez; cependant elle roulait depuis longtemps, et la nuit était venue, lorsque l'étonnement de ne pas arriver lui fit ouvrir une des glaces; quelle fut sa surprise de ne voir que des murs de jardin! La tête à la portière, elle appelle le cocher; mais plus elle lui dit d'arrêter, plus il fouette ses chevaux. Effrayée, elle crie sans ralentir la marche de la fatale voiture, et on n'ose penser ce qu'elle serait devenue si un homme et une femme ne s'étaient présentés et si, étant parvenue d'avance à ouvrir la portière et à pousser le marchepied extérieurement, elle ne s'était précipitée dehors lorsqu'elle fut arrivée près d'eux. Il est inutile d'ajouter qu'elle tomba; mais ces gens l'aidèrent à se relever et l'accompagnèrent jusque vers le haut de la rue du Bac, pendant que le cocher continuait à fuir sans avoir réclamé son salaire. Par bonheur l'incident n'eut pas de suites plus fâcheuses que quelques jours de malaise et de courbature, sans compter cependant la nécessité de jeter un chapeau et de faire recouvrir une pelisse en très belle écarlate, qui avait été gâtée par la chute dans la neige et qui peut-être avait été cause des sinistres projets qu'il paraît impossible de ne pas supposer.

Cette première aventure avait été plus pénible que grave dans ses conséquences; mais elle fut suivie de près par une autre qui, sans être aussi effrayante, eut pour résultat une perte autrement sérieuse. Un jour, vers midi, Zozotte entend la porte de sa chambre qui s'ouvre; elle regarde et, ses doubles rideaux venant d'être ouverts, elle voit paraître un homme qu'elle ne connaît pas. De son lit, elle lui demande ce qu'il veut; il feint de s'être trompé d'étage et se retire. Inquiète de cette apparition, elle sonne; la femme de chambre et le cuisinier, Allé, étaient sortis, le domestique se trouvait dans sa chambre, la bonne était occupée aux enfants; on tarde donc à venir; Zozotte sonne une seconde fois, se jette à bas de son lit, mais l'homme avait disparu en emportant un paquet dans lequel elle avait réuni, la veille, ses plus belles robes, ses dentelles, et qu'elle avait je ne sais comment laissé sur le canapé du salon; perte énorme et qui, argent déboursé, s'élevait à près de quinze mille francs. Sitôt habillée, Zozotte fit mettre ses chevaux et se rendit chez le préfet de police pour faire sa déclaration, provoquer toutes les recherches possibles et demander qu'en mon absence on fît veiller sur elle et sur son appartement. On ne retrouva rien. Ses soupçons se portèrent, comme complice, sur le portier de la maison, mauvais sujet que la sortie d'un paquet aussi volumineux inculpait autant que le moment choisi pour le vol. Toutes ces aventures, Zozotte me les contait dans ses lettres; je me les faisais redire à mon retour, j'en subissais de nouveau l'émotion, et, quoi qu'en eût dit Rivierre, c'était vraiment mon unique Zozotte, toujours la même, que je me plaisais à écouter, dont j'étais heureux d'entendre les mêmes récits. Mon amour pour elle fut éprouvé par de terribles obstacles, de grands sacrifices, de cruelles douleurs; mais il résista à toutes les épreuves, même à une de ces épreuves qui doivent briser les liens du cœur; il y résista parce qu'il était ma vie.

Et plus j'étais heureux près d'elle, plus les jours que je pouvais lui consacrer fuyaient rapides. A cette époque, les périodes de congés se trouvaient souvent interrompues par des rappels hâtifs; on avait besoin des chefs comme des soldats, et, le 21 mars, je reçus du ministre de la guerre l'ordre de me rendre en poste à Mayence et d'y être arrivé avant le 26. J'étais prêt à partir le 24; mais, au moment de monter en voiture, je fus pris d'une indisposition si forte qu'il fallut faire appeler notre médecin. C'était un nommé Bouvenot (1), espèce d'animal en qui la famille d'Etchegoyen avait une confiance

(1) Prêtre desservant à Besançon avant 1789, procureur de la commune après le 9 thermidor, accusé avec d'autres habitants de la ville d'avoir formé le projet d'ouvrir les portes au prince de Condé, emprisonné, puis délivré peu de temps après, l'ex-abbé Bouvenot se rendit à Paris, s'y fit recevoir docteur en médecine et exerça avec profit sa nouvelle profession. (Éd.)

que, je ne sais comment, nous avions fini par partager et que nous lui continuâmes, quoique la mort de Mme O'Connell fût imputée à une de ses bévues et que toute la famille d'Etchegoyen l'eût quitté. Pour en revenir à moi, ce Bouvenot m'administra l'émétique et, quatre heures après, une médecine de cheval. Une inflammation se déclara, déterminant un accident grave; ma femme jugea qu'il n'y avait pas un moment à perdre, et, au lieu d'envoyer chercher le sieur Bouvenot, elle fit mettre les chevaux et m'accompagna chez lui ou plutôt chez Corvisart, avec lequel il logeait. Par bonheur, il était sorti; mais Corvisart y était; sa figure se contracta à l'exposé que j'eus à lui faire, et son ordonnance se borna à un bain chaud de deux heures pris immédiatement; à je ne sais quelle tisane rafraîchissante et à un second bain de deux heures à prendre le lendemain matin. Nous nous rendîmes donc de toute la vitesse de nos chevaux à Tivoli, et l'effet du traitement fut tel que je pus me mettre en route le surlendemain, 26, avec quatre jours de retard.

Jusqu'alors, en quittant ma femme, je n'avais éprouvé qu'une douleur, celle de me séparer d'elle; mais cette douleur avait trouvé une sorte d'adoucissement dans les rêves de la gloire, dans l'espoir de participer à de nouvelles victoires.

Lors de mon dernier départ pour l'Espagne, mes illusions étaient déjà atténuées; mais, à l'époque que je rappelle, cette chimère s'était tout à fait évanouie. J'avais, comme tant d'autres, cette impression que Napoléon avait lassé la fortune et les dieux; la France obéissait encore à ses appels, mais ce n'était plus qu'avec répugnance qu'elle lui livrait son or et ses enfants. Une réponse malheureuse lui avait aliéné le Corps législatif; quant au Sénat, incapable de résister, il était par là même incapable de soutenir. Le commerce anéanti, les produits agricoles, notamment les vins, sans valeur, la souffrance générale, les deuils particuliers, la destruction de la plus belle et la plus colossale armée que la France ait mise en campagne, nos garnisons en péril au delà de l'Elbe et même du Rhin, enfin nos propres frontières mal couvertes par de malheureux conscrits aux prises avec les vieilles bandes de l'Europe, avec les levées en masse et les hordes victorieuses, toutes altérées par la soif de la vengeance, tel était le tableau que j'avais, je le répète, entrevu à mon retour, et ce tableau, pendant mon séjour à Paris, s'était cruellement précisé à mon esprit. Aussi, quelles que fussent les espérances auxquelles j'essayais de me rattacher, je n'échappais plus à de très cruelles appréhensions ; bourrelé de ces pensées, assez mal portant, navré d'une séparation toujours plus désolante et regrettant, moi, général de division de quelque renom, la situation morale du soldat obscur de 1792, ce fut très tristement que je cheminai vers Mayence et que j'arrivai, le 29 au soir, dans cette ville.

Je croyais y trouver des ordres. Il n'y en avait aucun, et plusieurs jours s'écoulèrent dans une pénible et d'autant plus ennuyeuse attente que j'aurais pu les passer heureusement à Paris. Cependant tout se préparait à Mayence pour la réception de l'Empereur, et, comme de jour en jour on l'attendait, je me crus destiné à l'y revoir ; déjà je rêvais une audience dans laquelle je pourrais l'éclairer sur quelques faits, en appeler à lui de graves erreurs et même recevoir de sa bouche ma destination, au besoin même obtenir d'être employé dans un des corps qui devaient combattre sous ses yeux ; mais, par le même courrier qui pour le lendemain annonçait l'arrivée de l'Empereur, je reçus du prince de Neuchâtel l'ordre de prendre le commandement de la troisième division d'infanterie de la Grande Armée, composée des seize troisièmes bataillons des régiments du premier corps, et de la rejoindre en poste à Wesel où elle s'organisait. Sans doute cette destination, qui enfin me mettait en ligne avec tant de généraux célèbres, me plaisait et devait me plaire; mais le premier corps, qui sur ces entrefaites devint le treizième, était celui du maréchal Davout, et Wesel me rapprochait de Hambourg où était le quartier général de cet homme, j'allais dire son repaire, circonstance peu faite pour me rassurer sur ma destination future. La demande que j'avais faite de quitter les plus sots, les moins estimables chefs de l'armée d'Espagne n'aboutit qu'à me faire passer sous les ordres du plus exécrable chef de la Grande Armée et à remplacer dans ma destinée par un Davout, à gloire d'emprunt, les Dorsenne et les Caffarelli, qui n'en avaient ni à eux ni aux autres.

Le trajet de Mayence à Wesel est célèbre non seulement par la route qui cependant est très pittoresque, mais par le cours du Rhin qui franchit dans cet espace une des vallées les plus riches et les plus variées qui existent. Vingt ouvrages ou collections de gravures ont illustré ce trajet et ont justement fait regarder comme une bonne fortune l'occasion de le faire par eau; bonne fortune que je ne voulais pas manquer. Dès le 6 au matin, ma voiture était embarquée sur un des bateaux faisant le service de la navigation, et, favorisé d'un temps magnifique, je pus m'abandonner à toutes mes extases. Certes rien n'est plus ravissant que le cours de la Loire depuis Tours jusqu'à Angers, rien n'est plus imposant que la Garonne depuis Toulouse jusqu'à Bordeaux, rien n'est plus somptueux que les palais qui bordent la Brenta depuis Padoue jusqu'à l'embouchure de cette rivière canalisée ; mais ces grâces de la nature, ces campagnes riantes et si richement ornées ne peuvent, malgré leur prestige, entrer en parallèle avec cette partie du cours du Rhin, qui tantôt caresse des rives charmantes, tantôt gronde au milieu des rochers, roule ou promène ses ondes au milieu des sites les plus heureux, des ruines les plus saisissantes, des villes les plus imposantes. Il était dix heures du soir lorsque j'arrivai à Wesel. Le Marois, aide de camp de l'Empereur, mon ancien camarade du Trou d'Enfer, puis de l'armée de l'Intérieur, puis de l'armée d'Italie, et frère cadet de ce colonel Le Marois qui commandait le 4° régiment de ligne, fut tué à Eylau et était un très aimable officier que j'avais beaucoup aimé, que j'avais tutoyé jusqu'à sa mort, alors que j'avais cessé de tutoyer son frère dont la fortune avait fait un fat, peut-être ou précisément parce qu'elle était le prix du rôle d'abord le plus abject, le plus complaisant ensuite ; donc ce Le Marois se trouvait alors gouverneur général de cette contrée ; il savait ma prochaine arrivée, avait fait faire mon logement ; je fus de suite casé, et on déballait ma voiture, lorsqu'il arriva, suivi par un portefaix, et celui-ci était chargé de paperasses de trois pieds de hauteur, concernant une affaire dont l'exposé nécessite une digresssion.

A cette époque de désastres et de défections, que tant de défections nouvelles et que de plus terribles désastres allaient suivre, à ce moment où la Prusse et l'Autriche allaient faire agir contre nous jusqu'aux troupes qui avaient fait partie de nos armées, où le Tugendbund fanatisait les peuples, plusieurs insurrections partielles éclatèrent, et de ce nombre se trouva celle du pays de Varel, petit État situé sur les confins de la mer d'Allemagne. Un comte de Bentinck, issu d'une famille illustre d'Angleterre, cousin de l'impératrice de Russie, en était le seigneur souverain. J'ignore par quel motif, ou par le concours de quelles circonstances, ce comte de Bentinck s'était rendu à Paris en 1810 ou 1811 ; mais il avait été très bien traité par l'Empereur, qui à ses grands cordons avait ajouté celui de la Réunion qu'il venait de créer. On croyait donc à son dévouement, et on n'en fut que plus indigné de cette révolte. Le comte, il est vrai, était absent de Varel lorsqu'elle eut lieu ; informé de cette prise d'armes, il revint en toute hâte, et, si en arrivant il parut à la tête des insurgés, il y était à peine que tout rentra dans l'ordre ; mais déjà des troupes avaient marché ; le comte de Bentinck avait été arrêté et, par décret impérial, traduit devant une commission militaire qui devait se réunir à Wesel, être formée par les soins de Le Marois et composée de sept officiers généraux.

Néanmoins, quelque chose que Le Marois eût pu faire, il n'était parvenu à réunir, et encore momentanément, que six de ces généraux ; il avait donc imaginé et pris sur lui de remplacer le septième officier général par un sous-inspecteur aux revues, faisant fonction de commissaire impérial, et cela quoique, par le décret, ce commissaire dût avoir voix délibérative. Il n'y a aucun doute, dans une affaire de cette gravité, ce sous-inspecteur aurait dû refuser de se prêter à cette infraction ; mais, n'ayant osé rien opposer aux ordres du gouverneur général, ordres impératifs s'il en fut, corroborés d'ailleurs par d'autres ordres inéluctables et qui ne laissaient de temps à aucune instruction régulière, il s'était borné à faire une espèce d'interrogatoire et à rédiger, sous l'influence de Le Marois et en quatre petites pages, un réquisitoire concluant à la peine capitale. En cela il était dans son rôle de procureur impérial, et sa décision semblait d'autant moins extraordinaire que l'initiative la plus formelle et la plus absolue, avait été prise sur ce point par des puissances auxquelles il n'était pas facile de résister.

Quant à la composition de la commission, il s'y trouvait certainement des généraux d'autant d'honneur que de conscience; mais, le comte de Bentinck n'ayant pas eu le temps de préparer sa défense ou seulement d'avoir un défenseur, et ces généraux, brusquement réunis pour un ou deux jours, n'ayant eu les moyens de rien examiner, la culpabilité du comte leur avait semblé résulter de l'évidence incontestable du délit qui lui était imputé; de plus, la plupart d'entre eux, éloignés de leurs troupes, étaient pressés de les rejoindre, c'est-à-dire d'en finir. Enfin Le Marois avait confié la présidence de cette commission au général de division Lemoine, qui, au même titre que le général Vial et moi, se trouvait à Wesel pour organiser une division. C'était ce même Lemoine qui avait abandonné à Solmona les malheureux blessés que je sauvai; le même qui, ainsi que le général Victor, fut convaincu de vols, et auquel le général Masséna, prenant en 1800 le commandement en chef de l'armée d'Italie, avait dit : « J'ai reçu la lettre par laquelle vous demandez un congé nécessaire au rétablissement de votre santé, et je vous informe que vous êtes remplacé par le général Gazan (1). » Or ce Lemoine, si propre à tout hors au bien, n'ayant rien vérifié, rien constaté, se mettant fort peu en peine de ce qui était équité ou justice, mais tout au calcul de ce que cette nouvelle infamie pouvait lui rapporter, proclamait, d'avance et avec rage, la mort du comte de Bentinck et achevait de ne lui laisser aucune chance de salut (2).

(1) Ou Marbot? ce à quoi ce Lemoine se contenta de répondre que c'était une erreur.
(2) Au reste, pouvait-il se croire obligé de justifier ainsi le choix

Lorsque j'arrivai à Wesel, la commission était convoquée pour le lendemain matin; mais le sous-inspecteur aux revues était désespéré d'avoir été entraîné à prêter son ministère à cet assassinat; averti de ma prochaine arrivée, il me faisait guetter, et, dès qu'il sut que je venais d'entrer dans la ville, il courut chez Le Marois et lui déclara qu'un septième officier général se trouvant dans la place, il se démettait de ses fonctions, aux termes du décret impérial, et qu'en conséquence il rapportait toutes les pièces. Le Marois chercha à lui prouver qu'il était engagé par les précédents, qu'une procédure commencée par lui ne pouvait être continuée par un autre, et qu'au moment de la réunion de la commission personne ne pouvait le remplacer; mais raisonnements, instances, menaces, tout fut inutile; et c'est dans cet embarras qu'en désespoir de cause, Le Marois m'arriva avec son effroyable fatras de paperasses, et pourtant plein de confiance et de sécurité, attendu que, me sachant dans la défaveur de l'Empereur, de Clarke et de Berthier, et sans doute averti des rapports assez aigres que j'avais eus avec le maréchal Davout, il se figura que je serais enchanté de profiter de cette circonstance pour me rapatrier avec de telles autorités, fût-ce au prix de la vie d'un homme. Quoi qu'il en soit, et en l'apercevant suivi de son énorme ballot : « Miséricorde! m'écriai-je, que m'apportez-vous là? — La procédure d'une affaire fort grave, à la prompte terminaison de laquelle l'Em-

qui avait été fait de lui pour cette présidence, car elle n'était pas conforme aux règles de la hiérarchie? Sans doute, en ne considérant que la date de sa nomination, Lemoine était l'ancien du général Vial; mais il avait eu, par un juste châtiment, plusieurs années d'interruption de service, et, par le nombre des années de service, le général Vial était son ancien; j'en fis l'observation à ce dernier; il ne jugea pas devoir réclamer, et, grâce à l'issue du procès, cet acte fut sans inconvénient.

pereur met le plus juste intérêt, et qui ne peut manquer d'exciter l'indignation et le zèle de tous ceux qui lui sont dévoués. » Et là-dessus il se mit à m'en faire un exposé qui, comme on peut le croire, ne laissait aucun doute ni sur la culpabilité du comte de Bentinck, ni sur l'urgence d'un prompt et mémorable exemple, ce qui le conduisit à me faire lire le décret de l'Empereur, à me remettre ma nomination de procureur impérial et à m'annoncer que la commission, que je complétais comme septième officier général, devait se réunir le lendemain à dix heures du matin et juger sans désemparer. La séance, au surplus, ne pouvait être remise, parce que les ordres impériaux ne laissaient pas cette latitude et parce qu'il fallait libérer la plupart des officiers généraux composant la commission.

« Et vous croyez, lui dis-je, qu'il existe des considérations assez puissantes pour m'obliger, lorsqu'il s'agit de la vie d'un homme, comte ou vilain, à me contenter de huit heures d'examen. — Mais tout est examiné, reprit-il. Vous n'avez pas même besoin de vous occuper de ces papiers. Voilà le réquisitoire qu'avait fait celui que par votre grade vous remplacez comme procureur impérial; ainsi vous n'aurez qu'à le lire. — Vous oubliez, répliquai-je, que dans cette affaire le procureur impérial cumule les fonctions de juge avec celle d'accusateur public; mais, quand cela ne serait pas, comment avez-vous pu penser qu'en matière de cette gravité, l'enquête d'un autre pourrait suppléer à la mienne propre? — J'exécute des ordres », continua-t-il, et, pour le prouver, il me présenta trois lettres. La première du ministre de la guerre, duc de Feltre, contenait textuellement : « Le comte de Bentinck sera jugé et fusillé dans les vingt-quatre heures. » Cette lettre était du 24 mai dernier. La seconde, du même, en date du 25, portait : « J'ai oublié dans ma lettre d'hier de parler des biens du comte de Bentinck; notifiez à la commission qu'en prononçant contre lui la peine de mort, elle prononcera également la confiscation de tous ses biens. » La troisième, du maréchal prince d'Eckmühl, commençait ainsi : « Des officiers généraux doivent se trouver heureux d'avoir un exemple à faire sur un homme de l'importance du comte de Bentinck. Tous les jours on fusille des malheureux dont la mort ne produit aucun effet, tandis que celle de ce, etc. (1). »

Cette morale de guet-apens et d'échafaud me révolta; je me crus au greffe de Fouquier-Tinville. Incapable de modérer mon premier mouvement, j'avais serré ces indignes lettres dans ma main et, toutes chiffonnées, je les jetai sur ma table en disant : « Ces lettres font hor-

(1) Il n'est pas de cynisme qui puisse faire avouer que sans horreur on ait pu lire cette lettre; mais aussi n'est-il personne qui, ayant connu le maréchal Davout, puisse dire qu'il en éprouve aucun étonnement. On ferait des volumes d'anecdotes rappelant, de la part de cet homme, des faits révoltants. En attendant celles que j'aurai l'occasion de citer à leur place, en voici une qui était dans toutes les bouches à l'époque que je rappelle. Les noms m'ont échappé, mais l'exactitude reste entière.

Le maréchal avait ordonné d'arrêter et de fusiller, et sans formes ni procès, le baron X. Sanbronni, prévenu ou convaincu de rapports avec l'ennemi. Mais le zèle avait été poussé si loin que, dans l'empressement à arrêter chez ce baron la première personne venue, on avait empoigné un autre que lui; et en effet celui que l'on allait exécuter donna des preuves si positives qu'il n'était pas l'inculpé ni le coupable, que tout le monde en fut convaincu; mais entre cette conviction et le courage d'en référer ou l'audace de suspendre un supplice ordonné, la distance était immense. Personne n'osait prendre la terrible responsabilité d'une démarche tendant à sauver un innocent, si ce n'est le capitaine de gendarmerie chargé de présider à l'exécution, et qui se présenta devant le maréchal et lui rendit compte que l'homme arrêté n'était pas le coupable. Tout autre que le maréchal aurait rendu grâces à celui qui lui épargnait un véritable assassinat; alors qu'il ne répondit à cette honorable démarche que par un accès de véritable fureur et en s'écriant : « Fusillez-le ou ne le fusillez pas, je m'en moque; mais sortez de ma présence et allez à tous les diables. »

reur. » Le mot n'ayant pas été relevé : « Général Le Marois, ajoutai-je, je ne m'occuperai de cette affaire qu'avec la plus indicible répugnance, et je ne le ferai, si je ne puis m'en dispenser, qu'à titre d'obéissance ; mais, si vous ne pouvez me donner quinze jours pour l'examiner, faites emporter ces papiers auxquels je suis prêt à joindre le refus motivé, le plus formel, de prendre aucune part à cette affaire. » Il voulut encore argumenter ; je fus inexorable, et il lui en fallut passer par mes exigences.

Ma nomination et les papiers m'ayant été laissés, je passai la nuit à les parcourir, à lire les principales pièces de cette espèce de procédure et à rédiger une première série de questions à faire au comte de Bentinck. Le lendemain, à midi, j'étais à la prison, où je fis subir au comte un interrogatoire sur procès-verbal. Cet interrogatoire donna lieu à des vérifications, à des recherches, à des interrogatoires nouveaux ; enfin, au bout de dix à douze jours, mon opinion fut fixée et basée sur les faits suivants : Oui, une insurrection a éclaté dans le pays de Varel, mais elle a éclaté le comte de Bentinck étant absent. Oui, le comte est accouru à la nouvelle de cette insurrection, s'est mis à sa tête, mais il l'a fait pour s'en emparer ; il s'en est emparé pour l'arrêter ; il l'a arrêtée, en effet, et notamment il a sauvé trente soldats français que les insurgés avaient fait prisonniers, qu'ils allaient massacrer et auxquels il a fini même par faire rendre la liberté et leurs armes.

Il faut le dire, cependant, il n'avait pas mis les formes de son côté ; il avait donné prise à des soupçons fâcheux, à de graves interprétations, à des préventions qui rendaient quelques apparences menaçantes ; de sorte que, pour arriver à la vérité, il fallait scruter les faits, les commenter, les rapprocher, travail qui demanda de la suite, que personne n'avait songé à faire et qu'une procédure brusque rendait impossible. Je ne fus pas, au reste, le seul qui arriva à cette conviction. Le duc de Rovigo, alors ministre de la police et dont je rappelle ici la conduite à titre d'hommage, en avait jugé comme moi ; une de ses lettres, qui parvint pendant mon enquête, disait formellement que cette affaire méritait un examen sérieux, rien ne démontrant que, d'intention ou de fait, le comte de Bentinck pût être considéré comme coupable de trahison ou de rébellion. En résumé, mon opinion fut que le comte ne méritait pas la mort, mais que, comme sa conduite n'avait eu ni le caractère de franchise, ni la vigueur dont les circonstances eussent dû lui faire un devoir, je pensais qu'il était passible d'une détention illimitée ; et cette opinion, je ne la cachai pas au comte lui-même, qui en ce moment n'avait guère que la mort en perspective et qui, les larmes aux yeux, se borna à me répondre : « Je vous devrai la vie. »

En le quittant, je me rendis chez Le Marois, auquel je déclarai mon opinion tout entière : « J'en écrirai... », me répondit-il, et nous en restâmes là. J'ignore quel fut le contenu des lettres qu'il échangea à ce sujet avec le duc de Feltre et avec le maréchal Davout ; il est facile de le pressentir ; mais, si l'on se tut sur le contenu de ces correspondances, on annonça une réponse de l'Empereur et même on la communiqua. Or, cette réponse, à méditer comme tout ce qui émanait d'un si grand homme, était conçue en ces termes :

« Monsieur le comte Le Marois, je vous fais cette lettre pour vous dire que si le comte de Bentinck est coupable de rébellion, vous convoquerez de suite la commission militaire ; mais que, s'il ne l'est pas, vous surseoirez à cette affaire.

« Sur ce, je prie Dieu qu'il vous ait en sa sainte et digne garde.

« NAPOLÉON. »

Il n'y avait aucun doute. Dans les graves circonstances où se trouvait Napoléon, il ne devait et ne voulait se montrer ni faible ni cruel. Le comte de Bentinck coupable, il entendait le faire fusiller; mais, non coupable, il ne lui convenait pas même de le faire juger.

D'après une telle lettre, d'après ma déclaration, Le Marois devait tout suspendre et, cependant il s'arrêta à un moyen qui lui parut infaillible pour nous contraindre tous à condamner le comte de Bentinck. La lettre de Napoléon portait que le comte ne devait être mis en jugement que s'il était coupable; mais, s'il était mis en jugement, il devait être condamné. Le Marois en conclut qu'il n'avait plus qu'à obtenir la mise en jugement. Toutefois tant de généraux l'embarrassaient, et, pour arriver plus certainement à son but, il obtint, sous prétexte de les libérer, l'autorisation de remplacer ceux qu'il lui plairait par des officiers supérieurs, sur lesquels on a toujours bien plus de prise, et il s'occupa d'en trouver qui lui parussent gens à discrétion; puis il donna des dîners, dans lesquels il revint au comte de Bentinck pour renchérir sur la culpabilité, au procès pour insister sur le besoin d'une condamnation, et à la lettre de l'Empereur, qu'il avait soin de montrer en original, pour la commenter dans le sens que j'ai indiqué et pour répéter avec exaspération qu'il n'y avait que les ennemis de leur souverain qui pussent s'y méprendre ou avoir l'air de s'y méprendre. Enfin il convoqua brusquement la commission, et, afin qu'on n'eût plus le temps de se concerter, il la convoqua par lettres portées à neuf heures du soir et pour le lendemain matin à neuf heures.

Je fus indigné. Mes aides de camp, le capitaine Vallier et le marquis de Montmorillon, présents lorsque cette convocation me fut remise, en furent aussi révoltés que moi. « Voilà un nouveau pavé qui me tombe sur la tête, leur dis-je, et qui malheureusement rebondira sur la vôtre. Mais vous me connaissez, j'obéirai à ma conscience, quoi qu'il puisse en arriver. Ainsi je vous conseille de renoncer, pour cette campagne encore, non seulement à tout ce qui sera grâce, mais de plus à tout ce qui sera justice... » Et je dois à ces deux braves officiers de dire que je trouvai en eux, et avec d'autant plus de mérite que leur position leur laissait plus de choses à désirer, les plus nobles sentiments et une résignation égale à la mienne. « Que Dieu nous préserve, me dirent-ils, l'un et l'autre, de rien devoir à des condescendances qui équivaudraient à un assassinat. » Le général Vial, digne et estimable homme, arriva chez moi sur ces entrefaites; il quittait le général d'artillerie Jouffroy, avec lequel, aussi bien qu'avec lui, j'avais vingt fois causé de cette affaire; tous deux étaient outrés et des espérances de Le Marois et des moyens auxquels, contre nous, il avait recours, et de toutes les calomnies qu'il était capable d'ourdir. Notre dernier mot fut : « Nous ferons notre devoir. »

A neuf heures du matin, la commission se réunit. Je fis le rapport de l'affaire, et, comme mes fonctions d'accusateur me le prescrivaient, je présentai tout sous l'aspect le plus grave et je conclus à la mort. Le défenseur du comte parla ensuite et présenta les pièces à décharge. Quelques membres firent au comte des questions auxquelles il répondit avec calme et dignité, en ne me laissant rien à désirer quant aux faits. Ne voulant pas soutenir des conclusions que je condamnais, autrement que comme formule obligée, je me contentai, au lieu de répondre à l'avocat du comte, de déclarer que je m'en référais à mon réquisitoire, et nous passâmes dans la salle des délibérations.

A peine assis autour d'une table ronde préparée pour cette seconde séance, et sans laisser au général Lemoine le temps de prendre la parole : « Messieurs, dis-je aux autres membres de cette commission, je viens de vous présenter l'affaire, ainsi que devait le faire le procureur impérial; je vais maintenant vous parler suivant ma conscience, c'est-à-dire, ainsi que doit le faire celui qui partage avec vous les fonctions de juge. » Je repris alors la série entière des faits, que je montrai sous leur véritable jour en les appuyant de pièces justificatives. A l'exception de deux complaisants (le général Lemoine et le colonel Poinsot, commandant le 11ᵉ régiment d'infanterie légère), la commission était composée d'hommes d'honneur et non moins dévoués à leurs devoirs de juge qu'au service de l'Empereur. Ils voulurent tous juger d'après eux-mêmes et, pour cela, lire et discuter la totalité des pièces qui pouvaient avoir quelque influence sur leur opinion. Avant même d'en venir aux voix, et comme la très grande majorité se prononçait contre la mort, le citoyen Lemoine, digne d'avoir vingt ans plus tôt siégé à la grande chambre du Palais de justice à Paris, s'écriait à chaque instant : « Mais, messieurs, que dira l'Empereur, si nous ne condamnons pas le comte de Bentinck à mort ? — Ce qu'il dira », répliquai-je indigné, lorsque, appuyé par le colonel qui lui servait d'acolyte, il eut répété cette phrase pour la sixième fois; « ce qu'il dira? Eh bien, il dira que nous sommes des gens d'honneur, et, pour ma part, c'est tout ce que je lui demande. » Bien après huit heures du soir, lorsque le général Lemoine, de guerre lasse et mourant de faim, fut enfin obligé d'aller aux voix, lui et son acolyte opinèrent seuls pour la mort alors qu'il en fallait cinq, et cinq votèrent contre quand il n'en fallait que deux. Sans désemparer, le jugement portant reclusion jusqu'à la paix, mais non confiscation des biens, fut clos et signé.

Cette sentence, lue au pauvre comte, le renvoya plus tranquille qu'il n'était venu. Cependant, depuis au moins trois heures et à la vue de nos aides de camp et d'une foule d'autres officiers, Le Marois se promenait devant la maison où siégeait la commission, et cela avec les signes d'une agitation et d'une impatience croissantes. La signature donnée, le général Lemoine partit en toute hâte pour le rejoindre et l'instruire de leur commun désappointement; au premier mot, il se retira furieux, emmenant Lemoine dîner avec lui. Le colonel du régiment d'infanterie légère, dont chacun de nous s'éloigna, s'en alla seul et déjà très honteux de son rôle; quant aux quatre autres membres et à moi, nous nous quittâmes en nous félicitant de la part que nous avions à l'issue de cette affaire. Ajouterai-je qu'aucun de nous n'a jamais rencontré un des cinq sans lui serrer la main, en souvenir de cette séance et en marque d'estime?

Le lendemain matin, vers huit heures, étant encore couché et dictant à mes aides de camp je ne sais quel ordre relatif à l'organisation de ma division et à l'instruction des troupes qui la composaient, instruction que je hâtais par tous les moyens possibles, on m'annonça le général Lemoine. C'était la première fois qu'il venait chez moi, comme ce fut la dernière, et rien ne m'étonna plus que cette visite, si ce n'est son motif apparent, de même que rien ne me scandalisa plus que son motif réel. Quant aux apparences, ce fut une espèce d'amende honorable, attestée par ces mots qui, chez moi, joignirent le dégoût à l'indignation : « La nuit porte conseil. En rêvant à ce procès, j'ai compris que vous aviez raison: Il serait bien malheureux que le comte de Bentinck eût été condamné à mort. » Quant au fait, tout cela n'était qu'une comédie, qu'une lâcheté ajoutée à une infamie. Il ne s'agissait en effet pour cet homme ni d'erreur, ni de remords, et, ainsi que je l'ai su depuis, devant déjeuner avec Le Marois, dont il est encore aujourd'hui l'âme damnée ou le piqueur d'assiettes, il ne venait faire l'hypocrite et le fourbe que pour m'arracher quelques mots qui pussent servir à compléter les dénonciations que Le Marois devait, par le courrier de ce jour, envoyer à l'Empereur.

Le comte de Bentinck fut donc sauvé; mais, pour moi, considéré avec raison comme l'occasion et la principale cause de ce salut, je devins l'objet d'une animadversion nouvelle, et, pour avoir sauvé la vie à un homme qui ne méritait pas la mort, je m'acquis la rancune de Le Marois et du maréchal Davout surtout. Il était écrit au livre des destins que les actes les plus honorables de ma vie devaient tous avoir leur châtiment; au reste, notre décompte ne tarda pas à se faire. Sans compter le digne général Vial qui fut tué à la bataille de Leipzig, les deux officiers supérieurs restèrent à leurs régiments et n'y furent l'objet d'aucune grâce; le général Jouffroy et moi, nous fûmes envoyés sous les ordres du prince d'Eckmühl; c'était le pire des châtiments que l'on pût infliger à des généraux; de fait, l'on n'y plaçait que ceux que l'on voulait punir ou ceux qui n'avaient pas le crédit d'échapper à ce malheur (1). Quant au général

(1) J'eus du moins, en 1814, la consolation de revoir le comte de Bentinck à Paris et de trouver en lui toute la reconnaissance d'une belle âme. Ce pauvre comte répétait partout qu'il me devait

Lemoine, il fut appelé au quartier impérial à Dresde, ce qui néanmoins ne le mena à rien; car, sans moralité, sans talents, sans honneur, il n'avait pour lui que son souvenir révolutionnaire, sa basse servilité, pour ne pas rappeler encore une fois les rapines qui en 1800 l'avaient fait chasser de l'armée d'Italie et même du service.

Délivré de ce procès Bentinck, ayant réglé tout ce qui tenait à la marche de l'instruction de ceux de mes bataillons ou fractions de bataillons arrivés à Wesel; n'ayant à recevoir que sous huit jours les derniers effets qui leur manquaient encore, pouvant d'autant mieux disposer de ce temps que je n'avais encore ni généraux de brigade, ni officiers d'état-major, ni artillerie, ni commissaires des guerres ou employés, et Wesel ne m'offrant aucun moyen de me monter, je prévins Le Marois que je me rendais à Bruxelles pour me procurer les chevaux dont j'avais besoin, et que je serais sept jours absent. En fait, j'avais une arrière-pensée, née du regret que j'éprouvais à me trouver séparé de ma femme. Le désir de la revoir m'obsédait sans cesse. Dieu sait ce que parfois je n'aurais pas fait et donné pour un jour, une heure de sa présence, et ce que, durant mes continuelles et si dou-

---

l'air qu'il respirait encore. La veille de son départ pour retourner en Allemagne, ne m'ayant pas trouvé chez moi, lorsqu'il y passa pour y faire ses adieux, il m'écrivit la lettre suivante :

« Je suis mortifié, mon cher et digne ami, de n'avoir pu vous voir.... Si je n'ai pas le bonheur de vous rencontrer demain matin, agréez, je vous prie, les assurances réitérées d'une reconnaissance éternelle. Jamais homme n'a été dans une position plus épineuse que vous l'étiez à mon égard. Placé entre les devoirs sacrés de sa conscience et la volonté d'un despote (mauvaise expression), vous avez suivi le sentier de l'honneur et avez bravé les suites de sa colère. Je me flatte que la justice divine me donnera, un jour ou l'autre, l'occasion de vous prouver tous les sentiments que je nourris pour vous et avec lesquels je serai jusqu'au dernier moment, etc

« Le comte DE BENTINCK. »

loureuses absences, je ne ruminais et n'imaginais pas à cet égard. Or, à Bruxelles, je me trouverais à quelques lieues d'elle, et, pouvant à la rigueur disposer de quelques jours, il était hors de ma puissance de ne pas aller la rejoindre. Deux confidents me furent indispensables : mon aide de camp Vallier, qui, par des lettres adressées chaque jour à ma femme et en style de convention, devait me tenir au courant de tout, et mon valet de chambre qui m'accompagnerait. Je partis avec lui le 13 mai au soir, veille du jour annoncé pour mon départ; le 14 j'étais à Bruxelles; au lieu de passer deux ou trois jours à choisir et à marchander mes chevaux et cinq jours pour revenir avec eux à Wesel, j'en achetai pour sept mille francs (1) en trois heures, et le marchand se chargea de les faire partir le 16 au matin pour Wesel, tandis que le 15, à six heures du soir, j'entrais à Paris, ayant voyagé, Jacques sous son nom et moi sous le nom de mon secrétaire, et tous deux munis d'ordres écrits et signés par moi, et visés par un commissaire des guerres.

Quand je fus dans Paris, il y avait encore plus de deux heures de jour, et, comme il ne fallait pas que dans la maison où nous logions on sût mon arrivée, je descendis près la porte Saint-Denis, et, pendant que Jacques allait placer ma calèche chez un sellier, m'annoncer à ma femme et, d'après le plan que j'avais arrangé, concerter et préparer mon entrée chez moi, j'allai rue Saint-Denis prendre un bain ou plutôt me cacher dans

(1) Dans ce nombre se trouva un des plus beaux chevaux que j'aie eus de ma vie. Il me coûta cent huit louis, sans tare; il en aurait valu trois ou quatre cents, mais il était sujet au vertigo. Je fus fort heureux de le revendre cinquante à l'adjudant commandant Bellanger, qui, habile écuyer, s'imagina pouvoir le dompter, mais qui, trompé dans son espoir, le revendit huit louis à un homme qui huit jours après le livra à l'écorcheur.

une baignoire, où je me fis servir à dîner. La nuit venue, Jacques arriva avec un fiacre qui nous conduisit au coin de la rue Saint-Lazare et de la rue des Trois-Frères; là nous mîmes pied à terre; Jacques, me précédant, frappa à la porte de la maison, entra en la laissant ouverte et alla se placer devant la porte de la loge, de manière que le portier ne pût me voir entrer. Par bonheur, je ne rencontrai personne dans l'escalier, et ce fut sans avoir été aperçu que je pus franchir la porte de mon appartement, que Jacques avait eu soin de ne pas refermer sur lui et derrière laquelle ma femme m'attendait.

Quatre jours, d'autant plus heureux qu'ils ne furent interrompus par aucune affaire, par aucune sortie, par aucune visite, la porte étant consignée pour tout le monde, s'écoulèrent beaucoup trop vite. Pour le cinquième, enhardie par la réussite et la discrétion de nos domestiques, ma femme avait, et dans les termes les plus pressants, invité Gassicourt, Rivierre, Salverte et Lenoir à dîner, et on conçoit leur étonnement lorsqu'ils me trouvèrent. Enfin nous avions tout préparé pour que ma femme m'accompagnât jusqu'à Bruxelles et même jusqu'à Wesel, si j'avais l'espoir d'y rester encore quelque temps; mais une lettre de Vallier, adressée à ma femme et écrite dans le style convenu, nous fit renoncer à ce projet. Le sixième jour au matin, je sortis de la maison comme j'y étais entré; je trouvai chez le sellier les chevaux de poste mis à la calèche et je repartis pour Wesel, où j'arrivai vingt-quatre heures après mes chevaux et trente-six heures avant l'arrivée des ordres pour le départ de la division. Du reste, à Paris comme à Wesel, et à l'exception des quelques amis que j'ai nommés, on ne se douta pas du parti que j'avais tiré du voyage que je venais de faire, et, sans une circonstance fatale et trop malheureuse dans ses conséquences, aucun regret ne serait mêlé aux moments de bonheur que j'arrachai à une séparation dont il était si difficile de calculer les chances et la durée.

Or cette circonstance fut l'oubli d'un volume sur lequel se trouvait copié l'état détaillé de mes affaires et mon testament. Le testament courrouça ma femme, et, quand je me reporte au temps où je le fis, quand je me rappelle les hautes considérations auxquelles on cède dans ces actes solennels, je pense encore que ce que je fis, je devais le faire. Mon avoir se composait alors de 320,000 francs en argent ou en valeurs; j'avais cinq enfants, et je fis huit parts du tout, savoir : une pour chacun d'eux et une pour ma femme, plus une seconde pour elle et une seconde pour ma fille aînée. Ce n'était pas par un sentiment de prédilection que j'avais favorisé cette dernière; mais j'avais considéré que mes fils, ayant une carrière ouverte et comme frayée par mes services, seraient les arbitres de leur sort; que mes deux jeunes filles, sans même compter les quatre-vingt mille francs dont je disposais en faveur de leur mère et la somme égale qui leur revenait, étaient, de son chef, assurées de trois cent mille francs; que, de cette sorte, elles avaient un avenir certain, et que, de tous mes enfants, l'aînée, Laure, se trouvait celle dont l'existence était la plus précaire. Cette assimilation ne fut pas, au reste, ce qui irrita le plus ma femme; mais elle fut outrée que j'eusse compris ses bijoux dans mon avoir, et cependant pouvais-je faire autrement pour des valeurs dépassant alors soixante-dix mille francs, c'est-à-dire plus du cinquième de tout ce que je possédais? Je fis donc ce que je devais faire; d'ailleurs, je léguais à ma femme et sa voiture et beaucoup d'autres objets, en dehors de sa double part qui lui permettait de racheter tous les objets pour lesquels elle aurait eu quelque prédilection. Enfin, moi tué à l'armée, elle avait droit à une pension de six mille francs. J'aurais donc été coupable de faire plus que je n'avais fait, et, vis-à-vis d'elle, je n'eus pas plus de reproches à me faire dans cette occasion que dans aucune autre. Si, dans notre correspondance, elle m'avait parlé de son prétendu grief, auquel sa trop cruelle destinée ne devait laisser aucun objet, il m'eût certes été facile de la ramener à des sentiments plus justes, mais elle ne m'en dit rien; elle resta avec ses fâcheuses impressions, et je ne pus donner un sens au laconisme et à la gêne de ses lettres qu'à mon retour en France. Malgré tout, ces quelques jours passés à Paris près d'elle avaient été le dernier épisode vraiment heureux de ma vie; car, lorsque le destin me ramena dans cette France restaurée ou profanée, je n'y trouvai que désastres, hontes et douleurs, sans compensation, sans répit et sans bornes.

CHAPITRE II

Le 31 mai, je reçus de Le Marois la lettre la moins militaire qu'il soit possible d'imaginer. Il me prévenait que, conformément aux *désirs* du prince d'Eckmühl et d'après l'*autorisation* du prince de Neuchâtel, la deuxième brigade de la troisième division du premier corps partait pour Brême; et il m'*engageait* à la suivre comme étant *destiné* à la commander. Je me rendis chez lui et, mes lettres de service et son galimatias à la main, je lui demandai ce que signifiait ce mot de *destiné*, et il se trouva que le mot ne signifiait rien du tout. J'ajoutai que je comprenais des mouvements de troupes exécutés d'après des ordres, fort mal d'après des autorisations, pas du tout d'après des désirs. Quant à l'exécution des ordres que mes troupes avaient reçus sans mon intermédiaire, il n'y avait que la gravité des circonstances qui pût m'empêcher de m'y opposer, et cela en vertu des pouvoirs que je tenais de l'Empereur; mais, à cause de ces circonstances, je me bornerais à leur donner de nouveau ces ordres, comme si elles ne les avaient pas reçus. A cela il me répondit en me montrant des ordres assez positifs pour achever de condamner sa rédaction. Au reste, quel rapport y avait-il entre Le Marois et un homme de guerre? Encore qu'il ne fût employé que sur les derrières, ce n'est plus là qu'était sa spécialité depuis que ce Ganymède était devenu l'ami du prince; mais ce qui était par trop sérieux, c'est qu'il était enfin avéré que je faisais partie du corps du prince d'Eckmühl, ce qui substituait pour moi l'hydre aux baliveaux. Pour savoir le sens de cet imbroglio, j'en écrivis de suite au prince d'Eckmühl, et sa réponse me donna le mot de l'énigme. Et en effet le prince de Neuchâtel avait oublié de l'informer de ma nomination; dès lors, croyant la troisième division sans chef, le prince d'Eckmühl avait nommé le général Carra Saint-Cyr au commandement provisoire de cette division, qu'il me rendait. Ainsi s'expliquait le mouvement que mes troupes exécutaient sur Brême; avec cette explication m'arrivait l'ordre de me rendre en poste dans la même ville, et, par une lettre postérieure, je recevais le commandement supérieur de toute la gauche de l'Elbe, comprenant le vaste espace qui se trouve entre ce fleuve, c'est-à-dire de Harburg à Cuxhaven, la mer jusqu'à Carlsburg, et, depuis Carlsburg, en longeant la rive gauche du Weser et tournant la Jade, jusqu'aux frontières des départements de la Hollande.

Le 6 juin j'étais à Brême. Les ordres, à dater de ce moment, se succédèrent avec une rapidité qui tenait trop de la confusion, pour ne pas m'étonner; mais j'avais alors une activité et une facilité de travail telles que, quoi que le maréchal pût faire, l'exécution se confondait pour ainsi dire avec la réception et le compte que j'en rendais. Ce n'était pas peu de chose cependant que des ordres donnés, révoqués parfois deux heures après et changés ou modifiés le lendemain, annulant le matin le travail de la nuit, le soir le travail du matin, sans compter qu'assez fréquemment je recevais du maréchal lui-même la répétition de ce que son chef d'état-major venait d'écrire ou écrivait, et que, de cette sorte, j'étais forcé à une double correspondance pour le même objet.

Mais telle était la manière de cet homme, esprit inquiet, soupçonneux, fatigant, dur, d'ailleurs complètement terre à terre, s'occupant de chaque grain de sable, ne voyant guère au delà, prenant de la mémoire et de la ténacité pour de la capacité, n'employant cette mémoire qu'à des minuties, usant les hommes à force de détails, faisant le métier de général de division et de brigade, de colonel et de capitaine, et, par parenthèse, bien mieux que celui de général en chef; au reste, ne croyant jamais être assez sûr ni des autres ni de lui-même.

Le premier objet dont j'eus à m'occuper à Brême, ce fut la défense des côtes. Le baron Gobrecht, colonel du 9⁰ régiment de chevau-légers, en était chargé; il avait à cet égard des instructions très suffisantes, mais il restait à organiser les moyens de le secourir au moment où il aurait besoin d'être renforcé, et de suite je réglai tout ce qu'il fallait pour conduire mes troupes en poste à son secours si une descente était effectuée, pour pouvoir partir en une heure et pour n'être arrêté sur aucun point. Son Excellence fut satisfaite de ces dispositions, ainsi que d'une instruction sur le tir à boulets rouges dont je fis munir chaque commandant de port ou de batterie.

Le second objet dont je parlerai fut la revue de chacun de mes bataillons, revues dans lesquelles j'embrassai tout ce qu'elles pouvaient comprendre, dont le résultat fut de munir les troupes de tout ce qui leur manquait en effets de campement et dont le rapport fut si précis, si complet, que le maréchal chargea son chef d'état-major, le général César de Laville, de m'écrire qu'il était très content de mon rapport et des mémoires de propositions qui y étaient joints. Je pris même sur moi de faire droit à une demande de munitions que me présenta directement le général Bourcier, et le prince me fit dire que j'avais très bien agi ; mais déjà il m'avait appelé à Hambourg avec la totalité de mes troupes, de sorte que mon commandement supérieur de la gauche de l'Elbe fut un commandement de six jours, pendant lesquels j'avais débuté avec lui le mieux possible.

Prêt à quitter Brême et ayant quelques heures de répit, j'allai visiter les deux curiosités que renferme cette ville. L'une est une espèce de caveau, et je dis espèce parce qu'il est plutôt hors terre qu'en terre ; on n'y descend que par trois marches, je crois ; il est conséquemment très clair, de plus assez vaste et ayant cela de particulier qu'aucun corps ne s'y décompose. Une foule d'oiseaux et de quadrupèdes étaient suspendus à ses murs et desséchés sans avoir subi la moindre putréfaction ; une foule de corps achevaient d'en témoigner, et de ce nombre se trouvait celui d'une comtesse morte il y avait deux cents ans ; elle ne formait plus que le patron d'une femme en cuir de buffle très épais, les jambes s'étant réunies, les bras paraissant à peine dessinés et la tête s'étant aplatie par suite de la dissolution de toutes les parties osseuses et charnues. C'est en ce genre ce que j'ai vu de plus extraordinaire ; il n'y avait plus de raison pour que cette forme de cuir se dénaturât, et, prédestinée ainsi à traverser un grand nombre de siècles, sans doute attendra-t-elle en cet état qu'au jour du jugement dernier son âme rentre dans ce résidu de corps et lui rende ses contours. Longtemps je la tins dans mes bras ; lorsque je l'eus remise dans l'espèce de cercueil qui la contenait, je n'en avais pas fini avec la foule de réflexions qu'elle me suggéra.

L'autre, véritable caveau, est celui qui renfermait et qui certainement renferme encore les plus vieux et les plus précieux vins du Rhin. Ce caveau célèbre, nommé le caveau de la Rose, contenait, sous les noms des douze apôtres, douze énormes pièces de vin, dont la plus ancienne avait je ne sais plus combien de siècles et que l'on remplissait chaque année, savoir : la douzième pièce par la onzième, la onzième par la dixième, la dixième par la neuvième, et enfin la première par tout ce qu'on pouvait se procurer de plus parfait en vin du Rhin. On comprend que c'étaient les premiers magistrats de la ville qui surveillaient ce caveau et soignaient ces vins, enfermés sous je ne sais combien de clefs et de serrures, et dans l'asile desquels on n'entrait que par délibération. On citait un Anglais qui, à cinq cents francs la bouteille, avait obtenu la vente de six bouteilles de la douzième pièce. Lorsque Marie-Louise accoucha du roi de Rome, la ville de Brême crut lui faire un cadeau magnifique en lui envoyant douze bouteilles. Les magistrats qui m'accompagnèrent dans ma visite, en ma qualité de commandant supérieur de toute cette contrée, m'offrirent en cadeau deux bouteilles ; je les refusai, mais j'acceptai un verre de ce vin, et, je dois le dire, non seulement je n'ai jamais rien pris de plus pur, de plus fin, de plus délicat, mais j'en ai eu la bouche embaumée, ainsi que les moustaches, pendant vingt-quatre heures.

Après avoir mis tous mes bataillons en marche sur Hambourg, où ils devaient camper et travailler à fortifier cette position ; après avoir eu deux ou trois fois à changer les itinéraires, puis la destination de ces troupes ; après les avoir fait entrer à Hambourg, où j'avais envoyé mon artillerie et un immense convoi de munitions ; après avoir fait partir en poste, et pour la même destination, le général d'artillerie Jouffroy, je m'y rendis de la même manière ; j'allais y prendre le commandement supérieur, en attendant l'arrivée du général de division comte Hogendorp, Hollandais et personnage considérable dans son pays, de plus aide de camp de

l'Empereur, mais dont le nom et la fortune faisaient tout
le mérite, comme ils avaient fait toute la position. Ayant
couru toute la nuit, j'arrivai à Hambourg le 13 vers
midi. Vis-à-vis du prince d'Eckmühl, l'épouvante et
l'exécration de ses subordonnés, je crus devoir débuter
par lui témoigner quelque empressement à le saluer, et,
avant de songer à me loger, je descendis de voiture à sa
porte. N'ayant d'ailleurs reçu de sa part que des témoignages de satisfaction depuis que j'étais sous ses ordres,
je pensais être bien reçu; quel fut donc mon désappointement lorsqu'en l'abordant je vis son front se rider,
ses yeux se couvrir, sa figure se refrogner, l'une de
ses mains relever ses lunettes, l'autre frotter son crâne
dépouillé! Et, avant qu'il m'eût dit bonjour, ou plutôt
sans me l'avoir dit, avec l'accent d'une vive colère il
m'apostropha par ces mots : « Vous avez donc sauvé
un traître? Vous aviez à faire sur le comte de Bentinck
un exemple nécessaire, et vous avez préféré faire de ce
procès un triomphe pour les ennemis de l'Empereur. »
On voit le thème et l'on comprend si je fus long à passer
de l'étonnement à l'indignation. Quant à lui, il ne céda
sur rien, ni moi non plus, et, pendant qu'il renchérissait
sur ses abominables assertions, je répétais à tue-tête :
« Ce sont les faits qui l'ont jugé, et non moi. Quatre
hommes de conscience s'honorent d'avoir partagé mon
opinion, comme je m'honore et me console d'avoir partagé la leur. Je m'en étais assez positivement expliqué
par avance pour qu'on fût prévenu sur ce qu'il advien-
drait de la mise en jugement, et, si j'avais tenu une
autre conduite, je me regarderais comme un assassin. »
On nous entendait crier de toute la maison et même de
la rue; c'était un scandale et une indignité. Cette scène
dura une demi-heure; elle aurait duré dix fois plus longtemps, que nous n'aurions pu nous entendre. Je parlais

honneur et conscience à un homme qui ne se doutait pas, dans ce cas, de ce qu'étaient l'un et l'autre. Je profitai donc du premier moment où il souffla au lieu de me répondre, pour lui dire : « Prince, je ne suis pas logé, et je vais m'occuper d'un gîte. — Votre logement est fait, reprit-il, et le commandant de la place vous l'indiquera. » Après quoi, et comme je le saluais, il ajouta : « Vous viendrez dîner avec moi, et je vous parlerai des ordres que j'ai à vous donner. » Observerai-je qu'il ne me reparla jamais du comte de Bentinck? Ce vilain sac était vidé; mais d'autres sacs à discussions n'allaient pas tarder à se remplir.

Une heure après, j'étais chez le général de Laville, homme distingué sous tous les rapports et très digne officier, que de plus je connaissais personnellement, l'ayant vu à Salamanque aide de camp du duc d'Istrie : « Quel diable d'homme que votre maréchal! lui dis-je, dès que nous fûmes seuls. — J'avoue, me répondit-il, que c'est une chose grave que de servir avec lui. Tout ce que le zèle peut provoquer n'est que devoir; la moindre erreur, faute, négligence ou oubli, est crime. Il se prévient facilement et ne revient jamais. Les raisons, les circonstances, qui peuvent influer sur le jugement des autres hommes, sont nulles à ses yeux, et il n'existe pas de considérations humaines qui aient sur lui la moindre action. Ainsi, par exemple, il est bon mari et bon père; il n'a chez lui presque pas de volonté; eh bien, il sacrifierait sans hésiter sa femme et ses enfants, qu'il aime tendrement, si ce qu'il regardait comme son devoir lui paraissait le commander. Au dernier point paternel pour les soldats, bon pour les officiers subalternes, il est sévère pour les chefs et souvent plus que dur pour les généraux, et cela encore en raison de l'élévation de leurs grades; et c'est ce qui lui a fait le plus d'ennemis;

mais il n'y a à cet égard, comme sur le reste, rien à gagner sur lui ; c'est une affaire de caractère comme c'est devenu une affaire d'habitude. — Allons, ajoutai-je en le quittant, à ce que votre situation officielle vous permet de m'en dire joignons les rapports secrets, et il sera démontré que, pour mériter de servir sous ses ordres, il faut avoir tué père et mère. »

Le général Vandamme avait été malade à Hambourg, et j'appris que, se trouvant mieux, il en partait le lendemain ; je me hâtai donc d'aller le voir. Il me reçut quoique encore couché. « Je vous savais employé dans ce corps d'armée et attendu à Hambourg, me dit-il, et d'avance je vous ai fait mon compliment de condoléance sur le malheur de servir avec le maréchal Davout, homme aux indignités duquel il est impossible d'échapper. Quant à moi, je le quitte et j'en rends grâce à Dieu. Au reste, si l'Empereur ne m'avait tiré d'ici, je m'en serais tiré tout seul. » Et là-dessus, il se donna carrière et me cita vingt faits plus odieux les uns que les autres, et que son énergique et fougueuse éloquence achevait de rendre formidables.

Peu de jours après, j'eus l'occasion de revenir au même sujet, ou plutôt au même homme, avec le général Dumonceau, sous les ordres duquel, et comme capitaine, j'avais servi à l'attaque des lignes de Breda (1794) ; quelque modération qu'il pût y mettre, ce fut encore pour l'entendre me plaindre de le remplacer et pour entendre le général Fesenzac, l'un de ses généraux de brigade, se joindre à lui pour se féliciter de quitter le treizième corps. Le général Dumonceau n'attendait que le moment où je pourrais le relever comme gouverneur de Lübeck et remplacer sa division par la mienne pour partir et s'éloigner du prince d'Eckmühl avec une joie d'enfant. Enfin il n'y avait qu'une voix, et cette unanimité accablante, ce cri d'appréhension et même de haine auquel les populations entières répondaient, ne purent manquer de me rappeler ce qu'en 1807 Morand et Gauthier m'avaient dit de lui dans leur cantonnement près de Tilsit. Toutefois, comme je n'avais aucun autre moyen de lutter contre cette puissance ou d'échapper à elle, c'est-à-dire de me tirer de là, il fallait bien se résigner à ce que le ciel en ordonnerait.

L'heure du dîner assembla dans le salon du maréchal une vingtaine de personnes. Lui-même y entrait lorsque j'arrivai; mais il se mit aussitôt à se promener, et, comme il ne disait rien à personne, personne, en dehors de quelques apartés, ne parlait. A table, où l'on se mit presque immédiatement, il ne se montra pas plus causant, et il y avait à cela plusieurs raisons : d'un esprit très ordinaire, il n'avait rien à dire, et, nul autre ne s'avisant de s'emparer de la conversation qu'il ne soutenait pas, tout se bornait à quelques mots sans suite. Fort mangeur, il avait autre chose à faire qu'à parler, et, placé à sa droite, je fus étonné de ce qu'il avala. Enfin, ayant pour tout ce qui pouvait tenir à ses devoirs une ardeur de fanatique, il ruminait même pendant les repas ce qu'il avait à faire et ne relevait guère sa grosse tête penchée sur son assiette, que ses yeux ne quittaient que furtivement. De tels dîners ne pouvaient manquer d'être tristes, et, aussi, quelque courte que fût leur durée et quelque appétit que l'on y apportât, les trouvait-on assez longs.

En sortant de table, je passai avec le maréchal dans son cabinet, et il m'annonça qu'il joignait au commandement de ma division le commandement supérieur de Hambourg; il me donna sur ce dernier des renseignements en partie trop minutieux, sans doute, mais qui n'en avaient pas moins de l'importance; de sorte que,

tout en se noyant dans les détails, il fournissait à qui
savait choisir et classer les éléments d'une instruction
rapide et tous les moyens de la compléter. Je le redis,
cet homme n'avait ni élévation dans les vues, ni étendue
ou profondeur dans les idées; mais tout ce qui était à
sa portée, il le savait avec une précision qui, sans
exclure le désordre, le maintenait au courant de tout.
On comprend, du reste, que ce qui avait rapport à la surveillance des habitants, c'est-à-dire à l'espionnage, fut
traité à fond.

Ma nomination était chez moi lorsque j'y rentrai. De
suite je me procurai un plan de la ville, et, dans la nuit, je
reçus du major Brunet, commandant la place, l'état et
l'emplacement des quartiers, des prisons, des hôpitaux,
des postes, des magasins à poudre, de l'artillerie, des
caisses, des magasins de vivres et de fourrages, des lieux
de distribution, le tableau des autorités militaires et
civiles, des principaux fonctionnaires et employés, et
leurs adresses, de même que je déterminai les rapports
verbaux et écrits qui journellement ou instantanément
devaient m'être faits. Le lendemain, 14, à la pointe du
jour j'étais à cheval, accompagné et guidé par deux officiers de la place, parcourant toute cette ville, visitant
les établissements et les postes, les anciennes fortifications, les portes de la ville et le port, l'Elbe et l'Alster
bref, examinant, fouillant, scrutant de manière que
rien ne m'eût échappé s'il venait à l'idée du maréchal de
vouloir me prendre en défaut de quelque chose; mais,
pendant que je m'efforçais de m'y appliquer, mon travail se compliqua, et, avant la fin de ce premier jour de
mon entrée en fonction, je fus chargé de faire relever
et de compléter les fortifications de Hambourg, entreprise colossale et par le développement immense de
cette place, et par la nécessité de la retrancher même du

côté de l'Elbe, dont les glaces pouvaient annuler la défense. Cet ordre émanait de l'Empereur lui-même. Le prince avait arrêté qu'on emploierait à ces travaux quatre mille paysans et trois mille hommes de troupes, ces derniers se relevant de manière à fournir, sans interruption et par jour, quinze cents têtes de travailleurs pendant seize heures consécutives. Observerai-je que, par l'effet d'une destinée si magnifique jusqu'en 1808, si formidable jusqu'en 1812, mais depuis si atroce, cette mise en état de places fortes fut le coup de grâce que Napoléon se donna à lui-même? Et comment ne pas le reconnaître, lorsqu'on pense qu'avec une poignée de monde, il disputait comme un lion les coteaux de la Champagne à la Coalition tout entière, et qu'en même temps il avait perdu ou perdait, par la suite d'une ténacité extravagante et sans aucun fruit, les 36,000 hommes laissés à Dantzig, les garnisons de Stettin, de Wittenberg et de Potsdam, les 22,000 hommes de la garnison de Glogau, les 32,000 sacrifiés à Dresde, les 18,000 enfermés à Magdebourg, et non seulement les 36,000 hommes qui se replièrent sur Hambourg, mais 60 à 80,000 conscrits levés et réunis dans les contrées que nous aurions traversées en nous retirant sur Lille? total effrayant de 200,000 hommes qui, annulant tous les efforts de la Coalition, auraient sauvé la France et qui, par l'effet moral que leur retour aurait produit, se seraient élevés à près de 300,000, avec lesquels nous commandions la paix et conservions le cours du Rhin. La tête se perd quand on scrute les phases de notre agonie et quand on est contraint de se dire que de telles fautes ont pu être commises par Napoléon lui-même; aussi la superstition succéda bientôt à l'étonnement, et on finit par ne plus comprendre que l'irrévocable accomplissement des arrêts du destin. Le ciel avait parlé, et ce qui achève de le prouver, c'est qu'une circonstance, étourdissante à force d'être insignifiante dans son principe, a fait de moi, et ainsi que je le dirai, l'instrument aveugle des derniers désastres de Napoléon, comme si le sort avait voulu se servir de mes mains pour une vengeance qu'au prix de tout mon sang j'aurais prévenue ou empêchée, si la prévision n'avait été refusée à l'homme.

Je reviens à mes occupations. Je commandais directement les troupes de ma division et de la division dite de Hambourg, et il fallait faire face à leurs besoins, statuer sur mille objets de détail, activer leur instruction et les accoutumer à la discipline. Je commandais Hambourg, et il fallait en assurer tous les services, y maintenir une police sévère et exercer sur toute la population une action continuelle; enfin je commandais d'immenses travaux. Outre cela, c'étaient à tous moments des demandes de besognes spéciales; ainsi il fallut que je rédigeasse un ordre général en cas d'alarme, et le maréchal voulut bien en être satisfait; un autre jour, il lui fallut un jugement accompagné de mille détails sur tous les chefs de bataillon placés sous mes ordres; indépendamment de tous les états et rapports que je lui adressais journellement, il écrivait sans cesse, et il lui fallait réponse à tout; de même que, par jour, j'avais vingt fois à écrire à des personnes résidant à Hambourg, et que, pour réclamer des bataillons ou des hommes, il fallait correspondre avec tous les généraux de la terre (1). Enfin, et à chaque moment, c'étaient des mouvements de troupes à ordonner, à contremander, ou les bataillons à faire retourner d'où ils étaient venus; on n'imagine pas pareil

---

(1) A Paris, avec Hulin; à Strasbourg, avec Desbureaux; à Mayence, avec le maréchal Kellermann; à Hanovre, avec Broussier; à Munster, avec Lauberdière; à Osnabrück, avec Carra Saint-Cyr; à Düsseldorf, avec Damas, et à Brême avec Osten.

casse-tête. Les jours et une partie des nuits y étaient consacrés et n'y suffisaient pas; encore s'il m'était resté quelques heures de repos assuré, mais on avait toujours la fièvre avec un chef qui avait toujours le transport, et, comme il ne dormait pas, la nuit était le temps de ses plus nombreux messages. Je reste dans les termes de la plus exacte vérité en affirmant que pas une nuit ne se passa sans que je fusse réveillé à deux et à trois reprises, et une fois entre autres parce que les travailleurs lui avaient dit dans la journée qu'il leur avait manqué une demi-ration de pain. Il y avait de quoi se donner au diable; mais enfin il n'avait pas trouvé l'occasion de me dire un mot désagréable; tout marchait avec régularité, et, pour m'en récompenser, il ajouta encore à mes commandements celui de la première division de l'armée. Le 18, ma division fut réorganisée; au lieu d'être composée de bataillons isolés, ce qui n'avait pu convenir qu'à une organisation provisoire, elle le fut des premiers, deuxièmes et quatrièmes bataillons des 15ᵉ léger, 61ᵉ, 48ᵉ, 108ᵉ et 111ᵉ de ligne; total, quinze bataillons dont sept présents et huit en route pour rejoindre, ce qui donna lieu à une dislocation générale que je fus chargé d'opérer. Cet état de choses dura jusqu'au 22, où le prince me fit prévenir que le comte Hogendorp allait me relever. Le comte arriva le 23, et le même jour je reçus l'ordre de quitter Hambourg dès le lendemain 24, et de me rendre à Lübeck, comme commandant supérieur de la ville et du pays, et comme commandant de l'avant-garde de l'armée. Tant d'après mes ordres reçus que d'après les instructions que le prince me donna après le dîner que je fis chez lui, je devais remplacer à Lübeck le général Dumonceau et relever les troupes avec quatre bataillons de ma division qui ne tardèrent pas à être portés à huit; y garder, comme appartenant à elle, les huit pièces de canon que ce général y avait conduites et trois escadrons du 8ᵉ de chasseurs à cheval; y joindre au commandement de ces troupes une brigade et un régiment de cavalerie danois du corps du prince de Hesse, je crois, frère de la reine de Danemark. Mes ordres portaient en outre que je fusse rendu à Lübeck le 25, et que je partisse de Hambourg sans que personne connût ma destination. Tout cela fut exécuté.

C'est dans ce trajet fait à cheval que, le 25, je rencontrai à quatre lieues de Lübeck le général Dumonceau et le général Fesenzac, si joyeux de quitter le prince d'Eckmühl. Deux heures après, j'entrais à Lübeck; il pleuvait à verse, et personne n'était à la porte de la ville pour me conduire à mon logement. Certes je n'étais ni injuste, ni fantasque, ni dur, ni exigeant pour ce qui ne devait pas être exigé; mais pour tout ce qui était devoir et exécution des ordres, personne n'était plus sévère que moi. Ce fut donc de fort mauvaise humeur que je me rendis chez le commandant de la place; c'est très en colère que j'arrivai à la maison qui m'était préparée et où messieurs mes aides de camp essuyèrent une violente bourrasque. La femme et les deux fort jolies filles de mon hôte, auprès desquelles ces messieurs faisaient les gentils au lieu de se trouver à ma rencontre, furent si épouvantées de mon début qu'elles se sauvèrent en s'écriant : « Ah! le méchant général! »... Une demi-heure après, je me fis annoncer à ces dames; elles tremblaient à mon entrée; un quart d'heure plus tard, elles riaient comme des folles, et, lorsque je les quittai, j'étais l'ami de la famille. Mais, pendant que j'avais fait une toilette que le temps le plus affreux avait rendue inévitable, des ordres avaient appelé chez moi les autorités et principaux fonctionnaires civils et militaires;

le temps de ma visite m'avait conduit au moment de mon dîner, et, en quittant la table, j'ouvris une séance qui dura jusqu'à minuit et pendant laquelle je me mis au courant de tout ce qui tenait à la ville et au pays, et je m'occupai d'organiser et de faire commencer dès le lendemain les travaux qui devaient achever de fortifier Travemünde et de mettre Lübeck en état de défense. Ainsi en trois semaines j'avais décidé de la vie du comte de Bentinck; sans qu'aucun des chefs de l'armée, sans que le commandant de Paris, sans que le ministre de la guerre ou celui de la police en sussent un mot, j'avais fait une fugue sur Paris où j'avais séjourné cinq jours; j'étais revenu à Wesel; tout ce qui s'y trouvait réuni de ma division et moi, nous nous étions rendus en hâte à Brême, où j'avais organisé un transport par chariots, moyennant lequel toutes mes troupes pouvaient arriver en moins d'un jour sur la pointe de la côte; trois semaines encore, et j'aurai exercé trois commandements supérieurs et le commandement de l'avantgarde de l'armée; j'aurai commandé trois divisions françaises et une brigade danoise; sans parler de Harbourg, j'aurai organisé et mis en activité les travaux destinés à transformer trois places démantelées en places de guerre. C'est certainement l'époque de ma vie où le plus de choses différentes se sont succédé pour moi en aussi peu de temps.

Ayant flairé l'ours mal léché sous les ordres duquel la fatalité m'avait placé, ayant senti d'assez près la dureté de son poil toujours hérissé, je ne pouvais me croire hors d'atteinte par là même que j'étais éloigné de lui; mais un courrier et deux par jour, parfois dix lettres en vingt-quatre heures, et la correspondance la plus pénible, la plus chicanière et la plus minutieuse, des appels ou des messages continuels, m'eussent nuit et

jour rappelé, si je l'avais oublié, que j'étais encore sous
sa patte. Aussi, comme on peut le croire, je n'en continuai pas moins à faire tout ce que le zèle sans initiative, tout ce qu'une obéissance passive pouvait rendre
possible. Avec une surprise qu'il avait eu l'attention de
me ménager complète, je reçus le soir même de mon
arrivée à Lübeck et à dix heures l'ordre de faire arrêter
et de diriger sur Hambourg cinquante des habitants de
cette ville, choisis parmi les plus turbulents de nos
ennemis. C'était me faire débuter d'une manière exécrable. On a vu tout ce que j'avais obtenu à Fulde, à
Burgos et à Salamanque par des moyens tout à fait différents. Il y avait donc chez moi répulsion de caractère
et d'expérience; mais, avec le prince d'Eckmühl, ce début
n'était qu'une conséquence de mille précédents et plus.
La ville de Lübeck était vis-à-vis de nous dans de menaçantes dispositions, fait assez naturel; car, comme ville
hanséatique, elle était une des trois villes de ces contrées
qui perdaient le plus par notre présence; elle était aussi
le dernier point occupé par nous; ses habitants se trouvaient sans cesse en communication avec l'ennemi, et
c'était les pousser davantage vers cet ennemi que de
les traiter avec un excès de rigueur. Quoi qu'il en soit,
l'ordre, ainsi que je l'ai dit, parvint à dix heures du
soir. A minuit, les listes étaient faites par le commissaire
de police et le commandant de la place; dans la nuit
et la journée du lendemain, trente-quatre arrestations
furent effectuées, et ces trente-quatre détenus partirent
pour Hambourg le 26, à la pointe du jour, et les seize
restant le 27. Cet ordre, au surplus, produisit l'effet que
de tels ordres ne peuvent manquer de produire; il augmenta le mal au lieu d'y remédier; j'en rendis compte;
mais s'arrêter dans une mauvaise voie, c'est se condamner. Le prince ordonna donc de faire cent arresta-

tions nouvelles, et, sur mes observations, les réduisit de vingt ou trente individus; disposition à laquelle il substitua, le 6 juillet, et dans une lettre qui le montre à nu, l'ordre d'arrêter et d'envoyer à Hambourg les cinq à six cents hommes les plus mauvais sujets de la canaille, et même celui d'arrêter et d'envoyer séparément les fils de ces hommes ayant treize ans au plus. Quel chef, celui qui rendait le général de Laville capable de signer de telles choses!

Pour achever de gagner le cœur des Lübeckois, le décret qui mettait Lübeck en état de siège fut affiché le 28 juin et complété par une proclamation écrite au diapason des circonstances, et que je crus devoir y joindre. Enfin j'ordonnai un nouveau désarmement, et plus de trois mille fusils furent livrés, alors que le désarmement opéré par le général Dumonceau n'en avait fait livrer que sept cents(1).

Des désertions eurent lieu dans un régiment de chevau-légers et parmi les Danois; j'eus la preuve que les déserteurs avaient été embauchés, et j'en écrivis au général baron de Tettenborn, commandant l'avant-garde russe. Ce général me répondit une lettre presque goguenarde; ma réponse fut faite à l'instant et sur le même ton. Dans la croyance qu'il en serait content, je la communiquai au prince d'Eckmühl, sous le prétexte de la lui soumettre; mais je n'en hâtai pas moins l'envoi, de sorte que, lorsque le prince décida qu'il ne fallait pas donner

(1) Le 29 fut consacré à la visite des travaux de Travemünde, et au nombre des onze dépêches que j'expédiai au prince le 30 juin se trouvait sur les forts, etc., un rapport qui, en faits, en renseignements et en observations, dépassait tout ce à quoi lui-même pouvait s'attendre après une première visite. Je le traitais comme il le méritait de l'être, c'est-à-dire qu'en fait de détails je ne lui faisais grâce, pour le compte rendu des constructions, ni d'une pierre, ni d'une assise, et il était content.

suite à cette correspondance, je ne me vantai pas de l'empressement que j'y avais mis.

Mais un fait plus grave eut bientôt lieu. Et en effet, le 5 juillet au soir, au moment de la retraite des cavaliers danois, les dragons du Jutland, espèces de colosses, se moquèrent de nos petits soldats, les assaillirent à coups de pierres et de couteau, en blessèrent deux et furent soutenus dans cette agression par des habitants de Lübeck. Aussitôt les postes et piquets furent doublés; de nombreuses et fortes patrouilles se succédèrent dans tous les sens, trente officiers supérieurs et capitaines commencèrent des rondes jusqu'au jour; moi-même, je parcourus la ville jusqu'à deux heures du matin. Un grand nombre d'emprisonnements furent faits, et, de ma main, j'arrêtai un de ces habitants trouvé avec des soldats danois. Pendant ce temps le maire de Lübeck fit imprimer un avis portant que tout habitant qui insulterait un soldat français serait traduit à une commission militaire, et dès le lendemain cette commission militaire fut réunie; un boucher, nommé George Prahl, convaincu d'avoir été l'auteur et l'instigateur de ce mouvement insurrectionnel, et d'avoir résisté à la force armée, fut jugé et fusillé (1); d'après les ordres du maréchal, plusieurs autres furent enfermés ou déportés; cinq cent soixante hommes, pris parmi les plus turbulents, furent arrêtés et envoyés à Hambourg, où ils furent employés aux fortifications de l'île de Wilhelmsburg (2). Quant

(1) En recevant la lettre par laquelle je rendis compte au maréchal de ces désordres et de la réunion d'une commission militaire, il me répondit : « J'espère que la commission a déjà fait des exemples. »

(2) Etant donné le caractère assez peu ordinaire de cette mesure, j'avais cru devoir annoncer aux intéressés leur destination; mais le prince en jugea autrement et jugea que cette révélation décelait de la faiblesse. Je répondis que, s'il avait voulu que je n'en par-

aux Danois, je réunis leurs officiers et je les traitai de manière à en faire pleurer quelques-uns; mais j'eus beau menacer, je ne pus leur faire découvrir aucun coupable, ce qui me décida à faire sortir ces dragons du Jutland de Lübeck et à les disperser dans de mauvais villages. On le voit, notre position devenait de plus en plus difficile. Si on ne nous avait jamais aimés dans ces contrées, comme dans tant d'autres, on nous avait craints; or, cette crainte se dissipant, restait la haine que l'on ne déguisait plus. Les Danois enrageaient de servir avec nous, et les habitants de les voir nos auxiliaires. Ce que l'on pensait ou ce qu'ils pouvaient manifester de leurs secrets sentiments n'expiait même pas leur rôle aux yeux des habitants; et je me rappelle, à ce sujet, la plus jeune des deux filles de mon hôte (Charlotte), belle personne et charmante, à la politique près; elle ne pouvait plus se contenir dès qu'il était question de ces Danois, et elle me disait : « Que vous nous fassiez la guerre, bien, c'est votre devoir; mais ne me parlez jamais de vos vieux Danois. » Or ce mot « vieux » était de sa part l'injure la plus terrible; loin d'être vieilles, les troupes danoises étaient toutes composées de jeunes gens, et des plus magnifiques qu'on puisse imaginer. Au reste, cette affaire de Danois n'en resta pas là; le prince communiqua tous mes rapports au comte de Schulenbourg (1), commandant le corps d'ar-

lasse pas, il fallait m'en prévenir; mais que je n'avais pu voir un secret dans une information officiellement faite.

(1) Le comte de Schulenbourg m'en voulut de mes rapports et, sur un exposé absurde et faux, se plaignit de ce que j'avais mis à la disposition d'un régiment d'infanterie danoise les chevaux d'artillerie d'une demi-compagnie placée à Travemünde. Le prince m'en écrivit, en ajoutant cependant qu'il croyait à un malentendu. L'explication fut facile; mais, ainsi que j'en prévins le prince (25 juillet, n° 112), et sans qu'il m'eût fait une observation à cet égard, j'écrivis directement au comte de Schulenbourg, pour l'inviter à

mée danoise, sous les ordres du prince de Hesse; la vigueur de ces rapports détermina ce comte à m'envoyer en toute hâte son chef d'état-major, le comte de Bardenfleth, qui changea les corps dont j'avais eu particulièrement à me plaindre, acheva de rétablir l'ordre et la discipline parmi les autres, et remplaça le général danois que j'avais trouvé à Lübeck par le général de Lassen, dont je n'eus qu'à me louer, et qui, notamment, établit et maintint la meilleure intelligence entre les troupes françaises et danoises (1).

Nous étions au 19 juillet, l'armistice pouvait finir le 25 à minuit; nous avions donc encore six jours de garantie contre toute hostilité, lorsque je reçus de l'auditeur au conseil d'État Lecocq, commissaire supérieur de police à Lübeck, des rapports portant que l'ennemi, entrant en mouvement sur tout notre front, était de tous côtés rejoint par de nouvelles troupes, et qu'au mépris de l'armistice le prince royal de Suède, qui commandait toutes les forces russes, prussiennes, suédoises et mecklembourgeoises qui se trouvaient devant nous, passerait la Wackenitz et la Stecknitz le lendemain 20, et marcherait sur moi. De fait, ses postes, ses patrouilles, ses vedettes se succédaient et se multipliaient sur toute la ligne; tous les villages s'encombraient de soldats, et les habitants du territoire neutre qui séparait les deux

se faire dorénavant mieux informer, lorsqu'il se permettrait de parler de choses me concernant, et pour lui observer que, dans le cas dont il s'agissait, il aurait pu commencer par m'écrire.

(1) Cependant une autre contestation s'éleva relativement à l'exécution d'un de mes ordres. J'en référai au maréchal, auquel j'écrivis : « Je suis persuadé que MM. les généraux danois n'y mettent aucune intention d'inconvenance; mais ils devraient savoir que l'autorité militaire n'admet pas de partage. Comptez, du reste, que je ferai toujours ce qui me semblera possible pour concilier leurs désirs avec ce que les circonstances commanderont. » Et mes ordres furent maintenus.

armées déménageaient et fuyaient en masse. Or ce qui pour moi compliquait cette position, c'est que, d'après les instructions du prince d'Eckmühl, Lübeck, que l'on avait cependant fait fortifier par tous les moyens possibles, n'était pas un des points à conserver si l'ennemi prenait l'offensive ; dans ce cas, il m'était prescrit de me retirer. Il faut même ajouter que, par une inconcevable inadvertance, le prince, si minutieux et si prolixe, ne m'avait pas informé que le corps du prince de Hesse venait de prendre position au nord de la route de Hambourg à Lübeck, de sorte que je ne voyais d'appui qu'à Hambourg, dont j'étais séparé de dix-sept lieues, et de salut que dans une retraite ; et cette retraite me semblait d'autant plus compromise que le prince royal de Suède, manœuvrant par ma droite, ne pouvait manquer de la couper en deux marches. Et pourtant, même dans l'hypothèse d'un entier isolement, comment se retirer sur des ouï-dire ou sur des démonstrations qui, avec l'apparence de mouvements préparatoires à une grande attaque, pouvaient n'être que des ruses de guerre ? Et cela était d'autant plus sérieux que, dans les rangs de mes troupes danoises, fort braves sans doute, personne n'avait la moindre idée de la guerre, ainsi que des gaucheries et des erreurs me le révélaient chaque jour, et, de mes propres troupes, aucun soldat n'avait encore tiré à la cible, aucun canonnier n'avait pointé une pièce.

Cependant, vis-à-vis d'un chef comme le prince d'Eckmühl, il ne fallait pas donner prétexte à ce qu'il pût être en droit de réprimander. Je fis donc commencer sur Hambourg l'évacuation de tout ce qui pouvait m'embarrasser, les hôpitaux y compris, et je chargeai mon aide de camp, de Montmorillon, de porter au prince les rapports que je venais de recevoir et une lettre dans laquelle je lui demandai de considérer quelle serait ma position si l'ennemi s'emparait de la hauteur qui, en arrière de ma droite, se trouve à la jonction de la Stecknitz et de la Trave. Le prince me répondit à l'instant même pour m'annoncer un renfort de quinze cents à deux mille Danois, en attendant qu'il pût m'envoyer ma seconde brigade; il me disait encore de faire occuper par trois compagnies et par trois pièces de canon la position que je lui signalais; disposition que, dès le départ de Montmorillon et sans attendre les ordres qu'il me rapporterait, j'avais prise et exécutée. Mais je ne m'en étais pas tenu là, et, pour être averti de partout à la fois, pour avoir sur les points les plus importants des avant-gardes, que d'ailleurs je m'étais ménagé les moyens de faire replier ou de soutenir par mes réserves, j'avais établi trois autres camps, tous trois couverts par une chaîne de postes de cavalerie, savoir, un camp français à Muisling, un autre à Hohewarte et un camp danois à Rollebeck, et, mes dispositions faites, j'en écrivis jusqu'aux moindres détails au prince, qui les approuva; toutefois l'attaque si positivement annoncée par M. Lecocq n'eut pas lieu; toutes ces démonstrations étaient des ruses de guerre du prince royal de Suède, qui, avant de se réunir avec presque toutes ses forces aux autres grandes armées de la Coalition pour accabler Napoléon, s'était amusé à nous donner cette alerte.

L'armistice n'avait donc pas été violé, et nous fûmes même informés qu'il était prorogé au 15 août, jour de la fête de l'Empereur. Le fait nous parut singulier. L'Empereur s'était-il imaginé que, par souvenir d'Austerlitz, ses troupes doubleraient d'ardeur et de dévouement? Mais les hommes des farandoles du 1er décembre 1805 n'existaient plus, et je ne sais combien de fois ils avaient été remplacés dans les rangs, puis rejoints dans la tombe.

v. 5

Quant à l'ennemi, s'était-il figuré qu'il pourrait nous surprendre dans l'ivresse des fêtes? Cela n'était guère supposable. Quoi qu'il en soit, et quelque service qu'on eût rendu, on ne commettait pas impunément avec le prince d'Eckmühl des erreurs de la nature de celle de M. Lecocq et de ses agents; aussi je reçus l'ordre de faire arrêter les trois agents qui avaient donné ces nouvelles, de les envoyer à Hambourg et de signifier à M. Lecocq sa destitution; une pareille mesure était injuste et mauvaise, car les mouvements annoncés avaient eu lieu. M. Lecocq et ses agents avaient été trompés sur les forces, sur le but, mais ils n'étaient pas militaires; des militaires même pouvaient s'y méprendre; bien plus, ils eussent été cent fois criminels, s'ils n'avaient pas rendu compte de tout ce qu'on leur avait dit. Ils auraient pu sans doute être moins affirmatifs, mais en dernière analyse c'étaient les chefs de l'armée qui devaient en juger. En admettant même qu'il se trouvât de faux agents parmi ceux employés par le sieur Lecocq, pour les traiter comme tels, il fallait autre chose que de simples suppositions. D'ailleurs, n'avaient-ils fait que de faux et insignifiants rapports, ces agents, grâce auxquels je fus le premier chef militaire qui apprit que, à l'instigation de Bernadotte, Moreau venait de débarquer à Gothenbourg et de partir pour rejoindre Alexandre, si bien que je pus en informer de suite le maréchal, qui transmit ainsi cette grave nouvelle avant toute autre? Enfin il nous restait trop peu d'hommes voulant encore nous servir d'espions, pour sacrifier ainsi ceux qui n'avaient été que dupes de leur zèle. Et qu'eût-ce été si j'avais exécuté l'ordre de faire administrer à quiconque donnerait une fausse nouvelle cinquante coups de bâton par jour, et cela pendant huit jours, tout en menaçant les auteurs de tout rapport faux de les faire fusiller?

C'était le moyen de les faire tous fuir; mais les aberrations étaient familières à Son Excellence.

L'excès en tout est un défaut, et personne ne m'a plus souvent rappelé ce vieux proverbe que le maréchal Davout. Ainsi la vigueur est indispensable dans un grand commandement, et il y substituait la violence, la grossièreté, la cruauté; il faut une ténacité raisonnée, et il n'avait qu'une obstination animale; il faut savoir dominer les détails, et il se perdait dans les plus misérables minuties; il faut, pour tirer parti de tout, ne demander que le possible, et il exigeait sans cesse l'impossible; il faut exciter le zèle, et il rebutait tout le monde; il faut une sorte de défiance prudente, et il poussait la méfiance au point qu'il ne s'en rapportait à personne pour interroger même des gens dont évidemment il n'y avait rien à tirer; ainsi il me loua de lui avoir envoyé de Travemünde à Hambourg les trois hommes de l'équipage d'un yacht mecklembourgeois capturé à tort ou à raison par deux corsaires qu'il m'avait fait armer en course. Et en quoi consistaient ses interrogatoires? C'était une pitié; mais tout cela était l'inévitable conséquence de la médiocrité aux prises avec les plus grands devoirs et d'une activité fiévreuse, d'un entêtement buté qu'aucune considération humaine ne pouvait retenir dans quelques bornes que ce fût.

En quatre jours il bouleversa deux fois tout mon commandement. Le 25 juillet, au moment où les hostilités pouvaient encore recommencer, il m'avait fait prévenir par le général de Laville que ma division conservait son numéro trois (1), puis, le 29, que ma division ne serait

(1) Le 25, et sous le numéro trois, ma division se composait : 1° des quatre bataillons du 48° de ligne et des quatre bataillons du 108° formant, sous les ordres du général Leclerc, ma première brigade; 2° des quatre bataillons du 15° léger, et des premier et deuxième

plus la troisième, mais la quatrième, et ce fut l'occasion d'un micmac de régiments qui fit le plus grand tort à l'instruction. Ces changements de numéros, de division et de généraux me parurent assez sérieux pour me faire désirer d'en avoir l'explication, et, en me répondant que j'avais une belle division et de bons généraux, ce qui était vrai, mais ce que je ne demandais pas (1), on m'informa que ce changement de division résultait d'un ordre antérieurement donné par le major général, et dont le général Loison avait réclamé l'exécution, afin que le numéro de sa division cadrât avec l'ancienneté de son grade. Mais, en ce cas, pourquoi s'en être écarté, le 25 juillet, pour y revenir le 29, puis par modification le 9 août? Pourquoi avoir pendant deux mois fait courir les bataillons du 111e de Hambourg à Lübeck et de Lübeck à Hambourg, tout comme si on avait voulu les faire jouer aux barres?

Sur ces entrefaites, des bruits de paix avaient pris quelque consistance, et j'eus la pensée de faire venir ma femme. J'en écrivis au général de Laville, qui me

bataillons du 44e de ligne, formant ma seconde brigade, sous les ordres du général Lauberdière, ces généraux et ces troupes se trouvant à Hambourg; l'intention du maréchal était cependant que, jusqu'à nouvel ordre, je restasse à Lübeck pour y commander supérieurement.

Le 29, ma division, prenant le numéro quatre, se composait, savoir : la première brigade, aux ordres du général Gengoult, des quatre bataillons du 30e de ligne et des quatre du 61e, et la seconde brigade, commandée par le général Delcambre, des deuxième et troisième bataillons d'abord, et dix jours plus tard des troisième et quatrième bataillons du 33e léger et des quatre bataillons du 111e de ligne, régiment qui, par parenthèse, et je ne sais plus combien de fois, avait déjà fait partie de ma division, à laquelle il appartenait, puis, attribué à d'autres divisions, ne les rejoignait que pour les quitter aussitôt.

(1) Les divisions d'infanterie sont généralement de quatre régiments de deux bataillons chacun. Les divisions du treizième corps étaient chacune de quatorze bataillons.

répondit qu'il y voyait d'autant moins d'inconvénient que Mme la princesse d'Eckmühl était en ce moment auprès du maréchal; toutefois il croyait devoir me prévenir que, si les hostilités recommençaient, le maréchal, ainsi qu'il l'avait déjà fait pour la femme du général Michaud, ne permettrait à aucune femme d'officier général de rentrer en France. C'était cent fois déterminatif quant à ma femme, si facile à effaroucher, et dont je me rappelais les terreurs folles vis-à-vis des Espagnols.

Nous venions cependant d'entrer dans ce mois d'août prédestiné à commencer une série de désastres, qui pour nous ne devaient avoir ni terme ni mesure; mais, en ce qui me concernait, les corps placés sous mes ordres continuaient à s'instruire; Lübeck, mise à l'abri d'un coup de main, ne renfermait plus que quelques centaines de malades pouvant donner lieu à une évacuation; Travemünde, fortifiée, avait reçu une garnison danoise, ce qui avait permis de faire rentrer en ligne les trois cents hommes du 111ᵉ régiment, qui formaient la garnison primitive; le commandant du fort, approvisionné en vivres, en munitions et en argent, était pourvu d'une instruction complète et précise; les troupes, que les victoires de Lützen et de Bautzen servaient à électriser, s'exaltaient au nom de l'Empereur et prenaient confiance en elles-mêmes; pour moi, les détails diminuaient; la correspondance qui n'avait pu manquer d'être immense entre un chef ayant la maladie de tout prévoir, de tout écrire, et un subordonné qui, pour couvrir sa responsabilité, faisait autant de questions qu'il recevait d'ordres, cette correspondance se ralentissait faute d'aliments, et, de cette sorte, c'est avec une certaine quiétude que nous approchions du moment où l'armistice allait finir. La fête de l'Empereur se préparait sans trop d'appréhensions lorsque, le 9 août, je fus informé qu'elle serait célébrée le 10. Je ne suis pas superstitieux; mais c'était un fâcheux anniversaire, qui de nouveau me remit en mémoire le terrible pronostic des fêtes du mariage en 1810. Pour en revenir à la célébration du 15, qui devenait pour la circonstance le 10 août, on la voulut imposante et impérative; à Lübeck, elle fut l'un et l'autre.

Le 9 au soir, le canon l'annonça, et la ville fut illuminée; le 10, à six heures du matin, à midi et à six heures du soir, de nouvelles salves furent tirées. Suivi des corps d'officiers, des autorités et des personnages les plus notables, escorté de deux compagnies d'élite françaises et de deux danoises, notre cortège se rendit solennellement à la cathédrale, où un *Te Deum* fut chanté. A deux heures eut lieu la revue de toutes les troupes françaises et danoises, maniement d'armes et manœuvres.

La plaine où s'était passée cette revue devait être aussi le lieu du banquet qu'on servit à six heures. Au milieu, des arbres séculaires formaient les trois quarts d'un cercle s'ouvrant à l'est et qu'on utilisa comme salle de verdure; une vaste table ronde y fut dressée pour les autorités, pour les officiers supérieurs, etc.; puis, en dehors du cercle des grands arbres et dans le prolongement de la table ronde, une longue table de deux cent soixante couverts s'étendait entre des lignes de jeunes sapins coupés; elle était destinée aux officiers subalternes. Quant aux troupes, on avait dressé pour elles et dans une grande allée bordant cette vaste plaine autant de tables qu'il y avait de bataillons : les tables à numéros impairs pour les Français, les tables à numéros pairs pour les Danois. Le repas terminé, je portai, au bruit du canon, la santé de l'Empereur, et les Danois rivalisèrent avec les Français pour faire éclater le tonnerre des vivats auquel toutes les tables des soldats répondirent. Enfin le colonel du 111°, qui, en l'absence de nos deux généraux de brigade, commandait celles de mes troupes réunies à Lübeck, porta la santé du roi de Danemark, accueillie de part et d'autre par des acclamations égales; alors, suivi de tous mes convives, j'allai visiter chacune des tables des bataillons, et mon passage fit redoubler les cris de : Vive l'Empereur ! A huit heures et demie, la ville fut réilluminée, et, grâce à la propension qui entraîne toutes les femmes au plaisir, grâce à la curiosité, mais aussi à la peur (1), les cinq cents personnes les plus distinguées de Lübeck se réunirent pour un bal, qui dura toute la nuit et que je me bornai à ouvrir: A dix heures fut tiré un feu d'artifice. Telle fut cette fête, favorisée par un temps magnifique et pendant laquelle mes troupes se livrèrent à une indicible exaltation et les Danois renchérirent sur ce qu'on pouvait attendre d'eux; fête à laquelle les habitants eux-mêmes prirent une part que j'aurais crue impossible; c'était la dernière qui dût être célébrée en l'honneur de l'homme extraordinaire qui depuis dix-sept ans avait associé la France entière à tant de triomphes et de fêtes.

(1) Un officier danois appartenant au bataillon de Fionie, et dont les *Souvenirs* ont été publiés dans la *Revue de Paris* (2e année, n° 12, p. 831), a donné de cette fête une description qui complète avec beaucoup d'intérêt les quelques détails que donne ici le général Thiébault. Nous renvoyons le lecteur à cette description, et nous nous contentons d'y relever ce trait caractéristique. Pour le bal qui devait suivre la fête, nombre de dames hostiles à l'alliance française s'étaient excusées, et le bal eût été maussade si le général Thiébault n'avait envoyé à ces dames le major de la place chargé de leur annoncer que toutes celles qui ne danseraient pas le soir iraient travailler le lendemain sur les remparts. L'expédient fit son effet, et, si toutes les dames étaient arrivées avec des mines graves, la « Pirvalss » eut bientôt réchauffé les cœurs. (Éd.)

CHAPITRE III

Cependant, tout en ordonnant et en réglant cette célébration, je n'avais pas dû négliger des occupations bien autrement sérieuses. J'étais confidentiellement prévenu par le maréchal que si les hostilités recommençaient, Lübeck devant être évacuée, je ne recevrais à ce sujet mes ordres qu'au dernier moment, et que par conséquent, et à dater du 12, il fallait me tenir prêt à exécuter, deux heures après les avoir reçus, tous les ordres qui pourraient m'être adressés (1). Le 13 et le

---

(1) A une cinquantaine près et naturellement choisis parmi les moins malades, tous les militaires qui se trouvaient dans les hôpitaux avaient été évacués, les Danois sur Bramstedt, les Français sur Hambourg; et cette évacuation fut attribuée au désir de soulager Lübeck. Sous différents prétextes, tout ce qui était équipages partit, le 11, pour Hambourg, à l'exception de trois calèches, la mienne y comprise. La garnison de Travemünde était définitivement composée de trois cent soixante-neuf Danois, dont quarante-trois artilleurs, de vingt-deux douaniers français à pied, de douze marins et d'un état-major de trois personnes. Le 12, je me rendis dans ce fort pour compléter les instructions précédemment données; j'y joignis un plan directeur et une instruction sur le tir à boulet rouge. Deux grils pour chauffer les boulets arrivèrent, ainsi que tous les bois de construction qui pouvaient y devenir nécessaires. Un mois de solde (6,736 francs) fut versé entre les mains du chef de bataillon Loyli, commandant le fort, où on construisit deux fours et on fit un grand amas de gazon; je donnai au commandant un nouveau chiffre; j'expédiai de Lübeck trois bâtiments gréés, garnis de mâts, voiles, rames et gouvernails de rechange; mais, pour échapper aux postes de l'ennemi, je fis faire à ces bâtiments

14 août se passèrent dans le silence, espèce de calme précurseur des bourrasques. A trois heures du soir, un courrier, expédié dans la nuit et qui m'arriva vers midi, m'apporta la nouvelle que l'armistice avait été dénoncé le 12, et que les hostilités recommenceraient le 17, puis l'ordre de quitter Lübeck dans deux heures avec toute l'infanterie et l'artillerie françaises et danoises; de venir coucher avec la totalité de ces troupes à Oldesloe et d'en partir le lendemain, 16, pour Wandsbek, où je trouverais de nouveaux ordres. Quant à Lübeck, il fallait nier que cette ville devait être évacuée, annoncer qu'elle allait être couverte par le mouvement de l'armée, ordonner que le sous-préfet, M. Himbert de Fergny, le commandant de la place, M. de Saint-Bias, le commissaire des guerres et leurs employés y restassent, et y laisser tout ce qui s'y trouvait de gendarmes, les douaniers au nombre d'une centaine et toute la cavalerie danoise (1).

un trajet de nuit, de même que, pour pouvoir répondre au feu des postes, je fis monter chaque bâtiment par vingt-cinq hommes d'infanterie. Le prétexte d'un tel envoi était de faire des reconnaissances dans le golfe de Dassow; le but était de transporter au besoin la garnison de Travemünde à Kiel, dans le Holstein. Quant aux équipages, ils devaient être composés de douze marins et de vingt-deux douaniers, qui en outre étaient destinés à servir d'interprètes entre le commandant du fort et les Danois. Et de cette sorte tout ce qui avait rapport à Travemünde, à sa défense et même à la retraite de sa garnison, tout ce qui tenait même à l'évacuation de Lübeck, se trouva terminé ou préparé autant que cela pouvait l'être.

(1) Tout ceci est le comble de l'absurdité; car, si cette cavalerie avait été vigoureusement attaquée de nuit ou même de jour par un corps qui se serait brusquement jeté entre elle et la ville, je ne sais au monde ce qui aurait pu sauver les autorités, les cent cinquante Danois, les cent douaniers et les gendarmes que nous laissions à Lübeck. Le mouvement que le maréchal allait exécuter ne pouvait même les sauver, pendant bien des jours du moins, car il laissait plus de dix heures entre sa gauche et la droite de cette

Certes tout ce qui avait pu être préparé en vue d'un départ rapide l'avait été; mais il est des choses qui, de peur de donner l'éveil, ne doivent pas être faites d'avance, d'autres qui par leur nature ne peuvent pas l'être; de ce nombre étaient les cinq jours de vivres qu'il fallait distribuer aux troupes pour le moment du départ; les vivres étaient prêts, mais il fallait en effectuer et régulariser la distribution, ce qui, pour douze bataillons, ne pouvait être instantané. En outre, ce 15 se trouvait être un dimanche, et un dimanche, à trois heures après midi, à moins d'ordres immédiatement renouvelés pour que chacun reste à son poste, il est un degré de dispersion qui est inévitable. De plus, il pleuvait à flots, et rien ne retarde autant que le mauvais temps. Enfin, ayant reçu vers neuf heures du matin, et comme à l'ordinaire, mes dépêches de la veille, ayant été informé par elles que l'on n'avait encore aucune nouvelle que l'armistice fût dénoncé, je ne m'attendais plus à recevoir ce jour-là des ordres de mouvements. Les embarras furent donc égaux à l'étonnement; toutefois je fus frappé de l'idée qu'un grand motif devait se rattacher à cette double et triple marche rétrograde, si brusquement ordonnée, et, tout ce qu'on put faire au monde pour accélérer un départ ayant été fait, les troupes purent être mises en mouvement entre cinq et six heures du soir.

Parmi les dispositions que j'avais eu à prendre pour faire exécuter les ordres du maréchal, et que je relate ci-dessous (1), il en est une à citer parce qu'elle donne assez

---

ville. Quant aux douaniers, ils donnèrent lieu à un de ces gâchis si fréquents avec le maréchal. L'ordre du 15 m'ordonne à une page de me mettre en route avec eux, à une autre de les laisser, ce que je fis, car en pareil cas c'est le dernier ordre qui s'exécute.

(1) Indépendamment de cette foule d'objets ou de détails sur les-

bien la physionomie de ce maréchal. En communiquant au préfet toutes ces dispositions, je dus en même temps lui enjoindre de faire porter immédiatement tout l'argent pouvant se trouver dans les caisses et de faire savoir aux habitants qu'il n'y aurait *plus d'amnistie pour des actes de révolte, que nous serions désormais aussi sévères que nous avions été cléments, et qu'ils n'en seraient plus quittes pour de l'argent.* Ces mots d'amnistie et de clémence étaient au dernier point comiques dans la bouche du prince, qui avait dépassé même les bornes de la rigueur, et, quelque cher qu'ils eussent payé, les habitants étaient

quels on ne peut statuer ou même être appelé à statuer qu'au dernier moment, il avait fallu prévenir le colonel du 111e, remplaçant un de mes généraux de brigade, du mouvement qu'il avait à exécuter avec l'infanterie et l'artillerie de ma division, et de l'ordre de bataille dans lequel il devait marcher.

Donner au général de Lassen les mêmes ordres relativement à l'infanterie et l'artillerie danoises qui devaient marcher avec moi jusqu'à Hamberge et de là rejoindre leurs corps d'armée à Siecse. Lui ordonner, en outre, de laisser sa cavalerie à Lübeck et de remettre pour instructions au commandant de cette cavalerie : 1° de sortir de la ville dans la nuit du 16 au 17 et de prendre position sur la route d'Oldesloe ; 2° de ne continuer à tenir la ville que par cent cinquante hommes ; 3° dans l'hypothèse où il aurait à se replier devant des forces supérieures, de prévenir le plus à l'avance possible le commandant de la place et le sous-préfet, sans lesquels il lui était défendu de se retirer.

Faire écrire au commandant des troupes de la garnison de Travemünde de se conduire avec toute la vigueur que les circonstances pourraient commander et de se battre contre les ennemis de l'Empereur, comme ses troupes se battraient contre les ennemis de leur roi.

Prescrire au commandant de la place de faire relever par la cavalerie danoise tous les postes de la place dont il fallait réorganiser le service ; l'informer de la continuation de ses fonctions, tant que la place serait occupée par la cavalerie danoise, avec laquelle au besoin le sous-préfet et lui se retireraient sous l'escorte personnelle des gendarmes et des douaniers.

Écrire au maire, pour lui rappeler les nouveaux devoirs que les circonstances lui imposaient, et lui enjoindre d'adresser au maréchal toutes les nouvelles qu'il pourrait se procurer, etc.

loin d'en avoir été quittes pour de l'argent, puisqu'on en avait déporté six cent quarante-quatre et fusillé plusieurs. Une dernière phrase de l'ordre du maréchal les concernant n'était pas moins burlesque : « Qu'ils fassent des vœux, disait-il, pour qui ils voudront, mais qu'ils se bornent à cela. » Quelle manière d'assurer des amis à son souverain, et cela dans une ville qui alors faisait partie de l'empire français !

Enfin, ayant ordonné de retirer ou de couler tous les bacs, de fermer les portes de la ville et de ne laisser passer personne sur la droite de la Wackenitz et de la Trave, ayant attribué le mouvement intempestif que j'exécutais à une revue générale que, le lendemain 16, le maréchal devait passer de son armée en arrière d'Oldesloe; après avoir répandu le bruit qu'il marchait sur Ratzeburg, je lui rendis compte que ses ordres étaient exécutés, et je quittai Lübeck à sept heures du soir.

Depuis que j'avais le malheur de servir dans son corps d'armée, j'avais reconnu, et cent fois pour une, à quels justes titres le maréchal était exécré. Cette inquiétude soupçonneuse et malfaisante qui ne laissait ni sécurité ni repos à ceux qui dépendaient de lui; ce système d'exiger toujours l'impossible pour avoir toujours un prétexte de paraître mécontent; cette brutalité qui rendait grossière la moindre observation qu'il se croyait en droit de faire; le souvenir, la continuation de cet espionnage auquel personne n'échappait et par suite duquel, dénonciateur forcené de ses généraux, il affichait un dévouement de bourreau; sa réputation de séide à laquelle il devait si atrocement déroger, lorsqu'en 1815, pour décider Napoléon à quitter la Malmaison, il le fit menacer d'aller lui brûler la cervelle de ses propres mains; toutes ces manières farouches justifiaient de reste cette exécration; mais enfin, abstraction faite de son affreux caractère et en dépit de cent preuves de médiocrité et d'insuffisance, j'étais encore persuadé qu'en fait de dispositions militaires, et sur le champ de bataille, ce maréchal était un homme d'un ordre supérieur. La nature, me disais-je, est parfois bizarre; elle peut être prodigue sous un rapport, avare sous tous les autres, et cet homme, si misérable en conversation, si délayé, si minutieux dans la correspondance, cet homme en qui je n'ai surpris ni sagacité dans la pensée, ni étendue dans les vues, ni rectitude dans le jugement, doit avoir le génie, ou du moins l'instinct et, comme dernière expression, la base de la stratégie et des combats. L'Empereur est un trop grand homme pour ne pas être un grand juge; il n'a pas élevé le maréchal au faîte des dignités militaires, des honneurs, de la fortune sans motifs de guerre et sans raison d'État; aussi, quoique l'on répète partout qu'il n'a dû ses succès qu'au bonheur d'avoir toujours été secondé par des généraux d'une haute capacité, et qu'il doive notamment son beau combat d'Auerstaedt aux Friant, aux Morand, aux Gudin, quoiqu'il ait été redevable à Gauthier des services qu'il rendit à Eylau, il est impossible d'admettre qu'il n'ait pas guidé ses lieutenants, et qu'en résultat il ne fût pas à la hauteur de son rôle. Et telles furent les pensées qui m'occupaient et la conséquence à laquelle j'arrivai en barbotant dans les chemins les plus mauvais et par le temps le plus déplorable. Mais, revenant à ma position, comment ne pas chercher à deviner le motif d'un mouvement aussi extraordinaire et, de cette sorte, ne pas s'arrêter à la supposition que le treizième corps allait quitter ces contrées pour rejoindre en toute hâte le quartier impérial, ou se porter sur le flanc ou même en arrière du flanc droit d'une des armées qui faisaient face à l'Empereur, sauf, et après avoir aidé à frapper un grand coup, à revenir sur ses pas? Cette supposition, d'accord avec plusieurs des manœuvres de l'Empereur et qui par malheur ne se trouva pas fondée, pouvait seule me faire comprendre une marche aussi longue, une marche de nuit aussi pénible, et alors qu'on aurait eu pour la faire aussi bien toute la journée du lendemain; je ne regardais donc plus quelques phrases de mon ordre que comme une ruse employée vis-à-vis de moi, et Wandsbek comme l'un des lieux du rassemblement général de l'armée en avant de Hambourg.

Ayant forcé de marche par la pluie et à travers des terres défoncées par trois jours de déluge, ayant accordé à peine quelques haltes à mes troupes, elles étaient harassées lorsque le 16, à quatre heures du matin, j'arrivai à Oldesloe. Je devais en repartir de grand matin pour Wandsbek, et il n'y avait pas moyen d'y passer plus de deux heures; j'étais d'ailleurs très pressé de savoir définitivement à quoi m'en tenir; je me remis donc en route vers six heures, ayant laissé les Danois qui rejoignirent le corps d'armée du prince de Hesse, et j'arrivai vers le soir à Wandsbek, où je ne trouvai, en fait de troupes, que les troisième et quatrième bataillons du 33e léger, mais où m'attendait le général Delcambre, commandant ma seconde brigade, militaire distingué, homme charmant, qu'à tous égards je me félicitai d'avoir dans ma division; il me transmit l'ordre de me porter au camp de Glinde avec la totalité des troupes de ma deuxième brigade, après leur avoir fait manger la soupe à Wandsbek; en même temps il me donna des renseignements qui témoignaient assez clairement que nous marchions vers la Stecknitz sur Lauenburg.

Je crus rêver. La Stecknitz, espèce de canal formé par la nature, communiquant avec l'Elbe à Lauenburg, se jette dans la Trave à une petite lieue au-dessus de

Lübeck. Son cours est environ de dix-sept lieues, distance à peu près égale à celle qui se trouve entre Lauenburg et Hambourg, d'où il résultait que, pour arriver le dernier, avec des troupes exténuées, là où en remontant simplement en ligne droite le cours de la Stecknitz, j'aurais pu arriver le premier avec des bataillons dans le meilleur état et sans fatigue, comme sans peine, j'avais fait de trop les dix-sept lieues qui de Lübeck m'avaient amené près de Hambourg à Wandsbek. Dira-t-on que l'ennemi était avancé de manière à me compromettre? Mais d'une part le maréchal devait savoir que, sur ce point, les forces de l'ennemi et l'espèce de ses troupes le rendaient peu formidable, et que, pouvant être appuyé par le corps danois, je ne courais aucun risque; d'autre part, si cette combinaison n'offrait pas assez de sécurité, si le maréchal craignait pour moi une lutte trop inégale, s'il renonçait par cette considération aux mouvements de flanc que les Danois et moi nous pouvions exécuter, si enfin il ne se jugeait pas assez en mesure avec toute sa cavalerie, avec les vingt-huit bataillons des troisième et cinquième divisions, avec dix bataillons de la mienne, ne devait-il pas m'envoyer dix bataillons restés à Hambourg, ou bien se porter au-devant de moi avec toutes ses forces jusqu'à Oldesloe, pour manœuvrer en masse sur la droite de l'ennemi, ce qui aurait suffi, et pour arrêter celui-ci, et pour le faire rétrograder, ainsi que nous ne tardâmes pas à en avoir la preuve? Mais il nous était impossible d'admettre, à Delcambre et à moi, qu'en aucun cas et sans absurdité le maréchal eût pu me lancer dans les mauvais chemins, pour une marche inutilement rétrograde qui me fit entrer cent dix hommes à l'hôpital, coûta deux mille paires de souliers à mes troupes et causa des avaries graves à mon matériel d'artillerie, si vraiment ce mouvement n'était justifié par les circonstances, c'est-à-dire pour nous réunir en vue d'un grand mouvement d'ensemble. Or les derniers rapports reçus avaient confirmé l'éloignement successif de beaucoup de corps ennemis que nous pouvions suivre; le maréchal ne devait avoir à cet égard doute ni incertitude; pour qu'il lui en restât, il faudrait supposer qu'il ignorât la situation respective des armées et les opérations par lesquelles l'Empereur comptait débuter dans cette nouvelle campagne; cela est inadmissible, et quelques mots sur la position et les plans de l'Empereur suffiront pour le démontrer.

L'Empereur était assailli par 600,000 hommes, dont 500,000 étaient en ligne, 100,000 détachés ou encore en arrière. Or, à opposer à ces 600,000 hommes, l'Empereur en avait 300,000, sans compter les 100,000 hommes si déplorablement disséminés dans les places, 24,000 hommes laissés en Bavière avec le maréchal Augereau, 37,000, y compris 12,000 Danois, sous les ordres de Davout, toutes forces perdues avec lesquelles il aurait pu réunir sous son commandement 400,000 hommes. Pourtant il avait vaincu avec une plus grande infériorité de troupes, mais tout était changé; nos invincibles soldats n'étaient plus que des enfants débiles, pleins de vaillance sans doute, mais sans expérience et sans force, et trouvant en face d'eux l'élite des vieux soldats du monde fanatisée par l'exaspération des peuples, alors que, par ses cris de paix, la France attiédissait le zèle de ses derniers défenseurs. Nos chefs n'avaient plus de véhémence, d'énergie que pour se plaindre de la guerre, tandis que ceux de l'ennemi, enhardis par nos désastres, ne pouvaient suffire aux excitations de leur haine et au besoin de vengeance. Il semblait d'ailleurs que les généraux ennemis eussent acquis par de longues défaites ce qu'un grand nombre des nôtres avaient désappris dans la fortune; Napoléon lui-même n'était plus ce qu'il avait été. En outre, le théâtre de cette lutte colossale s'était agrandi d'une manière effrayante. Ce n'était plus un de ces terrains dont on pouvait tirer parti par une manœuvre cachée, habile, soudaine, et à laquelle quelques heures ou du moins un ou deux jours pouvaient suffire; Napoléon n'était pas enveloppé comme à Austerlitz; il ne pouvait pas tourner son ennemi comme à Marengo ou à Iéna, ou bien ruiner une armée par la destruction d'une de ses ailes comme à Wagram. Et en effet Bernadotte au nord avec 160,000 hommes, Blücher à l'est avec 140,000, Schwarzenberg au sud avec 190,000, tout en faisant face et en menaçant, se tenaient à une telle distance qu'ils ne laissaient de chance à aucun de ces mouvements imprévus et rapides qui, décidant d'une campagne ou d'une guerre par une seule bataille, avaient fait la gloire de Napoléon. L'homme s'anéantissait devant l'espace. De plus, Napoléon n'avait eu affaire jusqu'alors qu'à une seule armée ennemie à la fois, et il en avait trois en tête; il ne pouvait en attaquer une sans prêter le flanc aux autres. Mais encore toutes ces masses obéissaient à une seule impulsion, à une seule pensée, et, suprême atteinte du destin, un Français, sans même avoir les apparences de prétexte des Bernadotte ou des Langeron, imprimait le sceau de son génie militaire à cette coalition. L'histoire dira l'infamie de Moreau en répétant les préceptes dont il guida la marche de nos ennemis, et qui nous furent plus funestes que toutes les forces amoncelées contre nous; or voici ces préceptes dont j'ai déjà parlé, je crois; mais je ne crains pas de risquer de les répéter, tant ils furent observés par ceux qui les reçurent et tant ils jouèrent de rôle dans nos désastres : S'attendre à une défaite partout où l'Empereur donnera en personne, et se préparer d'avance à amoindrir le désastre et à le réparer. Éviter, autant qu'on le pourra, d'en venir aux mains avec lui, c'est-à-dire avec sa garde, ses corps et ses chefs d'élite; dans ce but, reculer dès qu'il se portera en avant, mais le suivre quand il reculera. — Attaquer et combattre ses lieutenants partout où on pourra les joindre. — Enfin, ses lieutenants battus et affaiblis, réunir aux forces existantes toutes celles qu'on y pourra joindre, marcher sur lui, lui arracher la victoire par quelques pertes qu'il faudra la payer, et ne plus lui donner de répit.

Tel fut le formidable plan de cette fatale campagne, et tout ce qui pouvait concourir à sa réussite s'accomplit. Rien n'y manqua, ni les fautes, ni le malheur, ni les défections, ni les infamies; il faut bien le dire, les fautes, dont les défections et les malheurs ne furent que les conséquences, n'émanèrent que de Napoléon et ne purent émaner que de lui.

Suivant l'auteur de l'*Histoire de Napoléon*, l'Empereur avait trois pensées dominantes pour cette seconde campagne de 1813 : l'occupation de Berlin par les armées concertées des maréchaux Davout et Oudinot; celle de Breslau par l'armée de Lusace, aux ordres du maréchal Ney; celle de Prague par la Grande Armée qu'il commandait. Pouvait-il croire que ces trois projets réussiraient? Ils manquèrent tous trois; mais si un seul avait manqué, que devenaient les autres? Ose-t-on se figurer une armée engagée contre des forces colossales et morcelée à Berlin, à Breslau et à Prague, en formant un angle saillant de plus de soixante lieues de base et de plus de cent dix lieues de face, c'est-à-dire qu'aucun des hommes arrivés devant Breslau ne devait jamais en revenir? Et tel fut, nous dit-on, le projet de Napoléon, qui certes ne devait plus être dans l'enivrement de la victoire et qui n'avait dû sa gloire qu'à la puissance des

calculs stratégiques grâce auxquels il était arrivé réuni
devant un ennemi divisé. Mais, en dépit de l'historien,
rien ne prouve que les trois expéditions dussent marcher ensemble, et on peut admettre que Napoléon ne
voulut mener de front que celle de Prague et celle de
Berlin, ce qui en vérité était déjà beaucoup trop.

Quoi qu'il en soit, il débute par un faux mouvement; il
parvient néanmoins à éloigner Blücher; mais il ne le
bat pas et se voit forcé de l'abandonner avant de l'avoir
défait. Il arrive devant Dresde que, dans la confiance de
son éloignement, Moreau et Schwarzenberg attaquèrent, et il remporte une victoire facilitée par l'absence
du corps de Klenau, et qui venge la patrie par la mort
de Moreau et achève de frapper d'anathème jusqu'à la
mémoire du traître. Mais déjà le malheur et la faute ont
porté leur fruit. Macdonald, enorgueilli de commander à
80,000 hommes qui ne devaient pas lui être confiés,
commence par transgresser les ordres qui portaient de
se borner à contenir Blücher; il attaque, malgré l'avis
de ses généraux, se fait abîmer et, pour couronner
l'œuvre, assure ou du moins accélère la réunion des
trois armées ennemies dont il avait mission d'empêcher
la jonction. Oudinot part de Bayreuth, les 19 et 20 août,
pour marcher sur Wittenberg, quitte le 21 la route de
Torgau qu'il devait suivre, et le 22, ayant dirigé le quatrième corps sur Blankenfelde, le douzième sur Ahrensdorf et le septième sur Gross-Beeren, il y fut défait par
Bernadotte, qui, pour battre cette armée avec ses
100,000 hommes, n'eut besoin que d'en forcer le centre.
Par suite d'ordres non parvenus, d'une ardeur de sous-
lieutenant, du tort de n'avoir pas gardé les hauteurs de
Peterswalde, du désir d'obtenir, un jour plus tôt, le
bâton de maréchal et de la faute énorme d'avoir arrêté
les mouvements des maréchaux Mortier, Marmont et

Saint-Cyr, avant de savoir si le corps le plus avancé, le plus compromis, s'est arrêté et est certain de ses derrières, Vandamme, qui le commandait, se porte et reste à Kulm, également malgré ses généraux, et y est enveloppé par toute l'armée de Schwarzenberg, et pris avec Haxo, Guyot et la moitié de son corps. Enfin Napoléon, que le désastre d'Oudinot n'éclaire pas sur le danger des morcellements, qui ne comprend pas qu'il ne peut être remplacé par personne, et que le rôle de la totalité de ses lieutenants doit se borner à lui donner le temps d'être partout où un combat sérieux doit être livré, Napoléon charge Ney de remplacer Oudinot et n'aboutit qu'à signaler Rohrbrück par un désastre nouveau; et, quoique résultant principalement de la trahison de deux divisions saxonnes, du refus de combattre opposé par deux de nos divisions de cavalerie, ce désastre n'accuse pas moins Napoléon. Maintenant, qu'en outre de ces désastres, on mette en balance l'inconcevable erreur de ne pas rappeler immédiatement à lui et le treizième corps et la division de Hambourg, et la garnison de Magdebourg et celle de Wittenberg, qui pouvaient encore le rejoindre; cette autre erreur non moins inconcevable qui lui fit laisser à Dresde, où grâce à Saint-Cyr ils furent pris, 32,000 hommes, alors qu'il marchait pour la seconde fois sur Blücher, et on comprendra que la campagne était perdue. L'explosion qui si intempestivement fit sauter le pont de l'Elster, détruit par un caporal de sapeurs, exécrable arbitre du salut de plus de 20,000 personnes et de tant de héros, cette explosion est un de ces faits qui ne servent plus qu'à prouver la rigueur du destin. Et en effet, poussés vers l'abîme par la fatalité, nous ne marchions plus que d'aberrations en malheurs (1) et de malheurs en humiliations.

(1) Au nombre de ces malheurs se trouvent sans doute l'erreur

Et maintenant je quitte ce théâtre de sang et de deuil, cette arène où toutes les puissances de l'enfer étaient commise relativement au corps de Ney, la non-arrivée des ordres adressés à Vandamme et l'explosion du pont de l'Elster; mais on peut encore citer : les vomissements dont Napoléon fut pris, au moment où il allait consommer en Bohême la défaite de l'armée de Schwarzenberg; l'arrivée du général Benningsen à la tête de 50,000 hommes au moment de la bataille de Leipzig.

Aussi bien aux malheurs et aux fautes, il faut ajouter les défections. Dans la première affaire contre Blücher et après un succès, un régiment de hussards westphaliens passe en entier à l'ennemi et se réunit à lui; dans le combat de Gross-Beeren, 1,500 Saxons se rendent et tournent leurs armes contre nous; de même à Rohrbrück, où Ney fut battu, deux divisions saxonnes, celles de Lecocq et de Sahrer, passent tout entières à l'ennemi et combattent avec lui; de même encore à la bataille de Leipzig, sous les yeux de leur roi et malgré tous les efforts du lieutenant général Zeschau, les deux dernières brigades saxonnes qui nous restaient, commandées par les généraux Ryssel et Brause, quittèrent nos rangs et, ayant passé à l'ennemi avec quarante pièces de canon, tournèrent ces pièces contre nous, et le général Zeschau, à qui ne restaient que cinq cents Saxons, continua à se dévouer avec eux. Enfin, à l'attaque de Leipzig, un bataillon badois, gardant la porte de Saint-Pierre, livra cette porte à l'ennemi.

Mais une défection plus odieuse, plus cruelle, cent fois plus fatale encore dans ses effets, était réservée à Napoléon; ce fut celle de Murat, qui, embauché dans son camp d'Ollendorf par le général autrichien comte de Mire, abandonna l'Empereur et, pour prix de tant de bienfaits, alla se réunir à la cause des rois qui avaient juré sa perte; acte digne de sa femme, qui sans doute pleure aujourd'hui sur le châtiment terrible que Murat a reçu et qui effacerait de son sang le souvenir de ces paroles malheureuses, quand elle osa dire que, du jour où l'Empereur l'avait faite reine, il n'avait plus été son frère.

L'Autriche, au surplus, auteur de cette défection, a décidé dans cette occasion du sort de la Coalition et du monde. C'est elle qui, ayant traîtreusement accepté la médiation, a fait du congrès de Prague un guet-apens et de l'armistice un prétexte, afin d'avoir le temps de mettre, pour la reprise des hostilités, 50,000 hommes en campagne en Italie et 130,000 en Bohême; c'est elle qui a fait violer la capitulation de Dresde; c'est elle qui, le 8 octobre, a forcé la Bavière à rompre son alliance avec nous et à nous déclarer la guerre; c'est elle qui, peu après, a entraîné contre nous et le roi de Würtemberg et le grand-duc de Bade; c'est elle qui, n'ayant plus rien de sacré que la perfidie et les trahisons, a violé le territoire en scène, et, lui substituant un véritable tréteau, j'en reviens au rôle nul, insignifiant, honteux, ridicule, que, grâce à son chef, le treizième corps et la division de Hambourg et les Danois ont joué à cette trop mémorable époque. Je sens, au reste, que faire figurer Davout à la place de Napoléon, c'est arriver à l'infini de la médiocrité par l'infini du génie ; mais mes souvenirs, par malheur, sont liés à cet homme ; c'est d'eux qu'il s'agit, et, lorsque j'ai ébauché le début de cette campagne, je n'ai voulu qu'une chose, établir qu'il était impossible que ce Davout ne connût pas les plans de l'Empereur et que notamment il n'eût pas jusqu'à l'itinéraire des mouvements d'Oudinot, avec lequel il devait s'emparer de Berlin. Or j'avais besoin de ces faits pour soutenir et justifier mes observations et mes jugements, au cours d'une investigation d'autant plus nécessaire qu'il me reste à convaincre même les plus incrédules de l'incapacité militaire d'un des plus mauvais hommes que Napoléon a voulu élever au niveau d'une inconcevable fortune.

Et je reprends mon récit. Cette digression l'a interrompu au moment où, arrivant de Lübeck à Wandsbek par une marche écrasante, je reçus, par l'intermédiaire du général Delcambre, l'ordre de me rendre dans la soirée même au camp de Glinde ; mais mes troupes,

---

de la Suisse, comme Blücher avait violé en 1800 une convention signée par lui et, dans cette seconde campagne de 1813, un territoire neutralisé par l'armistice.

Mais la rage des uns, la lâcheté des autres, l'ambition, la haine faisaient forfaire à tous les engagements, à toutes les garanties, à tout ce dont peuvent s'honorer les hommes. Et qu'ajouter lorsqu'on vit Alexandre et François, jouant les histrions politiques, faire faire des capitulations pour les rompre, des déclarations pour les démentir, des ultimatums pour les annuler avant qu'ils eussent pu recevoir les acceptations ? Ils ne contractaient d'engagement que pour les transgresser.

que j'avais précédées, ne pouvaient arriver à Wandsbek qu'à neuf heures du soir, et elles allaient arriver si exténuées qu'il eût été impossible de faire faire huit lieues de plus aux hommes et aux chevaux; quelque impératif que pût être l'ordre, je me bornai donc, en rendant compte du tout au prince, à envoyer le général Delcambre et les deux bataillons du 33ᵉ qu'il avait avec lui à ce camp, où il n'arriva qu'à deux heures du matin et avec des peines inouïes. Quant à moi, ayant autorisé le général Delcambre à prendre connaissance des lettres que le maréchal m'y adresserait, je restai avec mon artillerie et les quatre bataillons du 111ᵉ à Wandsbek, d'où je me remis en route seulement le lendemain de grand matin.

Cependant, tandis que, le 16 août, on m'ordonnait ainsi d'aller rejoindre au camp de Glinde le 30ᵉ de ligne appartenant à ma première brigade, on ordonnait directement à deux bataillons de ce 30ᵉ d'en partir avec le 15ᵉ léger, pour faire sous les ordres du général Pécheux une reconnaissance sur Lauenburg; en me prévenant de ce mouvement, on m'ordonnait de me rendre, le 17, avec ma seconde brigade à Bergedorf, afin de soutenir au besoin le général Pécheux; mais, pour appuyer une opération sur Lauenburg, j'étais plus à portée à Glinde qu'à Bergedorf, qui m'obligeait à un nouveau mouvement rétrograde. J'étais ahuri; toutefois ces inexplicables mouvements, qui auraient pu être si avantageusement simplifiés, eurent le lendemain leur explication. Le maréchal parut à Bergedorf et m'ordonna de nouveaux mouvements assez compliqués encore, mais qui finalement déterminèrent notre marche sur Lauenburg.

J'arrivai devant cette place le 19. L'ennemi l'avait couverte de redoutes et l'occupait avec dix-huit cents hommes et dix pièces de canon. L'attaque fut de suite résolue; les redoutes faisant face à la route de la rive droite de l'Elbe que nous suivions, le maréchal ordonna aux deux premiers bataillons du 30ᵉ de les enlever, et cet ordre fut exécuté avec la vigueur et l'assurance des plus vieilles troupes. Aux cris de : Vive l'Empereur ! le pas de charge et la baïonnette nous livrèrent en peu d'instants les redoutes, la place, toute l'artillerie de l'ennemi et quatre cents prisonniers, dont trois cents blessés, soit une perte de cinq cents hommes, y compris cent morts, alors que, grâce à la rapidité de l'attaque, la nôtre ne fut que de deux morts et de sept blessés. Jusque-là le résultat était assez beau, bien qu'il eût dû l'être davantage; en effet, le corps chargé de la défense de Lauenburg se trouvait dans un triangle formé par l'Elbe, la Stecknitz et nous; il n'était pas de force à se faire jour à travers nos colonnes, et il n'avait pour se retirer ni bateaux, ni pont sur l'Elbe, mais un seul pont sur la Stecknitz. Il eût donc fallu arriver à ce pont en même temps qu'aux redoutes, et deux bataillons eussent suffi pour fermer toute retraite aux treize cents hommes, tandis que, le pont resté libre, ils se sauvèrent; quand je reçus l'ordre de les poursuivre, ils avaient une demi-heure d'avance, et je ne pus les joindre, le maréchal n'ayant pas découvert que cinq cents hommes de cavalerie m'étaient indispensables. Et ce fut tout. Cette première action, qui aurait pu être mieux conduite, ne fut en tout cas point suivie; à peine était-elle terminée, les disséminements et les incertitudes recommencèrent. Jamais chef n'a disloqué des divisions, des régiments avec plus de bizarrerie. Tripoter des troupes était sa manie, sa passion, et cela grâce à l'état d'indigestion où sa tête était sans cesse. On ne savait même pas avec lui ce que l'on commandait ou ce que l'on ne commandait pas. Il avait, à la suite du quartier général, un général de division, Pécheux, homme sans instruction et sans manières, mais vigoureux, brave, actif, que la guerre avait formé pour la guerre, auquel à tous moments il confiait des missions et donnait le commandement de quelques bataillons pris dans la division Vichery ou dans la mienne; et non seulement il morcelait les divisions, mais encore il détachait des généraux de brigade de manière à les rendre indépendants; c'est ainsi que je n'avais pas vu le général Gengoult, depuis que décidément il faisait partie de ma division, ni aperçu un homme du 61e de ligne.

Mais je reviens à notre marche. Je l'ai dit, nous ne marchions pas pour guerroyer contre les faibles troupes laissées dans le Mecklembourg uniquement en vue de nous amuser; nous marchions (et ce fait nous était connu) pour nous réunir au maréchal Oudinot, chargé de battre l'armée de Bernadotte et de s'emparer de Berlin; or, ce maréchal devant s'avancer par la gauche de l'Elbe, je ne restais accessible qu'à une seule incertitude, savoir si, par Boizenburg et continuant notre marche en avant, nous nous porterions sur Dömitz pour menacer les derrières de l'armée de Bernadotte et le forcer à se diviser, ou bien si nous passerions l'Elbe, soit pour effectuer au delà de Magdebourg notre jonction avant que le maréchal Oudinot eût été forcé à une bataille, soit pour contraindre Bernadotte à former contre nous un gros détachement avant de faire agir toutes ses forces contre Oudinot; suppositions d'autant plus fondées que Bernadotte n'avait devant lui que les quatrième, septième et douzième corps d'armée, et commandait à 100,000 hommes. Il faut d'ailleurs observer qu'opérant avec 27,000 Français et 12,000 Danois, nous n'avions pas un faux mouvement à faire, pas un jour à perdre, et qu'il devait nous sembler urgent de mettre de telles forces aux prises avec la Coalition sur les points décisifs où elle se trouvait si supérieure ; or, le 20 au soir, après avoir été rejoint par celles de mes troupes disséminées la veille, je marchai sur Boizenburg, que pendant la nuit j'avais fait reconnaître et que l'ennemi avait évacué en se retirant dans la direction de Wittenburg. J'ai dit que, de Boizenburg, étant donné le but avéré de notre marche, il m'avait semblé impossible de ne pas poursuivre au plus tôt notre route vers Berlin en marchant sur Dömitz, ou de ne pas franchir l'Elbe pour aller rejoindre Oudinot à Magdebourg ; je fus donc stupéfié lorsque je reçus l'ordre de me détourner de l'une ou l'autre de ces deux directions pour me lancer tout à l'opposé à la remorque de l'ennemi que je poussai devant moi jusqu'à Zahrensdorf. J'avais pu croire d'abord que ce mouvement avait eu pour but d'éloigner l'ennemi, et je m'étais attendu à rétrograder pour reprendre la marche au secours d'Oudinot, lorsque, avant le jour et sans nouvelles encore du général Gengoult et du 61e, je reçus l'ordre de continuer notre marche en sens contraire, c'est-à-dire de me diriger sur Goldenhow en passant par Mastow. Le maréchal, monté à cheval en même temps que moi, prit la tête de mon avant-garde, et certes, sans la présence de Son Excellence, je me serais procuré dix guides plutôt qu'un, de même que selon mon habitude j'aurais marché avec mon avant-garde et de pas en pas vérifié ma direction ; mais, le maréchal tenant la tête de l'avant-garde, je m'étais contenté de me tenir à la tête de ma colonne, et, sachant Son Excellence au dernier point minutieuse et sujette aux précautions, je me contentai de faire marcher à sa suite ma division, estimant que la présence du chef était une sorte de substitution à ses ordres. Cependant il arriva que, marchant en tête même des éclaireurs, ne faisant aucune halte et essoufflant les troupes par la peine qu'elles avaient à le suivre, le maréchal s'oublia sur la belle route de Wittenburg et ne prit pas le chemin de traverse conduisant à Mastow. Ce fut seulement après avoir dépassé de trois à quatre cents pas cet embranchement qu'il fut informé par un paysan de son erreur. Il revint donc sur ses pas, mais furieux, et s'en prit à moi qui aurais dû, disait-il, ne tenir compte que des ordres reçus et veiller à leur exécution. Je lui répondis que, puisqu'il marchait en tête, je ne me serais pas cru permis de douter de sa direction, qui me semblait un ordre plus impératif que ceux précédemment reçus. La scène fut assez vive; ce fut la seconde et dernière que j'eus avec lui. Le motif qui l'avait provoquée ne valait pas tant de bruit, l'erreur du maréchal ayant occasionné quelques instants de retard seulement.

Notre direction une fois rectifiée, nous entrâmes dans une forêt, et bientôt nous arrivâmes à un ruisseau trop fangeux pour être passé au gué; il s'y trouvait un pont de bois, auquel l'ennemi venait de mettre le feu. Sans le 30°, nous étions arrêtés sur ce point pour la journée entière; mais ce corps, toujours digne de ce qu'il avait été aux armées de Naples et de Rome, et pour lequel chaque occasion de se signaler était une occasion de gloire, se porta rapidement à la droite et à la gauche de ce pont; puis, pendant que son feu en éloignait l'ennemi, trois de ses compagnies s'élancèrent à travers les flammes, parvinrent à passer le pont et, maîtresses de la rive opposée, débusquèrent quelques escadrons de cavalerie ennemie et même les poursuivirent avec une indicible ardeur. Grâce à ce trait d'audace, que personne n'avait ordonné ni eu le temps d'ordonner, le feu put être éteint et notre mouvement continuer.

Le chemin que nous eûmes à suivre était sinueux et très sablonneux; la marche devint pénible; l'artillerie, et surtout la batterie de réservé, formée de pièces de douze, n'avança plus qu'avec une indicible lenteur, et, comme le maréchal allait toujours au pas de son cheval, la colonne occupa bientôt le double de l'espace qu'elle aurait dû occuper. Ces extensions de colonne m'ont toujours agacé. Non seulement elles favorisent la débandade et l'indiscipline, mais elles risquent de mettre les troupes à la merci d'un coup de main de l'ennemi. Je me suis appliqué toute ma vie à les éviter, et, pendant cette marche, j'en souffrais d'autant plus que nous étions en présence de l'ennemi, engagés dans des bois que nous ne connaissions pas et qui n'avaient été reconnus et n'auraient pu l'être par personne. Ces bois de sapins n'offraient de véritable obstacle à aucune troupe; nous pouvions à chaque instant être assaillis par un corps que rien ne nous aurait annoncé, si ce n'est les éclaireurs que j'avais jetés sur mes flancs, mais que je n'avais pu porter qu'à une faible distance. Maintenant si un désastre, une perte notable ou seulement une échauffourée en avait résulté, c'est sur la division Thiébault, c'est-à-dire sur son général, que le blâme en serait retombé; et pourtant j'avais beau en jurer avec le général Delcambre, était-il possible d'aller dire au maréchal : « Vous marchez comme un fou »? Plus cela était vrai, plus on eût été mal venu de l'observer. Cependant, les taillis s'éclaircissant tout à coup et de manière à en faire prévoir les limites, je pris le galop dans le but de hasarder la demande d'une halte; au moment où, à l'issue de la forêt, j'abordai le maréchal, une soixantaine de cavaliers ennemis apparurent, couronnant un coteau boisé qui nous faisait face à quatre cents toises, et par la façon dont ils caracolaient ces soixante cavaliers semblaient indiquer qu'ils étaient soutenus.

Je l'ai dit, à l'exception des officiers et sous-officiers,

nos troupes étaient composées de conscrits faisant la guerre depuis trois jours; l'infanterie était faiblement instruite, l'artillerie l'était moins encore, et la cavalerie n'avait de cette arme que le nom. Par la faute du maréchal, la colonne se prolongeait sur un espace absurde et menaçant, qui doublait le temps nécessaire pour qu'elle pût se déployer; enfin nous débouchions sur une petite plaine, en face d'un coteau où nous apercevions en position des bataillons et des batteries ennemis. Dans cette situation, la première nécessité qui s'imposait, c'était d'éviter tout ce qui pouvait ébranler des troupes aussi neuves; puis il fallait arrêter la tête de la colonne, faire serrer l'infanterie et l'artillerie, déployer au besoin le 30ᵉ de ligne par bataillons en masse, et cela pendant que la cavalerie, marchant à travers bois parallèlement au reste de la colonne et flanquée par l'infanterie légère, se serait portée à la lisière de la forêt, de manière que les troupes de toutes armes débouchassent simultanément et régulièrement. L'occupation de la forêt était pour nous un avantage; elle nous rendait très faciles ces préliminaires, simples mesures de précaution, si simples même qu'on est presque honteux de se croire obligé de les signaler.

Tandis que les troupes eussent ainsi débouché en bon ordre, on aurait eu tout le temps d'examiner s'il convenait mieux d'attaquer le corps qui nous faisait face sur le coteau, ou bien si, ne cherchant qu'à résister, on se bornerait à un combat sans résultat (1). Le premier

(1) Par suite de sa manie des disséminations, le maréchal, qui avait laissé tout mon 61ᵉ régiment en arrière, espacé sur sa droite la division Vichery, sur sa gauche la division Loison et la brigade du général Lallemand, laissé les Danois à la gauche de Loison, le maréchal n'avait pas en ce moment avec lui 8,800 hommes dont il pût disposer, sur près de 40,000; il n'osa donc se commettre avec le corps ennemi, qu'il poursuivait cependant et dont il aurait dû

des deux partis était évidemment le meilleur. A notre gauche, en arrivant dans la plaine, nous avions un vaste enclos ceint de murs et s'appuyant par un de ses côtés à la forêt; à notre droite, un petit bois formant bouquet en sentinelle avancée dans la plaine. Jeter quelques tirailleurs dans l'enclos, s'emparer du bouquet, l'occuper fortement, en faire le pivot des premiers mouvements et, sous la protection de l'artillerie dont on l'aurait hérissé et flanqué, marcher à l'ennemi en se portant sur l'une de ses ailes, tel était le plan facile à exécuter, plan qui consistait, je le répète, à profiter de l'abri de la forêt pour masser les troupes, puis à attaquer en utilisant les incidents favorables du terrain. Eh bien, que fit le maréchal? Il faut avoir éprouvé, partagé l'étonnement, le dépit de tous les témoins, pour oser dire qu'à la vue des soixante cavaliers caracolant, le maréchal, au lieu de s'adresser à moi qui venais d'arriver auprès de lui et de me donner ses ordres, ou même de discuter ce qu'il y avait à faire, se mit à courir et à crier en homme hors de lui : « Voilà l'ennemi ! Où est l'infanterie? Où est la cavalerie? Où sont les pièces? » Et tous les aides de camp de partir ventre à terre pour faire avancer les troupes à toutes jambes. Il y avait de quoi ébranler, démoraliser de vieilles troupes, et si un officier de quelque grade et rang qu'il pût être avait rien fait de comparable, le maréchal, et cent fois avec raison, l'eût destitué sur place. Mais ce qui fut digne de ce début, c'est qu'à mesure que, tout haletant, un bataillon débouchait du bois, il était immédiatement fractionné, et que, sans urgence, une compagnie était

---

savoir la faiblesse. Il prit donc le second des deux partis ; il le réalisa d'ailleurs aussi mal qu'il aurait réalisé le premier s'il avait montré dans cette circonstance la moindre possession de lui-même et de son métier.

jetée dans le bouquet de bois, une autre dans l'enclos, une envoyée en tirailleurs, d'où il arriva qu'à l'exception du 111ᵉ, dont trois bataillons restèrent entiers, les sept autres présents se trouvèrent par compagnies, mêlés comme un jeu de cartes; les hommes restés en arrière ne surent où retrouver leurs compagnies; pendant l'action ils devinrent ce qu'ils voulurent, et, presque toutes nos forces se trouvant en ligne, nous n'eûmes pas un homme en réserve. Heureusement l'ennemi était aussi faible par son nombre que par sa qualité, et il ne mit en batterie que quatre pièces qui tirèrent aussi mal que les nôtres. Je n'ai rien vu de plus mou que ce combat.

Cependant il durait depuis une heure, et personne n'avait encore rien entrepris, lorsque six escadrons chargèrent celles de nos troupes qui, entre l'enclos et le bouquet de bois, formaient une espèce de ligne. Cette charge était ridicule, et les escadrons furent repoussés comme ils devaient l'être; mais le quatrième bataillon du 111ᵉ, achevant de révéler ce que nous aurions pu faire, se forma au pas de course en bataillon carré, poursuivit cette cavalerie, la rejeta sur le coteau, aborda un bataillon ennemi aux cris de : Vive l'Empereur! le rompit et força de faire un mouvement rétrograde aux pièces qui nous canonnaient. Manœuvre brillante, qui fit d'autant plus d'honneur à son commandant, le chef de bataillon Lesbrossier, que le maréchal, qui regardait sans voir et commandait sans rien ordonner, n'avait fait parvenir aucun ordre à ce chef de bataillon; bien plus, au lieu de le soutenir par un mouvement en avant, au lieu de s'emparer du coteau et peut-être des pièces de l'ennemi, il se borna à faire rétrograder ce bataillon. Environ trois quarts d'heure plus tard, et pendant que la fusillade continuait sur notre front et que par leur peu de justesse chacun de nos coups de canon me mettait en fureur (1), mille à deux mille cinq cents chevaux tournèrent tout à coup le bouquet de bois et tombèrent sur notre cavalerie qu'ils auraient enfoncée, de même qu'ils seraient arrivés jusqu'au parc de réserve et aux équipages, si sept ou huit compagnies de différents bataillons, placées à la lisière extérieure du bouquet de bois, et un bataillon du 111ᵉ appuyant sa droite à la forêt, n'avaient contribué à les arrêter. Quant à nous, nous dépassâmes en fait de prudence tout ce qu'on peut imaginer. Si nous ne fîmes pas un mouvement pour attaquer l'ennemi, nous n'en fîmes pas un pour le suivre, lorsqu'à l'approche de la nuit il se retira. Nous n'envoyâmes pas même en reconnaissance un homme sur le coteau qu'il avait occupé, et nous passâmes la nuit sur le terrain où nous nous étions arrêtés à sa vue. Avouons cependant que, dans l'état de confusion où le maréchal nous avait mis et qu'il ne fit rien pour faire cesser, il était devenu difficile de rien entreprendre ou seulement de faire exécuter une manœuvre; mais convenons aussi qu'il m'était permis d'être indigné de ce désordre inutile, de m'abstenir de tout rôle au milieu de ce gâchis, de craindre tout de l'avenir et de conclure que tout militaire, ayant assisté à cette affaire et qui comprendra le maréchal comme capable de commander désormais des troupes devant l'ennemi, en sera cent fois incapable lui-même.

(1) Pendant tout ce combat je me tins à la droite de mes six pièces de huit qui étaient en batterie, et, comme je ne voyais pas les boulets frapper aux points de direction que j'avais ordonné, je m'en prenais aux pointeurs et aux officiers. Je dus en venir jusqu'à faire vérifier les pointages par les sergents et par les officiers. Par la suite, et pour parer aux inconvénients de ce manque d'instruction, j'en fis rédiger une par le commandant de l'artillerie de ma division, et, dans les jours de repos, je fis exercer les canonniers soir et matin.

Quoique l'ennemi se fût retiré, il était urgent, en cas de surprise, de débrouiller l'inconcevable emmêlement que le maréchal avait fait de tous les corps et de reformer ceux-ci; car on a vu que la dispersion par compagnies était telle, qu'elle ne laissait plus d'intermédiaire entre le général et le capitaine. Toutefois mettre un peu d'ordre dans ce chaos n'était pas chose facile, surtout à la nuit tombante; mais, avant que personne prît de repos, je voulais voir tous mes corps reformés; et, pour ne laisser de prétexte à personne, pour que les officiers supérieurs secondassent les capitaines, le général Delcambre et moi, nous donnâmes l'exemple. J'étais à cheval depuis la pointe du jour; à la nuit, je mis pied à terre, et il était minuit lorsque le désordre fut réparé. Harassé, exténué, je venais de me jeter sur quelques bottes de paille que sous un abri de branchages on m'avait préparées dans le bouquet de bois où j'avais ordonné mon bivouac, et j'étais à peine endormi lorsqu'un aide de camp me réveilla pour me dire que le maréchal me demandait. Il y avait un grand quart de lieue de mon bivouac à celui du maréchal, établi au centre de l'enclos; la nuit était obscure, le terrain inégal; on ne pouvait faire ce trajet qu'à pied et on trébuchait à chaque pas; l'aide de camp, qui se croyait certain de me conduire droit, se trompa, me fit faire le double de chemin, et, lorsque j'arrivai, Son Excellence ronflait comme un tuyau d'orgue fêlé. Ne pouvant supposer qu'un motif sérieux à un tel appel, j'éveillai le général César de Laville pour apprendre par lui ce que le maréchal me voulait. Il n'en savait pas un mot : « Eh bien, lui dis-je agacé, réveillez-le. » Il l'appela, le réappela, le poussa, le remua; enfin, et après quelques secousses, le maréchal entr'ouvrit les yeux, et, sur ces mots : « Voilà le général Thiébault que vous avez fait appeler. », il souleva sa lourde tête et, ayant fini par arriver à son séant, il ouvrit grand les yeux qu'il referma soudain, puis, en me regardant avec un air mourant, balbutia : « Où en est l'esprit public des troupes? — L'esprit public? repris-je; vous voulez dire l'esprit des troupes? » Et j'allais ajouter que cet esprit était aussi bon que possible, mais déjà, comme une masse, le maréchal était retombé sur sa paille... Le général de Laville, aussi embarrassé de cette farce que j'étais de mauvaise humeur d'avoir été appelé pour l'entendre, m'engagea à me coucher entre le maréchal et lui pour attendre le réveil, et comme seul moyen de finir par savoir ce qu'on me voulait. Je cédai, n'admettant pas encore qu'après tant de fatigues on m'ait fait venir de si loin, à une heure après minuit, sans motif grave; et pourtant, lorsqu'au jour le maréchal reprit ses sens, ou du moins ce qu'il avait de sens, il se trouva qu'il n'avait rien à me dire du tout, si ce n'est que nous nous remettrions en marche à sept heures du matin, avis pour la transmission duquel le dernier tambour suffisait.

A sept heures du matin, en effet, toutes les troupes se remirent en mouvement; et, sans plus avoir aucune nouvelle de l'ennemi, nous arrivâmes le soir à Wittenburg, où les troupes bivouaquèrent. Le 23, à six heures du matin, je reçus l'ordre de me mettre à cinq heures en marche, avec les troupes de ma division, pour me rendre à Schwerin, la cavalerie devant marcher avec moi, la division Vichery devant suivre mon mouvement. Un second ordre, que je trouvai à Stralendorf, détermina que le parc d'artillerie, l'artillerie de réserve, l'ambulance, les équipages et les bagages seraient parqués sur la hauteur qui précède la ville et gardés par les deux bataillons du 33e léger ; que le 30e de ligne serait réparti, savoir : un bataillon au château fort, un près la place d'Armes à 50 hommes par maison, un à la porte de Lübeck, un à la porte de Weimar; que le 111ᵉ camperait entre Zippendorf et Krebsforden, et que mon quartier général serait à Schwerin, où celui du maréchal fut de même établi.

Ces dispositions, que j'exécutai ponctuellement, pour ainsi dire machinalement, semblaient annoncer non pas un simple passage, mais une installation, et certes elles ne contribuaient guère à l'éclaircissement de mes idées. Que pouvait signifier notre présence à Schwerin? Je l'ai dit et je ne crains pas de le répéter trop souvent, en remontant l'Elbe de Hambourg à Boizenburg, après nous être emparés de Lauenburg, nous nous étions rapprochés du maréchal Oudinot que nous devions soutenir pour arriver à Berlin; jusqu'à Boizenburg notre mouvement s'était donc suivi régulièrement, et tous les généraux de l'armée, qui en avaient la confidence, l'avaient compris comme moi. Mais quand de Boizenburg nous eûmes quitté la route du Brandebourg par un à gauche vers la mer Baltique à travers le Mecklembourg, personne de nous ne sut plus expliquer pourquoi nous nous étions mis à tourner le dos à la seule direction qui aurait pu rendre efficace la coopération de nos 40,000 hommes. Espérait-on former une diversion? Mais le Mecklembourg n'en valait pas la peine; de fait, l'ennemi ne nous y opposait que des troupes qu'il n'osait pas encore mettre sérieusement en ligne, et dont la mission se bornait à reculer quand nous avancions et à avancer quand nous reculions. Et c'est à ce chassé-croisé que se trouvaient employés des chefs dignes d'un autre rôle et des troupes qui, malgré leur inexpérience, se montraient admirables et qui, utilisées comme elles pouvaient l'être, auraient sauvé et l'Empereur et la France. Mais, et on ne peut se lasser de le déplorer, Napoléon, qui naguère n'eût pas laissé en arrière cent hommes pour un jour de bataille, après en avoir perdu plus de trois cent mille dans la campagne de 1812, se priva de plus de deux cent mille pendant celle de 1813, et de manière à ne pas en retirer le moindre profit.

Venus à Schwerin sans motifs, nous y restâmes sans raison, à l'exception de Loison, qui fit sur Wismar un mouvement qu'il sut rendre lucratif. Deux jours se passèrent à Schwerin et ne furent employés qu'à des reconnaissances sans résultat; mes troupes, d'après mes ordres, les exécutèrent toutes. Hors la route de Lübeck, occupée par les Danois, celle de Wismar, couverte par Loison, ces reconnaissances eurent lieu dans toutes les directions et même sur la route de Wittenburg, que nous venions de faire. Leur objet était de connaître la composition, les mouvements et la force des corps qui étaient à notre portée, et d'obtenir quelques lumières sur la marche de Bernadotte et d'Oudinot (comme si de Schwerin et de Wismar, nous avions le moyen de nous en occuper, sauf pour notre sûreté). Il y eut de ces reconnaissances qui furent faites par deux bataillons et cinquante hommes de cavalerie, et commandés par le colonel Holtz, du 111º, et par le général Delcambre. Quant aux instructions, elles portaient de se retirer devant l'infanterie, de faire face à la cavalerie, mais de ne jamais tirer sur elle à plus de soixante pas; quant aux distances, elles comportaient de deux à trois lieues; quant aux départs, ils avaient toujours lieu avant le jour; quant à la durée, elle ne dépassait pas celle d'une course plus ou moins longue; les plus fortes reconnaissances parcouraient plusieurs villages, s'arrêtaient à un des plus éloignés, s'y établissaient tout en bivouaquant, comme si elles devaient y passer plusieurs jours; puis, après avoir secrètement interrogé le plus d'hommes possible, recueilli mille renseignements sur des routes que nous ne devions jamais prendre, elles quittaient furtivement ces villages à une ou deux heures du matin et rentraient au camp à la pointe du jour. Une de leurs instructions les plus précises était de ramener au maréchal des déserteurs, des prisonniers, les gens trouvés dans les bois ou dans les champs, et surtout des marchands. Or, me trouvant au camp du 111e, le 31 août au matin, je vis arriver le maréchal et son escorte. « Je vais faire moi-même une reconnaissance », me dit-il. D'après ce qu'on m'avait conté de plusieurs reconnaissances faites avec lui, songeant à ce que pouvait offrir de drôle une reconnaissance faite par un homme qui n'y voyait pas du tout, je fus curieux de voir comment il s'en tirerait; je lui proposai donc de l'accompagner, et nous partîmes. Au lieu de suivre une route, nous prîmes à travers champs, et, laissant Consrade sur notre gauche, nous continuâmes à côtoyer une forêt qui habituellement était remplie de Cosaques; le maréchal savait ce détail aussi bien que moi, et, quelques buttes se trouvant à notre portée, il est des gens qui y auraient fait attention; quant à nous, qui ne nous occupions pas de si peu de chose, nous continuâmes à piquer droit devant nous, comme des loups. Nous fîmes ainsi deux grandes lieues, au bout desquelles le maréchal aperçut un pauvre marchand forain, cheminant sa cassette sur le dos, et il fondit sur lui.

Ces rencontres faisaient ses délices. Il est impossible de rien imaginer de plus minutieux que ses questions, de plus horrible que ses menaces, de plus cruel que ses mesures. Et en effet, quelque chose que les malheureux répondissent, ils étaient emmenés, enfermés, et, malgré leurs larmes, leurs prières et leur désespoir, leurs marchandises et eux devenaient ce qu'il plaisait à Dieu. Le soupçon le plus grave était toujours celui auquel le maréchal s'arrêtait, et, comme chez lui le soupçon équivalait à la preuve, tous ces pauvres diables étaient des espions et n'avaient la vie sauve que par miracle. Il courait à cet égard des récits qui eussent été burlesques s'ils n'avaient pas été atroces. Pour en revenir au malheureux que nous rencontrâmes, deux cavaliers aussitôt lui ôtèrent sa charge et le firent comparaître. Pendant ce temps le maréchal avait promené comme distraitement son regard sur tous ceux qui l'accompagnaient, et finissant par moi : « La drôle de prise que feraient les Cosaques, me dit-il ; tout juste un officier de chaque grade », ce qui était vrai depuis le maréchal jusqu'au sous-lieutenant et même jusqu'à un maréchal des logis et un brigadier commandant son escorte. « Votre Excellence pense bien, lui répondis-je, que la capture ne serait pas complète ; elle est admirablement montée ; je ne le suis pas mal ; mais cet avantage ne serait pas partagé par notre suite. » Il abandonna cette plaisanterie, assez risquée vu le danger que nous courions, et, me prenant pour truchement, il commença l'interrogatoire. Aux premières questions, comment s'appelait-il, d'où était-il, quel âge il avait, s'il était marié, s'il avait des enfants, d'où il venait, où il allait, l'homme répondit nettement ; mais quand je lui demandai si dans les lieux de ses passages il avait vu des troupes, de quelle nation et de quelles armes, qui les commandait, où était le prince royal de Suède, de combien on disait qu'était l'armée de ce prince ; si l'on parlait d'une bataille livrée ou reçue, ce qu'on disait du résultat (question à laquelle il n'était certainement que trop en état de répondre), on ne put plus arracher de lui autre chose que... « Ich weisse nicht... Ich habe nicht gesehen (je ne sais rien, je n'ai rien vu). — Ah! il ne sait rien, il n'a rien vu, reprit le maréchal furieux. Eh bien, dites-lui que, s'il ne sait rien, c'est qu'il ne veut rien savoir, et que, s'il dit n'avoir rien vu, c'est qu'il est payé pour ne pas dire ce qu'il a vu. Ce n'est pas pour son commerce qu'il rôde autour de Schwerin ; c'est pour nous espionner, et, comme espion, je vais faire brûler sa pacotille et le faire fusiller. » Ces menaces n'ayant amené que la répétition des dénégations précédentes : « Qu'on attache cet homme à la queue d'un cheval et qu'on l'emmène », s'écria le maréchal, et, ces derniers mots à peine proférés, il mit son cheval au trot et reprit la route de Schwerin. Mais, pour attacher cet homme qui aurait résisté, il fallait mettre pied à terre, perdre quatre ou cinq minutes et se résigner à ne pas aller fort vite... Le faire monter en croupe, c'était également ralentir les allures du cheval qui en aurait été chargé, et ces circonstances le firent abandonner; c'est-à-dire le sauvèrent; car, à ce moment, le maréchal parut s'apercevoir tout à coup que le terrain n'était pas sûr. Après avoir pris le trot, il ne tarda pas à l'allonger et, accélérant toujours sa marche, se trouva bientôt à l'allure du galop, puis au grand galop. Jamais escorte n'a serré de plus près celui qu'elle escortait. Les deux généraux, les six officiers d'état-major, les quinze sous-officiers et cavaliers, nos trois ordonnances y comprises, qui se trouvèrent de cette reconnaissance, formaient un seul groupe autour du maréchal; mais peu à peu il ne fut plus accompagné que par moi, et même si mon cheval navarrais, le seul que j'eusse fait venir d'Espagne, céda trois pieds d'avance au sien, ce fut par pure politesse. Quand nous arrivâmes en vue du camp du 111º, nous allions ventre à terre; nous avions tout l'air d'être chargés, et cependant ce n'était de notre part qu'une véritable charge. Au reste, nous n'avons jamais compris que nous ayons pu faire impunément cette absurde course ; nous avions en effet dépassé d'une demi-lieue une forêt qui était un repaire de Cosaques, et je ne sais à quoi il a tenu que nous n'ayons pas eu notre retraite coupée. C'était sur ce même terrain que mon aide de camp, le marquis de Montmorillon, qui avait suivi une reconnaissance faite par le colonel du 111ᵉ, ayant voulu me rapporter lui-même et sans retard une nouvelle qui lui sembla importante, avait été assailli trois jours auparavant par une troupe de Cosaques; sa trop faible escorte l'abandonna, son cheval s'abattit; il fut pris et ne dut sa délivrance qu'à l'habileté et l'audace avec lesquelles il profita d'un fourré pour s'échapper. Au surplus, notre bonheur, dans cette reconnaissance, fut une fatalité; et en effet, qu'en serait-il arrivé si le maréchal avait été pris? Un grand malheur, sans doute, pour ceux qui auraient partagé son sort, mais peut-être le salut de la France, ainsi que je l'expliquerai (1).

Notre paisible et insignifiante occupation de Schwerin se prolongea jusqu'au 2 septembre, et ce fut au milieu de cette inconcevable tranquillité que, vers quatre heures du matin, le maréchal Davout apprit la défaite du maréchal Oudinot à Gross-Beeren. Mais comment cette nouvelle ne lui parvint-elle que dix jours après l'événement, et par qui lui fut-elle donnée? Est-ce par un espion? Dans ce cas, sa conduite serait explicable; mais, après dix jours, neuf et demi si l'on veut, il devait la

---

(1) A cette date, le 29 août, je reçus du général Gengoult une lettre dans laquelle il me rendait compte d'une affaire qui, par suite de la ponctualité qu'il avait mise à exécuter un ordre du maréchal, avait coûté au 61ᵉ cent quatre-vingts hommes tués ou prisonniers; ma réponse eut pour objet de lui conseiller de rendre à l'avenir son obéissance moins passive et de sauver le fond par la forme. On en était toujours à ne savoir comment faire pour échapper aux balourdises du maréchal, qui avec quatre bataillons exigeait du général Gengoult ce qui avec huit eût été impossible.

savoir par le major général ; dès lors est-il admissible qu'en même temps il n'ait pas été informé que le maréchal Ney remplaçait le maréchal Oudinot et allait encore une fois tenter le sort des armes contre Bernadotte, ce qui rendait notre coopération plus nécessaire, plus urgente que jamais? Il n'y a pas un fait, un événement relatif à cette campagne qui ne heurte et ne bouleverse. Quoi qu'il en soit, et à cinq heures et demie du matin, je reçus l'ordre de me tenir prêt à marcher avec toutes mes troupes; à midi, celui de partir à deux heures et de couvrir la marche de l'armée avec mes troupes, de composer mon arrière-garde du 111°, de la cavalerie danoise et de quatre pièces de canon, de la faire commander par le général Delcambre, de lui prescrire de ne quitter Schwerin qu'à neuf heures du soir et dans le plus grand silence, de suivre le corps danois qui devait me précéder. Mais qu'on n'imagine pas que ces mouvements aient eu pour but de réparer le temps perdu et d'aller prêter le concours de nos forces au maréchal Ney. Non, nous avions laissé battre le maréchal Oudinot, nous allions laisser battre le maréchal Ney et retourner tout simplement par un autre chemin au point d'où nous étions partis. Reprenant donc la direction de Hambourg, pour me conformer à mes ordres, je me dirigeai par Gadebusch sur Ratzeburg, où le quartier général du maréchal allait être établi; puis, après un changement qui de l'arrière-garde me fit rentrer en ligne, je reçus, en approchant de Ratzeburg, l'ordre d'envoyer dans cette place tout ce qui appartenait au parc de réserve et de revenir par Mölln à Lauenburg, où je retrouvai le général Gengoult et le 61°, qui réunirent enfin et pour la première fois toute ma division sous mes ordres ; enfin, gardant, et la cavalerie danoise, et mes huit pièces de six, et la batterie de douze, je pris position sur la droite de la Stecknitz et sur la hauteur de Büchen, à cheval sur la route de Schwarzenbek, c'est-à-dire non loin de Lauenburg et de Boizenburg, dont nous nous rapprochions sans plus de raisons que nous nous en étions éloignés.

Ainsi, dans cette campagne de luttes si terribles et si inégales, au moment où des opérations définitives mettaient en jeu l'existence de Napoléon et de la France, des troupes, dont l'action aurait pu être décisive, étaient si absurdement dirigées qu'il semblait qu'on se fût proposé de jouer avec elles. On leur avait fait faire soixante lieues pour les porter à quinze lieues en avant de leurs premières positions, et, après une attaque dont le bénéfice fut perdu aux trois quarts, après un combat pitoyable, une marche ridicule, une occupation insignifiante, elles étaient finalement ramenées par la prudence ou la peur au point d'où elles étaient parties, et cela pour rester témoins impassibles des événements qui perdaient leur souverain et ruinaient leur gloire. Et pourtant quel poids ces quarante et quelques mille hommes, y compris la division de Hambourg, n'eussent-ils pas mis dans la balance, et qui oserait nier qu'ils n'eussent efficacement concouru à ramener la victoire sous nos drapeaux ? Mais, dans l'examen de cette grave question, il ne convient pas de s'en tenir à des phrases et à de simples énoncés d'assertions ; il faut les appuyer de faits et de dates, et, pour montrer que je ne parle pas à la légère, je vais établir en un coup d'œil rapide, mais point par point, ce que le treizième corps aurait pu faire au lieu de ce qu'il fit, et pour cela je reprends les événements au moment où finissait l'armistice.

C'était le 16 août à minuit ; par conséquent, le 16 à minuit, toutes les forces dont le maréchal Davout disposait pouvaient être rassemblées devant Artlenburg et à Lauenburg, s'y trouver en mesure de passer l'Elbe sur deux ponts de bateaux, franchir ce fleuve le 17 au matin et entrer le 21 à Magdebourg, et peut-être après avoir battu le général Valmode. De là le maréchal, renforcé de dix mille hommes pris sur la garnison de cette ville, pouvait arriver le 22 à Bernburg, et le 23 à Dessau ; il n'était plus qu'à cinq lieues de Wittenberg, où nous avions encore vingt-sept mille hommes. Or, je le demande, qu'eût fait Bernadotte ayant vingt-sept mille hommes à dos, cinquante-quatre mille sur sa droite et en tête trois corps d'armée ? Se serait-il placé entre Oudinot et Davout ? Ce dernier eût manœuvré sur Halle, où Oudinot se serait également porté par une jonction qui décidait de tout. Eût-il marché sur Davout ? Celui-ci se serait replyé en disputant toutes les positions, pendant qu'Oudinot aurait talonné Bernadotte. Et *vice versa*. Eût-il fait contre nous un faible détachement ? Il aurait été écrasé. En eût-il fait un considérable ? Il se trouvait trop faible partout. Se serait-il replié derrière l'Elbe ? Nous le suivions par Wittenberg et nous trouvions dans cette place vingt-sept mille hommes disponibles de plus. Se fût-il retiré derrière l'Oder ou seulement derrière la Sprée ? Il nous livrait Berlin et forçait Blücher de s'affaiblir, pour le mettre en état de reprendre ou de soutenir l'offensive. Et il ne détruisait pas trois corps d'armée, il ne jouait pas à Leipzig un rôle décisif. Même en admettant le désastre dont Macdonald fut cause et celui dont Vandamme fut victime, Napoléon avait encore les moyens et le temps de battre Schwarzenberg et même Blücher, l'un ou l'autre, puis de se réunir contre la plus forte armée ennemie, de rentrer une troisième fois à Vienne et d'arrêter ou de refouler dans son cours ce torrent qui de ses eaux fangeuses devait salir la France. Enfin, quand même (ce qui pourtant n'est pas admissible) nous ne serions pas arrivés assez tôt pour préserver Oudinot, si cruellement battu à Gross-Beeren, nous étions du moins en mesure de renforcer le maréchal Ney avant qu'il en vînt sérieusement aux mains, de remonter le moral de ses troupes, de contenir les Saxons que la défaite d'Oudinot avait préparés à la défection, de prévenir la désobéissance de notre propre cavalerie et de tirer de Bernadotte une brillante revanche. Mais tout ce qui devait consommer et précipiter notre ruine s'accomplit, et, ce dernier moyen de conjurer la fatalité nous ayant été vainement offert, notre gloire et la France entière ayant été sacrifiées à Hambourg, il fallait subir sa destinée ; et, pendant que Napoléon se débattait dans les angoisses et les convulsions de ce nouvel accès de son agonie, nous et nos trente-neuf mille hommes, nous reprîmes paisiblement, en enfants perdus pour notre pays, position de Travemünde à Razeburg et de Razeburg à l'Elbe, en attendant que, rentré à Hambourg, Davout achevât de mériter que non pas les habitants, encore moins les Français, mais les alliés lui élevassent une statue.

CHAPITRE IV

Enfin j'avais mes quatorze bataillons réunis sous mes ordres. C'était l'équivalent de près de deux divisions, ou du moins de trois brigades et d'un régiment d'avant-garde. Mon zèle pour avoir de belles et bonnes troupes avait excité celui des chefs et des officiers de tous grades, des soldats même. L'instruction avait fait des progrès journaliers, et cette campagne, toute courte et misérable qu'elle eût été, les avait familiarisés avec la guerre. Je me rappelai dans cette position le parti que, pendant la campagne de 1797, le général Masséna avait tiré d'une division à peu près semblable (1), et je comptais m'inspirer de ces formations par suite desquelles, et pour les opérations qui le comportaient, il multipliait le nombre de ses bataillons par des bataillons de compagnies d'élite, ce qui, à quatre de ces compagnies par bataillon, pouvait me mettre à même de manœuvrer devant l'ennemi avec vingt et un bataillons (2); mettant à profit les leçons de ce grand capitaine, j'espérais agrandir le champ des calculs stratégiques; je disposais en outre de

---

(1) Il avait quinze bataillons, deux régiments de cavalerie, douze pièces de canon.
(2) Il s'en faut de beaucoup qu'un même nombre de baïonnettes constitue devant l'ennemi une force égale. Les formations modifient les forces, et si au delà de certains rapports elles sont moins puissantes que le nombre, en deçà, elles peuvent l'emporter sur

quatorze pièces de fort calibre et d'une brigade de cavalerie danoise; aussi mon imagination s'exerçait-elle par prévision à toutes les combinaisons que, suivant les occurrences, le terrain que j'avais à défendre pouvait multiplier pour l'attaque, comme pour la défense. Pour comble de bonheur, j'étais à dix lieues du quartier général de Son Excellence, ce qui, en cas d'attaque de la part de l'ennemi, me garantissait six à huit heures, pendant

le nombre même. Je suppose en effet 96 compagnies de 100 hommes chacune; eh bien, qui doutera qu'on puisse en tirer des forces et des moyens différents si l'on en forme :
12 bataillons de 800 hommes chacun ;
18 bataillons de 600 hommes ;
24 bataillons de 400 hommes ?
Et, sans même observer que cette progression du nombre des bataillons ajouterait d'autant plus aux forces qu'on aurait à mettre à leur tête plus d'hommes d'autorité et d'exemple, cette différence serait encore d'autant plus forte que le chef qui aurait à manier ces bataillons serait capable d'élever ses calculs au niveau du plus fort de ces nombres; car, s'il en était autrement, l'effet serait entièrement opposé.

Sans doute, la nature ou l'étendue du terrain, l'espèce de troupes que l'on a à combattre, la qualité des troupes que l'on commande, deviennent les sujets de modifications importantes. Par exemple, avec des troupes nouvelles, mal aguerries, le moral se fortifie d'autant plus que les masses sont plus compactes, et, avec de tels éléments, les plus gros bataillons seront toujours préférables; de même, en face d'un ennemi faible, on préférera les forts bataillons, ou bien lorsqu'en pays découvert on aura à agir contre de la cavalerie. Au contraire, avec les compagnies d'élite et celles du centre, avec les compagnies de grenadiers et celles de voltigeurs, on peut varier les formations suivant les circonstances, et leurs combinaisons multiples peuvent rendre des services immenses; mais elles ne doivent jamais être effectuées que pour une opération de guerre, c'est-à-dire pour le temps de sa durée, attendu qu'en général elles nuisent à la discipline et développent de mauvais germes. En aucun cas il ne faut multiplier les bataillons au delà du besoin que l'on en a, ne pas en créer vingt-quatre quand dix-huit pourront suffire. Elles ajoutent aux forces, peuvent servir à tromper l'ennemi sur celles dont on dispose; toutefois, je le répète, il faut en user avec une grande sagacité et surtout leur conserver un caractère exceptionnel.

lesquelles j'étais certain de pouvoir agir d'après moi seul.

Mais il était écrit que je n'aurais plus un élan de zèle, un espoir de succès, une occasion de me faire juger, sans qu'elle me fût aussitôt arrachée; bref, à l'exception du trop peu d'occasions que j'avais eues et que mes *Mémoires* seuls pourront faire connaître, je mourrai sans avoir pu montrer ce dont je pouvais être capable. Il y avait donc à peine quinze heures que je jouissais d'une position si longtemps désirée, lorsque je reçus l'ordre de remettre le commandement de mes troupes au général Vichery, en échange des siennes, et d'aller reprendre le commandement supérieur à Lübeck.

Désespéré de cette infortune, je fis immédiatement un retour sur moi-même pour rechercher si je l'avais méritée, et je me livrai à une espèce d'investigation sur ce qui m'avait personnellement concerné pendant notre incursion dans le Mecklembourg; mais je n'y trouvai rien qui pût justifier une disgrâce, si mon rappel de Lübeck devait être considéré comme en étant une. En effet, en marchant sur Razeburg et sur Schwerin, j'avais été en première ligne, et même, depuis Wittenburg où le maréchal m'avait quitté, la division Vichery avait suivi le mouvement de la mienne; les deux combats que mes troupes avaient livrés ou soutenus avaient été tels que le maréchal avait voulu qu'ils fussent, c'est-à-dire que seul il avait été cause s'ils n'avaient pas eu des résultats plus importants. A Schwerin, j'avais fait faire vingt reconnaissances; toutes avaient rempli leur but, et aucune n'avait donné lieu seulement à une échauffourée; quant à notre retour, et pendant que le maréchal avait pris les devants de sept à huit lieues, j'avais couvert la retraite de toutes les troupes françaises et danoises, la division Loison seule exceptée; et même, ainsi que le maréchal le désirait, j'étais parvenu à masquer mon évacuation de Schwerin et mon mouvement de retraite, de manière que l'ennemi ne l'apprît que douze heures après qu'ils étaient effectués; et c'était le maréchal qui, comme marque de satisfaction, me l'avait fait écrire (1). Ainsi rien ne pouvait expliquer ou justifier une mesure qui m'était désagréable; il fallut en croire les motifs allégués et qui, j'en conviens, paraissaient fondés. D'ailleurs, le maréchal n'était pas homme à dorer la pilule. Une désobligeance, une dureté le délectaient plus qu'elles ne l'embarrassaient; l'absence d'un reproche était de sa part une louange, et l'apparence d'un mot flatteur, une preuve sans réplique que l'on méritait beaucoup plus. Il fallait donc prendre pour argent comptant et de bon aloi l'ordre qui portait : « Le prince attachant une très grande importance au point de Lübeck, que vous connaissez déjà, désire que vous vous y rendiez de suite de votre personne. Vous y trouverez les troupes de la cinquantième division qui sont en marche pour s'y rendre; celles du général Lallemand, qui est à Dassow, font partie de votre commandement. Vous ferez tous les ouvrages que vous jugerez nécessaires. Vous aurez les quatorze pièces d'artillerie du général Vichery, quatre qui sont à Lübeck, et les dix du général Lallemand. Votre présence à Lübeck produira un bon effet. On croira que toute votre division s'y rend, et vous le laisserez croire, etc. »

Cependant, si les explications contenues dans cet ordre semblaient écarter toute interprétation fâcheuse à mon remplacement, la dernière phrase ne me permettait aucun doute sur ce fait que je perdais une division que

(1) De plus, mes équipages et bagages avaient reçu l'ordre de quitter Lübeck pour me rejoindre à Lauenburg; mon rappel dans cette première ville ne résultait donc d'aucune préméditation.

j'aimais, où j'étais aimé et qui était faite à cette autorité à la fois paternelle et vigoureuse à laquelle tout le monde cède; je la perdais pour prendre le commandement de troupes qui ne formaient pas un ensemble à moi, qui m'étaient étrangères et qui de plus ne se trouvaient pas sur la véritable ligne d'attaque de l'ennemi, notamment sur le point où l'on était à la fois menacé et par le corps du général Valmode et par l'armée de Mecklembourg. La latitude qui m'était donnée, tout en prouvant la confiance de l'homme du monde le plus méfiant, ne me présageait que de nouveaux travaux, un nouveau contact avec les misères des habitants de Lübeck, c'est-à-dire de nouveaux ennuis. Le général Lallemand était certainement un homme de guerre très distingué, mais ses susceptibilités, ses exigences, son orgueil, la raideur naturelle de son caractère, rendaient vis-à-vis de lui la position d'un chef désagréable, et par cela même ajoutaient encore à mes regrets de perdre le général Delcambre, non moins brave devant l'ennemi, plus maniable et ne promettant que d'agréables rapports. J'étais donc mécontent; mais, une heure après avoir échangé avec le général Vichery les instructions que j'avais reçues contre celles qui lui avaient été adressées à Lübeck, je partis, en lui laissant la tâche de faire raison d'une reconnaissance de trois mille hommes que l'ennemi dirigeait contre moi et pour laquelle toutes mes dispositions avaient été faites. Ces dispositions, que je laissai en quittant Lauenburg, furent exécutées; elles valurent de justes éloges au bataillon du 111ᵉ qui donna seul et eût le plus brillant succès, fait dont le colonel de ce corps me rendit compte dans une lettre destinée en outre à m'exprimer tous les regrets qui me suivaient.

Cependant, avant de regagner Lübeck, je tenais à

avoir une explication avec le maréchal, et je passai à Razeburg. Il écarta toute idée de mécontentement et se borna à paraphraser son ordre; il ajouta même : « Vous savez ce pays par cœur. Vous êtes apprécié à Lübeck. Personne ne peut y être aussi utile que vous; Vichery, toute réflexion faite, ne convenait pas à ce commandement. » Je cherchai à le convaincre que Lübeck, par ses ouvrages et ses eaux, se défendait d'elle-même, ajoutant que j'avais quitté Lauenburg avec d'autant plus de regrets que j'avais la confiance d'être aussi utile sur ce point que je pouvais l'être ailleurs; mais, ses idées n'ayant que des racines, on n'avait aucune prise pour les lui arracher; et cependant je le quittai en insistant sur ce fait que j'espérais du moins que ma séparation d'avec ma division ne serait que momentanée. Prêt à remonter à cheval, je rencontrai le général Loison. Il était furieux, et sa colère était aussi énergique qu'éloquente. Vandamme et Loison étaient, de tous les généraux que j'ai connus, les deux qui parlaient avec plus de volubilité et de force, de vigueur et de feu. « Si vous me revoyez ici, me dit-il, ce n'est pas la faute du maréchal. Ma division était perdue si j'avais exécuté ses ordres. Avoir évacué Schwerin sans avoir assuré ma retraite est une honte, un crime, une infamie. » Mais, reprit-il de l'air et du ton sardonique et dédaigneux qui lui étaient si familiers, « qu'attendre d'un chef qui ne comprend pas encore qu'il m'avait sacrifié? » Il entra à cet égard dans tous les détails qui ne laissaient aucun doute sur l'exactitude de ses assertions, sur la légitimité de sa colère, et, tout en me rendant à Lübeck, je me répétais : « Qu'attendre d'un chef qui n'a pas conscience de ce qu'il fait? »

A peine à Lübeck, je chargeai mon aide de camp Vallier de tracer de suite les ouvrages que, pendant notre trajet et aidé de ses lumières, j'avais arrêté d'ajouter à ceux déjà exécutés. Ces ouvrages commencèrent de suite; trois cents ouvriers répartis en dix ateliers travaillaient chacun douze heures par jour; bientôt même ces trois cents hommes furent portés à sept cents, et les travaux marchaient avec tout l'ordre et l'activité possibles, lorsqu'un jour, on vint me prévenir que le maréchal était au milieu des ouvriers. Sans doute il eût été convenable de sa part qu'il descendît chez moi ou me fît prévenir afin d'arriver ensemble sur les travaux, ne fût-ce que pour ne pas avoir, aux yeux des habitants, des troupes danoises, des travailleurs même et de ceux qui les dirigeaient, l'air de chercher à me prendre en défaut; mais ces sortes d'égards n'étaient pas dans ses mœurs; il aimait les surprises, surtout désobligeantes; toutefois, comme je n'aurais certes pu faire plus, quand bien même je l'eusse attendu, je me félicitais de son mauvais procédé, certain que, de lui et de moi, ce ne serait pas moi qui pourrais être attrapé, et en toute confiance je me hâtai de le rejoindre; mais à peine me rendit-il mon salut; il faisait la moue la plus grogneuse et semblait furieux de ne rien trouver à dire; une pièce de bois lui parut pouvoir gêner les ouvriers, alors qu'elle n'embarrassait personne, et il cria à tue-tête. Ouvriers, chefs ouvriers, tout le monde fut aux champs, et, quand on ne devait s'attendre qu'à des éloges, il n'y eut personne qui ne fût bourré. Telle était sa manière d'encourager; mais de ces encouragements-là personne ne s'en souciait, et l'on ne fut heureux que lorsqu'il fut parti.

De Lübeck à Razeburg, entre lui et moi, la fastidieuse correspondance reprit son cours; elle me forçait par jour à huit ou dix réponses, et je recevais des instructions dont parfois la transmission donnait à peine lieu à un simple ordre du jour. L'inutilité était égale à la avoir une explication avec le maréchal, et je passai à Razeburg. Il écarta toute idée de mécontentement et se borna à paraphraser son ordre; il ajouta même : « Vous savez ce pays par cœur. Vous êtes apprécié à Lübeck. Personne ne peut y être aussi utile que vous; Vichery, toute réflexion faite, ne convenait pas à ce commandement. » Je cherchai à le convaincre que Lübeck, par ses ouvrages et ses eaux, se défendait d'elle-même, ajoutant que j'avais quitté Lauenburg avec d'autant plus de regrets que j'avais la confiance d'être aussi utile sur ce point que je pouvais l'être ailleurs; mais, ses idées n'ayant que des racines, on n'avait aucune prise pour les lui arracher; et cependant je le quittai en insistant sur ce fait que j'espérais du moins que ma séparation d'avec ma division ne serait que momentanée. Prêt à remonter à cheval, je rencontrai le général Loison. Il était furieux, et sa colère était aussi énergique qu'éloquente. Vandamme et Loison étaient, de tous les généraux que j'ai connus, les deux qui parlaient avec plus de volubilité et de force, de vigueur et de feu. « Si vous me revoyez ici, me dit-il, ce n'est pas la faute du maréchal. Ma division était perdue si j'avais exécuté ses ordres. Avoir évacué Schwerin sans avoir assuré ma retraite est une honte, un crime, une infamie. » Mais, reprit-il de l'air et du ton sardonique et dédaigneux qui lui étaient si familiers, « qu'attendre d'un chef qui ne comprend pas encore qu'il m'avait sacrifié? ». Il entra à cet égard dans tous les détails qui ne laissaient aucun doute sur l'exactitude de ses assertions, sur la légitimité de sa colère, et, tout en me rendant à Lübeck, je me répétais : « Qu'attendre d'un chef qui n'a pas conscience de ce qu'il fait? »

A peine à Lübeck, je chargeai mon aide de camp Vallier de tracer de suite les ouvrages que, pendant notre

trajet et aidé de ses lumières, j'avais arrêté d'ajouter
à ceux déjà exécutés. Ces ouvrages commencèrent de
suite; trois cents ouvriers répartis en dix ateliers travaillaient chacun douze heures par jour; bientôt même
ces trois cents hommes furent portés à sept cents, et les
travaux marchaient avec tout l'ordre et l'activité possibles, lorsqu'un jour, on vint me prévenir que le maréchal était au milieu des ouvriers. Sans doute il eût été
convenable de sa part qu'il descendît chez moi ou me fît
prévenir afin d'arriver ensemble sur les travaux, ne fût-ce
que pour ne pas avoir, aux yeux des habitants, des
troupes danoises, des travailleurs même et de ceux qui
les dirigeaient, l'air de chercher à me prendre en défaut;
mais ces sortes d'égards n'étaient pas dans ses mœurs;
il aimait les surprises, surtout désobligeantes; toutefois,
comme je n'aurais certes pu faire plus, quand bien même
je l'eusse attendu, je me félicitais de son mauvais procédé,
certain que, de lui et de moi, ce ne serait pas moi qui
pourrais être attrapé, et en toute confiance je me hâtai
de le rejoindre; mais à peine me rendit-il mon salut; il
faisait la moue la plus grogneuse et semblait furieux de
ne rien trouver à dire; une pièce de bois lui parut pouvoir gêner les ouvriers, alors qu'elle n'embarrassait
personne, et il cria à tue-tête. Ouvriers, chefs ouvriers,
tout le monde fut aux champs, et, quand on ne devait
s'attendre qu'à des éloges, il n'y eut personne qui ne fût
bourré. Telle était sa manière d'encourager; mais de
ces encouragements-là personne ne s'en souciait, et l'on
ne fut heureux que lorsqu'il fut parti.

De Lübeck à Razeburg, entre lui et moi, la fastidieuse
correspondance reprit son cours; elle me forçait par
jour à huit ou dix réponses, et je recevais des instructions dont parfois la transmission donnait à peine lieu
à un simple ordre du jour. L'inutilité était égale à la

prolixité. La plupart des lettres ne prescrivaient que ce qui était en train de se faire ou ce qui était fait; les autres ressassaient les mêmes banalités : « Faites exercer les troupes; occupez-vous des subsistances; veillez à la chaussure », et le tout à propos de suppositions ou de considérations les plus niaises. Je ne sais comment le général César de Laville n'en devenait pas fou, n'ayant ni nuits ni jours et pour ainsi dire pas une heure pour échapper à ce fatras de contradictions et de niaiseries (1). Le 6 septembre, jour de mon arrivée à Lübeck, je fus talonné par six lettres de Son Excellence, lettres dont deux, n'en valant pas une, avaient pour objet de charger le général Lallemand de me faire un rapport sur la force, la composition et la position de l'ennemi, et de l'amorcer de manière à le jeter dans l'eau... Mais le général ne noya personne; il eut au contraire un escadron surpris et houspillé.

Le 7, j'eus l'ordre d'organiser une flottille à Travemünde; c'était revenir à une idée creuse qui heureusement fut inexécutable, car, dès la fin de novembre, la Bal-

(1) En fait de contradictions, je citerai un ordre du jour que je retrouve en date du 29 août. Cet ordre portait « que la moitié des chevaux d'artillerie devaient toujours être harnachés, et que, comme en présence de l'ennemi aucun cheval ne devait être sans harnais, ils resteraient tous constamment attelés ». Ainsi, de ces chevaux qui tous devaient être harnachés et constamment attelés, la moitié seule aurait dû porter des harnais, ce qui était trop difficile à comprendre pour être facile à exécuter. L'une des manies du maréchal étant de dicter, et son malheur d'oublier ses phrases à mesure qu'il les avait dictées, il en résultait d'incroyables rédactions, que le général de Laville n'était pas fait pour signer, mais qu'il signait faute de pouvoir s'en abstenir.

En fait de niaiseries, je citerai non pas un ordre, mais une véritable ordonnance. Quelques dysenteries s'étant déclarées, j'en rendis compte, et je reçus en réponse une lettre digne d'un officier de santé de troisième classe par les prescriptions qu'elle contenait et par la manière dont le maréchal s'en référait néanmoins aux chefs de ce service.

tique n'est plus navigable. On se contenta donc, en fait de flottille, de faire courir les deux mauvais petits corsaires déjà établis dans le lac de Dassow.

En me précédant à Lübeck de vingt-quatre heures, le général Lallemand avait fait publier et afficher un ordre portant : « Au premier coup de canon, tous les habitants rentreront dans leurs maisons et les tiendront fermées. Tous ceux qui paraîtront dans les rues ou aux croisées seront sabrés ou fusillés. » Or le maire, qui trouvait dans ce laconisme autre chose que le cachet de la transcendance, adressa cette pièce au prince et se plaignit en outre de plusieurs désordres commis par les troupes du général Lallemand et d'une voie de fait exercée par ce général lui-même envers un des fabricants de la ville, qu'il jugeait coupable de ne pas s'être découvert lors de son passage; enfin le général Lallemand avait menacé de faire lier et garrotter tous les membres de la municipalité, et de les faire marcher comme guides, si dans les quinze minutes il n'avait pas reçu les guides à pied et à cheval qu'il avait demandés. Et le maire suppliait le prince de ne pas laisser le commandement de Lübeck au général Lallemand, si je venais à recevoir une autre destination. A tout cela le prince me chargea de répondre que, relativement à la proclamation, il en prescrivait la stricte exécution, et que, relativement à la menace, c'était ainsi que devait ordonner un général d'avant-garde, qui ne doit pas souffrir de délai dans l'exécution des ordres qu'il donne. Tout cela pouvait être superbe, mais il ne me plaisait guère d'avoir pour subordonné l'équivalent de ce que Davout était comme chef, et de joindre à l'ennui d'obéir au premier le souci de commander au second.

Lallemand me rappelait le général Fournier. Quoique très différents de ton, de manières et de caractère, ils étaient également difficiles à manier. Celui-ci, fougueux et fantasque (1), n'était le maître ni de ses violences ni de ses emportements; celui-là, prétentieux, arrogant, dur et raide, ne pouvait suffire à l'orgueil de tout le mérite qu'il se croyait. Quoique sous le rapport de la moralité le général Lallemand ne pût être mis en parallèle avec Fournier, je ne sais pas si je n'aurais encore préféré avoir sous mes ordres celui-ci, qui, de temps à autre du moins, était fort amusant, et qui avait tellement d'esprit que parfois il faisait justice de ses propres excentricités, alors que Lallemand, toujours en éveil de susceptibilité, ne descendait jamais des échasses ronceuses sur lesquelles il vivait juché. Enfin compensait-il par des faits d'armes extraordinaires, ou par sa transcendance, les aspérités habituelles de son caractère? Non; sans doute il était aussi brave que Fournier; mais, si bon militaire qu'il fût, on ne pouvait exécuter avec lui ce qu'on eût exécuté avec des généraux tels que Delcambre et tant d'autres, uniquement occupés à mettre en jeu leur dévouement, là où Lallemand ne mettait que de la morgue, et qui, s'appliquant à justifier la confiance qu'on leur témoignait, savaient s'oublier pour ne songer qu'à leurs devoirs, au lieu de se placer sans cesse entre leurs devoirs et leurs chefs.

Et si même, en ce qui tient à la guerre, des généraux sachant se commander seront toujours préférables, combien ne le sont-ils pas vis-à-vis des habitants! car des hommes comme le général Lallemand ne peuvent en

(1) Je me rappelle notamment ce mot que j'ai omis de consigner quand j'ai parlé plus longuement du caractère de Fournier. Fournier causait avec je ne sais plus qui; tout à coup sa figure se contracte en prenant une expression farouche. « Et qu'est-ce qui vous prend? lui demande son interlocuteur. — Un tel vient de passer. — Et c'est à cause de lui que vous prenez cette mine? — Oui, il est heureux! »

faire que des ennemis. Darmagnac, Dorsenne, Davout et lui m'ont appris ce que l'on peut arracher par la terreur ; mais ce que j'ai obtenu par des voies totalement différentes a achevé de condamner à mes yeux des manières de rigueur qui en résumé ne peuvent conduire qu'à l'exaspération et au désespoir les malheureux qui ont à les subir.

Pour en revenir à l'ordre du général Lallemand, je dus en accepter les termes, puisqu'ils étaient confirmés et sanctionnés par le maréchal, et, en faisant suivant mon habitude un ordre d'alarme, j'y insérai la fameuse phrase. Toutefois cet ordre de faire sabrer et fusiller les habitants qui en cas d'attaque paraîtraient dans les rues, plaisait tant au maréchal que, quoique cet ordre se trouvât dans mon ordre d'alarme, il me le répéta dans une de ses lettres, mais en ajoutant : « sans pitié... »

Pendant sa course à Lübeck, il avait conçu un système de défense, comme il l'appelait, et ce système consistait à adopter le placement de deux postes que j'avais réclamés et la construction d'un pont que j'avais proposé ; à faire couvrir les ouvrages de palissades, d'abatis qu'il avait vu établir et de trous de loups qu'il avait vu exécuter ; à placer toutes les nuits les troupes dans leurs postes d'alarme, et cela se faisait depuis mon retour à Lübeck ; à faire créneler les maisons donnant sur les ouvrages, et il y avait vu travailler ; à faire garnir les créneaux de bons tireurs, à répartir les pièces suivant les points qu'elles devaient battre et à avoir des réserves, ce qui allait sans dire (1).

(1) Sous prétexte qu'il pouvait venir à mon secours en cinq heures, et comptant sur ce système de défense, il m'avait enlevé quatre bataillons sur sept et dix pièces de canon ; mais, pour qu'il pût arriver à Lübeck en cinq heures, ainsi qu'il me le répéta dans quatre lettres, il eût fallu que l'ennemi ne fît qu'une attaque et la dirigeât sur Lübeck. Si, après avoir passé avec 25,000 hommes

Mais à quoi je n'avais pas pensé, c'était à placer en sentinelle un officier dans la plus haute tour, et cela quoique l'on ne fasse les approches d'une place que la nuit; à créneler et placer des tireurs dans les tours et clochers, attendu que, vu la surface que ces clochers offrent, la première chose qu'aurait faite l'ennemie eût été de les démolir à coups de canon; je n'avais pas songé non plus à établir des batteries au-dessous de Lübeck, sur la gauche de la Trave, pour prendre à revers celles que l'ennemi établirait contre Lübeck, comme s'il n'aurait pas couvert ces batteries de feux d'écharpe; comme si, manquant d'hommes et de pièces pour la défense des bastions et le service de la place, je pouvais songer à étendre mon front; comme si l'ennemi, attaquant Lübeck, n'aurait pas exécuté le passage de la Trave que personne ne pouvait lui disputer. De même il paraît que j'avais dans mon ordre d'alarme laissé une grave lacune. L'hôpital contenait quelques galeux de la division Loison, et j'avais omis de les comprendre dans les prises d'armes qui avaient lieu toutes les nuits et de leur assigner une place fixe. J'avais pensé qu'il était humain de ne les mettre à contribution qu'en cas de danger imminent, et c'était là une de ces erreurs au sujet de laquelle M. le maréchal m'écrivit. Je le répète : peu de jugement et beaucoup de mémoire mettront toujours

la Stecknitz à Zweedorf, et forcé par là le maréchal à courir au secours de sa droite, l'ennemi avait brusquement attaqué Lübeck par les deux rives de la Trave, et avec 10,000 hommes et des pièces de gros calibre, le maréchal ne serait pas venu, je ne dis pas en cinq heures, mais peut-être pas avant que la ville fût prise, et cela, l'expérience l'a en partie prouvé le 6 octobre, jour où le maréchal voulait faire appuyer un de mes mouvements sur le Mecklembourg par une partie de la division Loison, et, le canon s'étant fait entendre du côté de Lauenburg, il fut obligé de me priver de ce secours, sur lequel, sans que je le lui demandasse, il m'avait fait compter.

une tête dans un état d'indigestion; mais que, pour le cas de M. le maréchal, on ajoute une activité impossible à tempérer et une force d'âme capable de briser les plus fortes barrières, et on aura tous les effets de l'indigestion.

Malgré la latitude que donne un ouvrage susceptible d'anecdotes, malgré l'intérêt qu'on trouve à remettre sous leur vrai jour les caractères, il faut cependant s'imposer des bornes, et je ne citerai plus que ce fait. Le maréchal avait ordonné que tous ceux qui sur la Trave, la Wackenitz, la Stecknitz avaient des bateaux, eussent à les livrer immédiatement. Certes c'était bonté de demander ce que l'on était maître de prendre, mais les habitants, se méprenant sur ce procédé, avaient trouvé préférable de cacher leurs bateaux, et, le malheur ayant voulu que l'on découvrît plusieurs de ces bateaux, le maréchal jugea opportun de redresser les idées des habitants, et il me fit écrire ces lignes caractéristiques : « Si le commandant de la place de Lübeck avait exécuté mes ordres et fait bâtonner les paysans qui cachent leurs embarcations, on n'en découvrirait pas chaque jour. Il ne faut pas se lasser d'en faire la recherche, et il faut donner cent coups de bâton pendant quatre jours aux propriétaires de ceux qu'on trouvera, et les faire mettre en prison pendant un mois. » C'était une variante de la correction infligée aux donneurs de mauvaises nouvelles, qui, ne devant recevoir que cinquante coups de bâton par jour, les recevaient par compensation pendant huit jours, mais n'allaient pas en prison. Cette variante attestait de la part du maréchal la richesse de son imagination; encore est-il juste d'ajouter qu'il ne s'en tint pas là; car, un pêcheur de Falkenhausen ayant été arrêté et convaincu d'avoir soustrait des bateaux, le maréchal me fit écrire de lui déclarer que, s'il ne trouvait pas le moyen de les mettre en notre pouvoir, il serait passé par les armes. Pour donner à de tels ordres la suite qu'ils méritaient, il fallait s'imposer le devoir de n'en pas tenir compte, et c'est ce que je fis. Tous ces coups de bâton pour les agents mal informés et pour les receleurs de leurs propres bateaux, tous ces coups de sabre ou coups de fusil pour ceux qui paraissaient dans les rues ou se montraient aux fenêtres après le signal d'alarme, la peine capitale substituée au bâton et à la prison, rien de tout cela ne fit une seule victime et n'exista que dans une correspondance digne d'un exécuteur des hautes œuvres plutôt que d'un général en chef.

Cependant, après ces exemples de rigueur inopportune, je veux rapporter une preuve d'indulgence d'autant plus inexplicable que le délit n'admettait ni doute, ni interprétation, ni excuse. J'avais pour garde-magasin à Lübeck l'abbé ou le comte de Montgaillard, espèce d'Ésope, spirituel comme tous les gens marqués au B, mais dérogeant par sa conduite et ses sentiments à sa noble origine, tout autant que, par son emploi et ses fonctions, il dérogeait à la sainteté du ministère auquel primitivement il était consacré. De fait, cet homme avait à ce point la vocation de son nouvel état, qu'il n'était pas un produit de friponnerie dont il dédaignât de se gratifier. Ainsi il volait sur les qualités, il volait sur les quantités, il volait sur tout et il volait toujours. Mais, quelque supériorité que l'on mette à plumer tant de milliers de poules, il est bien impossible de n'en pas faire crier quelques-unes ; des cris furent donc proférés ; et, ces cris jusqu'à moi parvenus, je fis empoigner ledit comte, garde-magasin et abbé, et, ayant chargé mon honnête et incorruptible aide de camp Vallier de l'office de rapporteur, je traduisis le Montgaillard au conseil de guerre. J'ai toujours exécré cette race administrative dont les rapines ont coûté tant de sang à la France, tant de tortures à ses victimes; mais ce que j'en avais vu à l'armée d'Italie, et plus récemment aux armées d'Espagne, m'excita, je l'avoue, à faire un exemple utile. S'il fallait d'ailleurs que ce malheureux pays de Lübeck fournît aux besoins présents et futurs de l'armée, il n'y avait certes aucune raison pour que, par les faits ou méfaits d'un comptable défroqué, on achevât de le spolier pour les beaux yeux de je ne sais quelles drôlesses et par les laides et sales mains du quidam. Toutes les charges établies, c'en était donc fait de lui, il allait être fusillé, et ce châtiment eût été la seule chose que le Montgaillard n'eût pas volée, lorsque le maréchal, qui me semblait devoir rendre la perte d'un tel fripon indubitable, évoqua tout à coup l'affaire à son quartier général en chef, et, comme les mêmes causes produisent toujours les mêmes effets, ce coupable fut sauvé comme l'avait été l'économe de Burgos. Vallier en fut pour son instruction et son réquisitoire, moi pour l'étonnement le plus complet, les troupes et le pays pour le scandale, le maréchal pour une condescendance à je ne sais quelles considérations, et le réprouvé pour fuir jusqu'à Paris, où par la suite je ne l'ai jamais rencontré, sans que, par la contraction de sa figure, il ne me donnât une idée de la laide grimace que la justice eût exigé qu'il fît.

Cette malheureuse ville de Lübeck n'ayant pu payer l'énorme contribution extraordinaire à laquelle le prince l'avait frappée, il ordonna d'y saisir, en déduction de ce qu'elle devait encore, une masse effrayante de froment et de seigle, un million de litres de vin et cinquante mille litres d'eau-de-vie, le tout des premières qualités, et d'expédier en huit jours ces approvisionnements sur Hambourg. Je ne parle pas de tous les embarras et ennuis de cette opération, confiée à une commission dont je ne pus éviter la présidence, et surtout de l'impossibilité de réunir les moyens de transport nécessaires ; car ce qui commençait à m'occuper davantage, c'était la crainte que le maréchal, dont la transcendance ne rassurait personne, ne donnât à l'ennemi le temps de lui couper la retraite et même n'eût la pensée de s'enfermer à Hambourg. Connaissant les désastres infligés à Macdonald par Blücher et à Vandamme par Schwarzenberg, le revers éprouvé par Girard aux portes de Magdebourg, les défaites successives du maréchal Oudinot et du maréchal Ney battus par Bernadotte, il ne fallait point une grande compréhension pour se rendre compte qu'il était temps et plus que temps de renoncer à un système de dispersion qui n'est possible que dans la victoire et qui déjà nous avait été si fatal ; il fallait cesser de former une pointe ridicule, et il était urgent de nous replier, soit pour nous réunir à l'Empereur, soit pour le flanquer en emmenant avec nous la garnison de Magdebourg et les conscrits dont j'ai parlé, et en nous retirant sur Wesel. Tout cela était d'une évidence criante, et pourtant rien n'indiquait que le maréchal s'en occupât le moins du monde ; mais l'importance n'en était pas moins telle que prendre à cet égard une sorte d'initiative devenait un devoir sacré. L'embarras était cependant de savoir comment traiter avec cet homme ombrageux et grossier des questions d'un ordre aussi élevé, et d'autant plus délicates qu'on ne pouvait les aborder sans paraître empiéter sur ses attributions. Ni Pécheux, ni Vichery, ni Watier, ni moi, nous n'étions en position de nous commettre à cet égard ; le général César de Laville ne l'était pas davantage, alors que par son ancienneté, son caractère, une supériorité qu'on ne lui disputait pas, son élocution facile et nerveuse, l'espèce de franc-parler qu'il avait conservé, Loison pouvait à la rigueur se charger d'amener le maréchal à discuter ce que commandaient les intérêts de l'armée, de l'Empereur lui-même et de la France; et c'est ce qui me fit résoudre d'avoir avec lui un entretien à ce sujet. Me rappelant les confidences de Morand et de Gauthier à Tilsit en 1807, je demandai, le 21, l'autorisation, de me rendre à Razeburg; elle m'arriva le 22 au matin; trois heures après l'avoir reçue, j'étais chez Loison. Nous discutâmes à fond l'objet de ma venue; il fut frappé de ce que j'eus à lui dire, notamment sur l'intérêt qu'il y aurait à réunir en conseil de guerre tous les généraux de division de l'armée, non pour contraindre le maréchal, mais pour le couvrir par l'émission d'un vœu qui ne pouvait manquer d'être unanime; et nous arrêtâmes, Loison et moi, qu'il me laisserait le temps de parler au maréchal des affaires qui avaient servi de prétexte à ma course, mais que, du moment où je quitterais le maréchal, il me remplacerait auprès de lui, et que, pour repartir, j'attendrais le résultat de sa conférence. Tout cela fut exécuté, mais Loison n'obtint rien : « Je n'interprète pas les ordres et je ne préjuge pas les intentions », lui répondit cet animal, comme nous l'appelions. « L'Empereur m'a ordonné de conserver Hambourg, et je défendrai cette place jusqu'à la dernière extrémité. D'ailleurs, tant que Magdebourg, Hambourg et Dantzig tiendront, l'Empereur n'a rien perdu. — Mais, reprit Loison, les circonstances ne vous semblent-elles pas assez graves pour exposer des doutes et demander de nouvelles instructions, de nouveaux ordres? — L'Empereur n'a besoin des avis de personne; quant aux ordres, je les attends et ne les provoque jamais. » Dans l'impossibilité de gagner quoi que ce soit sur l'obstination cent fois éprouvée du maréchal, je crus du moins pouvoir insister auprès de Loison : « Mais vous-même, repris-je, ne pensez-vous pas (et en disant au maréchal que vous l'avez déjà fait) devoir en écrire au prince de Neuchâtel ? — Ma foi, non ; qu'ils s'arrangent, ils y sont plus intéressés que nous. Et cependant vous verrez que nous finirons par être bloqués à Hambourg, et que, faute de vivres, nous y serons pris sans honneur et sans gloire. » Exemple mémorable d'une de ces aberrations en vertu desquelles l'entêté se croit du caractère.

De retour à Lübeck, j'avais besoin de me distraire de tant de douloureuses pensées, et j'allai passer ma soirée chez mes hôtesses (1). Il y avait quelques dames. N'osant parler ni du présent, ni du passé, ni de l'avenir, ni des choses, ni des personnes, ni des craintes, ni des espérances, on parla de la ville et des environs de Lübeck. Quant à la ville, j'en avais visité le matin la bibliothèque, où j'avais éprouvé deux rudes tentations. L'une avait pour objet toute une liasse de lettres de Charles XII, adressées presque toutes à sa sœur et semées de mots français soulignés, et notamment du mot « charmant », qui revenait sans cesse. Je ne sais ce que je n'aurais pas donné pour avoir une ou deux de ces lettres, et rien n'était plus facile ; il ne fallait que les prendre pour la Bibliothèque impériale et prélever un escompte, ou bien en demander au maire, qui se fût empressé de m'en offrir. La seconde tentation m'était causée par un manuscrit du huitième siècle, et qui aurait enrichi ma collection comprenant des types du cinquième siècle au quinzième ; mais j'avais trop besoin de mon autorité à Lübeck pour risquer de l'affaiblir par de pareilles demandes. Quant aux environs de la ville, l'à-propos fut une course qu'avec mes hôtesses j'avais faite quelques jours auparavant pour aller voir

(1) Le général Thiébault logeait chez un médecin nommé Schedlick. (Ed.)

un chêne admirable, célébré par une tradition de plusieurs siècles et devant lequel, par parenthèse, un vieil habitant de Lübeck ne passait jamais sans ôter son chapeau, manière, selon lui, de saluer les nombreuses générations qu'avait successivement abritées la séculaire ramure. J'ignore, au reste, s'il existe un pays où la végétation soit plus belle que dans toute cette région; et je lui payais le tribut d'éloges qu'elle mérite, lorsque Mlle Dora s'écria : « Que diriez-vous donc, monsieur le gouverneur, si vous connaissiez le pays d'Eutin? » Et elle m'en vanta les vallées pittoresques, les riches pâturages et le plus délicieux assemblage de lacs, de rochers, de montagnes, de forêts qu'on puisse imaginer, sorte de petite Suisse, qui de plus est baignée par la mer. « C'est d'ailleurs, ajouta cette charmante fille de mon hôte, l'affaire d'une promenade. — Que je ferai demain, repartis-je, afin de pouvoir vous remercier plus tôt du renseignement que vous voulez bien me donner avec tant de bonne grâce et d'éloquence. » Et, le lendemain matin, mon travail expédié, j'étais en route.

Je ne m'arrêterai pas à tout ce qui justifiait l'admiration de cette dame. A quoi serviraient des descriptions, qui ne différeraient de tant d'autres du même genre que par des noms aussi étranges qu'étrangers, et dont les terminaisons en *itz, berg, dorf*, contrasteraient avec toutes les suavités de ce délicieux canton? Assez de prosateurs et de poètes ont rivalisé avec la nature pour en multiplier les beautés, et ce que j'ajouterais à la manière dont ils les ont chantées n'ajouterait rien à ce qu'elles inspireront toujours. Il faut le dire d'ailleurs, arraché à ce qui n'était que distraction et plaisir, je fus bientôt ressaisi par les pensées et les impressions dont j'étais sans cesse occupé, et j'éprouvai d'abord un singulier étonnement devant l'aspect d'abondance auquel je n'étais plus accoutumé. Comment ce pays, entouré par la guerre, avait-il échappé jusqu'alors au ravage, à la simple consommation même?... Je le crus, comme on le croyait au quartier général, dans la dépendance du Danemark, notre allié; mais j'appris qu'il appartenait à un prince, notre ennemi acharné. Grâce à cette erreur sur laquelle aucun mot n'avait donné l'éveil et que personne n'avait songé à vérifier, ce pays avait échappé à toute réquisition ou demande, et il s'était enrichi des désastres d'une partie de ses voisins. De ce fait je passai à l'examen des ressources; elles étaient immenses. Dès lors le but de ma course changea; mais, comme je faisais mes questions moi-même, en allemand et avec une entière négligence, que je les entremêlais des choses les plus futiles, que je paraissais écouter avec distraction les réponses, que, déroutant ainsi toute espèce de défiance, je complétais les renseignements demandés dans un village par ceux que j'obtenais dans un autre, j'eus en peu d'heures des documents équivalant à une véritable statistique, et, du moment où je ne vis plus rien d'important à recueillir, je repris grand train le chemin de Lübeck, n'ayant d'autre pensée que de trouver, grâce à cette découverte, le moyen de soulager cette ville et d'achever d'approvisionner Hambourg qui pouvait être notre refuge. De retour chez moi, et après avoir ruminé pendant tout le trajet mon rapport au maréchal, je n'eus plus à retarder le départ de ce rapport que pendant la demi-heure indispensable pour le dicter et l'écrire en même temps, et il n'y avait pas huit heures que mon courrier était parti que je recevais du maréchal, en guise de réponse, non des éloges sur une reconnaissance à laquelle j'avais donné cependant son résultat pour prétexte, ou seulement un mot obligeant sur le service colossal que je rendais, mais l'ordre de prendre possession du pays d'Eutin, d'y placer un officier supérieur comme commandant militaire avec trois cents hommes de cavalerie et de frapper immédiatement une réquisition, soit de 22,500 quintaux de froment et de 7,500 quintaux de seigle, équivalant à 2,360,000 rations; de 25,000 quintaux d'avoine ou 300,000 rations; de 700,000 kilos de viande de bœuf sur pied ou 1,400,000 rations; de 60,000 litres d'eau-de-vie ou 900,000 rations; de 500 chevaux qui furent portés à 600; et, en sus des premières réquisitions, furent encore exigés tout l'entretien des trois cents hommes de cavalerie, l'habillement, l'équipement, le harnachement d'un assez grand nombre de cavaliers déserteurs de l'ennemi et qui, sur leur demande, entrèrent dans les lanciers polonais et furent montés; la fourniture de capotes pour vingt-deux soldats d'artillerie; 2,500 quintaux de riz, de légumes secs; le tout, sans défalcation des rations demandées à Lübeck, malheureuse ville que, comme une poche, nous vidions dans Hambourg. Ces réquisitions devaient être livrées en quinze jours à Hambourg, savoir : le premier tiers, le 30 septembre (nous étions au 24); le deuxième tiers, le 5 octobre, et le reste, le 10 octobre, M. le conseiller d'État comte de Chaban restant juge des qualités et quantité des grains, bœufs et liquides, et M. le général Dubois, du nombre et de la qualité des chevaux; le tout d'ailleurs requis et amené par mes soins (1).

Je m'attendais certes à une forte réquisition; elle était indispensable, et il fallait profiter de cette ressource

(1) C'étaient, à 30,000 rations par jour, des vivres pour quatre-vingt-douze jours; mais la mortalité et les maladies ne pouvaient manquer d'augmenter de beaucoup la durée de cette ressource, qui, en y ajoutant la réduction de la ration à deux tiers de ration, eût été de quatre à cinq mois.

pour parvenir à approvisionner Hambourg ; il était juste que le pays d'Eutin supportât sa part des charges de la guerre ; mais l'énormité des demandes passa mes prévisions ; les délais me confondirent par l'impossibilité de ne pas les dépasser, c'est-à-dire d'échapper à des rigueurs incalculables, dont un comte de Maltzahne, président de la régence d'Eutin, homme tout à fait comme il faut et qui m'avait comblé de politesses dans cette ville, ne pouvait manquer d'être la victime. Par malheur encore, il était du devoir de ce comte de faire des réclamations, ne fût-ce que pour éviter le reproche de ne pas en avoir fait ; enfin il eut à réclamer l'appui du maréchal contre les douaniers danois qui voulaient lui faire payer des droits de tout ce qu'il expédiait sur Hambourg. On pouvait croire qu'il n'avait à craindre auprès du maréchal qu'un refus de diminution et d'intervention ; et je le croyais d'autant plus que sa lettre était à ce point convenable que je m'étais chargé de l'envoyer dans une des miennes ; mais le maréchal, que sa nature entraînait à tout interpréter en mal, vit ou feignit de voir une connivence où il n'y avait qu'une démarche pour sortir d'un embarras. Il me fit donc écrire sous la date du 30 septembre : « Son Excellence ne veut pas être dupe de la malveillance soit de ce comte, soit de quelques douaniers danois. En conséquence, il vous ordonne d'envoyer de suite, à la réception de cette lettre, arrêter ce comte. Vous le mettrez sous bonne et sûre garde dans une auberge et lui déclarerez que M. le maréchal le fera passer par les armes, si les réquisitions frappées dans le pays d'Eutin ne sont pas exécutées. »

Il y avait de quoi se donner au diable et y donner et les réquisitions et le maréchal. C'était pour moi trop de désobligeance et pour le comte de Maltzahne trop de brutalité; pourtant il fallait obéir, et tout ce qui restait en mon pouvoir fut d'employer des formes qui du moins ne laissèrent aucun doute sur la peine que j'éprouvais à me trouver mêlé à de telles mesures.

Cependant, une fois engagé sur une telle voie, le maréchal ne s'arrêtait pas. Relativement à Lübeck, cette ville avait fourni tout ce qu'on avait exigé d'elle, à l'exception de l'énorme quantité de vins et d'eau-de-vie et de quelques grains; car, pour la livraison des liquides, deux obstacles assez difficiles à surmonter s'étaient présentés : il manquait futailles et haquets. De haquets, il en eût fallu trois cents par jour, et on n'avait pu en réunir plus de dix-huit; quant aux futailles, après avoir rassemblé tous les merrains et cerceaux existants et employé tous les tonneliers du pays à confectionner des tonneaux, il en manquait encore trois mille. Je proposai de faire venir ces trois mille tonneaux de Hambourg et de faire fournir à prix d'argent des voitures par le Holstein; mais presque toutes les voitures de cette province étaient occupées aux travaux de la campagne et au service de l'armée danoise; on y mit d'ailleurs de la mauvaise volonté, et nous en eûmes très peu. Je continuais cependant à redoubler d'efforts; pour exciter le zèle par son exemple, le maire alla jusqu'à atteler ses deux chevaux de voiture à une charretée de vin; mais ces deux chevaux crevèrent au premier voyage; l'exemple ne fut donc pas entraînant. Quant au maréchal, croyant encore à la mauvaise volonté du maire, malgré le sacrifice que celui-ci venait de faire, et regardant la mort de ces deux chevaux comme un prétexte pour éluder l'exécution de ses ordres, il me commanda, dans la lettre dont je viens de citer quelques phrases, de faire partir dans les quarante-huit heures tous les liquides destinés pour Hambourg, ajoutant : « Le maire et les habitants emploieront tels moyens qu'ils voudront; ils pourront même suspendre l'envoi de grains, mais Son Excellence (le mot était heureux) déclare qu'à la quarante-neuvième heure il fera arriver à Lübeck toutes les voitures nécessaires pour enlever jusqu'à la dernière bouteille de vin et d'eau-de-vie qui se trouve dans Lübeck, et il en a l'état. » Ce fut un désespoir, un bouleversement général; mais, quoi que l'on pût faire, l'ordre ne fut pas exécuté parce qu'il ne pouvait pas l'être, et le prince ne fit pas enlever tous les vins de Lübeck par ses voitures parce qu'il n'en avait pas.

J'eus alors, et pour en finir avec cette exigence, l'idée de faire une expédition dans le Mecklembourg et d'y enlever les chevaux, les voitures et le bétail qui se trouvaient dans un certain rayon. Le maréchal approuva cette tentative, « pourvu toutefois, me disait-il, que vous ne compromettiez aucun détachement ». Cette restriction ne pouvant m'arrêter, j'organisai mon mouvement pour le 6; de son côté, le maréchal, en me renouvelant la recommandation de ne pas me compromettre contre des forces supérieures et de tâcher de lui procurer des gazettes des villes occupées par l'ennemi, avait résolu de faire appuyer ma droite par le général Rome commandant quatre bataillons, cent cinquante chevaux et six pièces d'artillerie légère de la division Loison, et chargea cet officier général de communiquer avec moi au moyen d'un parti de vingt chevaux; mais une canonnade, entendue du côté de Lauenburg, fit révoquer l'ordre de ce mouvement, et je n'en fus informé qu'en rentrant à Lübeck. J'avais opéré avec deux colonnes, composées chacune d'un bataillon danois et d'un bataillon français, de deux cent cinquante hommes de cavalerie et de deux pièces de canon, celle de gauche commandée par le général Lallemand, celle de droite commandée par moi (1), et, comme résultat, le général Lallemand ramena sept voitures et cent et quelques bœufs; je ramenai douze voitures et deux cent sept bœufs; total : trois cent quinze à trois cent vingt bœufs qui furent conduits à Hambourg. Plus de trois cents bœufs étaient fort bien, mais une quinzaine de voitures étaient peu. L'ennemi n'avait fait de résistance nulle part, n'étant pas en force de ce côté; mais il n'avait laissé à notre portée aucun moyen de transport, et le principal but de mon expédition se trouvait manqué.

Le maréchal se laissa aller à s'en prendre à moi et m'écrivit qu'au lieu de lui annoncer l'exécution de ses ordres, je ne lui parlais plus que de difficultés (2); boutade à laquelle je répondis que je faisais tout ce qui était possible, que c'était la première fois de ma vie que je me trouvais chargé de semblables opérations, d'autant plus pénibles pour moi que, tandis que je me trouvais occupé d'approvisionnements, les troupes de ma division se battaient sous les ordres d'un autre chef

(1) Ces colonnes étaient parties de Lübeck une heure avant le jour. Celle de gauche avait opéré par Schlutup, Wesulat, Bardewick et Selmsdorf; celle de droite par Brandenbaum, Herrnbourg Lüdersdorf et Warsow. L'opération terminée, ces deux colonnes devaient à une heure donnée se réunir sur la hauteur de Palingen et rentrer à Lübeck par Brandenbaum. Cette petite expédition se fit de la manière la plus régulière et eut cela de remarquable, que les éclaireurs du général Lallemand et les miens gravirent en même temps la hauteur de Palingen, les uns par son versant nord, les autres par son versant sud, et qu'à la même minute nous y arrivâmes de nos personnes.

(2) J'avais eu le même ennui à propos de trente mille planches de sapin que le maréchal m'avait ordonné d'expédier à Hambourg. Je reçus lettres sur lettres me répétant toutes de « m'arranger », mais de « livrer tout de suite »; et, comme des transports qui n'existent pas ne se créent pas en vingt-quatre heures, je ne pus que renvoyer à ma première lettre constatant ce manque absolu de moyens rapides. Le maréchal dut donc se contenter de recevoir ses trente mille planches dans les délais de temps indispensables.

que moi. A cette lettre j'en joignis une autre, toute particulière et dans laquelle je disais au maréchal : « Avec ma manière de servir je ne puis recevoir de reproches, et, à moins de crier dans le vide, on ne peut faire plus que je n'ai fait. Je n'ai pas d'ailleurs demandé à venir à Lübeck; j'y suis dans une position qui m'est odieuse et comme par châtiment du zèle avec lequel j'ai servi; j'y fais un métier qui n'est pas le mien, et j'ai quitté les fonctions qui m'appartenaient et dans lesquelles j'ai la conviction d'avoir justifié la confiance de l'Empereur et la vôtre. Je demande donc à Votre Excellence de me remplacer ici et de me rendre ma division. » Il ne répliqua pas; je m'y attendais. D'abord il n'avait personne pour me remplacer dans une position où il fallait autre chose qu'un apprentissage militaire, où, par un mélange de vigueur et de temporisation, de crainte et d'encouragement, il fallait sans cesse amortir les coups de boutoir pour empêcher un général en chef de tuer ce qu'on devait conserver, où il fallait enfin mêler la persuasion à la terreur pour rendre ses ordres mêmes exécutables.

Mais à cette raison s'en ajoutait une autre. Dès le début je m'étais promis ou de le contenir ou de le quitter, quelque chose qui dût en résulter, et je ne manquais pas une seule fois de relever ses inconvenances. Il m'en servit quatre ou cinq dans les dix mois que je dus rester sous ses ordres et, ne les ayant pas laissées passer, je le forçai à s'observer et je finis par en obtenir des témoignages de satisfaction, alors qu'avec lui c'était ordinairement la marque du plus grand mérite et du plus grand bonheur que de ne pas recevoir de duretés. Doué de très peu de moyens, ayant toujours besoin des autres, il ne savait dominer que par ces exigences sans bornes, un mécontentement permanent et des manières diaboliques, et c'est à cette nécessité, qui lui inspira des traits de cruauté révoltante, qu'il dut la haine dont il fut l'objet et qui a dépassé tout ce qu'on en peut imaginer. Comment pouvait-il en être autrement quand, sans qu'il en sentît l'horreur, il pouvait donner des ordres comme ceux que je vais rapporter?

C'était peu après l'époque où je suis arrivé; Hambourg était bloquée; l'économe du grand hôpital ayant sa femme en couches assez malade et ne pouvant se procurer dans la ville des viandes fraîches pour faire du bouillon qui était ordonné, prit sur les vivres de l'hôpital trois livres de bœuf qu'il envoya chez lui. Le porteur est arrêté; le maréchal, qui partout avait des espions, est immédiatement informé du fait, et le malheureux économe, livré au grand prévôt, fut à l'instant fusillé. J'avais eu connaissance de ce fait dans le temps; j'en avais été, comme tout le monde, indigné, et cependant je l'avais oublié quand M. Lacour me l'a rappelé. M. Lacour, sous-intendant militaire, était alors secrétaire intime du maréchal, dont il ne peut d'ailleurs parler sans horreur.

Et il y aurait de quoi composer des volumes avec les anecdotes de ce genre. Vandamme en aurait eu à citer une par jour; Loison une par semaine, et il n'y avait pas un officier général ou supérieur qui, ayant été placé sous les ordres du maréchal et ayant pris des notes, n'aurait pu citer les siennes. Dans un dîner qui réunissait récemment tous les généraux et colonels ayant servi sous ce maréchal, il n'avait été question que de ce maréchal, et en fait d'anecdotes horribles, il avait été impossible d'épuiser la matière. Et sur ce sujet, le général Achard m'a raconté, le 25 décembre 1836, chez M. Doyen et devant dix-huit convives, des faits que je lui dois de pouvoir consigner ici. J'avais eu connaissance de quelques-uns, j'avais été témoin d'un d'entre eux; mais, comme de tant d'autres choses, j'en avais perdu le souvenir, qui vient d'être ravivé par le récit si précis du général Achard.

Achard était colonel alors. A peine rentré à Hambourg après la campagne de Russie, le maréchal avait fait arrêter un négociant de cette ville, inculpé je ne sais pourquoi, et l'avait traduit à une commission militaire; puis il avait nommé le colonel Achard président de cette commission et, selon sa formule, lui avait dit : « Vous allez condamner cet homme, après quoi vous viendrez dîner avec moi. » Et, à la condamnation près, tout s'était exécuté. Or, au moment où le colonel arrivait chez le maréchal, on annonçait que le maréchal était servi, et celui-ci ne parla au colonel que pour lui dire de se mettre à côté de lui. J'ai indiqué sommairement ce qu'étaient les dîners du maréchal et sa manière de se nourrir; sitôt à table, il avalait son potage, puis, prenant ou se faisant servir d'énormes portions de je ne sais combien de plats, la tête dans son assiette et usant de ses doigts plus que de sa fourchette, il faisait disparaître avec une effrayante rapidité pain, vins, mets de toute sorte. Aussi, quoiqu'il eût un énorme appétit, était-il repu au bout de quinze à vingt minutes. Ce jour-là, sa première faim satisfaite, il en revint à sa pensée favorite, et relevant sa lourde tête : « Eh bien..., dit-il au colonel Achard, vous avez condamné cet homme ? — Non, monseigneur, il n'a pu être condamné. — Il n'a pas été condamné ? reprit-il en criant de toutes ses forces, et vous osez vous présenter chez moi ? — Il n'a pas été condamné parce qu'il n'était pas coupable, et je me suis rendu chez vous parce que Votre Excellence m'en a donné l'ordre. — Qu'est-ce qui m'a f... un colonel de votre espèce et à l'Empereur un sujet comme vous ?... Je ne reçois pas ceux qui n'ont pas le feu sacré qu'il faut pour le servir; sortez de chez moi; sortez à l'instant. »... On devine les sentiments que cette scène, faite devant trente convives ou domestiques, put inspirer à un officier, l'un des plus braves, des plus bouillants qui aient paru dans nos armées. Indigné, bouleversé, pétrifié, il éprouva une hésitation que tout autre eût cent fois éprouvée à sa place; mais, le maréchal s'étant levé comme un furieux prêt à le prendre au collet pour le faire sortir, il se leva également et partit avec une rage que certes il ne dissimula pas.

Pendant une des marches de la campagne de Russie, le maréchal, dont les espions et les gendarmes rôdaient partout, fit arrêter quinze traînards du 108ᵉ régiment qu'il lui plut de qualifier de maraudeurs et qu'en cette qualité il livra à son terrible grand prévôt (Charlot), avec ordre de leur bander les yeux, de les faire mettre à genoux et fusiller sur place. Présent à cette scène, le colonel Achard réclama, pria, supplia et n'obtint longtemps pour toute réponse que : « Ce sont des misérables; il faut des exemples. » Cependant, à force d'intercéder, de répéter que c'étaient tous de bons sujets, de braves soldats, il finit par déconcerter un peu le maréchal, qui, par un effort immense sur lui-même, reprit : « Eh bien, pour cette fois, je veux bien me contenter de n'en punir que trois; vous allez les désigner. — Moi, monseigneur ? — A l'instant, ou je les fais fusiller tous. » — Il n'y eut rien de plus à obtenir. Achard en avait encore horreur en me le racontant vingt-deux ans après, et pourtant, afin de sauver douze innocents, il fallut qu'il en livrât trois à la mort.

Troisième fait et l'un de ceux dont j'ai été témoin. Un soldat du corps d'armée du maréchal, après une faute de discipline et cédant en partie à la terreur que le maréchal inspirait, et dans un de ces moments où l'on cesse d'être soi-même, avait passé à l'ennemi et se trouva faire partie d'un des régiments russes qui nous bloquaient à Hambourg. Navré de sa position, repentant autant qu'on peut l'être, n'y pouvant plus tenir, ce malheureux, ayant vu quelques mouvements de troupes qui pouvaient nous devenir importants à connaître de suite, quitte l'ennemi, revient se livrer en rejoignant son ancien régiment et, par la franchise de ses déclarations, les sages avis qu'il donne à ses camarades, les nouvelles qu'il apporte et les bons sentiments que tout attestait en lui, intéresse en sa faveur son régiment tout entier, et jusqu'aux généraux de sa division. Sur le rapport que l'on fait au maréchal, celui-ci veut le voir et l'interroge lui-même. On le croit sauvé; mais, après en avoir tiré ce qu'il voulait, il le remet à son grand prévôt, et, quoi que l'on puisse dire, il le fait fusiller (1).

Quatrième fait. Criblé de blessures pendant la campagne de Russie, le colonel Achard revenait avec quelques autres officiers blessés, et, traversant sans escorte je ne sais quel village de la Prusse, ils furent agonisés de sottises et l'Empereur lui-même fut compris dans les imprécations dont on les accabla. Dans l'état où étaient ces blessés, que pouvaient-ils contre toute une population ? Ils se turent donc, heureux encore de ne pas

(1) Le maréchal se montra plus juste dans la circonstance suivante. Le lendemain matin du jour où l'on s'était battu dans l'île de Wilhelmsburg, on trouva un gendarme qui, je ne sais à quelle sauce, mangeait paisiblement et se délectait en mangeant un quartier, non de chevreuil, mais de Russe. Ce n'était pas faute d'autre nourriture ; c'était un mets de choix ; or, considérant que ce n'était pas un goût à propager, que néanmoins il n'y avait pas assassinat, le maréchal se borna à punir la sensualité de cet amateur anthropophage en le mettant pour quinze jours au pain et à l'eau et au cachot.

être égorgés ; mais ce Davout qui avait des espions même parmi des agonisants ou qui, à force de fureter, suppléait à ceux qu'il n'avait pas, fut informé du fait, et, ne s'arrêtant qu'à cette circonstance, que rien n'avait été répondu aux injures proférées contre l'Empereur, il dit au colonel Achard qui avait reparu devant lui et en présence de tout son corps d'officiers : « Monsieur le colonel, vous avez donc souffert qu'on insultât l'Empereur devant vous? — Et que pouvaient contre une population effrénée quelques officiers mutilés ou blessés? — Ce que vous pouviez ?... Vous deviez vous faire tuer plutôt que de souffrir de telles horreurs ; mais vous n'avez pas le feu sacré (c'était son refrain).—Moi, monseigneur, couvert de blessures ? — Tout le monde peut être blessé. — Moi, deux fois mis à l'ordre de l'armée en Russie ? — Je ne dis pas que vous n'êtes pas brave ; je dis que vous n'avez pas le feu sacré et que, tant que vous serez sous mes ordres, vous n'obtiendrez rien. (Achard n'était pas même officier de la Légion d'honneur.) Il faut d'autres hommes à Sa Majesté. Il lui faut un dévouement sans bornes, celui dont je vous donne l'exemple ; car, si mon père vivait encore et si l'Empereur m'ordonnait de le faire arrêter et fusiller, je lui obéirais sans répliquer. — Mon père ! s'écria le colonel Achard ; si quelqu'un me donnait un tel ordre, c'est ce quelqu'un que j'assassinerais. »

« Prenez garde à vous, disait un jour le maréchal au même colonel qui lui tenait tête ; je vous déshonorerai. — Nul ne peut être déshonoré que par lui même. — Et moi, je vous dis que je vous mettrai à l'ordre du jour de l'armée, de manière que vous ne vous en releviez jamais!... »

D'après ces faits, d'après ceux que j'ai précédemment cités et ceux qui pourront revenir sous ma plume, on n'aura plus de peine à comprendre qu'aujourd'hui encore, quatorze ans après sa mort, on ne puisse prononcer son nom parmi les survivants de ceux qui l'ont connu, sans qu'un cri d'animadversion ne s'élève; on comprendra mieux encore la longue file de voitures de deuil payées pour son enterrement et qui restèrent presque toutes vides.

Quoi qu'il en soit, et pour en revenir au sujet qui m'a entraîné à cette digression, il me fallut rester à Lübeck, où je m'efforçais de ne rendre nécessaires que peu de troupes, qui tenaient cependant lieu d'une division et laissaient presque en totalité l'armée disponible pour résister entre la Wackenitz et l'Elbe; et, pour en terminer avec tous mes embarras, j'eus enfin la pensée de faire conduire jusqu'à Oldesloe et par la Trave les vins que Lübeck devait encore; ce moyen, que le maréchal adopta comme de lui et qu'il m'ordonna au lieu de se borner à l'approuver, mais dont il prit la peine de régler tous les détails, permit d'effectuer des transports qui sans cela eussent été impossibles. Il semblait donc que la ville dût en avoir fini avec cette assommante réquisition; et cependant la quantité de vins à livrer se monta au double de celle prévue, et cela par l'effet des désordres et par la précipitation qu'il fallut y mettre, et par les dispositions qu'ordonna le maréchal. D'abord les charretiers, soldats d'escorte et bateliers, leurs camarades et les gens de rencontre burent du vin pendant tout le trajet, et en burent d'autant plus qu'il n'y avait à Lübeck que de très bons vins; ensuite, comme les habitants durent remplir sans retard des milliers de barriques arrivées de Hambourg, une grande partie de ces barriques coula, une autre partie gâta le vin que l'on y avait mis; or le maréchal avait décidé que les récépissés de ces vins seraient donnés non pas à la sortie des caves à Lübeck, mais à l'arrivée à Hambourg, et il força les habitants à remplacer, et la quantité que l'on en avait bue sans qu'ils eussent pu l'empêcher, et celui qui avait coulé ou s'était gâté dans les barriques qu'on les avait forcés de remplir. Pourtant le maréchal ne fut pas encore satisfait; car, pour punir la ville de Lübeck de la prétendue récalcitrance, de ce qu'il appelait un mauvais esprit, il frappa cette ville d'une réquisition supplémentaire de douze mille bouteilles de vin, destinées à donner pour boire aux généraux et officiers (1), le tout en attendant qu'il effectuât sa menace de faire tout enlever; menace qu'il corroborait en défendant que, sans son visa, une seule bouteille de vin sortît de Lübeck. (2).

Encore qu'aucun espoir ne s'y rattachât, et en dépit des dangers que de telles démarches pouvaient offrir, quelques nouvelles demandes de dégrèvements ou de délais furent faites, mais on n'y gagna que des menaces. Pour Lübeck, le maréchal me fit écrire que, bien loin d'être disposé à réduire les réquisitions dont cette ville avait été frappée, il était porté à les augmenter, et que, relativement à des indemnités réclamées par les négociants en vin, c'était à la ville à faire droit à de telles demandes; puis, revenant à ce sujet dans une lettre du 17 octobre, il ajoutait : « Les habitants de Lübeck, ayant voulu se soustraire aux lois de notre souverain, ont renoncé à sa pro-

---

(1) Soit cent vingt aux généraux de division, soixante aux généraux de brigade, trente aux colonels, etc., douze aux chefs d'escadron et de bataillon, six aux commissaires des guerres et chefs de service, trois aux employés.

(2) Il n'y eut à cette disposition que deux exceptions. Le général César de Laville fut chargé de viser des bons de vin pour les habitants de Boizenburg ayant des officiers logés chez eux, et moi de viser la sortie des vins indispensables pour le service divin dans les environs de Lübeck. Du reste, le maréchal visait les permissions d'achats de vin pour les généraux et officiers et pour les régiments.

tection et sont exposés à subir les lois du plus fort. » Quant aux pays d'Eutin (ma conquête, et la dernière conquête que nous dussions faire), il signifia que ses ordres, à lui maréchal, étaient indépendants de tous les calculs de la régence; qu'il ne rabattrait pas un quintal de ses demandes, que le pays d'Eutin était notre propriété, puisqu'il appartenait à un prince ennemi; que seulement quand ce pays aurait fourni tout ce qui lui avait été demandé, on cesserait de le traiter en pays ennemi; que jusque-là il serait en guerre avec lui; qu'au surplus, peu importait que la régence éprouvât des difficultés, et que c'était à elle à les lever. Or quelques-unes de ces diffiultés ne pouvaient être levées que par le maréchal lui-même, et les cris de détresse ne le trouvaient pas moins inflexible qu'impassible. Et tous ces faits, je les mentionne comme justification de l'opinion que j'ai émise sur le maréchal, afin de réfuter à l'avance ce qu'on pourrait me contester et de prouver une fois de plus que tout résultait chez lui d'une première impulsion, mais que cette impulsion était irrévocable autant par suite d'entêtement que de défaut de lumière... François de Neufchâteau ayant eu un entretien avec le général Jourdan après la bataille de Fleurus, ne pouvant contester à ce général la capacité d'un général d'armée, mais ne parvenant pas à concilier l'idée de cette capacité avec les apparences, il lui arriva de dire devant moi : « C'est une lumière dans un tonneau. » Quant au maréchal Davout, c'était dans toute la force du terme un tonneau sans lumière, mais un tonneau hérissé de pointes acérées, au contact duquel on subissait au moral la torture de Régulus.

Je ne parlerai pas d'une seconde reconnaissance, faite par moi dans le Mecklembourg et qui fut sans résultat; d'une autre faite par le général Lallemand sur la droite du lac de Dassow sans plus de profit; d'une troisième que le maréchal fit en personne, flanqué sur sa gauche par le général Lallemand, et qui de même n'aboutit à rien; de quelques travaux exécutés, et toujours en forçant de moyens : tels une tête de pont sur la Trave, la préparation de tous les matériaux et bateaux nécessaires pour le prompt établissement d'un pont, une chaussée aboutissant au point où ce pont devait être jeté, enfin, et sur le conseil du général Vichery, le barrage de la Stecknitz à sa jonction avec la Trave, afin d'inonder son cours jusqu'à Mölln, travaux tous sans justification, attendu que la question n'était plus là, et que, la question eût-elle été là, ces ouvrages n'auraient rien arrêté... Et en effet, à la demande du maréchal, j'avais bien indiqué le meilleur endroit pour l'établissement d'un pont, et nos préparatifs étaient en même temps défensifs qu'offensifs; mais la Trave pouvait être passée sur dix autres points; quant à l'inondation du cours de la Stecknitz de Mölln à la Trave, elle était illusoire, attendu que, les eaux étant retenues à Mölln pour former une inondation en amont de cette ville jusqu'à l'Elbe, il n'en restait plus pour inonder en aval jusqu'à la Trave. D'ailleurs, quand en présence d'une armée rien ne peut empêcher le passage d'une rivière sur une étendue de huit lieues, qu'est-ce qui, dans les quinze lieues qui séparent Lauenburg de Hambourg, pouvait empêcher l'ennemi de se porter sur nos derrières et même, par un simple simulacre de passage, de nous forcer à lui abandonner notre ligne, en dépit de nos ouvrages, de nos inondations, de nos bâtisses? Aussi tout cela ne put-il servir qu'à rendre plus évidentes les convulsions de l'agonie et n'arrêta pas d'une minute la marche désastreuse des événements auxquels nous ne pouvions plus rien, si ce n'est effectuer en toute hâte une retraite qui seule était capable de tout sauver encore. Au reste, pour joindre le ridicule à tout ce que cela avait de triste, et comme si une phrase pouvait faire sortir de terre comme d'un coup de baguette les matériaux, ouvriers, machines dont je manquais, l'ordre finissait par ces mots au dernier point godiches : « M. le maréchal désire que vous surmontiez toutes les difficultés (1). »

Et, puisque c'est un plaisir de trouver en défaut ceux qui cherchent sans cesse à y trouver les autres, je citerai encore un fait à l'actif du maréchal. J'avais découvert à Lübeck et j'étais parvenu à y faire arrêter un véritable espion de l'ennemi; sachant le maréchal si gourmand d'un pareil gibier, de suite je le lui avais envoyé; mais il l'avait fait venir et revenir si souvent pour l'interroger et le réinterroger lui-même, et de nuit comme de jour, que cet homme avait pu profiter d'une de ces sorties pour s'échapper; et le maréchal m'adressa aussitôt l'ordre de le faire rechercher à Lübeck, comme si jamais cet homme eût pu revenir là où il avait été pris, comme s'il eût fait cinq lieues au milieu de nos

(1) Mais si des travaux comme ceux que l'on continuait d'ajouter aux fortifications de la ville ne paraissaient que des rodomontades, il n'en fut pas de même de l'ordre de faire confectionner à Lübeck et avec les bois des forêts qui l'avoisinent cinquante blockhaus dont les pièces, à mesure qu'elles étaient confectionnées, s'envoyaient à Hambourg. Ici l'utilité était évidente; la circonférence de Hambourg est immense, ses bastions très nombreux, ses courtines très longues, les bords de l'Elbe sans protection, la défense de l'île de Wilhemsburg difficile, celle de Harbourg chanceuse. Rien ne pouvait donc être plus utile que ces blockhaus, devant équivaloir à cinquante petits réduits qui, à l'abri du canon, pouvaient mettre à l'abri d'une attaque de vive force; toutefois cette confection fut ordonnée trop tard, les moyens de transports furent insuffisants; à force de gaspiller le temps en travaux inutiles, on n'eut pas le loisir de tirer de cette idée le parti qu'on aurait dû en tirer. J'avais quitté Lübeck au moment où l'expédition de ces pièces numérotées commençait.

postes, quand il se trouvait pour ainsi dire à nos avant-postes.

Pour en finir avec les mesquineries inopportunes du maréchal, et pour montrer comment les sottes minuties sont le plus souvent en contradiction avec les circonstances, je mentionnerai la lettre que le maréchal m'adressa le 18 octobre et qui portait à la charge de la ville de Lübeck ce qui restait dû sur les dépenses faites pour célébrer la fête de Napoléon ; or ce 18 octobre était le jour de la bataille de Leipzig, et, alors que le maréchal s'occupait encore de sa fête, Napoléon était non seulement battu, mais abattu.

L'épouvantable nouvelle de la perte de cette bataille de Leipzig, dernière lutte colossale que Napoléon dut soutenir, la nouvelle de la trahison des troupes saxonnes, de l'évacuation de Leipzig, de l'explosion du pont de l'Elster, de la retraite des débris de la Grande Armée sur le Rhin, de la défection de la Bavière, du Würtemberg et de Bade, nous parvinrent avec la rapidité que nos ennemis mettaient à les répandre. Si à ce moment encore la mort avait fait justice du maréchal, Loison prenait le commandement de l'armée, nous nous reployions en deux jours sur Hambourg ; le 25, nous pouvions, avec trente et quelques mille hommes, nous trouver à Brême, où toute la garnison de Magdebourg aurait pu nous rejoindre, si on avait pu faire arriver un espion à Le Marois, et d'où nous nous serions retirés soit sur Wesel par la route directe, soit sur Anvers par la Hollande. Mais la folie de Napoléon se compliquait de la stupidité de Davout ; tous les feux de l'enfer n'auraient pas suffi pour éclairer ce maréchal sur ce qui frappait tout le monde, et ces mots qui s'échappaient de toutes les bouches et retentissaient autour de lui : « Que faisons-nous ici ? » n'étaient pour lui que des preuves d'insuffisance et de pusillanimité. Imperturbable en sa lourde et épaisse enveloppe, il demeurait toujours convaincu que, tant que Magdebourg, Dantzig et Hambourg tenaient, l'Empereur n'avait rien perdu; sans doute il n'en rêvait pas avec moins de confiance le trône de Pologne pour prix des nouveaux services qu'il se figurait encore rendre, alors qu'il consommait l'irrévocable ruine de Napoléon.

Pendant que grâce à lui notre position s'aggravait de toutes manières, le maréchal fit une course à Hambourg, et certes il y avait amoncelé trop d'intérêts, pour que la présence du chef n'y fût pas cent fois utile. Le 2 novembre, l'ordre du jour de l'armée informa les troupes que, la communication de Wesel étant coupée par des partis ennemis, les corps ne devaient plus compter sur leurs dépôts, que les généraux passeraient sans désemparer une suite de revues pour constater l'état de l'habillement, de la chaussure, etc., et que les Conseils d'administration prendraient immédiatement les mesures nécessaires pour faire face aux besoins des troupes. Enfin, le 4, je reçus une lettre portant que, pour mettre de l'ensemble dans les approvisionnements de Hambourg, et la voie des administrations civiles faisant éprouver beaucoup de lenteurs, il importait au service de l'Empereur d'en confier la direction à un officier général qui par son grade en imposât aux autorités; en conséquence le maréchal ordonnait que je me rendisse de suite à Hambourg, où je recevrais les instructions complémentaires. Quant au commandement des troupes et du pays, je devais le remettre au général Lallemand.

On comprend ce que le contenu de cette lettre me fit éprouver. Je n'avais aucun regret de quitter un commandement que je n'avais repris qu'avec déplaisir et répugnance, dans lequel les troupes françaises diminuaient chaque jour, où il ne restait presque plus que des Danois et surtout où j'étais réduit à jouer le rôle d'un instrument de persécution; mais, si les communications avaient encore été libres, refusant la mission importante que le maréchal entendait me confier, j'aurais profité de cette occasion pour lui déclarer que, les ordres de l'Empereur se trouvant transgressés en ce qui me concernait, je me rendais au quartier impérial. Par malheur, les routes étaient coupées, et cette circonstance, sans laquelle il n'aurait jamais eu l'idée, parce qu'il n'aurait pas eu de motif, de me donner l'ordre que je venais de recevoir, était de nature à légitimer beaucoup de choses. A la rigueur, cependant, je pouvais décliner des fonctions qui ne devaient pas être les miennes et qui, sous un chef tel que le maréchal, ne me promettaient qu'embarras et tourments; mais c'était rompre en visière, c'était s'exposer à l'exaspération d'un mauvais homme et risquer, par exemple, de recevoir des missions atroces; de même que, dans la situation critique où nous nous trouvions, un tel refus était un fâcheux exemple et une action qui pouvait être incriminée.

D'ailleurs, et je ne puis me soustraire à cet aveu, depuis la débâcle de Leipzig, mes idées s'étaient transformées. L'armée que l'Empereur était parvenu à recréer était morcelée, battue et entamée au point de ne plus avoir un cinquième à opposer à des ennemis exaltés par leurs victoires. Malgré son épuisement d'hommes et d'argent, et quoique n'ayant plus guère de confiance et d'élan, la France pouvait-elle encore entreprendre une guerre nationale? Pour faire une pareille guerre avec succès, il faut comme en Espagne un sol et surtout un peuple à part, dont chaque individu, sous l'empire du fanatisme, consente à guerroyer pour son propre compte, à mettre en jeu son avoir, son abri, sa famille, à courir, en sus de toutes les chances de la guerre, celle de l'échafaud. Mais encore, et sans durée, une telle guerre ne peut avoir de résultats, et cette durée, la force et l'acharnement des ennemis ne permettaient pas de l'espérer. Enfin, considérant que Napoléon ne pouvait plus faire une perte, commettre une faute, une erreur, sans être achevé, alors que les alliés pouvaient impunément en commettre d'énormes, qu'il devait succomber même en faisant des prodiges, je désespérai pour la première fois du salut de nos armes et de la patrie, et, subissant les conséquences de ce découragement, ce qui m'intéressait et pouvait intéresser ma famille se trouva pour la première fois de ma vie en première ligne dans ma pensée. C'est qu'au moment du naufrage tout se divise et s'individualise à ce point qu'il ne reste rien qu'on ne soit prêt à sacrifier à soi-même.

Pour en revenir au commandement qui m'était imposé à Hambourg, par suite du sentiment de personnalité qui m'avait tout à coup dominé, je ne cédai qu'à la force pour m'y résigner, et cependant, malgré cette résignation, je ne voulus pas m'en rapporter à moi seul pour décider ce que j'avais à faire. Après avoir expédié les avis, ordres ou instructions que j'avais à donner ou à transmettre, après avoir fait tout disposer pour quitter Lübeck le lendemain matin, je partis vers cinq heures du soir pour Razeburg et je me rendis incognito chez Loison, que je jugeai devoir consulter sur ce que je devais à mon grade et à moi-même. « Confidence pour confidence, me dit Loison ; je ne suis pas étranger à cette détermination, et, si je ne l'ai pas conseillée, j'en ai du moins donné l'idée ; car le maréchal n'y pensait pas. Mais comptez qu'il l'a adoptée de manière à ne plus s'en départir. Et quelle plus grande marque de confiance voulez-vous qu'il vous donne, et à qui pouvait-il la donner mieux qu'à vous? Ce ne sont ni les coups de fusil ni les coups de canon qui feront notre salut ou notre perte, aujourd'hui que le maréchal ne nous a laissé d'autre rôle à jouer que celui de la garnison d'une ville inutile. La saison des neiges est passée; mais, quand elle ne le serait pas, on ne nous attaquerait pas plus dans Hambourg, défendu par 36,000 hommes, qu'on ne brûlera une ville de cette importance. Et cependant nous ne serons débloqués, délivrés, que si nous pouvons attendre que l'on vienne nous y chercher, de même que l'on n'y viendra que si nous valons encore un grand effort; enfin, pour qu'on nous y trouve, il faudra que nous ayons pu y vivre et y conserver assez d'hommes pour continuer à en imposer. Toute la question de notre avenir est donc dans ces subsistances, et d'après cela elles ne devaient en aucun cas rester confiées à un ordonnateur et à ses employés et commissaires. A la rigueur, le baron de Breteuil, qui va ne plus être préfet qu'*in partibus*, aurait pu en être chargé; mais, indépendamment de ce qu'il est sans pouvoir sur les troupes, il n'a pas la main assez forte; Hogendorp est totalement incapable; restait le comte de Chaban, que sa double qualité d'intendant général des finances et de conseiller d'État, ajoutée à la haute considération dont il jouit, aurait élevé au niveau d'une telle mission; mais sa santé s'altère visiblement; le maréchal a été alarmé de son affaiblissement, auquel il a attribué le désordre qu'il a trouvé dans ce qui tient au classement et à la conservation des approvisionnements; et ces désordres se compliqueraient bientôt par la difficulté de régulariser des consommations qui grâce à vous vont devenir énormes. Le maréchal est donc revenu de Hambourg, frappé de la nécessité de donner au comte de

Chaban un successeur et très tourmenté de savoir où prendre un homme ayant zèle, lumières, et fait pour en imposer par sa fermeté et son rang. Or c'est cette incertitude que j'ai fait cesser en vous nommant: »
Tout était dit, et, quelque inquiétude que me donnât mon nouveau rôle, quelque dégoût qu'on eût alors à se sacrifier en des efforts que d'avance on savait stériles, j'étais le surlendemain à Hambourg, ayant laissé Lübeck, à la terreur plus ou moins fondée des habitants, sous le commandement du général Lallemand. Dépouillé peu à peu de la presque totalité des troupes françaises qui s'y trouvaient encore à mon départ, ce général y fut retenu si longtemps par les ordres et par l'entêtement accoutumé du maréchal que Lübeck devint pour lui une souricière, dans laquelle, abandonné par les troupes danoises elles-mêmes, il finit par être pris sans gloire pour lui, comme sans utilité pour le service, et par être pris comme je l'aurais été avec lui ou sans lui, si grâce à Loison le maréchal n'avait adopté à mon égard une disposition trop contraire aux intérêts de l'Empereur et de la France pour qu'elle pût autrement m'intéresser.

CHAPITRE V

C'est sous cette impression assez triste que je fis le trajet de Lübeck à Hambourg, tout en songeant aux récents événements marqués par l'anéantissement de toutes nos gloires. Je m'efforçais de m'en rendre compte sans indulgence ni rigueur, un géant comme Napoléon ne comportant pas l'une, et un homme à ce point identifié à la France ne rendant pas l'autre possible. Je ne rappellerai pas les critiques que me suggéra l'examen de cette campagne de 1813, dont tous les faits désormais accomplis étaient successivement parvenus à la connaissance de l'armée et sur lesquels de constantes réflexions ou discussions avaient fait cesser toute incertitude; toutefois ma conclusion fut que, si par un retour en arrière le général Bonaparte, j'entends celui de l'armée d'Italie, celui de l'armée d'Égypte ou de Marengo, avait porté lui-même un jugement sur la campagne de Napoléon de 1813, il en eût approuvé sans doute le début, mais il eût condamné avec scandale toute la suite des opérations; et si, pour épuiser cette pensée, on l'applique aux événements qui allaient suivre, on peut dire que le même général Bonaparte se serait retrouvé lui-même dans les plaines de Champagne, en 1814, pour se méconnaître immédiatement après, et il aurait cru s'être survécu à Ligny, aux Quatre-Bras, à Waterloo, à Paris et à Lorient.

Quoi qu'il en soit, pendant que les héroïques débris de notre Grande Armée marquaient encore leur désastreuse retraite sur le Rhin par la victoire de Hanau, je m'acheminais fort découragé vers Hambourg, d'où je ne devais sortir que sous la bannière des lis, apportée par des princes montés sur les chevaux des Cosaques, par des princes qui, en voulant étouffer la liberté, devaient faire pour la licence tout ce que Napoléon, respectant l'égalité, avait fait pour le pouvoir. C'était donc en proie aux plus tristes sentiments et sous l'impression de tant de sinistres présages que je cheminai vers Hambourg et que j'arrivai dans cette ville.

La première personne que j'allai voir fut le comte de Chaban, honoré par sa vie entière, distingué par son mérite autant que par son caractère, joignant aux plus nobles manières la figure la plus vénérable; vieillard enfin commandant le respect dont il était entouré. « Eh bien, me dit ce digne comte, lorsque nous fûmes assis... c'est donc vous qui nous bloquez à Hambourg? — Miséricorde, lui répondis-je, y être resté est un crime, qui ne peut être pallié que par l'absurdité, et, si c'est une question que je ne me suis pas trouvé en position d'aborder avec le maréchal, j'ai du moins déterminé Loison à une démarche qui malheureusement n'a eu aucun résultat. — Je le sais, et le maréchal a été d'autant plus formel dans sa manière de repousser cette idée qu'il avait été plus près de l'adopter. — Et qui donc a pu l'en dissuader? — Je vous l'ai déjà dit, vous. — Moi? — Sans doute, et vous seul. — De grâce, expliquez-vous. — L'explication est facile. L'Empereur, faute d'avoir donné des instructions prévoyant jusqu'à l'hypothèse de sa retraite sur le Rhin, aurait dû suppléer à l'insuffisance de ses premiers ordres par de nouveaux ordres en rapport avec les revers qui l'ont frappé, et cependant il n'a rien changé à ce mot : « Répondez-moi de Hambourg »; or avec un homme du caractère du maréchal, non seulement ce mot n'a pu admettre aucune espèce de commentaire, mais plus les circonstances sont devenues graves, plus il a vu de mérite à se montrer inébranlable. Et cependant il s'était trouvé quelque chose de plus fort que les ordres reçus, c'était la question des subsistances; quoi qu'il eût pu faire, le maréchal n'était parvenu à réunir que pour cinq mois de vivres, et ces cinq mois de vivres ne le conduisaient qu'à la fin de mars. Repassant le Rhin suivi par des forces que ce fleuve ne pourrait arrêter, il était évident que, pour la fin de mars, l'Empereur ne serait pas en mesure de nous débloquer. Rester ici avec cinq mois de vivres était donc sacrifier en pure perte la division de Hambourg et le treizième corps; devant la force des choses le maréchal arrivait à la résolution de se replier par Wesel ou par la Hollande, si l'Empereur perdait une grande bataille, lorsque vous avez dépisté le pays d'Eutin et donné au maréchal pour quelques mois de vivres de plus. Dès lors s'est arrêtée dans son esprit cette idée fixe qu'à moins d'ordres contraires (et il n'en a pas reçu), il se reploierait sur Hambourg, du moment où il ne pourrait plus tenir la campagne, et qu'il défendrait cette ville jusqu'à la dernière extrémité; vous voyez, donc que c'est vous qui nous avez bloqués à Hambourg. — Fatalité des fatalités! » m'écriai-je, et je demeurai abasourdi. Je croyais, au cours d'une promenade, avoir découvert un moyen, une chance de salut, dans des ressources inattendues, immenses; et, au lieu de conserver 36,000 hommes à l'Empereur, cette découverte arrache à la France les derniers défenseurs qui pouvaient la sauver et font résulter la plus atroce des calamités de mon dévouement, de mes efforts à la servir. Ainsi, et comme en tant d'autres circonstances de ma vie, ce que j'avais dû regarder comme un grand mérite, ou un grand bonheur, devenait funeste à proportion que cela m'avait paru heureux. Je l'avoue, avoir été l'instrument aveugle dont l'enfer s'était servi pour mettre le comble aux malheurs de mon pays, pour le faire envahir, spolier, souiller, à cette pensée, que me rendaient si évidente les révélations du comte de Chaban et que je ne pouvais nier, je fus pris d'un véritable désespoir; mais que dire et que faire quand ce qui arrive dépasse à ce point tout ce qui peut être concédé à la prévision des hommes? Plus une situation est formidable, plus elle commande de dévouement, et, puisque j'avais été prédestiné à être la cause de tout ce qu'elle avait de fâcheux pour nous, de déplorable pour la France, puisque le maréchal m'avait remis tout ce qui pouvait prolonger une défense qui n'avait plus de chances favorables que par sa durée, il fallait bien tout faire pour favoriser la réalisation de cette dernière espérance.

Il n'avait été question d'abord que de classer et de conserver la masse des approvisionnements déjà réunis, et de faire rentrer ceux qui étaient encore dus; mais bientôt s'ajouta l'obligation de faire enlever tout ce qui se trouvait à portée de Harbourg comme de Hambourg; de plus, les chefs de la justice, de l'intendance des finances, de la marine, de la police, de chaque branche de l'administration, de chaque service public ou d'armée; en un mot quiconque à Hambourg avait pouvoir ou fonction reçut l'ordre, et sans acheter aucune denrée dans la ville, de former pour jusqu'au mois de juillet 1814 un approvisionnement général (1) et d'obliger chacun de

---

(1) Pour la conservation des grains et farines, une instruction précise fut rédigée afin de prévenir toute altération; des visites et vérifications continuelles furent faites alternativement par des

leurs employés à former des approvisionnements particuliers au prorata du nombre des individus composant chaque famille, et cela à raison de quantités différentes pour les enfants de quinze ans et au-dessous. Cette mesure, au reste, s'étendit aux habitants qui durent se procurer, en dehors de ce qui était ramassé dans la ville, des vivres pour le temps qu'ils voudraient rester à Hambourg; encore les prévenait-on que leur expulsion aurait lieu le jour où leurs vivres seraient épuisés. Quant aux boulangers, il leur fut enjoint de s'approvisionner en farine et en bois de cuisson au taux du besoin de leurs pratiques. Tout ce qui était étranger à l'armée fut donc exclu des distributions; toutefois il y eut à cet égard une exception pour quelques milliers d'ouvriers, qui terminaient les immenses travaux entrepris pour

officiers supérieurs ou des capitaines et des commissaires des guerres; sur chacune de ces visites je recevais les rapports les plus circonstanciés. Quant à la rentrée de ce qui restait dû, le général Lallemand la continua, et tout le montant des contributions imposées, tant à Lübeck qu'au pays d'Eutin, fut livré. Quant à l'enlèvement de tout le grain qui se trouvait à notre portée, les moyens de transport des villages et de la ville ne pouvant suffire, ceux de l'armée y suppléèrent; mais, comme on ne put songer à faire battre le grain avant de le rentrer, on apporta en gerbes le blé, l'orge et l'avoine, ce qui eut l'inconvénient d'organiser à Hambourg des ateliers de batteurs, mais procura l'avantage d'avoir un supplément de paille pour les bestiaux et pour la litière.

Relativement aux approvisionnements, on ordonna bientôt que tout ce qui était vivres collectifs, j'entends, approvisionnements par corporations ou classes de fonctionnaires, etc., serait réuni dans un local déterminé, gardé par des hommes connus de moi et soumis à des vérifications; enfin les approvisionnements des boulangers furent tout à coup frappés d'une réquisition de deux mille quintaux de grains, qui de suite furent emmagasinés et qui, à ration entière, donnèrent trente-trois mille cent trente-trois rations par jour, quarante jours de vivres de plus et, à demi-ration, quatre-vingts, et formèrent l'approvisionnement de réserve, soumis à la même surveillance et à la même garde.

refaire une place de guerre d'une ville ouverte du côté de l'Elbe et n'ayant, du côté de terre, qu'une enceinte délabrée et des bastions trop espacés; de même pour les ouvriers employés soit à fortifier l'île de Wilhelmsburg ou les environs de Harbourg, soit à construire le pont d'une lieue de long qui par-dessus cette île communiquerait de Hambourg à Harbourg.

Dès les premiers moments les détails avaient été accablants et la puissance de l'autorité militaire indispensable; mais, du jour où les consommations par l'armée commencèrent, les jours ne suffisaient plus à mes trois secrétaires, à mes aides de camp, aux officiers, commissaires des guerres et agents qui me secondèrent, et à moi. Ainsi les hommes sous les armes ne recevaient de vivres que sur des bons généraux, dont les quantités étaient vérifiées à l'aide de revues continuelles; tous les autres n'en recevaient que sur des cartes, que l'on changeait sans cesse pour éviter les abus ou les doubles emplois, et, chaque semaine, de nouvelles revues constataient à nouveau les droits de ceux qui s'en trouvaient nantis. Enfin, le maréchal ayant été forcé de demander des cartes pour des gens qui lui étaient nécessaires, on ne lui en accorda que sur l'approvisionnement des habitants. On limita même le commerce du pain d'abord laissé libre, et cela afin d'exciter plus de gens à abandonner la ville; le succès justifia la mesure. On fit vérifier les approvisionnements des habitants, afin d'expulser ceux qui n'avaient pas ce qu'ils devaient avoir et de s'emparer de ce qu'ils avaient. Dans une conférence à laquelle j'appelai le préfet, le maire, ses adjoints et les syndics des boulangers, je réglai la composition de chaque espèce de pain, le prix de chacune de ces espèces, afin de n'avoir que des qualités substantielles connues et de mettre des bornes à l'avidité des boulangers. Je ne laissai à Hambourg que les ouvriers auxquels je fis donner des cartes de sûreté par le grand prévôt ; bien entendu, j'en réduisis le nombre autant que cela était possible, gardant de préférence ceux qui n'avaient pas de famille ou qui avaient le moins d'enfants ; mesure cruelle que même on appliqua aux habitants parce que, le Rubicon passé, on ne put plus hésiter sur les moyens de salut.

Enfin je parvins à découvrir à Hambourg deux cent cinquante quintaux de sagou, que de suite le maréchal me chargea de faire acheter pour le service des hôpitaux, de même que je trouvai deux hommes, un nommé Wubbe et je ne sais plus quel autre, qui, malgré les six mille hommes du blocus, que commandait contre nous le général Benningsen, et la mesure qu'il prit de comprendre Altona dans notre blocus, réalisèrent l'offre, par eux faite, de se procurer à Altona et de faire entrer à Hambourg des grains, des jambons et autres comestibles, à charge pour eux de ne se mêler que d'approvisionnements, de déclarer tout ce qu'ils feraient arriver dans la ville et de verser le tiers de ces quantités dans les magasins militaires ; ils restaient maîtres de disposer du reste et de le vendre au prix qu'ils voudraient. Mais des avances leur furent nécessaires, et, par les ordres du maréchal, le comte de Chaban mit différentes sommes à ma disposition ; puis un autre concours devint indispensable, celui de l'amiral Lhermitte, qui, à ma demande, procura à ces deux entrepreneurs les moyens de profiter de la navigation de l'Elbe pour l'arrivée de leurs denrées. On le voit, une telle mission sortait des règles comme des attributions ordinaires, et elle exigeait un pouvoir qui fût sans réplique comme sans appel ; au reste, le résultat fut tel que, lorsqu'au 10 mai le blocus de Hambourg fut levé, il nous restait des vivres jusqu'à la fin d'août; exemple unique, eu égard aux consommations si fortes.

Cependant, s'il était utile d'assurer les subsistances, il ne l'était pas moins d'assurer la conservation d'une ville à laquelle nous avions fait le plus vain, mais aussi le plus compromettant des sacrifices; et, dès sa rentrée à Hambourg, le maréchal avait réglé ce qui tenait à la défense comme aux services. Le conseiller d'État, comte de Chaban, indépendamment de ses fonctions d'intendant général des finances, fut chargé des hôpitaux; le lieutenant général, comte Hodendorp, aide de camp de l'Empereur et en sa qualité de gouverneur de Hambourg, resta chargé du service de la place, mais fut borné à ce service; le grand prévôt demeura responsable de la police militaire, et je ne sais plus qui de la police générale; le préfet conserva ce qui pouvait lui rester de ses attributions; le général de division Pécheux fut investi de la défense de Hambourg; le général de division Vichery, de la défense de l'île de Wilhelmsburg et du front de Hambourg, qui fait face à l'Elbe et que, pour le temps des glaces, on avait couvert d'une forte muraille, de même qu'on avait crénelé toutes les maisons donnant sur ce fleuve. Le général de division Watier, comte de Saint-Alphonse, écuyer de l'Empereur, et dont la cavalerie n'avait presque plus de rôle à jouer, fut chargé de la conservation et de la répartition des fourrages; le général de division comte Loison le fut des vivres, et aussi du commandement et de la défense du front sud-est de Hambourg; un autre général fut chargé des liquides; le général Dubois, des chevaux à réformer ou à répartir; enfin, président du comité des subsistances et spécialement chargé de la conservation et de l'emploi des grains, farines, etc., je fus chargé du commandement et de la défense du front nord-est de la ville, ce qui achevait de placer les trois plus anciens lieutenants généraux à la tête des principaux services, leur surbordonnait tous les autres agents administratifs et, en fait, instituait l'autorité là où étaient les intérêts.

Et voilà les secours permanents dont le maréchal s'entoura sous le double rapport de l'administration et de la guerre, secours auxquels on ne peut ajouter (parce qu'ils restèrent sans résultat) les insignifiants tiraillements dont furent exclusivement chargés les deux généraux de division les plus obscurs qui se trouvèrent à ce corps d'armée; ils avaient du moins l'avantage de ne pas trop effaroucher la médiocrité du maréchal, et ils laissaient intact tout ce qui pouvait rester de sécurité à son incapacité; mais, malgré la prédilection du maréchal et l'amplification de leur mérite dans des ordres du jour qui ne donnèrent le change à personne, ils restèrent aussi obscurs qu'ils l'étaient auparavant et que le furent les faits d'armes compatibles avec les circonstances.

Seule l'action administrative eut l'occasion de s'exercer réellement, et elle fut encore fortifiée et stimulée par cette foule d'agents secrets ou connus, d'espions de toutes les sortes, d'émissaires de toutes les classes, que sans cesse le maréchal avait en campagne, qu'il dirigeait *ex professo* et qui, furetant partout, dépistant tout, lui rapportant tout, entretenaient sa fièvre, son anxiété, son inquiétude dévorante, et alimentaient les persécutions à l'aide desquelles il obtenait par de si fâcheux procédés ce qu'il eût été plus juste, plus digne d'un chef aussi élevé, de ne demander qu'au zèle. Il ne savait admettre aucune excuse, taxait un simple oubli à l'égal de la plus mauvaise intention ou de la pire insuffisance; il ne tenait compte d'aucun antécédent et traitait le malheur, dont même il était cause, comme un tort volontaire ou prémédité. Mais, malgré tout ce qu'il avait d'infernal pour les subordonnés, et s'il n'avait pas trop fréquemment entraîné le maréchal à l'injustice et à l'absurdité, un tel rigorisme n'eût pas été attaquable, parce qu'en fait il avait pour origine le désir du bien et pour conséquence le profit de tirer de chacun tout ce qu'il était possible d'en tirer. Aussi, et après tant de justes critiques, tant de blâmes, tant d'épithètes ou d'expressions que faute de synonymes on ne peut adoucir sans cesser d'être exact, et nonobstant ce que j'aurai encore de fâcheux à dire à l'égard du maréchal, dois-je avec la même conviction, la même franchise, la même véracité, lui rendre un triple hommage que sans injustice personne ne lui refusera. A ce sujet, j'ai ramassé le gant toutes les fois que l'occasion s'en est présentée, et en 1814 notamment, d'abord à un des concerts que, vers la fin de cette année, le duc d'Aumont donna dans l'appartement qu'il occupait au pavillon de Flore, ensuite, et après un dîner, chez le ministre de la guerre, et les deux fois je le ramassai avec d'autant plus de force que je commençai par déclarer que j'étais brouillé avec le maréchal et que je ne le reverrais de ma vie. Or les qualités qui commandent ce triple hommage sont :

1° L'intégrité en matière d'argent, et je déclare que de ma vie je n'ai entendu citer un fait ou dire un mot qui, sous ce rapport, puisse donner lieu à un doute; car je ne m'arrête pas à quelques propos tenus et colportés, aux premiers jours de la Restauration, sur les marcs de Hambourg qu'il fit frapper pendant le blocus. Ce sont des mots jetés dans la boue et que, sans se salir, on ne peut relever. Ses ennemis, pour atténuer ce mérite, rappelaient qu'il avait 1,800,000 francs de dotation et de traitement; mais d'une part, et ce chiffre fût-il exact, il ne les avait pas toujours eus; de l'autre, avoir n'a jamais été une raison pour ne pas prendre.

2° La sollicitude pour les troupes qu'il avait sous ses ordres; et cette sollicitude était telle qu'en la prouvant par mille exemples, on en omettrait autant.

3° Le fanatisme de ses devoirs, principe des deux qualités que je viens de signaler. Ce fanatisme, il faut bien l'observer, n'était dirigé ou contenu ni par un bon sentiment, ni par la rectitude du jugement, ni même par la lucidité des idées; il était au contraire sans cesse exalté par l'insuffisance et par une vigueur de constitution et de caractère tenant de la brutalité; il a donc rendu le maréchal capable d'injustices, de cruautés, d'atrocités sans nombre, et cependant il n'en forme pas moins une qualité, attendu que l'abus gâte, mais ne dénature pas.

Sur ces trois points je n'ai jamais hésité à reconnaître le mérite du prince d'Eckmühl, et je me rappelle que le soir de son concert aux Tuileries, comme j'avais plaidé cette cause qui n'était pas en faveur (tout ce qui se rattachait à l'armée de Hambourg étant alors proscrit), le duc d'Aumont me dit : « Je ne pensais pas que vous fussiez de ses amis », à quoi je répondis : « Je ne suis l'ami que de la vérité et nullement de ce maréchal que je n'ai pas revu depuis le passage du Rhin et que je ne reverrai jamais; mais, quoique je le regarde comme un très pauvre général, il n'en a pas moins trois qualités incontestables. » Eh bien, comme je viens de le dire, j'ai toujours plaidé cette cause et je la plaiderais encore parce que personnellement je n'ai pu constater aucun fait qui en altérât la valeur; toutefois, pour être complet, je dois citer un fait dont m'a fait part la duchesse d'Abrantès, et qui, bien qu'il soit le seul de ce genre qui soit arrivé à ma connaissance, mérite d'être rapporté, venant d'un témoin aussi digne de considération et de confiance que l'était Mme la duchesse d'Abrantès.

Donc, d'après ce que cette dame si distinguée me raconta, le maréchal, de retour de Hambourg, aurait rapporté un grand nombre de caisses, pleines de valeurs monnayées et de matières d'or et d'argent. Ces caisses, dirigées de suite sur Flavigny, y restèrent sans avoir été ouvertes; mais, lorsqu'en 1815 les alliés de Betzébuth et des Bourbons marchèrent de nouveau sur Paris, Davout, une belle nuit et dans le plus grand secret, fit descendre ces caisses dans les fossés du château, fossés pleins d'eau, et d'eau assez vaseuse pour qu'il fût impossible de rien distinguer au fond. Eh bien, dès que les Prussiens furent à portée de Flavigny, un détachement s'y rendit sous la conduite d'un homme qui, sans rien demander à personne, alla à l'endroit du fossé où étaient les caisses, les fit retirer toutes et les emporta.

J'ai dit que j'étais informé de ce fait par Mme la duchesse d'Abrantès, qui en effet me le conta le 17 avril 1837, en même temps qu'un autre qui trouvera sa place plus loin; mais je dois ajouter qu'elle les tenait de Mme la princesse d'Eckmühl elle-même, circonstance qui seule a empêché qu'elle en fît mention dans ses *Mémoires*.

Et sur ce, j'en reviens aux faits qui me concernent pendant le blocus. Encore qu'un pareil objet regardât Loison, j'avais calculé que la première chose qui nous manquerait serait la viande fraîche, et, pour l'économiser, j'avais pensé recourir à la gélatine en utilisant les os. Le maréchal adopta ce moyen avec empressement; il n'avait pas, comme le général Junot, la faiblesse de s'irriter quand on lui faisait des propositions qui intéressaient le service ou le bien-être des troupes; loin de là, il recevait tout, écoutait tout, examinait tout. Les os provenant des distributions de viande fraîche furent donc recueillis, une instruction fut rédigée sur la manière de les conserver (ce que le froid, du reste, rendit facile) et de les employer. Je les fis entrer pour un quart dans la confection des soupes dont les hôpitaux surtout profitèrent (1). A propos de cette gélatine, je ne peux passer sous silence les produits d'un nommé Rainville, Français d'origine qui joua un peu plus tard un tout autre rôle, comme je le dirai, mais qui, pendant le blocus, trouva moyen de vendre d'excellentes tablettes de bouillon (2). J'ai dans toutes mes campagnes porté avec moi des tablettes, et des meilleures qu'on pût se procurer, mais je n'en ai jamais trouvé de comparables à celles de Rainville. Le bouillon, qu'elles produisaient en un instant, était le consommé le plus fin, le plus délicat, le plus substantiel qu'il était possible d'imaginer. Je sais que Rainville y em-

(1) Quoique les hôpitaux ne me regardassent pas, puisque le comte de Chaban en fut chargé jusqu'à sa mort, et qu'ensuite Loison les ajouta à son service de la viande, je voulus voir par moi-même comment ils étaient visités par les officiers chargés de ces missions; je suivis donc plusieurs d'entre eux, et, ayant à cet égard acquis en Espagne une certaine expérience, ayant apporté avec moi un exemplaire de mon *Manuel général du service des états-majors* publié depuis peu de mois, et dans lequel j'avais traité de cet objet, je complétai ce qu'il contenait et je fis sur ces visites un travail que le maréchal ordonna d'imprimer à deux cents exemplaires, et une heure après à cinq cents, afin d'en envoyer dans chaque bataillon, de même que sur ma proposition des exemplaires en furent déposés dans chaque hôpital. Je fis également régler que, sur un registre tenu *ad hoc* et après sa visite, chaque officier consignât et signât ses observations; que les visites des capitaines fussent vérifiées par les visites des chefs de bataillon, celles-là par celles des colonels, celles des colonels par des visites des généraux de brigade; les dernières, sans parler des visites du comte de Chaban et même du maréchal, qui sous le rapport de devoirs de cette nature ne le cédait à personne, avaient lieu deux fois par semaine. L'effet répondit à l'attente, c'est-à-dire qu'il assura la conservation de beaucoup de soldats.

(2) Il ne négligeait aucune occasion de bénéfice, et, en outre des tablettes, il confectionna pour le blocus d'excellents pâtés à vingt-quatre francs la livre qui eurent le plus grand succès.

ployait du bœuf, du veau, du mouton, du porc et beaucoup de volailles, et je crois qu'il faisait hacher les viandes et broyer les os afin d'en tirer la quintessence. J'avais encore un pot de ces tablettes du blocus quand j'arrivai à Paris; je les apportais comme curiosité et pour en faire faire de semblables, mais personne n'en approcha. Quoi qu'il en soit, elles furent d'un grand secours à ceux qui purent les payer; malheureusement ces tablettes étaient d'un prix très élevé, et on ne pouvait penser à les utiliser dans les hôpitaux, pour lesquels nous dûmes nous contenter des soupes à la gélatine.

Ce qu'il importait surtout, ce qu'il importera toujours dans une ville assiégée, c'est de conserver le plus d'hommes pour la défense et de les maintenir aussi valides que possible. Or, dès que les malades pouvaient être considérés à peu près comme guéris, on les faisait passer, et par un froid rigoureux, des hôpitaux bien chauffés à des quartiers glacés, d'une nourriture substantielle à des vivres rationnés, du repos au service le plus pénible; comme conséquence, la plupart retombaient malades ou mouraient. Des dépôts de convalescents, surveillés et tenus comme les hôpitaux, pouvaient être proposés; on pouvait également revenir à un ordre précédemment donné par le maréchal et portant que les hommes sortant des hôpitaux seraient quinze jours sans faire aucun service, ce qui n'aurait paré qu'à un seul des inconvénients signalés; il me parut plus pratique d'ordonner que chaque officier général et supérieur, chaque chef d'autorité ou principal fonctionnaire, chaque habitant riche ou aisé, reçût chez lui un nombre déterminé de convalescents et les gardât et les soignât tant qu'ils auraient besoin d'être soignés; à mesure qu'un de ces convalescents rentrait à son corps, il devait être remplacé par un autre, et s'il arrivait (fait qui ne se présenta pas) qu'il n'y eût pas de place vacante, le convalescent devait, en en attendant une, rester à l'hôpital dans une pièce disposée à cet effet (1). Il est inutile de dire le zèle que montrèrent les militaires appelés par leur grade à concourir à cette œuvre. Le maréchal donna l'exemple et prit pour sa part six de ces convalescents, qui d'ailleurs, recevant de fortes et bonnes rations, et notamment du pain blanc, n'étaient pas une charge sous le rapport des subsistances ; chaque général de division en prit trois, et ainsi du reste au prorata des logements et des moyens. Une sorte de lutte s'établit même à qui les soignerait le mieux, et, bien nourris, bien logés, bien chauffés, reprenant de la gaieté et des forces, l'effet moral fut pour eux aussi salutaire que l'effet physique. Dans la situation chaque jour plus critique où nous nous trouvions, cette mesure, qui partout eût été excellente, eut encore l'avantage de toucher les soldats par la preuve de l'intérêt qu'on leur portait, de les mettre en contact immédiat avec leurs officiers et leurs généraux et de les dévouer de plus en plus à leurs chefs ; car, pour ces chefs, la perfection consistera toujours à soigner leurs hommes comme pourraient le faire des pères, afin de les faire tuer ensuite comme pourraient le faire des bourreaux.

Il existait à Hambourg un corps de pompiers. Dans l'éventualité d'un bombardement ou d'incendies provenant de toute autre cause, et même pour la conservation de nos magasins, ce corps était précieux ; mais on

(1) L'état des convalescents était constaté et vérifié par des visites d'officiers de santé qui, à jours et heures fixes, avaient lieu dans un local indiqué en présence d'un officier supérieur et des capitaines.

avait omis de lui former un approvisionnement spécial ; or le maréchal, en adoptant la proposition d'en employer chaque nuit vingt-cinq à parcourir la ville, ordonna qu'ils fussent nourris aux dépens de l'approvisionnement des habitants. Cette ressource nous conduisit jusqu'au mois d'avril, où elle commença à offrir des difficultés à peu près insurmontables. « Chassez le maire et les adjoints, m'écrivait le maréchal, et donnez leurs vivres aux pompiers. » On conçoit que je n'obéis pas, le remède étant pire que le mal; enfin, le 16 de ce mois, le maréchal me chargea de régler selon mon désir tout ce qui concernait les pompiers; je parvins à les faire nourrir sur les vivres que je faisais tirer d'Altona, et voilà comme fonctionnait l'administration sous les ordres du maréral; si l'on pouvait éviter de le suivre dans ses brutalités, on trouvait en lui un précieux appui pour faire exécuter les choses utiles au bien du service.

Quant aux faits de guerre, les combats livrés ou soutenus pendant le blocus de Hambourg ont été trop insignifiants pour qu'il importe d'en donner seulement la nomenclature; quelques mentions suffiront à tout ce qui peut intéresser le lecteur et servir à m'acquitter envers quelques braves.

Jusqu'au 8 janvier 1814 le temps pluvieux et peu rigoureux, les routes défoncées, et les eaux qui formaient notre principale défense, nous mirent à l'abri de toute attaque; nous étions restés frappés de cette pensée que, si la fin de 1812 eût ressemblé à celle de 1813, les désastres de la France eussent été évités. Cependant, en janvier, le froid prit et s'éleva bientôt à vingt degrés. L'Alster et l'Elbe gelèrent; les routes durcirent, et tous nos abords devinrent faciles. Or, jusqu'à l'arrivée du froid et depuis notre retraite sur Hambourg, le 111ᵉ régiment de ligne avait continué à occuper Wandsbeck; mais les gelées rendaient cette position trop chanceuse, et il eut l'ordre de se replier sur Hamm. Son chef, digne homme et brillant officier, eut l'idée de couvrir son mouvement par une reconnaissance à laquelle il mêla une embuscade. Le succès de cette petite ruse, à laquelle il n'avait employé que soixante-quinze hommes, l'excita à la renouveler le lendemain avec deux cent dix. Quelques Cosaques y furent pris de nouveau; mais, alors que tout était terminé, ce trop brave colonel Holtz se reporta en avant de sa personne, pour mieux juger la force et les desseins d'un bataillon que l'ennemi déployait, et il reçut une blessure qui d'abord parut peu grave, qui de fait fut mortelle, et qui, pour rapporter les justes expressions de l'ordre du jour du 18 janvier, « priva l'armée d'un officier supérieur, ayant le feu sacré et auquel il n'y avait d'autre reproche à faire que celui de trop s'exposer. »

Ces deux escarmouches formèrent les seuls combats qui eurent lieu sur la droite de l'Elbe; l'île de Wilhelmsburg et les approches de Hambourg servirent de théâtre aux autres. Tous furent l'objet d'ordres du jour dans lesquels des regrets trop mérités furent donnés d'abord à la mort du chef de bataillon Leguerney du 111ᵉ de ligne, officier d'une haute espérance, possédant avec transcendance les qualités de l'homme de guerre, et qui fut tué à l'attaque de Moorburg, le 1ᵉʳ avril; ensuite au général Osten, mort de maladie le 16 mars, mais qui, malgré son âge, fut signalé dans l'ordre du 24 janvier comme déployant dans le commandement tout le feu et l'activité de la jeunesse; enfin au colonel Achard, qui se distingua sans cesse parmi les plus braves, et au général Pécheux, que le même ordre du 24 signala comme justifiant la confiance de l'Empereur par son zèle, son calme et ses bonnes dispositions, éloge qui eût été moins flasque, si, tout en restant aussi vrai, on eût parlé de l'ardeur, de l'entente de la guerre et de l'énergique bravoure du général Pécheux. Ces ordres du jour payèrent encore de justes tributs aux troupes et à une foule d'officiers et de sous-officiers qui partout rivalisèrent d'honneur, au point de rendre inconsolables tous ceux qui regrettaient de voir que de si braves gens étaient éloignés du véritable théâtre de la guerre.

En dehors de ces éloges mérités, les rapports du maréchal ne comportaient guère que des amplifications fort éloignées de la réalité, et réellement le général Vichery, bien qu'il eût la prédilection du maréchal et encore qu'il commandât cette belle et bonne quarantième division que j'avais dû lui abandonner pour prendre le commandement de Hambourg, Vichery ne s'illustra que par des rapports assez ridicules, qui du moins nous divertirent. Cette division, je l'avais redemandée au maréchal lorsqu'il était rentré à Hambourg, et je la lui avais redemandée, non que j'eusse espoir de l'obtenir, mais parce que je me devais d'avoir fait cette démarche. La réponse du maréchal fut, au reste, ce que j'avais prévu qu'elle serait : « Je n'ai personne ici qui puisse vous remplacer. Vous commandez, d'ailleurs, comme le général Loison, un des deux fronts d'attaque de la ville, et c'est tout ce que j'ai pu réunir à des fonctions qui ne peuvent être compromises. Les subsistances avant tout, c'est là qu'est notre salut. Si nous rentrons en campagne, vous reprendrez le commandement d'une division; mais jusqu'à ce que nous y rentrions, il faut parvenir à nourrir quarante mille hommes. »

A la tête de cette division, mon successeur n'eut qu'un rôle égal à zéro, et cependant il fut dépassé en insuffisance par le maréchal, son protecteur, qui acheva de justifier l'opinion qu'il nous avait donnée de lui depuis la reprise des hostilités.

De fait, le maréchal ne parut à aucun des combats donnés autour de Hambourg sans tout bouleverser par des bévues grossières, par des dispositions, des menées à ce point absurdes que l'on ne put expliquer l'impunité de ces fautes que par la faiblesse numérique et morale des forces que l'ennemi mit en action contre lui. Ce fut même tellement patent que non seulement les généraux, officiers supérieurs et autres, en étaient abasourdis, que le général Deponthon, commandant le génie, ne put s'en taire, et que M. Jousselin, ingénieur des ponts et chaussées, en faisait des gorges chaudes assez irritantes à entendre de la part d'un fonctionnaire civil pour tous ceux qui portaient l'habit militaire, mais sur lesquelles nous renchérissions dès que nous nous retrouvions entre généraux; alors Loison, sardonique de sa nature, s'en donnait à cœur joie, Watier y mêlait son grain d'ironie, je n'en chômais pas plus qu'un autre; quant à Pécheux, homme sans transcendance, mais homme de guerre, il était au désespoir dès qu'il voyait arriver le prince; et certes celui-ci ne se faisait pas attendre, car, très brave de sa personne, il arrivait dès que le canon tirait; il arrivait avec la rapidité d'un boulet ennemi, et il prenait de suite le commandement, de manière que, sous ses ordres, on ne pouvait plus disposer de cent hommes. A l'exception des officiers attachés à sa personne et de Vichery, qui paraissait ne rien vouloir dire peut-être parce qu'il n'avait rien à dire, il n'y avait qu'une voix, qu'un cri; car c'était toujours le même maréchal, tel que je l'ai montré déjà, brouillon et capable des plus lourdes méprises.

Et cependant, tout en consignant cette opinion, fondée chez moi sur une conviction ancienne et profonde, j'en suis encore étourdi, et, pour parvenir à me croire moi-même, j'ai été forcé de fortifier mon souvenir en me reportant au temps et aux lieux que je rappelle, en consultant ce que j'ai de notes à cet égard et en en appelant à des camarades, parmi lesquels je n'en ai pas trouvé un seul qui n'ait corroboré, confirmé ce jugement. Mais chaque jour la mort fait disparaître de ces témoins, et le temps efface la trace des faits, détruit ou dénature les documents et les preuves; de cette sorte, comme par l'effet de la distance, les taches disparaissent; un nom mêlé aux plus mémorables événements de nos guerres, un grand rôle, tout ce que la faveur peut réaliser en grâces, en richesses, en dignités, en honneur, tout cet éclat, factice ou non, subsiste seul, et l'on peut considérer comme calomniatrice, du moins comme très exagérée, l'expression même faible de vérités contraires et cependant incontestables. Dès lors, si l'on compte à l'actif du maréchal et comme agents de sa gloire les qualités que j'ai signalées, si l'on y ajoute le fait que son corps d'armée était nombreux et dans l'abondance, alors que tous les autres corps de la Grande Armée étaient dans la disette et se détruisaient par elle; si l'on se reporte aux rapports et aux bulletins qui l'ont affublé de la gloire de ses généraux, dont personne mieux que lui n'était propre à stimuler le zèle et à soutenir la vigueur; si, en sus de cela, on est averti qu'un tel homme a préparé lui-même des matériaux pour des *Mémoires*, et les a préparés avec l'ardeur et l'âpreté d'un accusateur forcené; s'il a appuyé le tout de pièces plus ou moins authentiques, que la crainte et la terreur arrachent si facilement; s'il a confié à un écrivain un peu habile la rédaction de tels *Mémoires*, qui ne seront imprimés que quand la mort ou la vieillesse aura fait justice de tous ceux qui pourraient y contredire, on comprendra qu'un tel homme puisse avoir son apologie complète. Le chef incapable sera un général justement célèbre, et jusqu'à sa malfaisance et à sa cruauté n'apparaîtront plus que comme une utile et louable sévérité. S'il se présente alors un narrateur sincère pour rétablir les faits dans leur vérité, ce narrateur passera certainement pour un jaloux, un imposteur ou pour un mécontent satisfaisant bêtement sa rancune. Eh bien, sans m'inquiéter du sentiment qu'on pourra me prêter, je n'en continuerai pas moins à montrer par les faits que le maréchal ne fut qu'un corps opaque reflétant, sans en participer, la lumière de l'astre qui alors éclairait le monde. Mais je reviens aux incidents du blocus.

Le 24 mars, l'armée fit une grande perte en la personne du comte de Chaban. C'était un excellent vieillard, plein de mérites et de considérations; j'avais recherché avec intérêt sa société. Il aimait à se reporter au temps de sa jeunesse; je l'y entraînais pour goûter le charme de ses souvenirs, et c'est ainsi que ce digne comte m'a tant de fois parlé des gardes françaises dans lesquelles il avait servi. Avec plus de mémoire, ou si j'avais pris des notes, j'aurais pu écrire l'histoire de ce régiment, corps à part dont les droits et les privilèges étaient énormes, et qui avait des maréchaux pour colonels, des colonels pour capitaines, des capitaines pour sous-lieutenants. Les prérogatives cependant s'arrêtaient là; les sergents étaient des sergents, mais, seuls en contact avec les soldats, on comprend leur importance, que le 12 juillet 1789 a si bien révélée (1); et en effet, leurs officiers les appelaient « messieurs »; ceux qui le matin venaient au rapport étaient reconduits par leurs chefs, tous gens de qualité

(1) C'est à leur instigation que les gardes françaises prirent parti pour le peuple chargé par le prince de Lambesc. (Éd.)

et de rang, jusque dans l'antichambre, et tous ces hommes, la plupart magnifiques, tous de tenue et d'exemple, n'étaient jamais punis; si l'un d'eux s'était rendu coupable d'un méfait quelconque, on se bornait à le renvoyer. Ces détails me sont restés parce qu'ils me rappelaient le maréchal Lefebvre, Hulin, etc.; mais combien d'autres détails, dont cet excellent comte de Chaban se délectait et que je regrette d'avoir perdus avec lui!

Tout ce qu'on put lui rendre d'honneurs lui fut rendu. Le général Vichery prit le commandement des troupes affectées aux funérailles, et les quatre coins du poêle furent portés par le maréchal, Loison, Watier et moi. Le corps fut embaumé afin qu'on pût en offrir la dépouille mortelle à l'Empereur, comme celle de l'un de ses plus fidèles et plus honorés serviteurs. Toute l'armée s'associa de grand cœur à ce deuil civil; toutefois il était dit qu'avec le maréchal il ne pourrait jamais y avoir des satisfactions de sentiment complètes. En effet, pour les funérailles du général Osten qui avaient eu lieu le 18, soit six jours avant celles du comte de Chaban, l'ordre du jour portait que l'état du blocus où se trouvait la place ne permettait pas de tirer les coups de canon déterminés par le décret impérial sur les funérailles, tandis que, pour celles de M. de Chaban, il était dit au programme qu'à six heures du matin cinq coups de canon, tirés à quelques minutes de distance l'un de l'autre, du réduit de l'Alster et sur le front de la place, annonceraient un jour de deuil; que le canon se ferait de nouveau entendre au moment où le cortège partirait, et qu'une dernière salve d'artillerie signalerait l'instant où l'on descendrait le corps dans le caveau. Tout en honorant comme il méritait de l'être le digne comte de Chaban, l'armée n'en ressentit pas moins un certain dépit d'avoir vu dénier à un officier général une partie des honneurs funèbres qui lui étaient dus en vertu d'un décret impérial, alors que, six jours plus tard et sans que le moindre changement survenu dans la situation de la place pût justifier cette contradiction, elle voyait les mêmes honneurs, refusés hier à un des siens, elle les voyait, dis-je, accordés aujourd'hui à un fonctionnaire du mérite le plus estimé sans doute, mais pour lequel ces honneurs n'étaient ni prévus ni dus. Et voilà un nouvel exemple des démentis incessants que se donnait à lui-même le maréchal, et grâce auxquels il faisait planer sur tous ses actes l'impression d'arbitraire et de bizarrerie.

Au moins deux fois par semaine, il s'amusait à nous réunir chez lui, en sortant du spectacle, c'est-à-dire depuis minuit jusqu'à deux ou trois heures du matin, ce qui, les jours de ces bizarres conseils, m'entraînait au théâtre, d'ailleurs fort bon. Mme Fodor-Mainvielle se trouvait la première cantatrice ; le reste de la troupe n'était pas indigne d'elle, et cette circonstance nous avait déterminés à prendre tous des loges. L'opéra fut le seul qui gagna à notre blocus, et Mme Fodor y gagna doublement, attendu que nous la décidâmes à se rendre à Paris, où elle a eu des succès.

Quant à ces conseils auxquels le maréchal eut recours lorsqu'ils ne pouvaient plus l'éclairer que sur des misères, il serait difficile d'en donner une idée en ce qui concernait la manière de les tenir et l'emploi du temps. Sans parler d'un secrétaire assis à une table, les généraux de division, le préfet, les ordonnateurs de l'armée et de la trente-deuxième division militaire en étaient les membres obligés ; mais pas plus l'un que l'autre, en y arrivant, ne savait un mot de ce qui allait se traiter ; personne n'était préparé à la discussion, ce qui du reste et le plus ordinairement s'accordait avec le temps qu'on allait perdre. Peu de minutes suffisaient généralement pour compléter l'aréopage. On entrait sans parler, et, après une inclinaison dont le plus souvent Son Excellence n'avait pas l'air de s'apercevoir, on s'asseyait, mais sans les déplacer, sur des fauteuils qui garnissaient le pourtour du salon; il était même rare que l'on s'accouplât, de sorte que, quoique réunis, on se trouvait séparés.

Pendant cette première scène, muette de sa nature, le maréchal se promenait d'un bout du salon à l'autre sans dire un mot, sans regarder personne et sans autre mouvement que de porter de temps à autre l'une de ses mains sur son crâne dépouillé et de s'administrer des frictions qui semblaient avoir pour but de provoquer ses pensées presque toujours récalcitrantes. Enfin il s'arrêtait devant l'un de nous, relevait ses lunettes sur le haut de son front pour voir celui à qui il allait parler, et il faisait une question. Quelques mots plus ou moins insignifiants s'échangeaient et aboutissaient à une minutie, même à rien; après quoi le maréchal reprenait la promenade et nous régalait d'un nouvel intermède, pendant lequel nous le regardions marcher et qui ne variait des précédents que par le nombre de bâillements étouffés du mieux que l'on pouvait. De temps à autre les séances donnaient lieu à des discussions dignes d'intérêt, à des dispositions plus ou moins utiles; mais plus fréquemment le maréchal ne trouvait rien à mettre en discussion, à ordonner, j'allais dire à embrouiller, et c'est alors qu'il se vengeait de sa nullité sur deux hommes qu'il humiliait, l'un impunément, l'autre scandaleusement, tant il manquait aux égards qui lui étaient dus; et ces deux victimes habituelles étaient l'ordonnateur du treizième corps, nommé Thomas, et le préfet M. de Breteuil. Le premier, façon de jésuite, n'inspirait grand intérêt à personne; à son égard, on n'était guère choqué que de la grossièreté du maréchal, qui, tout en marchant et sans lui faire l'honneur de le regarder, lui envoyait de ces aménités : « Vous êtes une bête... un animal... Vous ne savez ni ce que vous faites, ni ce que vous dites. » Quant au baron de Breteuil, homme excellent, de mérite et généralement estimé, on ne pouvait voir sans indignation le maréchal se camper devant lui et lui dire : « Mais, monsieur de Breteuil, à quoi êtes-vous bon ici? Dites-moi, je vous prie, ce que j'ai à faire d'un préfet. Un tambour me serait plus utile que vous... Vous mangez gratuitement le pain des soldats. » Le baron de Breteuil, trop poli pour le confondre par une des mille réponses qu'il provoquait, et ne voulant pas d'ailleurs se commettre au point de lui dire : « Je paye ma part de vos fautes », ne tarda pas à ne plus venir aux séances que de loin en loin.

Cependant, s'il mettait les autres en scène, parfois le maréchal s'y mettait lui-même, et je me rappelle notamment une de ces séances où il nous donna la comédie la plus complète. Je ne sais, ma foi, plus de quoi il s'agissait; mais il y avait un ordre à rédiger, et, après en avoir ressassé ou rabâché le sujet à dix reprises, après avoir provoqué force observations ou objections, qu'il comprenait ou ne comprenait pas, qu'il oubliait, retenait ou dénaturait, après avoir enfin pris un parti, il voulut dicter ses ordres et les dicta en effet, mais de telle sorte que, quand le secrétaire lut ce qu'il venait d'écrire, cela n'avait plus le sens commun. C'était même au point que le maréchal en fut frappé lui-même; aussi s'écria-t-il : « Ce n'est pas cela. Déchirez ce que vous venez d'écrire et prenez une autre feuille de papier. » Une nouvelle dictée eut lieu; elle valut un peu moins que la première; une troisième suivit, et ce fut encore pis. Nous avions commencé par nous regarder du coin de l'œil ; quelques sourires furtifs coururent bientôt sur nos lèvres, qu'à la troisième épreuve nous étions occupés à mordre, lorsque le maréchal s'arrêta et me dit en me montrant la table : « Général Thiébault, mettez-vous là ; vous savez ce que je veux, mais vous savez aussi que sur vingt choses que je dis il y a toujours dix-neuf bêtises. » Je courus à la table pour ne pas éclater, et, couché sur mon papier pour mieux me cacher ou me contraindre, je lui brochai l'ordre qu'il entendait donner et qui, signé par lui, termina cette séance la plus ridicule, mais aussi la plus divertissante. Cette péroraison fit notre joie pendant le reste et même au delà de la durée de ce blocus ; nous ne pouvions, Loison, Watier et moi, nous aborder sans que le premier qui prenait la parole ne dît à l'autre : « Mais vous savez bien que sur vingt choses que je dis... », et aussitôt l'autre d'achever : « ...il y a toujours dix-neuf bêtises. »

S'il n'y en avait eu que dans les paroles, ce n'eût été que demi-mal ; mais on sait à quelle bêtise plus forte nous devions d'être bloqués à Hambourg. L'impuissance inhérente à notre position, l'inutilité de nos efforts nous réduisirent bientôt au découragement et à l'ennui ; si, au début de mon commandement, les jours et les nuits n'avaient pas suffi à l'organisation des services, dès que cette organisation fut achevée, c'est-à-dire vers le 20 décembre, je n'eus plus, pour m'occuper, que la surveillance, et ce n'était pas assez pour satisfaire le besoin d'activité de mon esprit et pour détourner les regrets et la fièvre de mon imagination. Nous étions en relations intimes avec Loison et Watier, mais nos réunions et nos entretiens ne nous sortaient guère du cercle douloureux où nous enserrait notre position ; d'ailleurs, nos visites, faites ou reçues, ainsi que celles du comte de Chaban, n'achevaient d'employer que la partie des vingt-quatre

heures dont j'étais le moins embarrassé; aussi pour
m'arracher à mes rêveries, à ces heures durant lesquelles on ne peut guère échapper à soi-même, et pour occuper les soirées et les nuits du menaçant hiver où nous
entrions, il me fallait un travail d'assez longue haleine
et d'intérêt assez puissant pour m'absorber. J'avais
donc un ballot de paperasses que je traînais avec moi,
dans l'espoir d'y trouver matière à la diversion que je
cherchais, et j'y découvris le commencement du premier
volume du roman imaginé au milieu des gorges de
Salinas, dont j'avais ébauché la première lettre à Ber-
gara, dont un tiers était déjà rédigé. Je n'y pensais
plus depuis longtemps, et je fus si content de ma trou-
vaille que je ne rêvai plus que d'Élise et de Montcalde,
de Mme de Clairval et de Mme de Rancour; de Germeuil;
Beaurac, Mme de Versac et M. de Valbrun devinrent
mes compagnons aux heures d'isolement et mon refuge contre les événements et contre moi-même. Ils
me firent revivre ma vie passée, car je leur en prêtai
bien des situations, et cependant il est si difficile d'échapper aux impressions du moment que, sans m'en rendre
compte, je laissai percer les angoisses que nous ressen-
tions tous pour l'avenir de la France, et, alors que rien
n'annonçait encore l'épouvantable chute de l'Empereur,
je trouvai en relisant ma narration plusieurs passages
qui semblaient la prédire (1). Des cinq parties qui divi-

(1) Cent trentième lettre : « L'homme n'est vraiment redoutable
que tant qu'il n'use ni de la totalité de ses moyens, ni de la totalité
de ses forces. Dès qu'il se trouve réduit à en faire usage, et alors
surtout qu'il est dans la nécessité de dépasser la somme de ses
ressources, il n'est plus à craindre qu'un moment. Certain de se
fortifier à proportion qu'il s'épuise, on n'a plus qu'à savoir attendre,
avec celui qui porte ainsi en lui-même le principe de sa prochaine
et inévitable destruction. » Dans la deux cent treizième lettre du
même ouvrage, je disais encore : « Aux époques de bonheur, tout
se fait comme par enchantement; dans les autres, il n'est pas

saient mon roman, comme les cinq actes d'une action dramatique, il m'en restait quatre et deux tiers à écrire quand je repris ce travail; au bout de quatre mois et demi il se trouva terminé; mais, quelle que soit sa valeur, il a pour moi le grand mérite de m'avoir fait passer dix-neuf semaines à l'abri des dégoûts, des souffrances morales et des amères réflexions dont étaient assaillis pendant le même temps les autres généraux enfermés dans Hambourg (1).

J'eus encore une autre distraction. Un matin, je reçus la visite du professeur de peinture à l'Académie de Hambourg; il venait me prier de lui permettre de faire mon portrait. Croyant à une spéculation sur ma bourse, je répondis avec une politesse négative, mais le personnage m'apprit qu'il se présentait de la part de Hambourgeois, touchés des efforts qu'ils me voyaient faire pour atténuer le malheur de leur ville et qui désiraient conserver mon image. Je voulus savoir quelles étaient ces personnes; elles avaient témoigné le désir de ne pas être nommées; en effet, me dit le professeur, « si vous quittiez Hambourg, les alliés, s'en emparant, pourraient tourmenter ces messieurs pour prix de la sorte d'hommage qu'ils vous rendent. Ce sont, au reste, des hommes très honorables et chez qui votre portrait ne peut être déplacé. » Je me mis donc à la disposition du professeur tous les matins de onze heures et demie à une heure;

un espoir qui ne conduise à un mécompte, car nous regardons les premiers revers comme des épreuves, alors que ce sont des avertissements, et nous nous précipitons vers l'abime pendant que nous rêvons encore à des triomphes et à des prospérités. »

(1) Je m'attachai d'autant plus à ce travail que j'avais placé la scène du roman à Villandry, sous le nom de Landryville; que le nom de l'héroïne était celui de ma femme (Élise pour Élisabeth) dont j'avais tracé le portrait; et j'ai déjà dit que j'avais écrit le tout non seulement avec les idées de mon sujet, mais avec celles d'une partie de ma vie.

quant aux messieurs qui l'envoyaient et sur lesquels je me réservais de ne faire aucune question, je le priai de leur dire que j'étais particulièrement sensible à cette démarche ; car, faute de pouvoir parer à tout ce qu'avaient de triste les circonstances qui m'avaient rapproché d'eux, je me trouvais privé du moyen de justifier leur bienveillance. Le portrait, peint à mi-corps, fut exécuté. Pour récompenser le peintre du zèle qu'il y avait mis et comme souvenir de cette anecdote, je lui fis faire de moi un tableau en pied, tableau que ma femme relégua dans un grenier, à cause, disait-elle, de l'air mouton qu'il me donnait : mon fils aîné a fini par s'en emparer et l'a fait retoucher.

Ces souvenirs étaient fort loin de moi lorsqu'il y a deux ans, peu avant la mort de ce pauvre chevalier Suchet, frère cadet du maréchal, je rencontrai chez lui une dame qui, m'ayant entendu annoncer, voulut bien me dire qu'elle se félicitait de la rencontre, et, comme je la fixais en homme qui cherche à la reconnaître, elle ajouta : « ...Vous ne pouvez vous souvenir de moi. Je ne vous ai jamais vu que sur le Iungfernstieg où vous logiez à Hambourg ; mais je me suis toujours rappelé les nombreux services que vous avez rendus à tant de personnes de ma connaissance (1) et l'affabilité avec laquelle

---

(1) Lorsque nous arrivâmes à Hambourg, cette ville avait cessé d'être une place de guerre, et, rien n'annonçant qu'elle dût jamais le redevenir, une foule de maisons de campagne, riches et élégantes, s'étaient élevées sur tout son pourtour et le plus près possible des remparts afin d'abréger les trajets, considération importante pour des négociants qui parfois ne peuvent quitter que momentanément leurs comptoirs, leurs magasins, leurs affaires ; mais, quand nous dûmes remettre la ville en état de soutenir un siège, il fallut déblayer le terrain sous le feu des canons et par conséquent arracher des jardins, des parcs délicieux, et raser les habitations. Or il se trouva que le propriétaire de la maison que j'occupais sur le Iungfernstieg l'était également d'une de ces

vous rendiez jusqu'aux moindres saluts. J'ai d'ailleurs un autre souvenir qui vous concerne ; je suis la sœur du sénateur (le nom m'a fui comme tant d'autres) qui, de concert avec quelques-uns de ses collègues, a désiré le portrait que vous avez eu la complaisance de laisser faire et qu'il possède. — Comment, madame, ce portrait existe encore ? — Certainement ; il est au Sénat, dans le cabinet de mon frère, et, comme contraste d'un homme bienveillant avec un homme affreux, il fait pendant à celui du maréchal Davout ; mais sur le sien se trouve

campagnes ; ayant fui à notre rentrée à Hambourg, il avait laissé ses deux habitations à la garde d'un ancien domestique, et celui-ci, touché du soin que je marquais pour tout ce qui était resté dans la maison, avait pris confiance en moi ; or il vint un matin tout éploré m'instruire que, dès le lendemain, on commencerait la démolition de la campagne de son maître, qu'elle était pleine de meubles de choix, qu'elle contenait en outre une foule d'objets d'affection, et qu'il ne pouvait trouver une charrette pour enlever les objets qui pourraient l'être ; que même, s'il fût parvenu à les enlever, il ne saurait où les abriter. A l'instant je fis atteler mon fourgon, je mis mes chevaux de calèche à un chariot, je m'en procurai deux autres et lui donnai quelques hommes de corvée et un planton pour qu'on ne commît aucun désordre ; je fis rapporter à Hambourg tous les meubles, et on les entassa dans les greniers et dans deux pièces basses que j'abandonnai ; bref, je poussai la complaisance au point de faire rapporter à Hambourg jusqu'aux fenêtres, aux persiennes, aux portes, aux marbres, aux parquets, de sorte que, s'il avait été question de moi, je n'aurais pu en faire davantage. Eh bien, cet homme, dont j'ai oublié le nom, vint à Paris en 1810 avec le même domestique, et je le sus parce qu'il me l'envoya pour me faire ses compliments et me remercier de ce que j'avais fait pour lui ; mais il eut l'impertinence de ne pas venir lui-même. En revanche, un autre habitant de Hambourg, venu à Paris en 1817, pendant que je rebâtissais ma maison de la rue de l'Arcade, et se trouvant au nombre de ceux auxquels j'avais été assez heureux pour rendre service, me pria, me supplia de lui permettre de m'envoyer je ne sais quelle forte quantité de planches de sapin du Nord, dont il faisait le commerce, et, comme il ne voulut y mettre aucun prix, je le refusai, quoi qu'il pût me dire ; mais je n'en restai pas moins sensible à sa démarche et à son souvenir.

un crêpe avec une inscription qui explique ce crêpe et n'en est pas plus flatteuse. »

Cependant, tandis que, enfermés à Hambourg, nous privions la France de tant de ses défenseurs, le maréchal continuait à se montrer satisfait du parti qu'il avait pris, et son aberration dura jusqu'à l'arrivée d'un espion qui, trop longtemps retardé devant Hambourg par la difficulté d'en approcher, entra enfin dans la ville, porteur d'une lettre du ministre de la guerre. Au moment de cette arrivée, Loison se trouvait chez le maréchal. Être témoin de cette réception forçait en quelque sorte à une confidence, surtout vis-à-vis d'un homme comme Loison et dans une situation menaçante, qui s'aggravait encore par celle de la France et de l'Empereur. Le maréchal, d'ailleurs, était de force à ne pas se douter de ce qu'on lui mandait avec tant de peine et de dangers; il est même possible qu'il s'attendît à des compliments sur sa détermination et sur sa conduite, au fond non moins imputable à Napoléon qu'à lui-même. Quoi qu'il en soit, seul avec Loison, il commença tout haut la lecture de cette dépêche; dès lors il n'y eut plus moyen de s'arrêter; il fallut donc initier Loison à la prose entière de Clarke, qui prescrivait en termes fort durs une retraite devenue impossible et qui commençait par ces mots : « Que faites-vous à Hambourg, Monsieur le maréchal, quand l'ennemi est aux portes de Paris ? »... Le maréchal parut atterré. Loison, qui à Razeburg, et dans la démarche qu'il fit sur mon initiative et sur mes instances, n'avait pu vaincre l'orgueilleuse obstination du maréchal et obtenir de lui la détermination qu'on lui reprochait avec tant de raison et de force de ne pas avoir prise, Loison fut contraint de lui remonter le moral, en lui représentant que personne ne pouvait le rendre responsable de la non-exécution d'ordres qu'il n'avait pas reçus, et qu'après avoir pris une détermination qui se trouvait sans appel, il n'y avait plus qu'à en tirer le moins mauvais parti. On le voit, le jour des regrets était venu, celui des châtiments vint plus tard; par malheur, ce châtiment fut commun à toute la France. Je ne sais s'il fut question de secret entre le maréchal et Loison; mais ce qu'il y a de certain, c'est qu'en sortant de chez le maréchal, Loison se rendit chez moi et me conta tout ce que je viens de rapporter.

Un souvenir d'une haute importance se rattache à ce moment... Bernadotte était mécontent de la manière dont le traitaient les chefs de la Coalition. Malgré ses victoires de Gross-Beeren et de Dennewitz et la part décisive qu'il prit aux batailles de Leipzig; bien que, seul de la Coalition, il eût employé une batterie à la Congrève contre ses anciens compagnons d'armes héroïques et malheureux; bien qu'il fût aussi le seul des chefs des trois grandes armées ennemies qui n'eût pas éprouvé un échec, il craignait d'être chassé du trône de Suède après avoir aidé à détrôner Napoléon. Dans le fait, son armée n'était plus en ligne; soit défiance, soit conséquence du plan de la campagne ou modification des premières dispositions, ses troupes suédoises et lui traînaient sur les derrières des armées qui avaient franchi le Rhin. Cette situation était injurieuse; de plus, elle était menaçante, et, la crainte ou l'humeur s'y mêlant, elle lui suggéra l'idée de réunir sous ses ordres tout ce qui restait de nos garnisons dans le Nord, sur l'Elbe et sur le Rhin, d'y joindre ses propres troupes, de lever alors l'étendard contre la Coalition, de rentrer en France à la tête de ses Suédois et de cent mille Français sauvés par lui, de prendre à revers les armées ennemies qui guerroyaient dans la campagne et, renforcé par tout ce qu'il pouvait rallier à lui, de les anéantir, puis, pour prix de ce grand service, de remplacer Napoléon sur le trône de France. Mais, pour que l'exécution de ce projet fût possible, même dans la première de ses parties, il fallait qu'il fût adopté par le maréchal Davout, parce que, de tous les chefs bloqués dans des places, ce maréchal avait sous ses ordres la plus forte garnison, parce qu'il était aussi celui qui, par son grade, son rang, la réputation qu'on lui avait faite, pouvait seul entraîner par son exemple et par son autorité morale les autres commandants de corps d'armée et de place, et leurs généraux, et leurs troupes. Telle était la condition préliminaire et indispensable; mais où trouver quelqu'un qui osât aborder avec le maréchal un projet de cette nature? Comment parvenir à lui?

Or ce fut ce Rainville, l'ancien aide de camp de Dumouriez, l'hôtelier d'Altona, auteur des excellents pâtés et des exquises tablettes de bouillon, à qui Bernadotte s'adressa pour cette grande affaire. Rainville avait de l'esprit et de la résolution; il accepta le rôle d'intermédiaire et obtint l'autorisation de se rendre à Hambourg sous prétexte d'une communication relative aux subsistances; mais, en y arrivant, il se rendit chez Loison pour lui confier le véritable motif de sa venue et lui demander conseil sur ce qu'il devait faire. Loison, frappé de la gravité de notre position, convaincu que nous ne pouvions plus que prolonger notre agonie, considérant de plus l'impression profonde que la lettre de Clarke avait faite sur le maréchal, qui pour sa conduite comme général en chef se trouvait gourmandé par un général de division sans services et sans gloire, et qui pour ainsi dire devenait comptable de tous les malheurs qu'avec plus d'esprit et moins d'entêtement il aurait pu prévenir, Loison, dis-je, engagea Rainville à remplir la mission, lui promit d'appuyer la proposition si le maréchal le consultait, et ajouta qu'aucune personne appartenant à l'armée ne pouvant prendre à cet égard l'initiative, il n'y avait que lui, Rainville, qui en sa qualité de naturalisé Danois pût se charger d'une semblable ouverture. Ainsi encouragé par Loison, Rainville parut devant le maréchal ; il débuta par ce qui ne devait servir que d'introduction ; mais, lorsqu'il fallut aborder le véritable objet de sa mission, il se rappela tout à coup la manière dont le maréchal faisait expédier les gens, sa velléité pour ces sortes d'exécutions, son grand et terrible prévôt, et même je ne sais combien d'exemples de gens ainsi fusillés sans jugement. Effrayé par l'idée que son sort dépendait d'un moment d'humeur, d'un caprice ou d'un calcul, et frémissant d'avoir pu songer à jouer sa vie contre un tel adversaire, cet homme diplomate, moins audacieux que bon traiteur, se sauva de chez le maréchal plus qu'il ne le quitta et de Hambourg plus qu'il n'en partit, se donnant à peine le temps de dire à Loison, qui l'attendait pour savoir le résultat de la conférence, que le caractère du maréchal et sa réputation ne lui avaient pas permis de rompre le silence. Ainsi s'évanouit cette espèce d'espoir et s'anéantit le dernier moyen qui restât d'empêcher les Kalmouks, les Gascons du Nord, la déloyale Autriche, l'arrogant Anglais et toute la clique coalisée de souiller la France.

A mesure que les nouvelles devinrent plus fâcheuses, la colère de Loison contre Rainville augmentait. Au moment où nous apprîmes l'abdication, il parla de la mission que Rainville n'avait pas eu le courage de remplir, et le maréchal s'écria : « Rainville est un imbécile » ; mais, de la part d'un être froidement cruel et fantasque, ce mot ne prouvait rien. Au jour où le maréchal eût été capable d'adopter le projet de Bernadotte, ce projet n'aurait plus été exécutable. Il faut une haute capacité pour juger et saisir de tels à-propos, et, pour profiter de cette dernière éventualité, il fallait une prévision, un jugement, dont le maréchal Davout n'était pas doué. Cet homme, si formidable pour tous ceux qui relevaient de lui, était encore, à l'époque de la mission de Rainville, le très fanatique serviteur de l'Empereur. C'est par fanatisme autant que par insuffisance qu'il était resté à Hambourg, c'est avec fanatisme qu'il s'y serait enseveli. Coupable à cet égard, il l'était assez pour chercher une justification dans l'excès de tout ce qui pouvait attester son zèle, mais pas assez pour trahir, puisqu'en restant à Hambourg faute d'ordres pour l'évacuer, il avait tenu la conduite qu'on devait attendre de lui, c'est-à-dire, qu'elle n'avait fait que substituer le caporal au général d'armée. Pour qu'il levât le masque contre l'Empereur, il fallait, ainsi qu'il l'a prouvé, lorsque en 1815 il le fit menacer d'aller l'assassiner lui-même à la Malmaison, qu'il n'entrevît plus de chance de salut ni par une victoire, ni par un traité; il fallait qu'il ne pût être compromis non seulement pour ne pas avoir accepté les propositions de Bernadotte, mais aussi pour ne pas avoir fait fusiller son émissaire; ces considérations achevèrent d'adoucir le regret que me causa la pusillanimité ou la prudence de Rainville.

Encore, et indépendamment de ce que je viens de dire, y avait-il à l'exécution de ce projet, né de la crainte et du dépit, d'insurmontables difficultés! Certes Bernadotte eût joué un rôle colossal, héroïque, décisif, un rôle qui à jamais, et de la manière la plus magnifique, eût identifié son nom à celui de la France s'il avait entrepris et préparé pour elle seule ce qu'il projeta pour lui-même; mais il sentait bien que, se dévouant pour la France sans travailler pour lui, il aurait eu contre les alliés des chances certaines, mais n'en aurait pas eu de suffisantes contre Napoléon, auquel en résultat il n'aurait fait que se sacrifier; or celui-ci, qui était devenu son ennemi personnel, ne lui aurait jamais pardonné d'avoir sauvé la France des périls, des malheurs, de la honte, où il l'avait entraînée, et il l'aurait d'autant plus haï que Bernadotte, se trouvant avoir agi aux dépens de son propre trône, se fût immortalisé en gardant pour lui la générosité et la noblesse d'un grand rôle, et en ne laissant à Napoléon que la vassalité de l'honneur et de la gloire. Mais il n'était pas dans la nature de Bernadotte de conquérir ainsi le titre du plus grand citoyen du monde et de prendre dans l'histoire une place qui à l'envi l'eût fait célébrer et chanter par les orateurs et les poètes de tous les âges, pas plus qu'il n'était dans la nature de Napoléon de récompenser un tel service. Bernadotte ne songea donc qu'à lui; il ne voulut que changer l'éventualité de la couronne de la France contre le trône de Suède; dès lors, n'apparaissant que comme un ambitieux et un usurpateur, il n'était plus de calibre à se substituer à son rival, qui ne se serait pas trouvé ravalé par la spéculation personnelle d'un Gascon intrigant sur une effroyable calamité publique. Ainsi réduit à un simple rêve d'ambitieux, le projet de Bernadotte ne me paraît avoir eu qu'une chance, celle où la majorité des chefs de la Coalition aurait été disposée à sacrifier ses ressentiments contre lui, Bernadotte, pour se débarrasser de Napoléon; mais encore dans ce cas apparaissait le roi de Rome; l'empereur d'Autriche eût appuyé les droits de son petit-fils avec d'autant plus de motifs que les droits de celui-ci présageaient à sa fille une plus longue régence, et la France eût préféré ce Napoléon à Bernadotte, comme elle eût préféré un Cosaque aux chefs de l'émigration. Enfin, et en jugeant les autres d'après moi, nous aurions certainement tout fait pour que Bernadotte nous tirât de Hambourg et nous ramenât au secours de la France envahie ou près de l'être ; mais, une fois à portée des armées qui défendaient le passage du Rhin ou qui couvraient Paris, rien dans le monde ne pouvait nous empêcher de les rejoindre avec tout ce que nous aurions pu entraîner avec nous de chefs et de soldats. Pour le suivre jusqu'au bout, on se rappelait, et de trop fraîche date, le rôle qu'il avait joué contre son ancienne patrie dans la fatale campagne de 1813, et notamment à la bataille de Leipzig, cette boucherie de quatre jours qui nous coûta vingt mille morts et trente mille prisonniers, dont vingt mille blessés ou malades ; et n'est-ce pas pendant cette bataille que l'on prétend qu'il a pu dire en faisant continuer le feu d'une de ses batteries : « Encore quelques coups à mitraille sur ces Français que j'aime tant. » Mot horrible, et dont l'horreur s'augmente encore de l'accent gascon inconscient et léger avec lequel il eût été dit.

CHAPITRE VI

Ainsi qu'on le conçoit, 1813, vingtième aniversaire d'une épouvantable époque, avait fini fort tristement. Le 1ᵉʳ janvier, ce jour de bonheur pour les familles, d'expansion générale pour les peuples heureux, se passa pour nous dans l'isolement et le silence. Au lieu d'espérances, nous éprouvions pour nos familles les terreurs que par une atroce réciprocité nous leur causions. Si seulement un mot, ce simple mot : « J'existe »... avait pu être échangé ! Après être parvenu, pendant les blocus de Gênes et de Lisbonne, à correspondre avec Milan et Paris, je ne m'avouais pas vaincu, et, à force de combinaisons et d'efforts, je réussis à faire partir plusieurs billets à ma femme. Je les confiais à des contrebandiers ou au commerce d'Altona en payant un prix très élevé. Je m'adressai aussi à des gens du pays auxquels j'eus l'occasion de rendre service. Un de ces billets arriva à destination ; mais, songeant qu'ils ne pouvaient cheminer que par mer, que nos ports étaient bloqués comme nous, je n'osais m'abuser sur la presque impossibilité de leur arrivée, et d'autant mieux qu'en pareil cas, plus on désire, plus on craint. Il est d'ailleurs des époques où l'on ne compte que sur ce qui peut ajouter à nos désolations ; aussi, au lieu de penser que j'avais pu les rassurer, je ne me figurai plus ma femme que dans les angoisses de l'inquiétude, mes enfants souffrants ou

malades, ou fuyant les horreurs de l'invasion. En cela
mes pressentiments s'accordaient avec la réalité, et ces
pensées si sombres se noircissaient encore par l'image
de la France qui peut-être allait subir toutes les hontes
et tous les malheurs. C'est qu'en effet les nouvelles
devenaient chaque jour plus horribles. Le commencement de 1814, comme celui de 1794, fut plus déplorable
que la fin de 1793 et celle de 1813 ne l'avaient été, et
dans cette progression de tout ce que l'on peut imaginer
de douleurs morales s'écoulèrent pour nous janvier,
février, mars et avril. Déjà le mois de mai était commencé ; ce mois d'espérance et de vie, où la nature
semble nous faire renaître avec elle, ce mois de rafraî-
chissement et d'élans nouveaux ne nous apporta que la
recrudescence de nos chagrins et de notre accablement.
Nous avions tout osé prévoir, tout hors la domination
des Bourbons, dont le nom seul nous paraissait une
exhumation, lorsque le 9 mai, au jour naissant, la ligne
des ennemis, sur le front de Harbourg, nous apparut
pavoisée de drapeaux blancs.

A peine informé de ce fait, et en dépit des bruits qui
se répandaient et tendaient à s'accréditer, le maréchal
ordonna de tirer sur tous ces drapeaux, qui en moins
d'un quart d'heure furent abattus à coups de canon, et
si quelques hommes dans l'armée soutinrent que cette
levée de loques blanches était une ruse destinée à nous
tromper et à nous désunir, si d'autres le crurent, le
plus grand nombre ne fut nullement rassuré. D'ailleurs, de nouveaux drapeaux, placés hors de la portée
de nos boulets, ne tardèrent pas à reparaître et nous semblèrent assez significatifs, de même qu'ils nous firent
penser qu'avoir renversé les premiers n'était peut-être
pas fort sage, si réellement leur pronostic se réalisait.
Quoi qu'il en soit, cette manière de nous narguer dura

jusqu'au 10 mai, à une heure du matin, où nous reçûmes l'ordre de nous rendre immédiatement chez le maréchal pour une communication de la plus haute importance. On comprend, en l'état de qui-vive où nous nous trouvions, quel fut notre empressement à arriver. Comme à l'ordinaire, nous trouvâmes le maréchal marchant à grands pas, et cette fois son agitation était trop naturelle pour qu'elle nous semblât avoir rien d'extraordinaire. Enfin, du moment où le dernier général de division fut arrivé : « Messieurs, nous dit le maréchal, l'Empereur a abdiqué pour lui et pour sa race; la France rentre sous la domination des Bourbons. » Après un silence que personne n'interrompit : « Ces nouvelles sont certaines, ajouta-t-il; un de mes parents, que le gouvernement provisoire établi à Paris m'a envoyé en courrier, vient de me les apporter avec l'ordre de les communiquer de suite aux troupes, de faire prendre la cocarde blanche, de faire reconnaître comme roi Louis-Xavier de Bourbon, sous le nom de Louis XVIII, et de faire signer à l'armée un acte de soumission et d'adhésion. Les papiers qui couvrent cette table sont les *Moniteurs* relatifs à ces événements et quelques proclamations; prenez connaissance de leur contenu, nous en confèrerons ensuite... » A ces mots, il nous quitta et rentra dans sa chambre. Quant à nous, nous dévorâmes plus que nous ne lûmes tout ce qui avait trait aux deux faits gigantesques qui nous étaient transmis. Au bout d'une demi-heure, le maréchal reparut, et, comme il sembla nous interroger sur ce que nous pensions de ces terribles nouvelles, comme personne ne se hâtait de répondre, je prononçai ces mots : « Il n'y a pas d'opinion à émettre sur des événements accomplis auxquels on ne peut rien. Quant à Louis XVIII, espérons en sa sagesse; quant à Napoléon, si nous avions échappé au désastre qui, par lui, nous frappe en ce moment, nous l'aurions subi l'année prochaine; si nous y avions échappé dans un an, nous l'aurions subi dans deux, et, puisque tôt ou tard il fallait que ce désastre s'accomplît, mieux vaut aujourd'hui que demain : l'abîme est moins profond. » Et une espèce de *concedo* se manifesta sur les figures et dans le geste de la plupart des assistants.

Restait à exécuter les ordres que l'on avait reçus. Le général César de Laville fut naturellement chargé de transmettre ces nouvelles aux troupes et de leur enjoindre de faire dans la matinée leur acte d'adhésion. Il fallait en outre que l'état-major, et en tête les généraux, le maréchal y compris, fît le sien; mais on jugea devoir accompagner toutes ces pièces d'une adresse au Roi, signée par les généraux seulement, de la faire partir dans la journée. Le choix du rédacteur de cette adresse fut en quelque sorte spontané; à l'assentiment de tous, j'en fus chargé par le maréchal, et, en nous séparant vers six heures du matin, il fut convenu que, pour la lecture de cette adresse, nous nous réunirions à neuf heures. Nous fûmes exacts; j'arrivai muni de mon projet, et j'allais le soumettre au maréchal et à mes camarades lorsque le général Watier tira un papier de sa poche et nous dit : « J'ai pensé que pour une pièce de cette importance il pourrait être bon d'avoir à choisir entre deux rédactions; en conséquence, je vais vous communiquer ce que j'ai fait. » Le maréchal fronça le sourcil; je me mis à sourire; tous mes camarades me regardèrent. En réalité, c'était une désobligeance, puisque j'avais été exclusivement chargé de la rédaction; c'était aussi une fatuité, car Watier était hors d'état, je ne dis pas d'écrire, mais seulement de concevoir une telle lettre. Son projet, sec et prétentieux, ne donna pas même lieu à une observation, de sorte que Watier reploya son papier et le remit dans sa poche au moment où le maréchal me dit avec une sorte d'impatience : « Général Thiébault, lisez votre projet... C'est très bien, reprit-il », dès que j'eus terminé ma lecture, et ce « C'est très bien » fut répété par tous les assistants, moins un. Dans le fait, j'étais rentré chez moi assez ému pour qu'une inspiration ne pût me manquer, et je crois pouvoir dire que mon adresse devait être agréable à Louis XVIII, tel qu'on nous le dépeignait, et, fût-il différent de sa réputation, à tout prince qui, sans nous avoir vaincus, devenait un gage de paix et devait s'efforcer de faire oublier à quelles calamités nous devions son retour. Tout en attestant notre entière adhésion, que par position nous ne pouvions pour la plupart refuser et que les autres ne songeaient pas à refuser, j'avais affranchi ma rédaction de flagorneries et de bassesses, de manière à la rendre digne des hommes qui avaient à la signer et d'un monarque digne de ce que la fortune et le malheur faisaient pour lui ; je remis donc ma minute au maréchal, qui, l'ayant fait copier de suite, nous la fit signer sans désemparer. Mais ici le maréchal éleva une question à laquelle je ne m'attendais pas. Je croyais en effet qu'il allait désigner le porteur, alors qu'il se borna à nous dire : « Par qui ferons-nous partir cette adresse ? » Loison grillait d'en être chargé, et à dix reprises il nous l'avait fait sentir ; mais aucun de nous ne se souciait de lui, persuadés que nous étions qu'il en profiterait pour faire ou chercher à faire son nid, fût-ce aux dépens de tous les autres. Et cependant, si on prenait par la tête, cette mission lui revenait de droit ; d'autre part, comme capacité et comme vigueur, il n'avait guère de concurrents à craindre, et, pour nous le rappeler, il se servit d'un moyen qui de suite lui fit manquer son but. Il se hâta donc de parler et nous dit : « Je pense qu'il faut que cette adresse soit portée par qui au besoin saurait défendre la cause de l'armée. — La cause de l'armée? » répondis-je ; « l'armée a fait son devoir et n'a pas besoin d'être défendue. — Non, sans doute », reprit le maréchal. — Je continuai : « Mon opinion est donc qu'aucun général de division ne doit en être chargé, et que cette mission serait en bonnes mains si elle était confiée au général Delcambre. » Un murmure approbatif détermina ce choix, et, vers quatre heures du soir, le général Delcambre partit pour Paris. Le choix était excellent. Le général Delcambre à de beaux services militaires joignait un physique agréable, des manières parfaites, de nobles sentiments et un caractère conciliant et doux.

Notre dernière séance levée, je priai le maréchal de m'entendre un moment. Je passai avec lui dans son cabinet ; je lui exposai que, par l'effet des circonstances, comme par la fin de toutes les choses, je n'avais rien à regretter sous les rapports de la guerre, puisqu'il n'y avait eu de gloire pour personne, et que j'étais forcé de convenir de l'importance des fonctions qu'il m'avait confiées ; mais que, sans m'arrêter au parti que j'aurais pu tirer de quelques positions, mes deux aides de camp, dont il connaissait le dévouement, auraient pu continuer à se distinguer et à ajouter à leurs titres ; qu'il y avait donc eu pour eux un véritable malheur dans l'ordre qui m'avait séparé de ma division, et qu'en considération de ce que la justice réclamait et de ce que j'avais pu personnellement mériter, je le priais de compenser ce malheur. « Ce n'est pourtant pas une double demande que je viens vous faire, ajoutai-je. Montmorillon, qui d'aujourd'hui devient le marquis de Montmorillon, se trouve par le nouvel ordre de choses dans une position si favorable qu'évidemment il n'a plus besoin de moi; quant à Vallier, il perd même en espérances ce que son camarade ne peut manquer de gagner en réalité » Et je sollicitai pour ce brave officier une nomination provisoire de chef de bataillon, nomination fondée sur sa conduite pendant la campagne de Mecklembourg et sur les travaux de fortification que, supplémentairement à ses devoirs auprès de moi, il avait conçus, tracés et fait exécuter à Lübeck et à Travemünde. Le maréchal accueillit ma démarche avec bonté, et, une heure après que je l'eus quitté en lui laissant cette demande par écrit, je reçus la nomination provisoire de Vallier, nomination qu'à Paris je parvins à faire confirmer par le Roi. C'est la seule obligation que j'aie due à la Restauration et au maréchal, mais c'en fut une véritable, et je la consigne avec un sentiment de gratitude qui malheureusement ne pouvait m'entraîner à me taire sur d'autres faits dus à la vérité. Quant à notre position, il est, je crois, inutile de dire qu'à dater de ce moment nous n'étions plus en guerre avec personne, qu'il n'était plus question de blocus, que les grands approvisionnements qui nous restaient encore furent de suite remis à l'ordonnateur, et que le général Delcambre emporta dix lettres de moi. La plus vivement recommandée était destinée à ma femme, qui, comme je l'ai dit, n'en avait reçu qu'une de toutes celles que j'avais expédiées d'Altona, mais qui aussi avait été la seule à recevoir des nouvelles de Hambourg pendant le blocus, comme elle avait été la seule à en recevoir de Lisbonne.

Dans la soirée, le général Lallemand, libéré par la paix et profitant de la réouverture des communications, nous rejoignit à Hambourg et reprit de suite le commandement de la cavalerie légère de l'armée. Le maréchal me demanda même si je désirais rentrer en France avec des troupes : « Dieu me garde, lui répondis-je;

commander sur les grands chemins ne m'a jamais tenté. » Le général Watier déclara également qu'il prendrait la poste pour retourner à Paris; Vichery et Pécheux suivirent le même exemple; Hogendorp nous quitta de suite pour rentrer en Hollande; quant à Loison, piqué de n'avoir pas été chargé de porter l'adresse, il partit dès le lendemain, 11 mai, et ne gagna rien à nous précéder à Paris. J'avais eu la pensée d'en faire autant, mais je trouvai plus convenable d'attendre, ainsi que firent les trois premiers généraux de division que j'ai nommés. Aucun de nous n'ayant voulu conserver de commandement, les troupes du treizième corps et de la trente-deuxième division, réparties en huit colonnes, savoir : deux de cavalerie et six d'infanterie, furent dirigées moitié sur Lille, moitié sur Valenciennes, sous les ordres de sept généraux de brigade, d'un adjudant commandant. Ainsi finit ce treizième corps, qui aurait pu sauver et la France et l'Empire, et qui, rentré en France, fut dissous sans un souvenir d'honneur ou de gloire.

Le 11 mai, arriva à Hambourg, sous le titre de commissaire du Roi près le treizième corps, le général de division d'artillerie Foucher, apportant la nouvelle que le maréchal prince d'Eckmühl était remplacé dans son commandement par le général de division comte Gérard.

Cette mission et ce remplacement nous étonnèrent et nous affligèrent. En effet, le général Foucher n'avait ni en services, ni en mérite, ni en considération personnelle, rien qui pût expliquer le choix qu'on avait fait de lui. Ce choix n'était donc que le produit de l'intrigue, le prix d'un mauvais rôle, et nous acquérions ainsi la preuve que d'aussi misérables considérations pesaient sur l'esprit d'un prince qu'on nous représentait comme un gage de concorde, de justice et de sagesse. Le remplacement du maréchal ne nous parut pas moins de mauvais augure, car il était sans raison, par suite sans justification. Que pouvait-on craindre? Le maréchal, en admettant qu'il eût eu l'intention de résister, aurait-il pu recommencer, de sa seule personne et contre toute l'Europe, la guerre qui venait d'écraser Napoléon? Et d'ailleurs ne devait-on pas lui laisser le temps de se prononcer? En supposant même qu'on eût eu des défiances, auxquelles la prompte adhésion de l'armée et l'adresse des généraux ne laissèrent plus de base; en admettant que dans le premier moment on eût cru devoir envoyer à Hambourg un commissaire du Roi, ne fallait-il pas choisir un autre homme et rendre conditionnels et la mission du sieur Foucher et le remplacement du maréchal, alors surtout qu'il ne s'agissait plus que de morceler l'armée par brigades, de la diriger par lambeaux sur Lille et sur Valenciennes; que tout cela n'était plus qu'une affaire de quelques jours, et que ce Foucher avait eu quatre fois le temps de mander à Paris que la venue du général Gérard était inutile? Cette manière brutale d'insulter un homme que l'on n'avait pas éprouvé, en qui on blessait une armée entière, nous semblait grave, et d'autant plus grave qu'elle attestait le dédain de toutes les convenances, les dispositions hostiles dont l'armée était l'objet et une précipitation qui prouvait plus de passion que de sagesse. Elle eut donc pour résultat de fonder beaucoup de ces craintes que l'on ne pouvait trop écarter. Et en effet, quelles garanties restait-il aux généraux, comme aux derniers officiers, lorsque l'un de leurs chefs le plus haut placés était condamné sans avoir pu être entendu, après avoir bien agi, et lorsque l'arbitraire, l'injustice de ces mesures allaient être établis par des faits authentiques? Ensuite, et je le répète, que signifiait comme remède le général Foucher ? Croirait-on qu'il nous arriva n'ayant plus à la rosette de la croix de la Légion d'honneur (1) que la couronne, dont la croix ou l'étoile avait été arrachée, ce qui révéla, sans qu'il entreprît de le nier, qu'il avait cassé sa croix parce qu'elle portait l'aigle de l'Empire et l'effigie de Napoléon ? Lâcheté peut-être digne de lui, mais qui révolta, car une décoration que le Roi n'avait pas encore modifiée devait jusqu'à nouvel ordre continuer à être portée telle qu'on l'avait reçue.

Le lendemain du jour où cet homme arriva, le maréchal nous donnait à dîner à la campagne qu'il avait occupée à Hamm et ne put éviter de l'inviter... Il est impossible d'être plus impudent que ne le fut, pendant ce repas, ce Foucher, baron de Careil, général de division par la faveur impériale, et qui cependant poussa la jactance de son royalisme au point de dire : « Je serais plus fier d'avoir été nommé lieutenant par Louis XVIII que je ne le suis d'avoir été nommé lieutenant général par Bonaparte. » Ce mot fut accueilli par une huée, et je le relevai en disant : « Pour tenir un semblable propos, il faut ne pouvoir s'honorer d'aucun de ses grades. » Tous les yeux se portèrent et se fixèrent sur le personnage, comme pour le provoquer et pour me soutenir ; mais son silence constata que mon observation lui était applicable. Devant cette lâcheté, tous les regards le quittèrent ; sorti de la table, on s'écarta de lui, et, ne trouvant personne qui consentît à se laisser aborder,

(1) Il était commandant ; mais les commandants de cet ordre, ainsi que les grands officiers, ne portaient encore que la croix d'officier ; ce qui, pour cinq degrés, ne faisait que trois décorations. C'est peu après que l'effigie de Henri IV remplaça celle de Napoléon, que les commandants, devenus commandeurs, portèrent une plus grande croix en sautoir, et que les grands officiers eurent une plaque à droite, mais sans cordon.

ne rencontrant que des mines froissées, n'entendant que des propos fort près d'être injurieux, il partit. Sans moi pourtant il n'en aurait pas été quitte à si bon compte. Un adjudant général, mon ancien chef d'état-major, officier plein d'énergie et de patriotisme, ne pouvant modérer sa colère, venait de résoudre de l'attendre à la nuit, sur le Iungfernstieg que ce Foucher de Careil avait à traverser pour se rendre chez lui, et là de le forcer à se battre et, dans le cas où il refuserait, de le jeter dans l'Alster. Deux autres officiers entrèrent dans le complot, que j'appris de l'un d'eux. Aussitôt je pris le principal auteur à part; je voulais sans doute lui épargner un crime, mais je tenais aussi à empêcher un événement qui aurait donné lieu à de fatales interprétations : « Je vous abandonnerais ce misérable cent fois pour une, lui dis-je ; mais, sans parler de vous, sans observer que vous vous perdriez à jamais, et qu'une telle victime ne vaut pas l'honneur d'être immolée à l'armée, vous compromettriez le maréchal plus que personne; fait tellement évident que, si vous ne me donnez votre parole d'honneur de renoncer irrévocablement à ce projet, j'en avise à l'instant le maréchal lui-même. » Il est difficile de concevoir un homme plus exaspéré, mais j'avais conservé de l'influence sur lui, et je lui arrachai la parole que je lui avais demandée.

Afin de ne pas jouer son vilain rôle à demi, ce Foucher avait apporté avec lui une pacotille de ces brochures que les plus basses spéculations multiplient et font colporter aux époques des bouleversements politiques et dans lesquelles, avec plus ou moins d'insolence et d'effronterie, celui qui succombe est immolé à celui qui triomphe. Compris dans la sorte de distributions qu'il en fit, je fus révolté du contenu d'un de ces pamphlets, qui en effet l'emportait sur tous les autres à forcé d'être digne de son auteur et du moment. Dans cette publication due à ce Bergasse dont Beaumarchais a proclamé l'infamie dans son Bégearss (anagramme de Bergasse), la France n'était pas moins menacée que Napoléon n'était insulté, et si ce dernier fait m'indigna tout en me forçant de m'en tenir à mon dégoût, le premier m'alarma de manière à me faire désirer de rompre le silence. Je pris donc la plume, et, après avoir réfuté les indignes sophismes, les calomnieuses accusations, après avoir vengé les Bourbons des menaces qu'on leur prêtait contre la France et qui leur plaisaient sans doute autant qu'elles me semblaient devoir les outrager, je terminai par l'exposé d'un plan tendant à faire de la France une nation armée et à organiser, avec peu de troupes au compte du trésor, des forces telles que l'Europe entière n'aurait pu songer à une seconde invasion. Ce morceau, fait d'inspiration, me parut constituer en ma faveur un nouveau titre; mais j'avais encore la naïveté de croire au retour de princes français, et je ne fus pas à Paris que je compris combien, loin de me servir, cette réfutation pourrait me compromettre. Je me gardai donc de la faire imprimer; toutefois je tenais à la conserver, mon plan surtout, qui, bien entendu, me paraissait excellent et qui se trouva compris dans le vol de mes papiers.

Avant de nous séparer du maréchal, et pour protester contre l'insulte qui lui était faite, nous arrêtâmes de lui donner un dîner chez Rainville, et de premier abord nous décidâmes de ne pas y inviter ce Foucher. Il le sut et courut chez Vichery, le seul d'entre nous qui le reçût, et l'entraîna à devenir son avocat dans cette occasion. Vichery se mit donc en campagne, y développa plus que du zèle et parvint à obtenir audit Foucher une invitation, ce qui ne sauva M. le commissaire du Roi d'une humiliation que pour lui en rapporter une autre, que lui seul d'ailleurs était capable de supporter; il fut placé loin du maréchal, et presque personne ne parut s'apercevoir qu'il était là.

Après le dîner, en revenant d'Altona, nous nous rendîmes au théâtre. J'y étais dans ma loge avec mes aides de camp, lorsque le général César de Laville arriva : « Croiriez-vous, me dit-il en ne pouvant s'empêcher de rire, que le général Foucher, après tout ce qui s'est passé, vient de pousser la familiarité ou la hardiesse au point de venir dans la loge du prince? Mais il ne se vantera pas de sa démarche, car il y était à peine que le prince s'est levé, est allé à lui et lui a dit : « Général, vous ne « pouvez venir ici que pour m'ennuyer ou pour m'in- « sulter. Si c'est pour m'insulter, je suis général de divi- « sion comme vous; si c'est pour m'ennuyer, je vous dé- « clare que, comme je suis ici pour m'amuser, si vous ne « sortez de suite, je vous f... à la porte. » Et il partit sans répliquer; il fit bien, car le maréchal allait le prendre par les épaules pour le jeter dehors. Afin d'en rire encore, je me rendis immédiatement dans la loge du maréchal, et, en y arrivant, j'eus l'air de chercher le général Foucher, tout en disant que j'avais cru le voir entrer. Il n'en fallut pas davantage pour dérider tout le monde, excepté le maréchal, qui ne se déridait pas si facilement.

Quant à M. le commissaire du Roi, cette aventure termina ses tribulations. Un peu de honte est bientôt passé. A quelques jours de là, nous étions tous dispersés, et Dieu sait s'il ne se vanta pas de son séjour à Hambourg. Au reste, s'il s'en plaignit, ce dut être pour se faire un mérite de ses mécomptes; toujours est-il que les faveurs de la Restauration escomptèrent surabondamment le risque du salaire qu'il avait manqué recevoir à Hambourg. Il est même incontestable qu'il ne négligea rien pour se venger, et qu'il nous fit beaucoup de mal, alors que, grâce à son caractère, nous ne lui en avions fait aucun. Tout ce qui avait appartenu au treizième corps fut en effet fort mal reçu à Paris et, à peu de chose près, traité en criminel; il n'y eut une sorte d'exception que pour Watier, et il ne le dut, je pense, qu'à M. de Bombelles, évêque d'Amiens, devenu aumônier de Mme la duchesse de Berry. Ce monsieur était l'oncle de Mme de Mackau, et l'Empereur avait marié celle-ci au général Watier, qu'il avait nommé comte de Saint-Alphonse, dont il avait fait l'un de ses écuyers, que, indépendamment de la solde, du traitement de la Légion d'honneur, de gages et de je ne sais combien de gratifications, il avait pourvu d'une dotation de 50,000 francs de revenu, le tout pour l'accomplissement de cette parole de Beaumarchais : « *Gaudeant bene nati.* »

La petite comédie que nous devions au général Foucher fut suivie d'une autre qui eut tout le caractère d'un vrai coup de théâtre. On sait que, de toutes les villes du Nord, Hambourg avait été une de celles qui avaient servi de refuge et d'asile au plus grand nombre d'émigrés; sans rappeler que ce fut dans le voisinage de cette ville que le noble et digne comte de Valence avait, en qualité de fermier, exploité une grande terre pendant huit ans, on peut dire qu'une foule d'autres émigrés y avaient trouvé des moyens d'existence. Ainsi l'un donnait des leçons d'équitation, et, à la rigueur, celui-là ne dérogeait pas trop; mais la plupart, poussés par la nécessité, avaient été forcés de répudier le passé et à tout prix de le sacrifier au présent. Pendant que Rainville était restaurateur à Altona, un autre fabriquait de la cire à cacheter, un troisième était maître de danse, je ne sais combien maîtres de pension, de langue, de musique, plusieurs commis dans des bureaux ou des comptoirs; enfin quelques autres encore figuraient à l'orchestre ou sur la scène, et un dernier, limonadier, tenait le café de l'*Alster*; moyens de vivre qui sans doute avaient dû coûter beaucoup à la vanité de ces messieurs, mais qui n'en étaient pas moins honorables; les pratiquer était certes cent fois plus digne que de prostituer un grand nom autour de tous les tapis verts de l'Europe, dût-on gagner à ce métier de quoi rentrer en France avec 300,000 francs et fût-on capable de se vanter de si abjects profits.

Pour en revenir au coup de théâtre que j'ai fait pressentir, qu'on se figure sur tous ces émigrés l'effet de la nouvelle officielle du retour des Bourbons sur le trône de France; qu'on imagine l'explosion produite par la brusque détente de tous ces cœurs si longtemps comprimés, de toutes ces espérances qui de jour en jour s'étaient fortifiées. Ce fut comme un épisode du jugement dernier; ces essaims d'émigrés, qu'en partie leur incognito seul avait sauvés, semblaient, au jour de la résurrection, sortir fiers et superbes de leurs tombes. D'entre chaque pavé il en surgissait; ceux qui n'avaient pas même osé garder leur nom le déclarèrent tout à coup, se décorèrent de titres et de cordons, et reprirent leurs armes ou breloques; il fallut dire « monsieur le comte » ou « monsieur le marquis » à des hommes auxquels par mégarde on aurait pu dire encore « mon cher », ou qui peu d'heures avant répondaient aux plus familiers appels. Toutefois, mais seulement autant que leur ivresse le leur permit, ils se continrent en public, à cause de la présence d'une armée d'assez mauvaise humeur et d'une misère qui tempérait bien des désirs d'expansion; beaucoup se bornèrent, dans les rues, à substituer entre eux de grands saluts aux simples mouvements de tête qu'ils s'administraient depuis si longtemps; ce fut surtout dans leurs greniers, dans leurs échoppes, qu'ils s'exercèrent à qui mieux mieux aux grands airs, aux grands tons dont ils avaient perdu l'habitude. Il est pourtant juste de dire que tous n'affichèrent pas cette joie délirante, assez naturelle en somme, mais comique parce qu'elle passa les bornes. Je pourrais même en citer des exemples, si je n'avais résolu de ne placer ici aucun nom.

Une autre parade encore nous fut donnée par le grand prévôt. Les fonctions de grand prévôt avaient été remplies par un colonel de Grippe-Jésus, nommé Charlot. Ce Charlot avait exécuté l'arrestation du duc d'Enghien, et, ce souvenir le livrant tout à coup aux terreurs qu'il avait fait métier d'inspirer, il en était aux angoisses de l'agonie. Arrestation, mise en jugement, condamnation, exécution même, il ne voyait plus que cela pour lui-même; grâce à sa funeste expérience, il parait chacune de ces situations des plus atroces particularités, et se faisait figurer sans cesse à la place de toutes les victimes qui avaient passé sous ses yeux ou par ses mains. Aussi ne cessait-il de pousser des soupirs, revenait-il toujours à ce refrain : « Ils me feront pendre ! » et ne voyait-il plus que la potence à laquelle vingt fois par minute il s'attachait lui-même. On conçoit que sa peur était trop plaisante pour qu'on ne cherchât pas à s'en amuser, et, au lieu de lui relever le moral par des phrases charitables, on ne lui répondait que par de lamentables exclamations : « C'est bien malheureux, mais comment voulez-vous que les Bourbons vous pardonnent?... Vous êtes vraiment un homme perdu ! ». Et ses gémissements redoublaient.

Cependant, après s'être fait longtemps attendre, le général en chef comte Gérard arriva. Il serait inexact de dire qu'il ne fut pas assez embarrassé de son rôle pour ne pas l'être de sa personne, et que même il parvint à cacher son embarras. Il fut et parut gauche; car, indépendamment de ce que le crédit de son patron Bernadotte avait pu faire dans cette occasion, sa mission attestait pour les Bourbons un dévouement aussi exalté que prématuré; il était gauche encore parce qu'il sentait bien qu'aux yeux du monde il pouvait paraître assez prétentieux à lui, général de division assez nouveau et peu connu, de venir remplacer le maréchal duc et prince d'Auerstædt et d'Eckmühl. Pour rester en selle dans une position comme la sienne, il fallait je ne dis pas de la hardiesse, il n'en manquait pas, je dis une mesure, un aplomb impossibles sans une capacité supérieure dont le ciel ne l'avait pas pourvu (1), autant que son

(1) Il manquait de finesse et même de savoir-vivre. Je l'ai vu recevoir pêle-mêle les sous-lieutenants et les lieutenants généraux, et, comme un véritable manant, répondre en haussant la voix à des communications qui lui étaient faites à voix basse, c'est-à-dire avec l'intention évidente de les rendre particulières ; il y répondait par boutades déplacées, de sorte que le premier sous-lieutenant venu se trouvait aux premières loges pour s'amuser de la position délicate où Son Excellence mettait un lieutenant général. Pour tous ceux qui le connaissent et qui le jugent avec sincérité, les prospérités dont il est accablé depuis six ans n'ont pas suffi pour donner le change, et les richesses, les honneurs et le pouvoir ne l'ont pas élevé au niveau de sa fortune. La faveur a eu beau le faire charger du siège d'Anvers et s'acharner à lui faire de la gloire avec cette opération de guerre, la réussite n'en restera pas moins d'autant plus insignifiante que tout s'est borné à triompher d'une résistance qui n'était pas possible, du moment où les ressources de la France et de la Belgique étaient réunies contre une malheureuse citadelle que personne n'a secourue. C'est une conquête dont personne n'eût osé parler au temps de notre gloire, et il en a reçu un prix que l'opinion a taxé d'exorbitant, soit 200,000 francs de revenu, dans lesquels figurent, comme don de la Belgique, 80,000 francs en forêts à deux pour cent, ce qui seul équivaut à un capital de trois millions. En acceptant une telle rémunération d'un si faible service, il s'est d'autant plus abaissé dans l'esprit public qu'il était déjà riche ; car, sans qu'on ait pu dire comment, ce possesseur de la belle terre de Villiers s'était trouvé en état de prêter 600,000 francs à Bernadotte lorsque ce dernier fut nommé prince royal de Suède.

éducation ne l'y avait pas préparé ; aussi, tout en prônant les Bourbons, chercha-t-il à Hambourg à rester à sa place. Ayant jugé qu'il ne retiendrait aucun général de division, il n'essaya de nous donner aucun ordre, et, vis-à-vis du maréchal, il se borna à le débarrasser de détails très fastidieux, répudiés par nous tous, car ces détails ne pouvaient plus que nous mettre en relation avec des hommes d'autant plus arrogants qu'ils étaient plus étonnés de leur victoire. Il se contenta donc de viser les feuilles de route des généraux de division, de voir partir en huit colonnes les corps qui avaient formé cette armée et de les faire commander par des généraux de brigade qui seuls reçurent ses ordres.

Il venait de viser mon passeport, lorsque je vis entrer chez lui le duc de Pienne, arrivant je ne sais d'où pour voir à Altona le duc d'Aumont, son père, qui y vivait depuis de longues années, et allant prendre ou reprendre auprès de Louis XVIII les fonctions de premier gentilhomme de la chambre. Il est impossible d'être plus prévenant que ne le fut pour moi le duc, avec qui, sur un mot, j'étais entré en conversation. Il poussa même les choses si loin qu'au bout d'une demi-heure d'entretien nous nous séparâmes, avec promesse mutuelle de nous revoir à Paris, où j'avais d'ailleurs la conviction d'être bien reçu et bien traité. J'en vins même à calculer ma conduite de manière à rester le maître de mes déterminations, jusqu'à ce que j'eusse pu juger à quel point il me conviendrait, comme Français, de m'attacher à ce nouvel ordre de choses. Dans le nombre de ceux qui avaient servi l'Empire, j'étais en effet des plus libres ; mes services s'étaient toujours bornés à mon état ; c'est sur les champs de bataille, et non dans les salons, que j'avais conquis mes grades, dont, pour plusieurs et principalement pour le dernier, la confirmation ne m'avait été accordée que par l'effet d'une justice décrépite ; sans dotations ni gratifications, simple commandant de la Légion d'honneur comme le dernier des colonels, sans ordres étrangers, je ne pouvais assurément pas paraître un produit de la faveur impériale; quant à ma conduite privée, je n'avais contre moi aucune affaire d'honneur et d'argent, comme en pouvaient avoir beaucoup des officiers improvisés par la Révolution ; dans mes gouvernements successifs j'avais montré de l'ordre, du dévouement et de la bienveillance; j'y avais obtenu l'obéissance et la reconnaissance des peuples; mon attitude dans l'affaire du comte de Bentinck, si récente et qui avait été si publique, ne pouvait que me recommander ; enfin, grâce aux exemples et aux habitudes de mon enfance, il n'y avait rien dans mon ton et dans mes manières qui dût m'être défavorable vis-à-vis des personnes les plus exigeantes dans le nouveau régime, ou qui même ne dût pas me distinguer de beaucoup d'autres. Ma conduite politique ne pouvait davantage donner lieu au moindre reproche; je n'avais pris part à la Révolution que comme garde national, employé au maintien de l'ordre public ; je n'avais figuré dans aucune des crises et n'y avais, pas plus que mon père (1), mêlé notre nom; nous avions couru les dangers qu'elle avait fait naître, nous avions partagé et subi toutes ses terreurs. Je ne croyais pas non plus pouvoir être entraîné dans la disgrâce de Davout, et cela en raison de la défaveur dont le maréchal m'avait honoré; le général Dupont était ministre de la guerre, et, comme il ne m'avait jamais montré que de l'intérêt, je ne pouvais redouter son pouvoir. Je de-

---

(1) Mon père n'avait même pas reçu la croix de la Légion, qui certes eût été honorée par lui.

vais aussi retrouver à Paris le duc d'Orléans, Mademoiselle, et j'avais auprès d'eux, indépendamment de Mme de Genlis et du comte de Valence, le souvenir de circonstances et de relations qui ne pouvaient être oubliées, et jusqu'à ce billet du général Égalité, billet qui me conduisit au pied de l'échafaud et qui à lui seul semblait devoir me garantir les bontés particulières du duc et de Mademoiselle. Mais toutes ces espérances, tous ces titres, avec lesquels j'allais me traduire au tribunal de la Restauration, mes bonnes dispositions à l'égard du Roi, dont on annonçait si bruyamment les intentions réparatrices et le sentiment français, tout cela devait s'anéantir devant les coryphées de cette Restauration.

Quoi qu'il en soit, le général Gérard étant arrivé le 24, le maréchal partit le 26 au matin, marchant avec la première colonne de gauche que je suivis également jusqu'au Rhin. A l'égard du maréchal, depuis l'outrage gratuit et brutal qui lui avait été fait, et du jour où son remplacement avait été connu, moi, qui ne paraissais chez lui que pour affaire et sur appel ou sur invitation, j'allai tous les matins lui rendre mes devoirs et je continuai ces actes de déférence jusqu'au 10 juin, jour de notre couchée à Düsseldorf. Mais là, le Rhin passé, et ainsi que cela était irrévocablement arrêté, je lui fis mes adieux définitifs le 11 à la pointe du jour. La dette des convenances se trouvait en effet acquittée, ainsi que l'obligation que je lui devais de la nomination de Vallier. Je le quittai donc pour ne jamais remettre les pieds chez lui; j'ai tenu cette résolution pendant toute sa vie, et je n'ai pas même cédé aux invitations que, depuis sa mort, j'ai reçues de la maréchale, dame pour laquelle je fais profession de tous les respects qu'elle mérite. J'en ai même agi de cette sorte avec beaucoup d'autres personnes. Mais pouvais-je hésiter, ayant à écrire ces souvenirs et ne pouvant y faire aucune espèce de concession de nature à atténuer la vérité ? Pendant que le maréchal Davout continua à marcher avec ses troupes, ce qui de sa part était sage et prudent, je pris la poste et en toute hâte je me rendis à Paris. Mais de quelles impressions ne fus-je pas torturé pendant ce trajet ? De Hambourg à Düsseldorf, je n'avais trouvé que des étrangers et des ennemis, où je n'avais laissé que des soldats et des sujets de l'Empereur. Le Rhin, cette limite de la nature, naguère de la victoire, était prussien ; des Prussiens encore gardaient toutes les places françaises, et c'est avec horreur que je les voyais chez eux, là où hier encore c'était chez nous. Quand, arrivé à Valenciennes, je me retrouvai en France, il me sembla que j'étais sur une terre d'aumône, qu'on nous laissait comme prêt à usure ; si je revoyais des soldats français, leurs nobles drapeaux avaient disparu, ainsi que notre gloire militaire, et le drapeau blanc, les cocardes blanches, si loin pour moi d'être sans tache, ne m'apparaissaient que souillés de défaite et de honte.

CHAPITRE VII

Vingt-trois ans de guerres terribles, commencées avec tant d'héroïsme, soutenues avec tant de constance et de gloire, terminées par de si grandes fautes et de si effroyables désastres, avaient produit la fatigue, l'épuisement, le dégoût, la colère. On avait donc voulu la paix, on l'avait voulue unanimement et on l'avait obtenue; mais le sentiment d'honneur, que la force et le malaise d'une lutte trop longue avaient si profondément troublé, reprit ses droits dans le calme du repos, et, à part dix mille énergumènes entraînant à leur suite cent mille lâches ou nigauds, la France entière rugissait de l'affront qu'elle avait reçu, alors que, se partageant nos dépouilles et profitant de notre défaite, la Prusse, l'Autriche et la Russie, l'Angleterre même par la cession de l'île de France (1), jusqu'au Piémont par la possession de Gênes, agrandissaient leurs États. Paris joignait à ces dispositions la honte d'avoir servi de trophée aux ennemis de l'extérieur et d'avoir contribué aux triomphes des ennemis du dedans, et, si tout avait été surprise et bouleversement au moment de la catastrophe, tout devenait regret, douleur et dépit, à mesure que, rendu à soi-même, on sondait la profondeur de l'abîme où l'on se trouvait précipité. Quelle distance, en effet, de l'homme colossal que l'on avait perdu à ceux qui le

(1) Cette belle colonie pouvait nous rester; mais, à cause du nom, on préféra garder l'île Bourbon. Il n'y avait plus rien à quoi on ne sacrifiât la France.

remplaçaient! De trop grandes fautes sans doute avaient signalé et amené la fin de son règne gigantesque; mais, et indépendamment de ce que l'on pardonne à qui l'on aime, il y avait avec lui cohésion, en lui de grandes espérances, par lui un avenir que l'on avait envisagé; tandis que ceux qui figuraient à sa place ne donnaient ni sécurité, ni espoir; car on n'osait rien attendre d'une famille qui n'offrait d'autre homme qu'une femme (1), et que la vengeance, la rage égaraient. Et ce roi, qu'à Hambourg on nous avait représenté comme l'âme d'une France régénérée, n'apparaissait plus à ses nouveaux sujets que comme un hypocrite préoccupé non de guérir les maux, mais d'en ajourner l'effet. Puis à quelles prévisions n'en arrivait-on pas quand on arrêtait ses regards, sa pensée, sur l'héritier de la couronne de Louis XVIII et sur les successeurs que ce dernier semblait ne pouvoir manquer d'avoir! Le premier était un prince qui, dans sa jeunesse, avait scandalisé le monde par son libertinage et par l'extravagance de ses dépenses; un prince qui durant la guerre avait fait proclamer sa lâcheté par ses propres partisans (2),

(1) Et que l'on ne croie pas que les plébéiens ou les napoléoniens seuls en jugeaient ainsi, ou que l'on n'en jugeait ainsi qu'au premier moment de la Restauration. Voici, entre cent autres exemples que je pourrais citer, comment le comte Rochefort d'Ailly commençait ainsi des vers sur Louis XVIII, et cela en 1823, après neuf ans de règne :

    Escobar couronné que flétrira l'histoire,
    Excepté pour le mal monarque fainéant,
    Aux joutes de l'amour, comme aux champs de la gloire,
    Tes exploits t'ont placé plus bas que le néant.

(2) Voir la lettre dans laquelle Charette écrivait à Louis XVIII : « La lâcheté de votre frère a tout perdu, et il ne reste plus aux sujets dévoués de Votre Majesté qu'à mourir sans utilité pour son service... » Peu de jours après, il fut pris et fusillé.

Voir aussi dans les *Mémoires* du comte de Vauban l'anecdote relative à l'épée valant 1,500,000 francs, que Catherine II donna au comte d'Artois et que presque aussitôt il vendit à un Juif. « A la qui n'a joué un rôle en 1814 que pour sacrifier le cours du Rhin, forcer le Piémont à reprendre la Savoie, pour trembler de garder Avignon, tout en la payant au Pape dix fois la valeur, et pour faire perdre à la France vingt et un départements, une masse de places de guerre si parfaitement entretenues, armées et approvisionnées aux dépens de nos anciennes places fortes (presque toutes délabrées, et dont on enleva tout ce qui y restait en fer, plomb, poudre, etc.), enfin Anvers, où nous avions soixante vaisseaux de ligne sur le chantier ou sous voile et pour cent cinquante millions de matériel. Et ces crimes de lèse-nation lui étaient suggérés par la frayeur que lui causait l'étendue de la France, trop grande pour ceux qui voulaient l'asservir et non la gouverner. Oui, en raison de leur incapacité, ces Bourbons furent poussés à aller au-devant des vœux de nos ennemis et même à aller au delà, au point qu'ils se seraient bornés à l'Ile-de-France, voire même à la Halle de Paris, sans la nécessité de garder des forêts pour la chasse de la grande bête; oui, dès les premiers jours la nation entrevit ce que vaudrait ce régime avec un roi malade (sorte de cul-de-jatte qui, par suite des ravages de l'éléphantiasis, était l'image vivante et dégoûtante de la dissolution sociale); avec un successeur qui, après avoir vécu comme un débauché, promettait de régner comme un capucin (1).

manière dont il la reçut, dit M. de Vauban, on vit bien qu'il n'en ferait jamais usage. »

(1) Voici un octain fait sur lui à l'occasion de son couronnement par le comte de Rochefort que j'ai déjà cité :

> Le surplis des diseurs de messe,
> D'une complaisante comtesse
> A remplacé le cotillon.
> Pour arracher notre dépouille,
> Le clergé marche en bataillon ;
> Hier d'un libertin sans c......
> Le sceptre était une quenouille,
> Et Charles en fait un goupillon.

Et l'opinion, qui se manifestait ainsi en 1814, ne se trompait pas ; on sait comment l'avenir la justifia. Personne, en effet, ne resta plus étranger à la France et aux affaires que Charles X. Sans compter sa messe et ses prières, le lever prenait tout son temps, depuis son véritable lever jusqu'au déjeuner. En quittant sa table, il allait à la messe, et tout cela avec un apparat et des cortèges qui n'en finissaient pas ; puis venaient les audiences, puis le conseil où l'on avait à peine le temps de donner les signatures, et où, selon M. de Talleyrand, il ne se faisait que des lectures (1) ; enfin des promenades ou la chasse, que même on lui faisait prescrire par ses médecins quand on voulait lui ôter jusqu'à la possibilité de s'occuper des affaires qu'on avait conspirées. D'ailleurs, les affaires l'intéressaient peu ou ne l'intéressaient pas.

On sait sa réplique à un homme qui lui représentait que les envahissements des prêtres étaient opposés à tous les intérêts de la France : « Il s'agit de mon salut, et non pas de la France. » Jésuite à robe courte, il disait la messe tous les matins, mais ne consacrait pas. Il vient d'achever son troisième et dernier exil en mourant d'indigestion. Quant à ses fils ou soi-disant tels (2),

(1) C'est l'occasion de rappeler sa réponse à une personne qui lui disait : « Le Roi est resté aujourd'hui trois heures en conseil ; que s'est-il passé ? — Trois heures. » Il fit cette réponse en 1823, par conséquent à propos d'une séance en conseil de Louis XVIII ; or les séances de Charles X étaient cent fois plus insignifiantes.

(2) On sait que le duc de Berry passait pour être le fils du fils du maître de poste d'Agen, courtaud de boutique à Bordeaux, gaillard vigoureux et qui, comme récompense de son royalisme exalté et pour les menus plaisirs de la comtesse d'Artois, avait été placé par l'illustre époux de celle-ci dans les gardes du corps, au moment où le prince passait à Bordeaux pour se rendre à Gibraltar. Il n'y avait en effet rien de Bourbon dans ce duc de Berry, fort et trapu, aux grosses épaules, au cou apoplectique, aux traits plats, à la tête pesante, sans dignité, sans grâce et sans tournure, sans esprit et sans ton.

composés d'un crétin et d'un manant, ils jouèrent leurs rôles de manière à faire également juger et leurs menaçantes dispositions et leur incapacité profonde sauf pour s'aliéner la France.

Je le répète cependant, cette France que dès leurs premiers actes ils s'aliénèrent, les Bourbons à cette époque, et sous l'égide du malheur, auraient pu la rallier. Il ne leur fallait pour cela que de la loyauté et de la sagesse ; ils n'eurent ni l'une ni l'autre. A peine sauvèrent-ils quelques apparences, alors qu'avec un insolent acharnement et en dépit de ceux qui s'efforçaient de le rapiécer, leurs alentours mettaient en lambeaux le mauvais voile dont par moments ils paraissaient vouloir se couvrir.

L'homme qui avait le plus contribué à les rétablir, c'est-à-dire à leur sacrifier Napoléon et à leur livrer la France, celui qui fit le plus d'efforts pour les maintenir dans de justes bornes afin de pouvoir les maintenir sur le trône dans l'espoir de régner en leur nom, ce dont lui seul était peut-être capable, ce fut M. de Talleyrand, qui, disgracié par l'Empereur (1) et blessé de son

---

(1) Cette disgrâce offrit, comme tout ce qui rappelle cet homme, un mélange de capacité et de perfidie. Sa capacité, il l'avait prouvée en s'opposant à la guerre d'Espagne et en la condamnant avec assez de véhémence pour se brouiller ; sa perfidie était constatée par des pièces authentiques que l'Empereur possédait et avait sous sa main, dans le tiroir de son bureau. L'Empereur le fit venir pour le confondre et pour le perdre ; mais, ayant commencé par l'accabler de reproches injurieux et ayant crié assez fort pour être entendu, il le crut assez puni, ou bien il jugea devoir avec un tel homme conserver quelques chances d'avenir, de sorte qu'il le renvoya sans avoir abordé le véritable motif de sa colère. Quant au rusé personnage, s'apercevant, aux regards scrutateurs et malins de ceux devant qui il avait à passer pour s'en aller, qu'ils cherchaient sur sa figure les traces de la bourrasque qu'il venait d'essuyer, il leur dit : « Quel malheur qu'un aussi grand homme soit aussi mal élevé ! » et les rieurs

éloignement des affaires, espéra trouver dans la Restauration de quoi assouvir sa vengeance et jouer un rôle immense. Ce parjure à Dieu, à ses souverains et à sa femme, s'était imaginé qu'un prêtre défroqué pourrait gouverner les petits-fils de saint Louis ; et c'est dans cet espoir qu'il fit concourir de sages conseils et des bons mots à rendre populaires ses nouveaux maîtres; il alla jusqu'à prêter au comte d'Artois ce mot digne d'avoir été inventé par l'un, adopté par l'autre, démenti par tous les deux : « Rien n'est changé en France, il n'y a qu'un Français de plus »; mais les actes du prince et ceux des créatures rivalisèrent à ce point, pour rendre le souvenir de cette phrase vain et ridicule, qu'au lieu de persuader et d'entraîner, elle ne fit qu'indigner les plus modérés; colportée par la haine au lieu de l'être par l'amour des peuples, elle fut parodiée peu après, à l'arrivée de la girafe à Paris; on fit en effet circuler une médaille à une seule face représentant cet animal, et sur l'exergue de laquelle se lisait : « Rien n'est changé en France, il n'y a qu'une grande bête de plus. » Et cette médaille, coulée en plâtre et du prix de vingt sols, se vendit par milliers.

Non, certes, les bons conseils et les jolis mots de M. de Talleyrand ne pouvaient sauver des princes qui, comme le disait Napoléon, en vingt-cinq ans de malheurs mérités, n'avaient rien appris ni rien oublié, et qui surtout, dans leur manière d'agir et dans leur ton, rapportaient tout ce qui pouvait le mieux les perdre vis-à-vis de la nation. Revenant au sortir de leur longue

---

furent encore de son côté. Et tout ce que l'Empereur avait gagné, c'était de se faire un irréconciliable ennemi d'un de ces hommes trop redoutables pour ne pas être ménagés lorsqu'on ne peut ou lorsqu'on a la malencontreuse faiblesse de ne pas oser les tuer.

misère criblés de dettes, reprenant la souveraineté d'un malheureux pays épuisé de sacrifices, ils mangèrent ou gaspillèrent (1) en moins d'un an tout le domaine extraordinaire, s'emparant de ce qu'il y avait dans vingt caisses, se firent remettre sur les fonds de chaque ministère des sommes énormes, imposèrent à la France la liquidation des dettes du Roi et des princes, ce qui, pour le comte d'Artois, remontait avant la Révolution ; et, pour en donner une idée, lorsque ce prince quitta la France en 1790, il devait à M. de Lavallette de Lange seul six millions. Ils se firent dresser une liste civile qui, en y comprenant les sommes extraordinaires que coûtèrent la maison du Roi et du comte d'Artois et la garde royale, monta à quatre-vingts millions ; sans compter cette indemnité des émigrés, formée du milliard décrété pour être réparti entre les braves qui en 1792 avaient chassé les ennemis hors du territoire français, ils firent envahir toutes les places par leurs créatures, dont aucune ne recula même devant les fonctions qui autrefois impliquaient dérogation ; ils accueillirent et favorisèrent tous les misérables qui encombraient les Tuileries, une pétition d'une main et une dénonciation de l'autre; ils firent du dernier chouan ayant exploité les grands chemins un héros, et des plus illustres défenseurs de la patrie des brigands ; ils laissèrent transformer en un infâme trafic jusqu'à la nomination aux ordres, que l'un des quatre as (2), le duc de Blacas, vendait, savoir : les croix de la Légion d'honneur au prix de dix louis, et les croix de Saint-Louis au prix de

---

(1) Ces gaspillages étaient incroyables. Un perruquier avait une table de huit couverts, splendidement servie et qu'il garnissait de goujats. Chaque œuf entrant au château se payait deux francs, et chaque bouteille de vin huit francs.

(2) Blacas, Brancas, Damas et Duras.

vingt louis, ce qui, sans parler de l'ordre du Lys distribué à main que veux-tu (1), fit décorer des comédiens, des espions et même des galériens. Les grades militaires furent profanés comme les croix, et il fut établi un droit d'avancement en raison des années d'émigration à tant d'années par grades, d'où il résulta que tels émigrés ayant tenu des cafés ou figuré sur des tréteaux pendant vingt-deux ans, que tels autres qui avaient passé ce temps à mendier, se trouvèrent avoir gagné à ces métiers assez de grades pour se trouver officiers généraux : manière d'humilier tout ce qui s'était honoré, d'honorer ce qui en grande partie s'était avili. A ces indignités, à ces déprédations vint s'ajouter l'expulsion de tous les fonctionnaires estimables ; de cette sorte les Bourboniens s'abattirent sur toutes les ressources de la France ; ils arrachèrent à une nation déjà spoliée tout ce qui pouvait lui être arraché ; ils poussèrent à son plus haut degré l'ivresse, le délire du partage.

Napoléon, au plus fort de sa puissance et de sa gloire, eût péri à moins de frais, et comment des princes qui, par la manière ignominieuse dont ils avaient été ramenés, devaient être rendus aussi prudents que modestes, comment pouvaient-ils se soutenir avec cet excès d'impudeur dans l'estime et la confiance d'une nation qui, au milieu de toutes ses calamités, restait magnanime et fière ; et d'autant mieux que, pour lui faire oublier l'avi-

(1) Fleur de lys en argent qu'on attachait par un ruban blanc à la boutonnière. En échange de six petits soldats de plomb donnés au fils du comte de La Ferronnays, son camarade de classe, mon second fils Alfred, alors âgé de douze ans, en fut décoré. Son diplôme imprimé portait qu'il devait à ses bons sentiments cette distinction si honorable pour sa famille et pour lui. Un soir, au parquet de l'Opéra, je régalai de la vue de ce diplôme et de l'anecdote mes voisins.

dité avec laquelle ils la dépouillaient, ils ne trouvaient rien de mieux à faire que de l'insulter? Le duc de Berry passant en revue quelques régiments de l'ex-garde impériale, au lieu de se montrer fier de commander à ces vieilles bandes, l'orgueil de la France et la terreur du monde, se permit de dire devant elles et sur leur front de bandière : « Les troupes anglaises sont plus belles et manœuvrent mieux. » Le duc d'Angoulême, reprochant au général Grouchy sa conduite et sa vie, s'écria : « Qu'un Masséna, qu'un Soult et autres fils de manants aient servi la Révolution, cela peut se concevoir; mais un gentilhomme, un marquis, c'est révoltant. » Le comte d'Artois soutint et répéta que, pour venir à bout des Français, il ne fallait que des Jésuites pour les honnêtes gens et des capucins pour la canaille. La duchesse, n'affichant que mépris et courroux, appelait les femmes des maréchaux de France et les duchesses de la façon de Napoléon « les cuisinières de Buonaparte ». Et ces propos, aussi insolents qu'impolitiques, par les sentiments, si ce n'est par les projets qu'ils dévoilaient, ne troublaient pas l'orgueilleuse sérénité de cette famille, non moins conjurée contre elle-même que contre nous, et portaient seulement Louis XVIII à dire : « Mon frère se perdrait en voulant faire en six mois ce que je ferai en dix années. » Mais en revanche le mécontentement devenait général, et toutes les bouches en étaient les interprètes. Un émigré, entrant aux Tuileries, s'arrêta devant un factionnaire et lui dit : « Eh bien, vous êtes contents maintenant, vous touchez exactement votre prêt, tandis que sous Bonaparte tout était arriéré, jusqu'à la solde. — Et si nous aimions à lui faire crédit! » repartit sèchement le soldat en tournant le dos. Le mot du général Lamarque à un de ces bourboniens qui lui vantait le repos dont il jouissait : « Ce repos n'est qu'une halte dans la boue », n'est pas moins expressif et cadre atrocement avec ce propos d'un Anglais à M. de La Roserie : « Vous n'auriez pas eu les Bourbons si nous avions eu quelque chose de pire à vous donner. »

Encore qu'une partie de ces faits ne datent pas de 1814, et se soient succédé à des intervalles plus ou moins éloignés, tout ce monde se dessina dès le début de la Restauration, de manière que personne ne pût s'y méprendre; depuis le riche que tout menaçait, jusqu'au plus pauvre que tout indignait, depuis le général non moins humilié que le dernier des soldats, il n'y avait qu'une voix parce qu'il n'y avait qu'un sentiment ou plutôt qu'un blâme, que chacun proclamait avec plus ou moins de véhémence selon son tempérament, et qu'avec la délicatesse de son esprit et la modération inhérente à la douceur de son caractère, ce digne et respectable comte de Lacépède, causant un jour avec moi de ces gens-là, exprima par cette image : « Ils saupoudrent chaque jour la France d'une nouvelle couche de poudre et se mettent à la discrétion d'une étincelle. » Et de fait ils nous avaient donné cette impression que la France n'était plus la patrie, mais le pays des Bourbons, et les Tuileries le quartier général de la Coalition. Aussi, de la manière dont s'annonçaient les choses, un officier, qui n'avait été dévoué et ne pouvait l'être qu'à son pays, n'avait rien à offrir aux Bourbons, rien à mériter d'eux, et, dès mon retour à Paris, je compris de suite que les grands mots dont on nous avait bernés à Hambourg n'étaient et ne devaient rester que des mots; je résolus donc de m'en tenir à ce que commandaient le devoir et la prudence, et ceci me ramène aux souvernirs personnels que me rappelle mon retour à Paris. Plusieurs paraîtront sans doute sans valeur. Je les consigne cependant, d'abord parce que je me complais à les revivre, ensuite parce que certains se rattachent à la vie troublée des familles en ces temps mémorables, et que par cela même les moindres traits peuvent acquérir quelque importance. Je n'ai commencé à écrire mes *Mémoires* que pour parler de moi, et, si je n'avais parlé que de moi, je les aurais abandonnés avant la centième page; mais je n'en garde pas moins cette conviction que la forme personnelle pour des *Mémoires* est la seule qui, si l'auteur est sincère, puisse être réellement véridique, parce qu'elle est la seule qui n'exige ni combinaisons littéraires ni arrangements de faits; par conséquent, elle est la plus conforme au but de l'histoire, si, comme je le crois, ce but est un but de vérité.

Arrivé à Paris, j'eus la preuve que les tristes pressentiments qui m'avaient assailli à Hambourg, relativement à ma femme, n'étaient que trop justifiés. Son père, M. Chenais, était mort, et s'il avait eu bien des torts de caractère envers cette bonne Mme Chenais, il fit tout ce qu'il put pour les réparer. Sa fin fut touchante, et ce que je n'appris pas sans une vive émotion, c'est que, dans les deux derniers mois de sa vie, il n'avait été occupé que de moi. Poursuivi par l'idée que je pouvais être fait prisonnier et, dans cette supposition, que je pouvais manquer d'argent, il m'avait fait ouvrir dans plusieurs villes de la Baltique des crédits de 3,000 francs (1). Quant à Zozotte, malgré ses querelles si

(1) En aucune circonstance, il ne dérogea de son amitié pour moi; il mettait même un intérêt tout particulier à ce qui me concernait, et parlant un jour de ma vie si active, de la position dans laquelle j'avais placé sa fille, de la manière dont elle en jouissait et de mes efforts pour suffire aux dépenses : « Ah! mon pauvre général, me dit-il, vous êtes le nègre de la maison. » Quelques égards pour ses manies, quelques déférences pour ses volontés, et la vie devenait d'autant plus facile avec lui, qu'en affaires d'intérêts comme en affaires sérieuses, il ne voulait jamais rien que de juste ou qui ne lui parût tel.

vives avec son père, elle l'avait toujours aimé. Ayant les mêmes défauts, il était impossible qu'ils vécussent ensemble; mais, ayant aussi les mêmes qualités essentielles, ils s'appréciaient trop pour ne pas se chérir. Avec lui, disparaissaient pour elle tous les souvenirs de son enfance, et elle avait l'âme trop sensible pour ne pas ressentir de cette perte la douleur la plus vive.

Presque au même moment Naïs tomba malade. Le sieur Bouvenot fut appelé; une éruption se déclarait, et il fit mettre l'enfant dans un bain froid. La réaction fut terrible; Zozotte, qui aimait ses enfants avec toute l'exaltation et la tendresse de son âme, mais qui avait pour sa Naïs, le rêve de sa vie, une adoration qui tenait du fanatisme, fut si bouleversée qu'elle appela en consultation tous les praticiens de quelque réputation. Douze médecins se succédèrent; tous, à l'exception de M. Alibert, dont l'avis ne prévalut pas, quoique le seul bon, volèrent l'argent qu'ils reçurent, et cela peut-être pour ne pas condamner leur célèbre collègue. Naïs était donc perdue, et sa mère avec elle, sans une circonstance qui les sauva toutes deux. Dans la maison qu'elle habitait, logeait Mme Scétiveaux, veuve de l'ancien payeur général, et qui, ayant pour médecin le docteur Reïs, eut l'idée de lui faire voir Naïs; mais, lorsqu'il se présenta, Zozotte se trouvait en un tel état d'affolement qu'elle donna des ordres contraires à sa volonté et ne le reçut pas. Par bonheur, il se retrouva chez Mme Scétiveaux au moment où Naïs semblait à toute extrémité; Zozotte avait voulu se jeter par la fenêtre et avait été retenue à moitié au delà de l'appui d'une des croisées du salon par M. Bourjolly, auquel, par la violence de la lutte, elle avait inconsciemment, mais fortement égratigné le visage et le cou. Au bruit de cette scène, qui avait mis en émoi toute la maison, Mme Scétiveaux était accourue, et heureusement M. Reïs l'avait suivie. Après avoir donné à la malheureuse mère les secours que son état exigeait et l'avoir fait revenir à elle, il examina Naïs, s'informa de ce qu'elle avait eu, de ce qui avait été fait, et, autant avec son tact et son jugement admirables qu'avec la tendre sollicitude qui lui était naturelle, ce digne homme, qui faisait la médecine avec son âme non moins qu'avec son talent et son expérience, reconnut le mal, l'erreur du Bouvenot, la condescendance coupable des confrères; puis Naïs étant condamnée sans espoir par tous, il proposa et obtint d'essayer d'un remède qui serait la suprême chance de vie ou de mort. Il devait revenir le soir, voir l'effet de son remède; on comprend dans quelles angoisses Zozotte attendit l'heure fixée. Aux premiers mots échangés, la figure du docteur, dont Zozotte épiait tous les mouvements, devint plus sereine; enfin, après avoir examiné l'enfant, ce bon M. Reïs se retourna vers Zozotte et, lui tendant la main, lui dit : « Madame, votre fille est sauvée »; mais, à ces mots de résurrection, Zozotte se jeta dans les bras du docteur qu'elle inonda de ses larmes. Et, tandis que M. Reïs resta pour nous « le bon docteur », ce Bouvenot, qui revint en posant aux domestiques cette interrogation : « Elle est morte, n'est-ce pas? » fut congédié par ces mêmes domestiques qui avaient reçu l'ordre de lui signifier qu'on n'avait plus besoin de lui; congé dont il se vengea en réclamant deux jours après le prix de son assassinat.

Naïs, sauvée, était loin d'être guérie; son hydropisie surtout se dissipa lentement, et bientôt Zozotte eut besoin que l'on s'occupât d'elle. Cinq semaines passées sans se coucher et pendant lesquelles elle ne s'était soutenue qu'à force de café et d'agitation, l'avaient conduite à une crise dont par bonheur M. Reïs put prévenir l'éclat. C'était aussi le moment où, n'ayant reçu de moi qu'un billet suivi d'un long silence, elle en était réduite aux nouvelles des journaux, et ceux-ci étaient considérés comme ne révélant que la moitié du mal; d'ailleurs, fort vagues relativement à un corps d'armée bloqué à trois cents lieues de Paris par soixante mille Russes, ces nouvelles ne pouvaient à l'égard des individus être en quoi que ce fût rassurantes. Et, pour ajouter à tous ces tourments par de nouvelles menaces, pendant que le duc de Wellington franchissait la Bidassoa, la Nive et l'Adour, les armées russe, autrichienne et prussienne se concentraient en Champagne, où des prodiges de tactique et de courage ne firent qu'attester l'impossibilité d'une résistance que la trahison achevait de rendre inutile et dont l'Empereur lui-même, par une de ces manœuvres que sa fortune ne comportait plus, abrégea le terme. On ne pouvait donc plus espérer que Paris ne subirait pas la loi du vainqueur; mais cette loi s'imposerait-elle par un traité ou par la force des armes? Pour obtenir un traité, il eût fallu pouvoir empêcher l'ennemi de s'emparer de Montmartre, attendu que, maître de cette hauteur, il l'était de brûler Paris et incontestablement la Chaussée d'Antin, ce qui mettait la ville à discrétion. Enfin de quels désordres, de quels malheurs la prise de Paris ne pouvait-elle pas être suivie? L'imagination des Parisiens s'exaltait au souvenir de toutes les horreurs qui attendent les places brutalement conquises, et l'on imagine l'effroi de Zozotte, si bien préparée par sa nature et par ses bouleversements récents à subir les plus folles appréhensions. Quel sort serait réservé à la femme d'un officier général faisant partie d'une armée belligérante? En proie à toutes ces incertitudes, à tous ces effrois, par crainte aussi que Naïs encore souffrante ne résistât pas aux souffrances d'un tel moment, Zozotte se décida à partir pour Tours, pendant que les routes étaient encore libres et que les chevaux de poste (ainsi que d'un moment à l'autre cela pouvait arriver) n'étaient pas requis pour des services publics. Elle se hâta donc d'expédier son argenterie et la mienne, ses hardes et son linge, laissa à la garde de la propriétaire mes tableaux qui valaient alors quatre-vingt mille francs, quelques autres objets, et notamment une caisse de manuscrits anciens que j'avais déposés chez Salverte et qu'il lui renvoya au moment de tous ses embarras, fait qu'elle ne lui a jamais pardonné; puis elle partit, emportant ce qu'elle avait de plus précieux, notamment ses bijoux contenus dans un grand sac de soie noire qui ne la quittait jamais.

Peu avant d'arriver à Dun, la portière de sa calèche s'ouvrit; son premier mouvement comme sa première pensée furent de retenir les enfants de peur qu'ils ne tombassent, après quoi on rattrapa la portière que la mulâtresse Marie referma; on mit le verrou afin qu'elle ne pût se rouvrir, et on continua à rouler. A Dun, les enfants eurent besoin de descendre, on mit pied à terre; mais quel fut le bouleversement de cette pauvre Zozotte en ne trouvant plus le sac de ses bijoux! Pas de doute: il était tombé au moment où la portière s'était ouverte, et non seulement cinquante passants devaient l'avoir ramassé, mais de plus, et avant que la portière s'ouvrît, la calèche avait traversé une colonne de quatre mille prisonniers russes, qui peu après avaient dû passer à l'endroit même où le sac était tombé. Une seule circonstance laissait quelque espoir : au moment où la portière s'était ouverte, la voiture suivait le bord d'un des fossés de la route, et il était possible que le sac tombé dans le fossé n'eût pas été aperçu. Zozotte fit donc appeler le maître de poste, lui déclara la perte qu'elle venait de faire et lui demanda s'il connaissait le postillon qui venait de la conduire, et si elle pouvait se fier à lui. Ce postillon était un honnête homme dont la probité fut garantie. Zozotte lui parla donc de son sac comme renfermant des papiers importants ; elle le lui désigna, ajouta qu'il n'avait pu tomber qu'à l'endroit où la portière s'était ouverte, et qu'il devait se trouver au bord ou au fond du fossé ; enfin elle lui expliqua comment il devait le prendre et le porter, lui recommanda la plus grande célérité et lui promit un louis s'il le lui rapportait intact. Après vingt-cinq minutes qui parurent à Zozotte un siècle, l'homme revenait à toute bride et de loin montrant le sac. Celui-ci, qui était intact, avait été retrouvé au fond du fossé et au moment où la colonne de prisonniers, auxquels il n'aurait pas échappé, arrivait à l'endroit où il était tombé.

Et ç'avait été seulement après toutes ces émotions et ces secousses que Zozotte était enfin arrivée à Tours, où elle était restée avec ses enfants et près de sa mère jusqu'au jour où la paix nous avait enfin réunis.

CHAPITRE VIII

Quelque réserve que l'on voulût témoigner dans la part à prendre aux nouveaux événements politiques, il fallait, ou bien renoncer à tout, cesser d'habiter Paris, ou bien suivre au Château tous les généraux et les maréchaux qui s'y rendaient, et commencer par voir le ministre de la guerre de qui nous dépendions. Grâce au gouvernement provisoire qui ne servit qu'à masquer la dictature de M. de Talleyrand, par suite de la sanction du lieutenant général du royaume et enfin de Louis XVIII, le général Dupont occupait, ainsi que je l'ai dit, le ministère. Personnellement il m'avait toujours marqué de la bienveillance; je ne supposais pas qu'il eût la moindre raison pour ne pas m'en témoigner encore, et cependant, à Hambourg même, en apprenant sa nomination, qui me semblait être pour mon avenir un gage favorable, je n'avais pu me défendre de l'impression fâcheuse qu'en avait ressentie notre armée. Ce n'est pas que nous prévoyions qu'il serait aussi fatal à la France dans un ministère qu'il l'avait été sur le champ de bataille. Et quelles sottises, en effet, quels bouleversements nouveaux n'eût-on pas prévenus, si, par exemple, le comte O'Connell avait pu accepter cette place qui lui fut offerte, mais qu'il refusa parce que selon lui elle ne devait être occupée que par un général ayant honorablement fait les guerres de la Révolution et de l'Empire, condition que le général Dupont n'avait remplie que jusqu'à Baylen! Et ce qui nous hantait malgré nous, ce qui nous faisait monter du cœur au front la rougeur de l'indignation et de la honte, c'est que, par une sorte de défi à notre vieille gloire du passé, on eût mis précisément à la tête des affaires militaires de la France l'homme dont le nom était pour nous tous un signe vivant de l'avilissement de cette gloire, l'homme qui avait infligé à nos armes la première et l'une des plus cruelles flétrissures en faisant passer sous le joug d'Espagnols, c'est-à-dire des pires soldats en bataille rangée, quatre de nos divisions réputées encore invincibles et dont l'une n'avait pas seulement combattu, et tout cela sans avoir même l'excuse d'une retraite compromise. Oui, cette première blessure faite par la scandaleuse capitulation de Baylen à l'orgueil de notre drapeau triomphant, à l'honneur encore intact de nos armes, cette blessure saignait plus vive dans nos cœurs, car la plaie qu'elle y avait faite était restée désormais ouverte et s'y était agrandie par bien d'autres blessures. Qui donc, parmi les fidèles compagnons de notre gloire, pouvait en voyant la France mutilée, tronquée, réduite à ses débris, qui donc de nous pouvait oublier que cette abominable capitulation avait été le point de départ de tous nos malheurs? Elle avait exalté les Espagnols au point d'achever d'embraser la Péninsule; elle avait déterminé l'envoi d'une armée anglaise dans le Portugal, d'où cette armée nous avait chassés avant de nous chasser de la Péninsule elle-même; elle avait excité l'enthousiasme, relevé l'espoir de l'Europe et donné un nouvel élan aux coalitions dont les efforts combinés venaient de nous arracher le fruit de vingt ans de conquêtes; et certes nous avions pu nous demander avec raison à quelles consciences la France était livrée pour que de tels précédents leur inspirassent la pensée d'en faire l'objet d'une telle récompense. Dès mon retour, j'avais eu l'explication de cette faveur en apprenant que le général Dupont avait été choisi comme une créature complaisante pour mettre les grades et les emplois militaires au pillage en faveur de l'Émigration. Il ne pouvait en effet jouer qu'un rôle, s'abriter derrière les forces de la Coalition pour reparaître sans être écrasé par le mépris de ses anciens compagnons d'armes; et cependant comment ceux-ci pourraient-ils le revoir sans que leur bouche se contractât pour crier à la honte, sans que tout leur être, jusqu'à leur regard, devînt accusateur? Et telles étaient les pensées dont je me sentais assailli quand j'entrai chez le général Dupont.

Ces pensées, je n'avais nullement l'intention de les laisser paraître. Si je me présentais devant le ministre, c'était pour une visite de convenance, sinon de déférence, et c'eût été non seulement impolitique, mais très peu de circonstance, de réveiller en ma personne les rancunes et les mépris de la France; toutefois les sentiments de douleur et de répulsion que la vue du général Dupont me fit éprouver, furent si vifs qu'il faut croire que je déguisai très mal ce que j'en éprouvais. Mon malaise, d'autant plus apparent que je faisais plus d'efforts pour le dominer, ôta au général l'aisance que de fait il ne pouvait plus avoir qu'avec des hommes étrangers à l'honneur de leur pays. Ne pouvant conserver d'attitude ni comme général, ni comme Français, il corrobora sa dignité de ministre par ses souvenirs de gentillâtrerie; c'était ce qui lui restait de plus clair, et force fut de se rattacher à cette branche, toute sèche qu'elle était, si même elle n'était pourrie. Aussi l'audience fut courte et insignifiante.

Le général me demanda pourtant si je désirais de

l'activité, et je lui observai que la mort récente de mon beau-père et mes fatigues ne me permettaient de solliciter aucun emploi. Je lui demandai à mon tour si c'était lui qui présentait les officiers généraux au Roi et aux Princes; il me répondit que les présentations au Roi faisaient partie des attributions du premier gentilhomme de la Chambre, à qui je devais écrire à ce sujet; puis, une fois présenté au Roi, je pourrais me présenter aux Princes et à Madame. Et, sauf ce renseignement, ma visite n'eut d'autre résultat qu'une invitation à un dîner qui fut simplement pour moi un repas de plus fait au ministère de la guerre.

Mes présentations au Roi et aux autres membres de la famille royale ne m'offrent rien qui, sous le rapport des faits, vaille la peine d'être rappelé; à cet égard j'aurai tout dit en expliquant que Monsieur mit toute la grâce inimaginable à nous recevoir comme on recevrait des criminels amnistiés; que Madame, Euménide au teint pâle, au regard menaçant, à la paupière sanguine, au visage inflexible, à la voix rauque et dure, nous manifesta toute la rudesse que provoquent des rebelles dont on espère encore le supplice. Son époux, Gille ou pantin ne sachant jamais sur quel pied danser, semblait parmi nous comme un juge aux prises avec des gens dont il veut bien pour un moment paraître oublier les attentats et l'audacieuse élévation, mais relativement auxquels il ne s'abaisse pas à une appréciation. Pour le duc de Berry, réduit pour toujours à l'*A b c* de son métier de prince, il substituait une familiarité parfois choquante à de la dignité, une grossièreté véritable à de l'aisance, et semblait un portefaix jouant le rôle d'un baron; mélange d'inconvenances et d'injures qui, un jour que nous sortions ensemble du Château, arracha cette exclamation à l'exaspération du général Préval:

« Je n'entre jamais ici sans humiliation, et je n'en sors jamais sans colère. »

Quant à Louis XVIII, de qui j'avais sollicité nécessairement une audience particulière et par qui je fus reçu avec une fournée de quarante autres personnages, je ne fis, en présence de son entourage vraiment théâtral, que passer devant une masse composée de son fauteuil et de lui, de sorte que j'avalai la phrase que j'avais tripotée pour lui dire que le bonheur dont la France lui serait redevable ne lui dévouerait personne plus que moi, et il se borna à un coup de tête en retour du profond salut auquel je me trouvai réduit. Mais, s'il ne parla, son regard et l'ensemble de sa figure nous dirent plus que des paroles et que les grimaces des autres n'avaient pu nous en révéler. La tête et la physionomie de ce roi étaient d'autant plus dignes d'observation et d'études que toute la vie de son corps semblait y être réfugiée. Le volume de son crâne avait en plus ce que celui de son frère, entièrement aplati par derrière, avait en moins; sa physionomie fine, sardonique, mais mauvaise, peignait à la fois l'aptitude au mal et le goût du mal. Il y avait alors en lui de fatales harmonies, d'effrayants sourires (les uns disaient du vieux singe, les autres du tigre); mais il y avait aussi en lui une ferme volonté de mourir sur le trône et ce qu'il fallait d'esprit et de prudence, ou plutôt de dissimulation, pour ne pas le vouloir en vain; la fortune lui en offrit le moyen, grâce aux aberrations de Napoléon. Louis XVIII me sembla donc d'autant plus menaçant qu'il le paraissait moins, et, à la duchesse près, les autres me parurent d'autant moins dangereux qu'ils se montraient plus hostiles. Mais comment eût-il été possible d'arrêter en ce moment regards et pensées sur le Roi, et d'échapper à une sorte de parallèle entre lui et le géant auquel il succédait, parallèle que les choses, les lieux et les personnes rendaient plus piquant? C'était en effet dans ce palais même des Tuileries, encore garni du mobilier de Napoléon, seule conquête que les Bourbons eussent faite en personne (1), c'était dans ce palais que pour la dernière fois j'avais vu le grand homme et que pour la première fois je me trouvais en face de son successeur, espèce de revenant qui semblait sorti du néant pour substituer au premier trône du monde un fauteuil d'hôpital. Comme souverain, l'un d'eux ne comprenait de bornes à son empire que celles du monde qu'il avait rempli et assourdi de sa gloire; l'autre, effrayé de l'étendue de la France même resserrée en deçà de ses anciennes limites, la trouvait trop grande encore pour ses forces de podagre quand, se traînant avec peine appuyé sur une béquille, il arrivait épuisé au seuil de ses appartements. L'un, fier et superbe, avait commandé aux maîtres de la terre, et l'autre, dans le servage de ses alliés et de ses infirmités, subissait les lois que son devancier avait données; il bornait les attributs de sa couronne à une royauté de police, dont plus tard il fit une royauté de persécution et d'échafauds.

Quoiqu'il fût d'autant plus pénible d'aller au Château qu'on nous y recevait de plus mauvaise grâce, j'y paraissais néanmoins tous les vingt jours à peu près. Les jours marqués pour cette double résignation étaient les dimanches, au moment de la messe, pendant laquelle de part et d'autre, et pour la rémission de ses péchés, chacun pouvait offrir à Dieu comme pénitence méritoire,

---

(1) Ce mobilier et celui des autres châteaux impériaux étaient une propriété personnelle; il n'y avait qu'une manière d'en légitimer la prise, c'était d'en payer la valeur, qui était de quatre millions; mais, chez les Bourbons mêmes, l'amour de la légitimité n'alla pas jusque-là.

nous, les humiliations que nous recevions, et ces Bourbons, les impatiences que nous leur causions; supplice mutuel d'ou résultait une sorte de dédommagement réciproque. Et pourtant ils ne pouvaient s'abstenir de faire à nos positions sociales certains sacrifices qu'elles commandaient, de même que, comme préservatif des persécutions dont on ne demandait pas mieux que de payer nos services et notre rôle, nous nous trouvions dans l'impossibilité de paraître dédaigner la grâce que l'on nous faisait en nous tolérant. D'autre part, le Château ét ait le seul lieu de rassemblement où les généraux se retrouvaient encore en masse, et, ce qui entrait dans la somme des compensations, ces réunions étaient une occasion de renseignements, d'anecdotes et de nouvelles. Les réceptions étaient au nombre de cinq : elles commençaient à onze heures, au pavillon Marsan, par celle du duc de Berry et de Monsieur; à midi, et par les couloirs de la salle de spectacle, on arrivait chez le Roi, d'où l'on ne sortait guère qu'à deux heures, moment auquel on descendait chez la duchesse et le duc d'Angoulême, chez qui plus tard on entra avant la messe.

Aux réceptions des princes et de Madame, il n'y avait aucune distinction; un capitaine prenait le pas sur un lieutenant général, et, en ma présence, un de nos maîtres de danse de Hambourg le prit, et de la manière la plus incivile, sur un maréchal de France. C'était à qui ferait la poussée la plus impudente et à qui aurait les os les plus durs; car les entrées devinrent une lutte, et, chez le duc d'Angoulême surtout, on risquait d'être étouffé en passant par le seul battant que l'étiquette permettait d'ouvrir. Je me rappelle à cet égard un assez vieil officier qui, engagé dans la porte de la pièce où recevait le duc d'Angoulême, fut pressé au point de jeter les hauts cris, de perdre son chapeau, d'avoir son épée arrachée et, ce fatal passage franchi, de se trouver mal. Eh bien, ces bagarres se renouvelaient tous les dimanches avec plus ou moins de scandales, et cela quoiqu'il n'y eût rien de si facile que de les prévenir.

Chez le Roi, les choses se passaient autrement. Nous y étions répartis dans quatre salles, classification qui, sauf quelques modifications, datait de l'Empire et se trouve remplacée aujourd'hui par un ordre de beaucoup préférable à tout ce qui l'a précédé, encore que la masse des officiers généraux ne soit reçue qu'à la suite des dernières soi-disant députations de village. Quoi qu'il en soit, la salle des Maréchaux, antichambre des appartements (1) et en même temps salle des Gardes, servait de parc aux officiers subalternes, aux fonctionnaires des classes inférieures et aux curieux qui venaient voir la famille royale allant à la chapelle ou en revenant. Le salon bleu réunissait les maréchaux de camp et officiers supérieurs, les préfets et les maires, les députés, les évêques et les juges de première instance. Le salon de la Paix était réservé aux lieutenants généraux (2), aux archevêques, aux membres des cours royales; enfin la salle du Trône ne s'ouvrait qu'aux maréchaux et aux grands-croix de la Légion d'honneur, aux cardinaux, aux ministres, aux pairs de France, aux ducs et aux

---

(1) Elle forme aujourd'hui le centre des appartements.

(2) La Restauration substitua le titre de lieutenant général à celui de général de division, et de maréchal de camp à celui de général de brigade. Ce n'était que rendre à ces grades leurs anciennes dénominations, mais aussi c'était substituer à des termes exacts des termes faux. Toutefois, tout en supprimant un échelon utile, cette réforme n'eut pas pour nous l'inconvénient que nous redoutions, car il se forma tout de suite une séparation très marquée entre les lieutenants généraux qui avaient eu l'honneur d'être généraux de division et les généraux qui n'avaient que la faveur de devenir lieutenants généraux; de cette sorte les grâces ne purent, vis-à-vis de l'opinion, remplacer les titres.

membres de la Cour de cassation. Quant aux réceptions proprement dites, Louis XVIII, en revenant de la messe, rentrait sans s'arrêter dans la salle du Trône et y recevait les hommages de ceux qui s'y trouvaient admis; après quoi, on roulait son fauteuil dans le salon de la Paix; il venait péniblement se placer dans ce fauteuil; alors défilaient devant lui, d'abord et pêle-mêle, les personnes qui avaient leurs entrées dans ce salon, puis celles que contenait le salon bleu, puis enfin celles de la salle des Maréchaux qui étaient admises à cet honneur. Rien n'était plus fastidieux pour ce malheureux Roi que ces séances; mais de temps à autre il les égayait par des malices, et je rappellerai notamment celle que j'ai déjà notée, je crois, mais qu'on me permettra de redire à sa place et plus explicitement. Je suivais immédiatement le général Lauriston, que précédait le général de La Roche-Aymon. Au moment où ce dernier faisait un grand salut, le Roi éleva la voix pour dire à ce général de l'émigration : « Bonjour, général La Roche-Aymon »; et au soldat de la Révolution et de l'Empire, à l'ex-aide de camp de l'Empereur, qui marchait après lui, il adressa, du ton le plus sardonique que l'on puisse imaginer, un « bonjour, marquis ». Cette manière de faire servir à la mystification de Lauriston jusqu'aux grâces qu'il lui avait départies me parut si drôle que je ne pus maîtriser la contraction du rire; mais le Roi, je pense, fut d'autant plus aise que sa plaisanterie eût été remarquée, qu'il en souriait encore lui-même, alors que je l'avais depuis assez de temps dépassé.

Un matin, sortant de chez Monsieur, je me rendais chez le Roi. A peine entré dans le salon bleu, j'entends marcher à grands pas derrière moi; c'était le duc de Berry; je me range, et il passe; mais, à quelques pas en avant de moi, cheminait à demi voûté le vieux marquis Letourneur, capitaine des gardes de Monsieur et qui, un peu sourd ou distrait, n'ayant pas distingué le pas de charge de Monseigneur, reçut de lui un grand coup de pied à la partie saillante du corps qui se trouvait faire face au prince. Surpris et furieux comme on peut le croire, et en portant la main non à la garde de son épée, mais à la partie frappée, le marquis se retourna, la figure furibonde, et se vit en présence de Son Altesse Royale qui riait aux éclats avec une noblesse digne de son action. A l'instant le courtisan changea de physionomie, et, joignant les mains en action de grâces, s'inclinant jusqu'à terre, il s'écria avec une expression de sourire heureux : « On n'est pas plus aimable que Monseigneur. »

A propos des anecdotes qui au cours de ces réceptions se chuchotaient à l'oreille, j'ai le regret de ne les avoir pas relevées; la plupart sont sorties de ma mémoire, et je ne puis en citer qu'une, parce qu'elle nous parut assez bien caractériser alors le fond de nature de Louis XVIII pour prendre à nos yeux l'importance d'un véritable fait historique, et parce que le récit en fut arraché à l'indignation du général Dupont, qui ne put s'empêcher de la répéter à ses confidents. Donc, la veille, ce général avait travaillé avec le Roi en sa qualité de ministre de la guerre et lui avait présenté plusieurs ordonnances que, soit fatigue, soit ennui, le Roi avait signées sans répondre un mot à ce que ce ministre avait pu lui débiter sur leur objet, c'est-à-dire sans examen; mais, en plaçant devant lui la dernière pièce, qui de sa nature sans doute était plus délicate et plus grave que les autres, le général crut devoir dire : « Sire, il est impossible d'être à la fois plus touché, plus glorieux que je ne le suis de la confiance dont Votre Majesté daigne m'honorer; cependant, relativement à cette affaire, son importance semble me faire un devoir de la signaler aux lumières et à la haute sagesse du Roi. — Vous oubliez, répondit le monarque, qui peut-être voulait que cette ordonnance, œuvre de la Camarilla, fût promulguée sans qu'il eût à s'expliquer sur elle, vous oubliez que ma signature est de forme, et que dans un gouvernement représentatif votre contreseing implique seul responsabilité. Il ne s'agit donc pas ici de confiance; il ne s'agit que de votre tête qui répond de votre signature. » Puis, sans vouloir en entendre davantage, le Roi signa.

Et pour ne pas quitter sans épuiser les souvenirs qu'ils me rappellent, les salons des Tuileries auxquels je n'aurai peut-être pas l'occasion de revenir; je placerai ici quelques faits qui ne se réfèrent pas comme date à l'époque où j'en suis arrivé de mon récit, mais qui s'y rattachent par la manière d'être, le ton des êtres et des choses qui ne changèrent pas de la première à la seconde Restauration.

Sur une des banquettes de ce salon de la Paix (le second après la salle des Maréchaux), en face des tabourets et de deux fauteuils sur lesquels personne ne s'asseyait et qui composaient l'ameublement, le général Fournier me racontait un jour que, dans une audience particulière qu'il avait obtenue du Roi, il lui avait dit :
« Sire, quand Dieu accorde à la terre des pluies ou de
« la rosée, ses bienfaits se répandent sur des contrées
« entières, et chacun en a sa part, parce qu'il n'est pas
« un point que le nuage n'arrose dans sa marche fécon-
« dante. Votre Majesté, qui est l'image de la divinité sur
« la terre, ne pourrait-elle pas répartir ses grâces comme
« Dieu répand la rosée? Permettez-moi de le dire, Sire,
« le zèle des uns ne se ralentirait pas par la conviction
« que la faveur leur suffit, et le dévouement des autres
« serait stimulé par l'espoir d'y avoir part un jour.

« J'ignore jusqu'à quel point je peux me tromper, mais
« il me semble, Sire, que le service de Votre Majesté y
« gagnerait en raison de l'émulation qu'Elle exciterait,
« et que l'amour que l'on a pour Elle s'augmenterait par
« la reconnaissance d'un plus grand nombre de ses su-
« jets. » — « Eh bien, dis-je à Fournier, quelle a été, pour
prix de cette belle comparaison, votre ration de rosée
ou de pluie? — Tout juste, me répondit-il, en faisant
retentir la salle de son rire éclatant, de quoi faire mourir de soif quiconque n'aurait eu qu'elles pour se désal-
térer. »

Cette confidence, qui m'amusa plus peut-être qu'elle
ne me persuada, était à peine achevée quand Pamphile
Lacroix entra en habit de gentilhomme de la chambre
et d'un air assez empesé : « Quelle bête solennelle! »
s'écria Fournier en l'apercevant; mais son éclat de voix
joyeux, sa figure goguenarde changèrent brusquement,
et, grâce à la mobilité et à la violence de ses impressions,
il se trouva furieux : « Quelle duperie, reprit-il, pour
nous qui nous sommes contentés de chercher le bonheur dans notre carrière des armes, de toutes la plus
chanceuse, la plus ingrate, celle qui paye par le plus de
mécomptes et d'humiliations tout ce qu'on espérait de
gloire, de prospérité et de fortune! J'étais hier chez
mon tailleur. Il y a vingt ans que je l'avais trouvé assis
en X et raccommodant une culotte sur son établi; aujourd'hui il me reçoit dans un appartement somptueux;
il a équipage, château près Paris, cent mille francs de
rente, et pourrait avoir l'insolence de m'inviter à un
dîner que je ne pourrais pas lui rendre. Et pourtant a-t-il
cinquante fois risqué sa vie? A-t-il perdu bras ou
jambes? A-t-il couché sur la terre ou dans la neige?
S'est-il exténué de fatigue? A-t-il couru la chance de
toutes les maladies, de toutes les infirmités anticipées?

A-t-il sacrifié aux devoirs les plus durs, à une subordination tyrannique, ses goûts, ses plaisirs, ses affections, et jusqu'à ses intérêts? Chargé d'une responsabilité effrayante, a-t-il joué sur cent cartes son honneur et sa réputation? Et, en travaillant à la défense et à la gloire de son pays, a-t-il subi la torture de vexations et d'injustices sans nombre? Non certes; s'il a travaillé le jour et pour lui seul, il s'est reposé la nuit; maître de ses actions, bien gîté, il a fini par gagner avec l'argent la considération qui s'y rattache, tandis que nous, pour salaire de vingt-cinq ans de services atroces, de tant de dévouement et d'abnégation, de services indispensables au salut de tous, d'une vie qu'on serait révolté de voir imposée à des galériens, nous ne nous sommes élevés et rapprochés des grands que pour souffrir de leur élévation arbitraire, de leur jactance, et pour sentir notre abaissement; et ce que nous gagnerons à leur fréquentation, c'est qu'ils nous laissent arriver à la vieillesse dans la misère (ceci ne pouvait être vrai pour lui) et à l'oubli. Et vous croyez que nous n'aurions pas eu la capacité d'un tailleur, qu'en employant de nuit et de jour toutes nos facultés à faire fructifier une industrie, nous en serions à espérer six mille francs de revenu qui ne reposent encore que sur nos têtes? Mais nous nous sommes laissé enivrer de fumée et, de tous les métiers, nous avons pris le plus trompeur. Aussi je ne cache mon humeur et mon dépit à personne; il y a trois jours que je disais au ministre de la guerre : « Il n'est pas un
« des généraux de l'ancienne armée qui ne représente
« dix-huit cents hommes, tous morts pour frayer la
« route; de tels débris sont respectables, et laisser finir
« misérablement des hommes dont les noms sont in-
« scrits sur des monuments impérissables, est un attentat
« qui flétrira tous ceux à qui on pourra l'imputer. »

Ce Fournier, qui sans cesse gâta son avenir par le présent, comme il avait gâté le présent par le passé ; qui toute sa vie abusa de sa santé, de son esprit, de son courage, de tout enfin, excepté des quarante mille francs de rente que son père lui avait laissés ; qui, dans les camps et dans les bivouacs, eut toujours la tenue la plus recherchée, les uniformes les mieux faits, comme il avait les plus belles armes, les meilleurs chevaux ; qui même devant l'ennemi sut allier les austérités du soldat aux sensualités du sybarite (1) ; qui, à part le scandale de sa conduite, de ses principes, de ses mœurs, joignit à une gaieté bruyante, à beaucoup de saillies, une transcendance réelle, de bonnes études, des connaissances variées ; cet homme qui, destiné par son père au barreau, avait continué par goût ses études de droit et était devenu notre premier jurisconsulte militaire, qui enfin complétait ces avantages par une élocution facile, nerveuse et brillante ; cet homme si dangereux à fréquen-

---

(1) Il m'avait parlé de je ne sais quel ouvrage qu'il se proposait de publier ; il désirait m'en faire la lecture, et, comme je ne voulais pas le recevoir chez moi, je convins que pour cette communication je me rendrais chez lui. Il était près d'une heure de l'après-midi lorsque j'arrivai ; il n'était pas levé, et, couché sur un lit de forme antique, il m'apparut ayant sur sa tête un cachemire roulé à la manière des Orientaux et un magnifique cachemire sur les épaules, puis la chemise ouverte, découvrant sa poitrine et des formes athlétiques ; bref, sa figure pleine et colorée, non moins sagace qu'enjouée, achevait de faire de ce tout un tableau qui, sans la mauvaise expression des yeux, aurait été désirable. « Et à l'heure qu'il est, m'écriai-je, on peut surprendre au lit l'ex-premier colonel des hussards de France ? — Mon général, me répondit-il, en riant comme un enfant, rien n'est plus désordonné que ma vie. Il n'est pas d'intempérances auxquelles je ne sois livré. » Et à la suite de je ne sais quels aveux ou jactances, il ajouta, en riant toujours plus fort : « Il n'y a pas longtemps que je suis seul, et vous auriez pu me trouver en joyeuse compagnie ; car je pourrais parier que, de la place Louis XV à la place Royale, il n'existe pas une fille que je n'aie l'honneur de connaître. »

ter, si diabolique à commander, était parfois bien amusant à rencontrer, et je me rappelle notamment une autre circonstance où il mit en scène Donnadieu. Il s'agissait d'un discours que celui-ci venait de prononcer à la Chambre des députés, et, sur les éloges que ce discours provoquait, Fournier s'écria en riant : « Voilà un succès qui, sans me compter, flattera bien des pères. » Ces mots demandaient un commentaire; Fournier ne le fit pas attendre; il grillait de le donner, et c'est ainsi que j'appris comment Donnadieu composait tout ce qu'il a débité et publié.

Soit qu'il imaginât le sujet d'un discours, ce qui n'était pas impossible, ce Donnadieu ne manquant pas d'une certaine capacité, soit qu'il ne fît que l'adopter, mais du moment où il avait résolu de monter à la tribune de la Chambre des députés dont il était parvenu à se faire nommer membre, il allait dans les maisons où il savait rencontrer des hommes de mérite et auxquels le sujet dont il s'occupait était familier; il les prenait à part et entamait avec eux des discussions qui lui fournissaient des matériaux dont il prenait note et qu'avec d'autres personnes il vérifiait et complétait en suivant la même marche; puis, sa moisson faite, il rentrait chez lui et brochait son travail. Le premier brouillon terminé, et pour le discours dont il s'agissait, il était venu trouver Fournier, et, après l'avoir initié à son but, il lui avait dit : « Tenez, voilà le résultat d'un premier jet, faites-moi le plaisir de lire cela; vous êtes un homme d'inspiration, et certainement cette lecture vous fournira quelques idées saillantes, quelques mouvements oratoires; vous m'obligerez de les intercaler dans cette minute. » Et là-dessus, mons Fournier se hâta de nous citer les passages qu'il pouvait revendiquer par propriété d'auteur. « Mais, ajouta-t-il, Donnadieu ne s'en tint pas là et, de chez moi, il courut chez... (peu importe le nom que j'ai oublié), et à celui-là il dit quelque chose approchant à ceci : « Vous savez le tribut que je paye « à votre supériorité, et c'est à titre d'hommage que « je vais vous soumettre une ébauche; le motif auquel « je cède excusera ma démarche. Soyez donc assez bon « pour lire ce discours et pour concourir à le rendre « digne du sujet et du fait d'avoir occupé un homme tel « que vous. » Cette troisième récolte faite, il alla chez un des députés de son bord les plus marquants, et son thème fut : « Soldat pendant toute ma vie, il s'en faut « que je sois orateur. J'ai du zèle, mais je manque sur- « tout de cette habitude parlementaire sans laquelle on « peut gâter tout l'effet qu'on se proposait de produire; « personne à cet égard n'a plus de tact et d'acquit que « vous, et personne également n'est plus capable de « corriger les gaucheries ou les lacunes que j'ai pu lais- « ser. Vous me constitueriez donc une grande obliga- « tion, de même que vous serviriez utilement une cause « qui nous est commune, si vous vouliez bien reprendre « ce discours et l'arranger comme si vous aviez à le « prononcer. » Enfin, sa quatrième transcription faite, il se présenta chez M. de Chateaubriand; après s'être extasié sur la puissance irrésistible de l'éloquence du plus grand écrivain moderne, il lui témoigna combien il serait fier et certain du succès si un si noble esprit daignait faire disparaître les aspérités de son style, mettre de l'harmonie dans son discours et l'enrichir de quelques mots échappés à sa plume. Et il obtint encore cette coopération. Et c'est ainsi, continua à nous dire Fournier, que ce général était arrivé à la tribune, ayant obtenu gratis ce que l'abbé Cottin était assez sot pour payer; c'est ainsi qu'il était l'auteur de son fameux dis- cours, comme la reine Hortense l'était des romances dont Forbin faisait les paroles, Plantade le chant et Carbonnel l'accompagnement. »

La première fois que je vis Donnadieu et Canuel aux Tuileries, je crus à une vision. Ils étaient trop anarchistes tous deux pour mettre les pieds chez l'Empereur, que Donnadieu était d'ailleurs connu pour avoir voulu poignarder; c'est cette jactance qui, l'ayant fait condamner à un exil, devint le principe de sa faveur auprès des Bourbons. On avait donc cessé de voir ces deux hommes, ou pour mieux dire ces deux frères et amis, au Château comme à l'armée; et comment comprendre d'après cela que le Roi et sa famille pussent porter l'impudeur au point de les recevoir, eux et Despinoy qui complétait une trinité fort peu considérée? Et en effet Despinoy, qui en 1815 et 1816 devait contribuer à faire à Paris tant d'autres victimes dans des catégories différentes, m'apparaissait toujours exigeant la mort de trois cents malheureux émigrés, pris à Figueira, et qui, sans lui, eussent été sauvés; il m'apparaissait chassé de l'armée d'Italie par le général Bonaparte, en ces termes consignés au *Moniteur* : « Je savais que vous étiez un lâche, mais je ne savais pas que vous fussiez un voleur! » Canuel s'offrait à ma vue faisant fusiller en sa présence toutes les victimes de Quiberon et portant à son chapeau, et comme cocarde, des oreilles de Vendéen (1). Quant

---

(1) Je le revoyais encore terroriste forcené et président la société populaire de la Rochelle ou de Lorient, quand un capitaine du génie fut traduit au club révolutionnaire de la ville, pour avoir exécuté je ne sais plus quel ordre émané de son chef direct. C'était donc une affaire de pure discipline; mais qu'est-ce qu'on ne parvenait pas à dénaturer dans ces temps effroyables et avec des hommes comme Canuel? Canuel fut en effet chargé de l'interrogatoire public du malheureux, et, en dépit de sa frénésie, ne sachant que répliquer à cette réponse si simple : « J'ai obéi à mon chef parce que j'étais sous ses ordres », cet énergumène s'écria : « Vous

à Donnadieu, digne de servir de pendant à ces singuliers favoris des Bourbons, jamais mes regards ne se portaient sur sa figure satanique sans croire y lire le récit que me fit Monthion à son sujet. En 1793, Monthion était l'aide de camp du général Turreau, et Donnadieu se trouvait sous ses ordres. Informé qu'un gentilhomme des environs réalisait tout ce qu'il possédait pour émigrer, ce Donnadieu, que Zozotte trouvait si mal nommé (1), fit guetter et guetta ce gentilhomme qui partait vers le soir afin de gagner huit ou dix lieues avant qu'on sût sa disparition, et seul pour ne pas donner l'éveil, et à cheval afin de ne pas prendre une voiture publique aussi près du pays où il pourrait être reconnu; puis le futur vicomte Donnadieu courut l'attendre au coin d'un bois, l'y surprit à la nuit tombante, le tua et revint chargé d'une tirelire qui, en or, contenait une somme considérable (2).

Je le répète, trouver de tels exécuteurs rayonnants de joie et d'orgueil à la Cour de Louis XVIII était par trop extraordinaire; ce fut bien pis quand, au gré de leurs spéculations, ils devinrent les objets d'une bienveillance qu'on ne modérait plus, quand les princes allèrent à eux et leur prirent les mains, alors que ces mêmes princes reculaient devant nous; quand la duchesse d'Angoulême leur sourit en fronçant le sourcil à notre aspect, quand le Roi, qui nous déniait tout, leur prodiguait titres, cordons, crachats, emplois, argent (3),

l'entendez, citoyens, il obéirait à un roi. » Préval possède la copie du procès-verbal de cette séance.

(1) Il est comique, disait-elle, d'entendre appeler « Donnadieu » un homme que tout le monde « donne au diable ».

(2) Et au retour, il poussa l'infamie jusqu'à se vanter de son haut fait, qu'il taxait de justice révolutionnaire, et Monthion, qui avait été présent à ses confidences, en était encore indigné en me les rapportant.

(3) Le désordre et l'abus de ces distributions furent surtout sen-

et adoptait ostensiblement ces anathématisés de l'opinion publique, couverts du sang de ses plus dévoués serviteurs; quand il les préférait à des généraux, peu propres, il est vrai, à se faire les instruments de sanguinaires représailles, mais tous prêts à servir loyalement des princes qui auraient voulu le bonheur et l'honneur de la France. Et tout cela pour faire des apostats; car en 1830 ce Donnadieu, qui commandait à Tours, commença par se cacher, puis se montra portant à son chapeau une cocarde tricolore grande comme une assiette; il se rendit ensuite à Paris pour y protester de son dévouement et y obtenir du service, et ne redevint royaliste comme il était redevenu libéral, comme il serait redevenu septembriseur, que parce qu'il fut repoussé et même destitué; décision dont au surplus il parvint à rappeler. D'ailleurs, s'il est vrai que rien ne peint mieux un caractère qu'une anecdote, on peut citer celle-ci qui résume d'une manière assez significative la valeur des opinions de ce Donnadieu. C'était en 1826, à

sibles au début de la Restauration; mais peu à peu la Camarilla se les réserva, s'en fit une sorte de privilège; elle ne supporta plus sans impatience de voir des grâces accordées en dehors d'elle; et ceci me rappelle deux faits dont je fus témoin relativement au cordon bleu.

Le jour où M. Lainé reçut de Charles X le cordon bleu, le duc de Duras était furieux et répétait dans la cathédrale de Reims : « Le cordon à un bâtard...! à un homme sans nom, à lui...! à un homme né esclave...! » On sait que M. Lainé, fils d'un blanc et d'une quarteronne, était né et mourut bâtard. Jamais son père n'avait voulu lui donner son nom, ni à son frère puîné, d'où il résulta que l'on nomma le premier-né l'aîné, transformé en Lainé, et le second Cadet.

Second fait : Reille fut un des deux seuls lieutenants généraux de la Révolution gratifiés du cordon bleu par Charles X (Louis XVIII n'en avait gratifié aucun); or ce fut au bal que le duc d'Orléans donna au roi de Naples en 1830, que Reille porta pour la première fois son cordon bleu. Je me promenais avec lui sur les nouvelles galeries, lorsque nous rencontrâmes le duc de Fitz-James, qui, en

Tours; Mme Donnadieu et Mme Salaberry, se trouvant dans un salon tierce et s'y vantant de leurs maris, en vinrent à disputer sur l'attitude de ceux-ci à la Chambre et leur mérite comme députés. « Au reste, dit la première, si votre mari ouvre la bouche à la Chambre, tout le monde sait que c'est parce qu'il est payé pour parler. — Et si le vôtre ne parle pas, reprit la seconde, c'est qu'il est payé pour se taire. » Quoi qu'il en soit, ces palinodies de conscience, ces brusques changements de masques, cette effronterie à jouer sans intermédiaire les rôles les plus opposés, s'ils ne peuvent jamais manquer d'exciter l'indignation, révoltaient aux premiers moments de la Restauration, car aucun antécédent n'avait pu y préparer. Constitué sous la bannière de la Révolution, fondé par des hommes en possession des premiers emplois publics, l'Empire, qui n'avait répudié aucun des souvenirs nationaux, aucun des titres précédemment acquis, avait continué l'ancienne gloire, y ajoutant des palmes à jamais resplendissentes et compensant, par une égalité garantie, la perte d'une liberté dont on avait d'ailleurs abusé d'une manière atroce. Les Bourbons, au contraire, n'eurent pas la sagesse de com-

---

jouant la surprise et tout en affectant un plaisir auquel il aurait été bien fâché que l'on crût, s'écria en promenant ses regards du cordon à la figure de Reille et de la figure au cordon : « Mon cher général, c'est très bien, très bien, cela vous va à merveille », et il riait en s'efforçant de donner un double sens à son rire. Reille fut décontenancé, et moi guère moins vexé qu'il ne l'était; mais j'étais vexé surtout du degré dont il manqua de présence d'esprit; car le duc de Fitz-James était en habit de lieutenant général, et la réponse toute simple était celle-ci : « Ma foi, mon cher duc, presque aussi bien que cet habit vous va; car vraiment il vous va à ravir... on le dirait fait pour vous. » Et la riposte était d'autant plus légitime que Reille était un de ceux qui devaient le moins offusquer la susceptibilité des ultras, surtout après que l'on eut donné le cordon bleu à des petits bourgeois comme Lainé et Corbières, à des fils de paysans comme Villèle et Roy.

prendre que la cocarde tricolore (que d'ailleurs, aussi bien que Louis XVI, ils avaient tous portée) leur était aussi nécessaire que la messe le fut à Henri IV ; ils débutèrent par proscrire les couleurs nationales, alors qu'ils devaient s'en servir pour rallier la France à eux, et ne fût-ce même que pour ne pas laisser à leurs ennemis ce terrible signe de ralliement; ils ouvrirent les digues au débordement de l'Émigration et laissèrent ce débordement anéantir les droits les plus noblement acquis aux fonctions publiques et à l'égalité, ce dernier refuge laissé aux Français.

C'était donc un fort triste spectacle que celui de tous ces chamarrés qui n'avaient guère de titres à tant de broderies que des condamnations sous les précédents régimes. De tous ces porteurs d'habits si magnifiques, combien auraient pu le justifier, comme le fit pour le sien le maréchal Lefebvre ? Cet ancien sergent des gardes françaises, qui, ainsi que sa femme, et sans parler de sa vaillance et de son aptitude à la guerre, avait originalisé en saillies tout ce qui lui manquait en éducation comme en instruction, et qui, quoique maréchal de France, ne cessa jamais d'être un sous-officier, se rendit un jour aux Tuileries avec un uniforme tout neuf, resplendissant de broderies. Je ne sais quel fat voulut le persifler sur cette magnificence et s'évertua en exclamations sur la beauté de l'habit. Le maréchal, le devinant, l'arrêta aux premiers mots par cette réponse : « Vous avez raison, monsieur, mon habit est superbe; mais il y a vingt-cinq ans qu'il est commencé, et il n'y a pas longtemps qu'il est fini. »

Ce vieux maréchal, ce soldat que les honneurs, la fortune et le rang, que la gloire même n'avaient façonné en rien, passait à cause de cela pour un sot, et l'on connaît cette boutade qui n'a peut-être rien d'historique, mais qui mérite d'être rapportée parce qu'elle caractérise assez bien les personnes. On observait à Rapp qu'avec son air pataud et son ton rustre (1) il avait autant de tact et de finesse qu'un autre. « Il y a un homme qui en aura toujours davantage. — Qui donc? — Le maréchal Lefebvre! — Bah! — Oui, il a l'air encore plus bête que moi. » Ce qui veut dire qu'avec un fond d'ignorance, une absence de culture, un manque réel d'ouverture sur bien des choses, le maréchal pouvait souvent avoir un air de simplicité ou de bêtise; mais il n'en savait pas moins se servir, et avec force, de ce bon sens d'origine qu'il traduisait parfois en phrases ou en répliques énergiques, et que sa femme complétait par de la présence d'esprit. On sait la réponse de la maréchale à Napoléon qui, un jour qu'elle avait beaucoup de diamants, lui dit : « Vous êtes bien belle, aujourd'hui, madame la maréchale. — Que Votre Majesté est grande, Sire! » répliqua-t-elle. Et, pour revenir à 1814, c'est cette même maréchale qui répondait à une marquise lui demandant pourquoi elle n'allait plus aux Tuileries : « Pourquoi? Mais j'y allais quand c'était chez nous. Maintenant que c'est chez eux, je n'y serais plus chez moi. » Quant au maréchal, il substituait à l'esprit de franches boutades. Il avait à dîner un flatteur qui, affectant de s'extasier sur tout, avait débuté par : « Ah! monsieur le maréchal, quels beaux meubles, quel bel appartement! » A table : « Quel riche couvert, quelle bonne chère! » et pendant le café : « Quelles belles tasses..., etc. — Sacredié! » lui dit le maréchal, que ces exclamations commençaient

(1) J'ai déjà cité quelques-unes de ces bévues; j'ajoute celle-ci qui date du temps dont je vais bientôt parler. Dans les Cent-jours il se présenta à Napoléon avec la croix de Saint-Louis et celle du Lys, dont il était très fier depuis que le duc de Berry l'avait invité à déjeuner. De la part de tout autre, c'eût été de l'insolence; de sa part, ce n'était que du Rapp.

à agacer, « il paraît que tout cela vous conviendrait fort.
— Franchement, je serais fort heureux d'en être le possesseur. — Eh bien, il ne tient qu'à vous de l'avoir pour la cinquantième partie de ce que cela me coûte. Allez vous mettre de l'autre côté de ma cour; je vous tirerai deux cents coups de fusil, et si après cela vous vivez encore, tout ce que vous admirez sera à vous. — A ce prix, grand merci, répliqua le quidam. — En ce cas, ajouta le maréchal, cessez d'envier ce que vous n'êtes pas capable de gagner et ce qui est le prix de dix mille coups de fusil qui m'ont été tirés, et de plus près que je ne vous les tirerais. »

Et cependant, malgré le soi-disant mot de Rapp et ses apparences de vérité, l'ancien troupier, qui n'avait jamais cessé d'exister sous l'uniforme du maréchal, avait acquis un certain tact de cour, et j'en ai eu l'assurance par un fait dont je fus témoin. Une gelée venait de causer en France de grands ravages; or, entrant chez le Dauphin en même temps que moi, le maréchal avait répondu à quelqu'un qui lui demandait si ses vignes et ses bois avaient souffert : « Cette gelée m'a fait un mal horrible. » J'avais entendu sa réponse, et je fus assez surpris, en arrivant immédiatement derrière le maréchal devant le prince, d'entendre entre eux ce colloque : « De quand êtes-vous revenu de votre terre? — D'hier soir, monseigneur. — La gelée a-t-elle fait beaucoup de mal dans vos cantons? — Aucun, monseigneur. » Le maréchal était donc assez courtisan pour savoir qu'avec les grands il ne faut jamais rattacher à son propre souvenir le souvenir d'une circonstance pénible ou même simplement fâcheuse; et le vieux maréchal, qui, à vrai dire, s'est un peu vautré aux dernières années de sa vie, avait cependant assez de jugement pour finir assez convenablement.

Il n'en fut pas de même du général Junot. A cette époque où disparaissaient tant d'hommes et de choses, a fin d'un homme comptait peu; mais personnellement j'avais éprouvé la peine la plus vive en apprenant, lors de mon retour à Paris, la manière déplorable dont le duc d'Abrantès avait terminé une existence des plus brillantes et des plus fugitives, une existence où la plus grande faveur s'était mêlée à la plus dure disgrâce; duc infortuné, dont le dévouement du cœur fut sacrifié aux travers de l'esprit. L'Empereur, qui en était idolâtré, devait assez le connaître pour savoir qu'il ne devait jamais l'abandonner à lui-même; car, un héros près du maître, Junot était, loin de celui-ci, incapable de se conduire, à plus forte raison de conduire les autres, et, malheureuse victime de Savary, il fut poussé à la folie par le désespoir. La duchesse d'Abrantès parle dans ses *Mémoires* de cette horrible fin, mais elle en omet les détails douloureux et elle ne raconte pas comment la folie du duc se déclara. Le fait est assez extraordinaire pour être rapporté.

Par suite du bulletin du 23 août 1812, de ce bulletin qui fut pour ce pauvre duc d'Abrantès un arrêt de mort, sa santé l'avait forcé de quitter l'armée active, et, pour l'éloigner, parce qu'on ne pouvait cesser de l'employer, on l'avait nommé gouverneur général des provinces illyriennes. Là, au milieu des tortures morales qui étaient pour lui une agonie, tortures que la force de sa constitution et son imagination ardente ne pouvaient manquer de rendre atroces, il résolut de donner un grand bal, dans le but de faire prendre le change non seulement sur sa situation personnelle, mais encore sur l'état des affaires de l'Empereur. Il invita donc tout ce que Raguse et les environs avaient de plus distingué; et près de quatre cents personnes se trouvèrent réunies dans ses salons. Tout était prêt pour la fête, tout, excepté le gouverneur général, dont personne ne comprenait l'absence. Enfin, après une heure d'attente, les deux battants de l'appartement intérieur s'ouvrent, et que voit-on?... Le duc d'Abrantès, ayant des escarpins du dernier luisant, un ceinturon soutenant son épée, ses crochets suspendus à son cou par des cordonnets, tous les grands cordons sur l'épaule, les cheveux bouclés avec le plus grand soin, son chapeau à plumet blanc sous le bras, des gants blancs à ses mains, et, à cela près, nu comme un ver. On comprend la surprise, les cris, la fuite de toutes les dames, le départ même des hommes courant après les dames, se précipitant à travers les escaliers, et comment les salons furent à l'instant déserts. Ce fait, transmis au vice-roi d'Italie, fit aussitôt donner au duc d'Abrantès l'ordre de se rendre à Milan. On parvint à lui faire exécuter cet ordre, et il était à peine à Milan qu'il fit mettre six chevaux à sa plus belle calèche, et, en grand uniforme, décoré de tous ses ordres, l'épée au côté, le chapeau sur la tête, ganté et éperonné, il se plaça sur le siège et se mit ainsi à courir tout Milan, faisant monter dans sa calèche les filles publiques qu'il rencontra et auxquelles il servit de cocher.

Depuis ce moment, sa terrible maladie s'aggrava de plus en plus; on en connaît les dernières phases. Ce ne fut pourtant qu'une anticipation sur un état que les désastres de l'Empereur ne pouvaient manquer de produire. Le général Junot n'était pas homme à survivre à la chute d'un homme en qui il adora son assassin, comme il avait adoré en ce même homme son bienfaiteur; son fanatisme n'avait fait que s'exalter en dépit des cruautés qui avaient brisé son âme et sa raison, et sa vie se serait abîmée sous les débris du trône impérial.

Et, si l'on veut porter un dernier jugement sur lui, on peut dire que ses torts, ses fautes, ses folies et jusqu'à sa folie proviennent d'un manque de caractère. Il n'y eut jamais en lui un homme, mais un enfant ne pouvant supporter ni la fortune ni la disgrâce, pouvant vieillir, mais non grandir; en somme, un être bon, mais faible, fantasque et susceptible de toutes les exaltations, ne sachant tirer parti ni de son instruction ni de sa capacité, et ayant en impulsion, en fougue, tout ce qui lui manquait en véritable force et en énergie, c'est-à-dire en sagesse; un être enfin qu'on peut loüer sans être partial, qu'on ne peut condamner sans être injuste et qui, en s'imposant parfois à l'admiration, ne méritait pas moins d'être plaint que d'être aimé. Dès lors, et chaque fois que j'y revenais, l'hôtel d'Abrantès me faisait l'effet d'un tombeau auquel il ne manquait qu'un cercueil. J'eus cependant l'honneur d'y revoir la duchesse, et, malgré la bonté accoutumée avec laquelle elle me reçut, je n'y allais jamais sans un serrement de cœur.

Mais une trop longue digression m'a éloigné de mon sujet, c'est-à-dire de la revue de la maison royale et des Princes que la première Restauration avait fait rentrer à Paris, et j'y reviens pour parler d'un prince qui, au milieu des grimaces et des vilenies de la Cour, avait su garder sa dignité et commander l'estime. Pendant que Louis XVIII, conspirateur-né contre tout ce qui portait ombrage à son désir de régner (1), pendant que le comte d'Artois, digne père de ce duc d'Angoulême fils dégénéré, pendant que la duchesse d'Angoulême l'impla-

(1) En 1787, il conspire contre les enfants de la reine de France qu'il essaye de faire déclarer adultérins; en 1790, contre Louis XVI, qu'il veut remplacer même de son vivant; il conspire contre la France, d'abord sourdement à l'aide de Favras, puis de Robespierre, bientôt ouvertement comme chef de l'Émigration et comme auxiliaire de l'Europe coalisée.

cable fille de Marie-Antoinette (1), pendant que le duc de Berry marqué du signe des rustres par son origine, pendant que les Bourbons, que les princes de Condé même s'évertuaient à trouver les moyens d'exécuter les projets liberticides qu'ils n'avaient pu réaliser plus tôt avec le fer de l'étranger, en contraste à ce délire de vengeance et de haine, le duc d'Orléans formait une exception constatée par l'opinion publique qui lui en savait gré. D'ailleurs, son passé, dont sa présence réveillait le souvenir, lui comptait comme un titre à l'apologie. Et de fait, quand en 1793 il avait dû abandonner la France, il avait déjà combattu sous ses drapeaux avec autant de succès que de vaillance et, en peu de mois, dans quatorze combats, un siège et des batailles marquées par plusieurs actions d'éclat; il n'avait pas encore accompli sa vingtième année. Sorti de France, il avait refusé de ceindre à nouveau une épée dont il ne pouvait plus se servir que contre son pays, alors que, dans ce pays et pour prix de ses services, son arrêt de mort était décrété; la mort de son père y devenait imminente; ses frères y contractaient dans les cachots des maladies, auxquelles aucun d'eux ne devait échapper; sa famille entière en était bannie et ses immenses biens confisqués. Proscrit, abandonné, errant, pauvre et seul, avec ses douleurs et ses pensées, forcé même de cacher et son nom et son

---

(1) Et du duc de Coigny. Le marquis d'Angosse, gendre de ce duc, me parlant un jour de cette paternité dont il avait dix raisons pour ne pas douter, me dit notamment que, pendant le temps qu'il avait passé à Lisbonne auprès de son beau-père, ce dernier dans un moment d'expansion lui avait montré une bague, relique des reliques, qui contenait sous un cristal transparent un petit fouillis roussâtre formé des cheveux de cette reine, qui avait été sa « gioja », sans doute à un titre plus effectif qu'elle n'avait été celle de son mari. On sait que ce petit nom d'amour, emprunté au vocabulaire galant de l'Italie, était celui que Louis XVI aimait à donner à sa femme.

rang, pour ne pas être expulsé de cette Suisse où sa sœur est réfugiée, pour échapper à l'acharnement des émigrés, il subit son sort avec une résignation stoïque, et, quand les autres princes de sa race exaltent leur orgueil tout en tendant la main aux aumônes de l'étranger, il use de ses dernières ressources pour ajouter à son instruction par de nouvelles études, par des voyages et des fonctions qu'avant lui aucun premier prince du sang n'avait eu ni le courage, ni les moyens d'occuper. Ainsi, et pour citer quelques faits de sa vie aventureuse, il arrive un soir épuisé de fatigue devant le couvent des moines de Saint-Gothard; il sonne, une fenêtre s'ouvre, un moine apparaît; il demande asile pour la nuit; mais, à la vue des vêtements de ce jeune homme, réduit à voyager à pied, le moine referme la fenêtre en criant : « Passez, on ne reçoit pas ici des gens de votre sorte(1). » Son argent épuisé, ses besoins devenant impérieux, il ne lui reste dans sa détresse qu'un diamant; il le propose à un joaillier; mais le contraste résultant de la valeur de cette pierre et de la situation du possesseur le fait arrêter (2); enfin, et pour mieux se cacher, pour vivre aussi, il se fait recevoir, après examen, professeur de mathématiques et d'astronomie au collège de Reichenau, et, avec une haute distinction, il y occupe cette chaire pendant huit mois; puis commence une série de voyages qui, de l'extrémité de la Laponie, du cap Nord, situé à dix-huit degrés du pôle, le conduisent par l'île d'Elbe à la chute du Niagara, chez les sauvages Chirokis et dans le désert des Six-Nations, et, durant des années, le promènent encore de l'Amérique à la Havane, de l'Angle-

(1) C'est le duc d'Orléans lui-même qui, un soir à Neuilly, m'ayant conduit devant un petit tableau consacrant cette anecdote, me la conta.
(2) C'est encore au duc que je dois de savoir ce trait.

terre en Sicile et de Sicile en Angleterre et en Espagne ; ces voyages lui permettent d'amasser une foule d'observations et de souvenirs, nouveaux trésors pour son inconcevable mémoire (1), et font incontestablement de lui l'homme du monde que le malheur a le plus accompli.

Au milieu de la tourmente d'une vie à ce point bouleversée, il n'en songe pas moins aux siens, à sa sœur sur laquelle il veille, que d'abord il tire du couvent de Sainte-Claire à Bremgarten, où elle avait été placée avec Mme de Genlis ; qu'il confie à Mme la princesse de Conti, sa tante, et qu'il rend enfin à madame sa mère. Ce fut même par respect pour les intentions de cette mère, dont il rappelle les vertus, qu'il quitta momentanément l'Europe. Réuni aux princes, ses frères, il ne les abandonne plus et les soigne jusqu'à leur mort, de même qu'il contracte dans le malheur des amitiés dont plus tard son rang ne brisera pas les liens (2). Enfin, après les plus terribles orages, il trouve un asile et, en 1809, le bonheur à la Cour et dans la famille du roi de Naples ; c'est de Palerme qu'après vingt-deux ans de tortures morales, il peut rentrer à Paris, où il arrive le 17 mai

---

(1) Louis-Philippe disait à M. de Cailleux : « Ma mémoire est telle que, dans ma vie entière, je n'ai rien oublié de ce que j'ai voulu me rappeler. »

(2) Ainsi peut-on citer les Pieyre, les Broval, les Montjoie. D'ailleurs, dès son enfance il avait montré cette direction de son cœur et cette fermeté de son caractère. Agé de quatorze ans, il traverse la ville où se trouve le régiment de Chartres, dont il est colonel propriétaire, et il ne veut pas passer sans le voir et sans le commander un moment. A quinze ans, en visitant le mont Saint-Michel, il fait détruire en sa présence cette cage de fer, l'une des cruautés de Louis XIV et la terreur des prisonniers. A dix-huit ans, commandant à Vendôme le 14ᵉ régiment de dragons, il arrache un prêtre à la fureur populaire, et, peu de jours après, et au risque de périr avec lui, il sauve un ingénieur qui se noyait et mérite la couronne civique que toute la ville lui décerne.

1814, pour reprendre possession de ce qui restait de ses biens.

On se rappelle ce que, dans les précédents volumes, j'ai dit de mes relations avec la famille du duc d'Orléans et avec le duc lui-même. Et l'on doit en conclure que, si j'avais pu céder à des sentiments que rien n'avait altérés en moi, j'aurais consacré les premiers moments de mon retour à offrir mes félicitations et mes respects à ce prince qui se trouvait seul en France de toute sa famille. Mais, et ainsi que l'on m'en prévint, il était de règle et pour moi de devoir, même à l'égard du prince, de ne me présenter à lui qu'après avoir été présenté à Louis XVIII, présentation qui, je l'ai dit, imposait l'obligation de me faire immédiatement présenter à Monsieur, au duc d'Angoulême et à la duchesse, ainsi qu'au duc de Berry; c'est donc seulement en sortant des Tuileries que je pus demander à être reçu au Palais-Royal, grâce qui de suite me fut accordée, non, comme au Château, pour défiler au milieu d'un troupeau dont le pasteur lui-même paraissait peu flatté, mais pour approcher en audience particulière un des princes doués de plus de bienveillance et d'affabilité.

La première personne que je vis dans le salon d'attente fut Albert, qui, en sa qualité d'aide de camp du duc d'Orléans, était de service. Albert, lieutenant général comme moi, mais mon cadet de grade, était un homme très spirituel et très original. Non moins heureux en images qu'en expressions, il donnait à ses pensées surabondamment fécondes une saillie peu commune. En général cependant et comme lui, elles étaient triviales. Je pense bien que devant le duc il se contenait, et pourtant je sais du duc lui-même qu'Albert le fit rire à plusieurs reprises par des plaisanteries assez libres, fait d'autant plus croyable que, quoique je me rappelle plusieurs de ses mots et de fort drôles, il est impossible que j'en cite aucun. Tout en l'aimant à cause de ses bonnes qualités, tout en aimant à le rencontrer à cause de ses bonnes facéties, je fus étonné de le trouver là ; il devait cette place à la double circonstance d'avoir été le premier officier général que le duc eût rencontré en débarquant et d'avoir pu lui montrer du zèle, ce qui du reste me fit éprouver le regret de ne pas avoir pu profiter de la même occurrence et d'être rentré en France l'un des derniers.

Ce que j'éprouvai en paraissant devant le duc d'Orléans serait difficile à rendre. La position dans laquelle je m'étais trouvé vis-à-vis de lui, de Mademoiselle et des personnes les plus notables de leur entourage, les projets dont j'avais été l'objet, les prospérités qui me semblaient en ce temps-là réservées, la manière brusque, inattendue et terrible dont cette situation avait été changée, tout cela me réapparut en une vision rapide, et la bonté avec laquelle je fus reçu ajouta encore à cette impression. Le duc dépassa en bienveillance ce que je pouvais espérer. Tout d'abord je scrutai ces traits de jeunesse sous lesquels je me plaisais à le revoir ; vingt-deux années et tant de vicissitudes subies les avaient changés, sans pourtant avoir fait perdre à sa physionomie cette triple expression de calme, de bienveillance et de finesse qu'elle avait toujours eue et qu'elle a toujours conservée, encore que les vingt-trois années écoulées depuis cette époque et les tortures endurées depuis 1830 aient ajouté aux premiers ravages dans une proportion décuple. Après avoir rappelé non l'école de natation, mais Tournai, les événements qui nous séparèrent, non son billet du 3 avril dont je ne fis également et n'ai fait depuis lors aucune mention ; après m'avoir demandé des nouvelles de mon père et avoir déploré sa mort, après avoir daigné répondre à mes respectueuses questions sur Mademoiselle, il alla jusqu'à me questionner, et à deux reprises, sur mon intention d'être ou non réemployé. En tout ce qui a tenu à mes devoirs, je crois pouvoir dire que, mû par une sorte de fanatisme, j'ai été assez heureux pour ne pas m'y trouver inférieur; mais, dans les occasions où il n'a été question que de moi, j'ai dépassé en maladresse, en stupidité tout ce que l'on peut imaginer, et, à cette audience, je fus digne de ce que j'avais été à l'époque du 18 brumaire, avec l'empereur Napoléon à Valladolid, et dans de moindres circonstances du même genre. Au lieu de dire au duc d'Orléans, ce qui était aussi simple que vrai, ce qui même était du savoir-vivre, que la possibilité d'être attaché à Son Altesse comblerait en les dépassant tous les vœux que je pourrais former, je me bornai à répondre que je n'avais encore pris à cet égard aucun parti; de cette sorte une audience qui pouvait m'assurer un avenir honorable en réalisant les rêves de Tournai eut pour unique effet de me laisser de nouveaux regrets qui durent encore.

Le Roi, Monsieur et ses fils portaient, non la plaque de la Légion, ils auraient pensé faire trop d'honneur à cet ordre, non la croix d'argent, ce qui aurait paru imiter Napoléon, mais de petites croix d'or à leur boutonnière; or on s'était abstenu de donner cet ordre, dédaigné par les princes de Condé, au duc d'Orléans qui, pour l'avoir, fut obligé de le prendre seize ans plus tard. Le duc ne portait donc que l'ordre du Saint-Esprit, et il le portait sur l'habit de lieutenant général qu'il ne quittait pas et qu'il était le seul à revêtir. Il s'en faut d'ailleurs qu'il se distinguât sous ce seul rapport; car il refusa de former sa maison; il n'eut auprès de sa personne que des aides de camp et ne les prit que dans les officiers de l'armée, et il n'en prit pas un qui n'eût l'estime de cette armée. Dans le fait, rien n'eût été plus naturel que si une de ces places d'aide de camp m'était revenue. En juillet, le duc partit pour aller chercher la duchesse, ses enfants et Mademoiselle, et, dès que cette princesse fut à Paris, je sollicitai une audience particulière que j'obtins aussitôt et dans laquelle elle me combla de marques de bonté et d'intérêt. C'était un grand motif de lui faire ma cour avec quelque suite ; mais, malgré toute l'effusion de mes respects et seulement grâce à l'apathie qui me faisait remettre mes intérêts à un lendemain qui pour moi n'est jamais venu, je n'ai pas eu l'honneur de la revoir chez elle. Et cependant quel plus puissant secours pour réaliser mes vœux ? car, alors même que le duc aurait hésité à m'attacher à sa personne, un mot d'elle achevait de le décider. Ce fait même est d'autant moins douteux à mes yeux qu'un jour, dînant avec moi chez le comte de Valence, M. Pieyre me dit que, pendant les Cent-jours, non seulement il m'eût été facile de devenir aide de camp du duc, mais qu'il avait même été question de me le proposer, et que le seul obstacle qui s'y était trouvé opposé, c'était la distance à laquelle je m'étais tenu. Ainsi, et après avoir fait inutilement tout ce qu'il fallait pour mériter, je ne faisais rien de ce qu'il fallait pour obtenir, ou plutôt je faisais tout ce qu'il fallait pour ne pas obtenir ; parfois même je transformais mes titres en griefs, fait qui me rappelle et justifie ce mot que le chevalier de Satur dit à mon père à propos d'une de ces fausses démarches qui m'étaient familières : « Votre fils ne fera jamais de mal qu'à lui-même. »

Dès l'hiver de 1814 à 1815, commencèrent les grandes réceptions du Palais-Royal, et ce fut pour le duc d'Orléans un nouveau moyen de se distinguer des Princes, dont l'orgueil repoussait les dix-neuf vingtièmes de la France et ce qu'elle avait alors de plus illustre.

Ce fut donc avec une sorte d'élan que l'on se pressa dans les vastes appartements de ce duc, jeune encore, en qui on trouvait un esprit supérieur, des connaissances immenses, une bienveillance inépuisable, une appréciation des hommes indépendante des noms souvent mal portés; bref, tout ce qui manquait aux autres princes de la famille royale, et, tandis que ceux-ci s'isolaient chaque jour davantage au milieu d'un peuple en qui étaient leurs destinées, ce peuple devenait pour le duc un entourage.

Il ne s'en tint pas aux réceptions; des concerts les varièrent; il y fit entendre les artistes les plus en renom que possédait Paris ou qui s'y trouvaient en passage; de ce nombre, je citerai le phénomène Liszt, qui débuta dans les salons du Palais-Royal à l'âge de onze ans, et de la manière la plus brillante; il nous fit même assez rire par suite de la familiarité qu'il montrait en jouant avec les breloques de la chaîne de montre du duc, tandis que celui-ci le caressait en signe de satisfaction et d'encouragement. Ce fut dans deux de ces concerts que j'eus le bonheur de réentendre Mademoiselle, exécutant un morceau de harpe avec une supériorité qui tant de fois avait fait mon admiration à Tournai, notamment le jour où, dépassant tout ce que pouvait inspirer sa bonté, et ainsi que je le rappelle pour la seconde fois, elle daigna faire de la musique pendant une heure de séance que je donnais à Mlle Henriette de Sercey, alors que celle-ci avait entrepris de faire de moi un portrait que je possédais encore au moment où je fus rentré à Paris. Lorsque le duc eut échangé avec Louis XVIII les écuries de la rue de Chartres contre le château et le parc de Neuilly, dont il a fait un Élysée, je fus également reçu dans cette résidence de campagne et, une fois entre autres, invité à un dîner où il n'y avait d'étranger que moi. Ce souvenir est une des édifications de ma vie, tant l'étiquette me parut bannie; ainsi le duc tutoyait Mademoiselle, et Mademoiselle tutoyait le duc; l'intimité de cette princesse et de la duchesse était entière. Mme de Dolomieu, Mme de Montjoye, les aides de camp du duc avaient une aisance qui révélait la bonté avec laquelle on les traitait. Vers la fin du dîner qui me semblait si digne de respect par ses façons patriarcales, Mademoiselle dit à son frère de nous faire prendre le café dans l'île et dans le pavillon portatif; l'ordre en fut donné à l'instant, et, en sortant de table, après quelques détours faits dans ce parc de Neuilly dessiné par le Roi, nous arrivâmes au milieu de l'île, dans un pavillon construit en pièces de bois rapportées et, malgré son improvisation, solide d'aspect comme s'il existait depuis dix ans. Puis, le café pris, nous parcourûmes les deux îles que possédait alors le prince; il projetait déjà l'acquisition de toutes les autres formées là par la Seine et destinées à donner le dernier degré de variété possible aux promenades à pied et en bateau. En revenant vers le château, le duc resta en arrière avec un de ses aides de camp, et j'osai offrir à la duchesse mon bras, qu'elle daigna accepter; on voit par là quel était à Neuilly le degré de simplicité. Bien d'autres souvenirs pourraient trouver ici leur place; je n'en citerai que trois.

« Singulier pays que cette France, me dit un soir à Neuilly le duc d'Orléans; on y est toujours de flamme pour commencer quoi que cela puisse être et de glace pour le finir. Voyez tous ces monuments conçus pour l'embellissement de Paris et qui n'offrent aux regards que des décombres, depuis l'Arc de triomphe, le palais du quai d'Orsay, la rue de Rivoli, la place du Carrousel, la Bourse, la Madeleine. » Il ne parla pas du palais du Roi de Rome, qu'il n'était pas question de finir, quoique, comme point fort destiné à contenir Paris, il eût peut-être été politique d'achever en ce palais le triangle de feu que l'Empereur avait imaginé, et qui devait se composer de ce palais du Trocadéro, de Montmartre et de Vincennes; il ne me parla pas non plus des Tuileries, que Louis XVIII et Charles X laissèrent pourrir sous eux, et qui menaçaient ruine presque autant qu'eux-mêmes; quant au Palais-Royal, et indépendamment de l'acquisition du Théâtre-Français et de toutes les maisons qui terminent la rue de Richelieu, depuis ce théâtre jusqu'à la rue Saint-Honoré et jusqu'aux bâtiments de la cour de Nemours, le duc avait déjà entrepris les travaux destinés à donner le dernier lustre à ce palais justement appelé la « Capitale de Paris ». Il ne comptait pas même alors sur l'indemnité des émigrés, qui le mit à même de hâter ces travaux; sans doute à cette époque pensait-il encore moins que ce serait par ses mains que la presque totalité des monuments qu'il m'avait cités serait achevée, fait dont le souvenir de cet entretien ne me permit plus de douter, du moment où le duc arriva au souverain pouvoir.

Ses salons réunissaient, aux extrêmes près, des hommes de l'émigration et de la Révolution, les uns venant par admiration et reconnaissance, les autres par politique et peut-être même pour de mauvais rôles. Malgré ce mélange, chacun chez ce prince se trouvait à son aise, je dirais presque à sa place. Si les *grognards* ou les *voltigeurs de Louis XIV* (1) étaient scandalisés de nous trouver là, nous sentions que là du moins leur

---

(1) Sobriquet donné à ces vieux officiers de l'émigration qui, avec leurs ailes de pigeon, leur queue de rat, leur tête de rainette poudrée à blanc, leurs petites épées, leurs grands parapluies, leurs habits neufs, leurs nouvelles épaulettes, les chaînes de montre pendantes, divertissaient les badauds de Paris.

humeur était sans conséquence, au point de nous divertir en raison de ce qu'elle se manifestait. Au surplus, comme on n'échappe pas entièrement aux influences du milieu où l'on se trouve, alors surtout qu'il domine d'aussi haut toutes les positions sociales, les ultras même avaient chez le duc d'Orléans, chez leur premier prince du sang, une aménité qu'ils ne conservaient pas ailleurs, et je dois sans doute à cette circonstance un entretien assez intime avec un des personnages marquants de la cour de Louis XVIII, entretien fort loin d'être sans intérêt, de plus signalé par une sorte d'assaut de politesse et qui, au départ de ce personnage, se termina par des saluts presque affectueux. Comme nous nous séparions, le duc, qui sans doute avait remarqué cet aparté, passa devant moi et me dit : « Avec de l'esprit et l'habitude, les manières de la bonne compagnie, tout semble se confondre dans un salon; mais ces fusions ne consisteront jamais qu'en de vaines apparences; comptez donc bien, mon cher général, que ce qui est blanc restera blanc, et que ce qui est bleu restera bleu. »

À quelque temps de là, les salons se trouvant dégarnis par le départ de la plupart des visiteurs, et au moment où je me disposais à partir moi-même, ce prince m'aborda en me disant après quelques mots de préambule : « Quelles sont, selon vous, les circonstances où il est du devoir des troupes de tirer sur le peuple ? » « Monseigneur, répliquai-je aussitôt, très peu soucieux d'aborder une telle question, ce sujet est trop grave pour qu'on puisse se prononcer sans y avoir profondément réfléchi, et j'avouerai à Votre Altesse qu'aucune de mes pensées ne s'y est encore arrêtée ! » Cette réponse était une défaite, et il ne s'y trompa pas.

CHAPITRE IX

Vaincu par les éléments ou écrasé sous le poids des masses, abandonné, trahi par ses alliés et par une partie de ses propres généraux, vendu par des hommes comblés d'honneurs et de richesses, enfin précipité du faîte de la puissance, il était impossible que Napoléon se résignât à n'occuper qu'un point dans l'espace et qu'il ne rêvât pas de ressaisir le fil d'une destinée réparatrice.

Dans ses *Mémoires sur la Restauration*, Mme la duchesse d'Abrantès nie formellement que Napoléon ait eu ce dessein, et même elle ajoute : « Ceci, je puis l'affirmer; j'en ai la preuve. » Mais que conclure d'une affirmation aussi positive, si ce n'est que la duchesse a été trompée? Dans la position de Napoléon, ne pas profiter d'un mouvement favorable pour se venger et pour reconquérir son trône, c'eût été contre sa nature. Comment se serait-il cru lié par des traités, violés au point que rien n'avait été soldé de ce qui avait été garanti à sa famille et à lui, et lorsqu'il était informé qu'on se préparait à l'arracher à l'île d'Elbe et à le reléguer sur un rocher pestilentiel, où il posséderait à peine l'espace nécessaire à sa tombe? Pousser la résignation jusque-là eût été avilir jusqu'à son malheur. Quant à songer à se garder contre ces projets de nouvel exil et de lointaine translation, à se défendre à Porto Ferrajo, c'eût été de la folie pour tout autre que pour un criminel ou pour le chef d'une bande de brigands voués à la mort sans espoir de merci. Et maintenant qu'en vue d'éloigner tout soupçon de préméditation il parût s'arrêter d'abord à l'idée d'une résistance qu'un caporal et deux Napolitains, comme disait Rapp, eussent suffi pour rendre inutile, cela se comprend ; car il avait intérêt à n'avoir l'air de s'être décidé au retour qu'en désespoir de cause. Non, lorsque le duc de Wellington, le prince de Hardenberg, Alexis de Noailles et M. de Talleyrand proposèrent de transférer Napoléon à Sainte-Hélène, et lorsque cette proposition trouva crédit dans le congrès de Vienne, Napoléon n'eut jamais l'absurde pensée de s'y opposer par les armes, puisqu'il savait bien qu'il n'aurait d'autre issue « que de se rendre ou de sauter en l'air comme une grenade » ; dès lors il ne lui restait qu'une entreprise à former, et l'amour que lui conservaient ses troupes, la ferveur avec laquelle son souvenir continuait à vivre dans l'imagination des peuples, les fautes des Bourbons qui avaient exalté la colère et la honte de l'armée, toutes ces raisons lui faisaient présager trop de chances pour qu'il n'en courût pas quelqu'une, alors qu'il avait le caractère de les courir toutes.

Cependant, et quoique le succès parût chaque jour de plus en plus probable, il n'en calculait pas moins avec une attention soutenue la progression de l'exaspération générale, et il n'attendait plus pour agir que la dissolution du Congrès et la dispersion des souverains qui se trouvaient encore réunis. Et en effet, tant que durerait ce Congrès, dominé par la haute capacité, le cynisme satanique et l'influence de M. de Talleyrand, trop coupable envers Napoléon pour ne pas être le plus acharné de ses ennemis, on pouvait être certain que, dès que Napoléon aurait reparu sur le continent, une nouvelle coalition serait aussitôt formée, et que toutes les armées de l'Europe se porteraient sans retard contre lui au pas de charge. Tout au contraire, le Congrès, ses membres et les Princes une fois dispersés, il eût fallu bien des mois pour décider la formation d'un nouveau congrès, pour s'accorder sur le lieu où il siégerait, pour le composer et le réunir, pour échanger les pouvoirs et régler l'ordre des travaux, pour commencer à opérer, pour déterminer les contingents, les faire partir et arriver. Toutes les mesures eussent donc été retardées, et peut-être est-ce à cette fatalité, je veux dire à la durée de ce Congrès, qu'il faut attribuer la double et irréparable faute dans laquelle Napoléon se laissa entraîner, quand il fit de la politique et des constitutions à Paris, ce qui l'a rendu victime des fourberies de la diplomatie et du rôle des factieux; quand il hésita à se jeter de suite en Belgique avec ce qu'il aurait pu y conduire de troupes et à appeler à lui tout ce qui aurait dû ou voulu le suivre; ce qui immédiatement, et sur ce point seul, l'eût renforcé de cent cinquante mille Français et de cent mille Belges, et ce qui, par des probabilités qu'on peut regarder comme des certitudes, eût empêché la cinquième coalition de se former telle qu'elle le fut, ou bien en aurait annulé les efforts. Mais cette dispersion du Congrès, Napoléon ne put l'attendre, car un incident, au dernier point funeste, précipita son départ de l'île d'Elbe, et cet incident fut la rébellion du comte d'Erlon et la marche de ce général sur Paris..............

Ici le manuscrit présente une lacune de neuf pages, supprimées, croyons-nous, dans l'intérêt d'un parent que le général Thiébault malmenait assez rudement. Sur les conseils de ce parent, le général se laissa séduire par un espoir de fortune, et, croyant en tirer de grands revenus, il acheta dans le département d'Indre-et-Loire une partie de l'ancien domaine de Richelieu. La seigneuriale demeure bâtie par le Cardinal

avait été presque entièrement démolie sous la Révolution (1);
il n'en restait debout que quelques constructions et les communs; à l'aide des revenus de la terre, le général rêvait de créer une belle résidence, d'acheter ce qui restait des anciennes constructions, puis le grand parc qui avait trois lieues de tour, de refaire un château des communs ayant en façade trois cents pieds et dont le pavillon du centre était surmonté d'un dôme. Il devait transformer le petit parc en un parc anglais, à la fois d'agrément et de culture, ne conserver qu'une partie du canal en avant des écluses et profiter des eaux en faisant courir à travers le parc la rivière qui desservait le canal. Ces beaux rêves s'évanouirent devant une duperie ; les événements politiques n'en eussent pas d'ailleurs favorisé la réalisation, ainsi que le général Thiébault le marque par la suite de son récit.

C'est le 7 mars 1815, à une heure et demie du matin, que je signai l'acte qui me rendit propriétaire de Richelieu, et sept heures après, à mon réveil, j'appris le débarquement de Napoléon, débarquement que le Roi savait depuis le 4 au soir. On comprend le bouleversement qu'un tel événement produisit, et l'un des effets les plus immédiats fut la dépréciation des valeurs immobilières. Il en était donc de cette affaire comme de toutes celles que j'ai entreprises; en admettant qu'elle eût pu être bonne, les circonstances l'auraient rendue mauvaise; mais, en dehors de cette acquisition intempestive, le retour de Napoléon fut pour moi, comme pour tant d'autres, le sujet d'une inquiétude sérieuse. Je ne me comptais certes pas au nombre des partisans des Bourbons,

---

(1) C'est ce qui semble ressortir d'un fragment échappé à cette mutilation. En d'autres endroits du manuscrit les mêmes ciseaux ont coupé des passages suivant l'intérêt ou l'opinion qu'ils voulaient servir; mais nous avons pu retrouver, dans les notes et les papiers laissés par le général, des essais de première rédaction ou la matière nécessaire pour combler les lacunes, et nous n'avons indiqué que celles des très rares suppressions dont il ne nous a pas été possible de découvrir l'équivalent. (Éd.)

étant trop Français pour m'attacher à des gens qui ne l'étaient pas du tout; mais aussi, et quoique j'eusse profondément déploré la destinée de l'Empereur, je n'avais plus assez de confiance en lui pour me réjouir de son retour, et j'avais trop de doute sur sa réussite pour ne pas prévoir que la France lui devrait de nouveaux malheurs. En admettant même son succès, pouvais-je croire qu'il en résulterait autre chose que la revanche d'un homme, et non un retour de fortune auquel la patrie pût être intéressée? Enfin, descendant de ces hautes considérations à ce qui pouvait me concerner personnellement, je ne devais en attendre plus d'avantages que je n'en avais obtenu au temps de la grandeur et de la prospérité, c'est-à-dire au temps où se distribuaient si généreusement les faveurs et les grâces. Si donc les Bourbons ne me laissaient aucun regret, Napoléon ne me donnait aucun espoir; exempt d'ambition, de vengeance, isolé dans mes sentiments comme dans mes pensées, je demeurai aussi étranger au délire de la France qu'aux fureurs et aux terreurs de la Cour.

Que faire? furent les premiers mots dont retentirent les Tuileries. Si l'on avait pu effacer le souvenir des humiliations que si gratuitement on avait fait subir à trop de généraux, des insultes faites aux troupes notamment par le duc de Berry, des épaulettes qu'il se permit d'arracher; si l'on avait pu oublier et les jurements et les manières soldatesques à l'aide desquels il cherchait à se donner l'air martial, certes, c'est par là qu'il aurait fallu commencer; mais on ne pouvait que regretter ce passé et non le supprimer. Aussi cherchait-on les moyens de sauver le présent, et je me rappelle à cet égard une idée que j'eus l'occasion d'émettre, et qui, suivie à temps, aurait pu faire échouer Napoléon dès le début de son entreprise. C'était le 8 mars; j'étais chez la comtesse de Vaulgrenant, et, comme partout, on y parlait de cette attaque d'un grand royaume par un seul homme, épisode étourdissant d'une vie si extraordinaire. Tout en convenant que si Napoléon était forcé de tirer un coup de fusil, il était perdu, on en vint aux appréhensions que donnaient les troupes du Roi et à la manière de les contraindre à combattre; à ce sujet, je dis que mettre quelques troupes que ce fût en présence de Napoléon et des hommes qu'il ramenait avec lui, les rapprocher assez pour que les figures se distinguassent, pour que les voix s'entendissent, surtout pour que Napoléon se vît, se reconnût, c'était rendre certaine leur défection immédiate, et que la seule condition pour éviter les conséquences d'une attraction inévitable était de faire commencer le feu par du canon à grande portée. Et en effet, une goutte de sang versée ou réputée versée, on ne s'arrête plus, et le seul fait d'avoir combattu aurait détruit le prestige de ce revenant triomphal et lui aurait ainsi enlevé sa seule chance favorable. Sans présenter ce moyen comme infaillible, je mis beaucoup de chaleur à le faire valoir comme seul capable de réussir, et les personnes présentes en furent si frappées qu'une d'elles partit de suite pour aller le communiquer au duc de Berry, ce qui me fit regretter d'avoir parlé. Je fus bientôt rassuré. Son Altesse comptait sans doute encore sur les inspirations du Saint-Esprit, dont cependant les insignes n'atteignirent jamais en lui que le niveau de ses lourdes épaules; de plus, nous étions au 8; il fallait encore quatre ou cinq jours pour l'adoption, la transmission d'une disposition quelconque; or il était impossible qu'avant douze jours, il n'y eût pas eu des contacts de troupes, et il était cent fois évident que la conduite que tiendraient les premières déterminerait irrévocablement celle de toutes les autres.

Quoi qu'il eût pu résulter de cette idée, elle n'eut pas de suite, et, dans l'embarras des mesures à prendre, on fit partir le duc de Bourbon pour la Bretagne; mais il n'y avait plus ni Condé, ni Vendée, et le rôle de ce prince, pour dernier fait d'armes de sa race, se borna à capituler avec un colonel de gendarmerie, nommé Noireau, et à profiter du passeport que celui-ci lui octroya, qu'il fit signer par un simple chef d'escadron nommé Candel pour se rendre en Espagne. Je ne parle pas du duc et de la duchesse d'Angoulême qui se trouvaient à Bordeaux et qui firent, elle, tout ce qui fut possible, lui, tout ce dont il était capable; mais une autre mesure non moins inutile et par trop bizarre fut d'envoyer Monsieur à Lyon. C'était la quatrième fois que, pour son malheur, il était appelé à jouer un rôle à la fois militaire et historique. Et de fait, en 1782, il est envoyé au siège de Gibraltar, et il ne gagne à cette campagne qu'un enfant qu'il n'avait pas eu la peine de faire; en 1789, il quitte la France, dont ses folles dépenses ont empiré la situation financière, et il ajoute à l'exaspération en prêchant la croisade contre sa patrie, plante et arbore l'étendard des lys à Coblentz; il provoque à cette émigration dont il a donné l'exemple et dont furent victimes tant d'hommes que leur honneur et leur vaillance rendaient en majeure partie dignes d'un meilleur sort, et, lorsque ces trop fidèles serviteurs de sa famille ont répondu à son appel, lorsqu'il faut combattre, il cède au prince de Condé le seul rôle qui aurait pu pallier ses torts et honorer ses malheurs. En 1796, après avoir si longtemps reculé devant les instances de Catherine II et fui tous les lieux qui servaient de théâtre à la guerre, il demande enfin lui-même à se rendre dans la Vendée; aussitôt l'Angleterre cède à son vœu, et déjà il déplore le succès dont il devrait s'enorgueillir. Il part cependant, mais en tremblant de tout son corps, et ne gagne à sa crânerie que de perdre par lâcheté la cause qu'il pouvait sauver sans vaillance, et il revient flétri d'un éternel déshonneur. Et tel était ce chevalier français qu'en 1815 on lâcha contre Napoléon. Il ne fit pour ainsi dire que toucher barre; mais, ce qui de sa part était bien naturel, il fit commencer des barricades qu'il ne défendit pas plus qu'il n'en força d'autres quinze ans plus tard; car, une fois élevées, elles ne lui parurent pas un abri suffisant, et sans doute ne se serait-il pas encore cru suffisamment rassuré, quand même il aurait pu se barricader à Lyon avec les Alpes. Je ne sais si en quittant Paris il se prit pour un foudre de guerre, mais personne n'ignore qu'il revint de Lyon plus vite que ne décampa le lièvre de la fable; aussi le choix qui fut fait de sa peureuse personne et son voyage furent-ils ridicules, au point de faire pouffer de rire ceux qu'ils avaient la prétention d'épouvanter. Cette mission de Lyon ne pouvait réussir qu'à la condition d'être confiée à un prince qui eût été à la fois homme de tête et de cœur, mais cela rappelle la chanson faite sur Gorsas et dans laquelle, à propos des chemises du personnage, se trouve ce trait : « Où les aurait-il prises? » La façon dont madame la duchesse d'Abrantès parle des princes et de Monsieur ne cadre pas avec les faits, et c'est en termes aussi peu conformes à la réalité qu'elle présente Monsieur à propos du fameux duel qu'il eut avec le duc de Bourbon (1). Louis XVI avait exigé que le duc se contentât d'un simulacre, et ce n'est qu'à ce prix que le comte d'Artois se rendit sur le terrain. Le fer à peine croisé, l'épée du comte d'Artois sauta en l'air, moment auquel l'ordre fut signifié d'en rester là. Voilà

(1) En 1778, à un bal de l'Opéra, le comte d'Artois avait arraché le masque de la duchesse de Bourbon; l'offense étant publique, la réparation demandée par le duc ne put être refusée. (Éd.)

tout ce dont le premier gentilhomme de France se trouva capable. Mais encore, s'il avait été autre qu'il se montra lors de son duel, quoi qu'on en dise, ou à Gibraltar ou bien dans sa fuite, quand il se sauva de France parce qu'on lui raconta que l'on parlait à Paris de mettre sa tête à prix, ce qui était faux, ou à Coblentz, à Pétersbourg, à l'île Dieu; si vraiment il avait été autre, c'est-à-dire s'il avait eu seulement pour quatre sous de cœur et deux sous de bravoure, est-ce que ce n'est pas lui qui aurait commandé l'armée des Princes? L'armée de Condé n'eût-elle pas été l'armée d'Artois, si cela avait été possible de lui donner ce nom? Et dans ces campagnes qui honorèrent à la fois trois générations de la maison de Condé, n'aurait-il pas trouvé dix occasions pour une de signaler sa vaillance, alors que jamais on ne put seulement, je ne dis pas citer, je dis prononcer son nom, et que certes il aurait gagné de telles citations, et même des plus pompeuses à bien peu de frais? Mme la duchesse d'Abrantès, toujours consciencieuse, mais souvent abusée, ne fait en ceci que révéler les honorables sentiments sous l'influence desquels elle a écrit certains passages de ses *Mémoires* (1), et, je le répète, quelle prévention peut faire croire au courage du comte d'Artois, à la bonté de la duchesse d'Angoulême, aux mérites du duc de Berry, et cela en taxant Louis XVIII de poltronnerie, fait entièrement inexact, ainsi qu'elle en convient elle-même ailleurs (2); et cela quoiqu'il ait perdu fort jeune, ce qui généralement est considéré comme indispensable à la bravoure, mais ce qui ne put suffire à donner du courage au comte d'Artois? Ce qu'elle dit de la grâce de ses manières est vrai, de son charme positif est exagéré, de sa belle âme est contredit par cet axiome qu'il n'est

---

(1) *Mémoires sur la Restauration*, tome VI, p. 64 et suivantes.
(2) Tome II, p. 22.

pas de beauté sans vaillance, et par ce fait qu'il mettait les chances de son salut et son effroyable peur de la damnation avant le bonheur de trente millions d'hommes; aux parties de whist, que pendant sa royauté il faisait tous les soirs, il disait mille injures grossières à ses partenaires, qui n'osaient pas lui répondre. Son frère et lui prétendaient n'être revenus demander une couronne à la France que pour obtenir le droit d'y avoir leurs tombes; mais, avant d'y mourir, il fallait mériter le droit d'y vivre.

Ainsi, et pour en revenir aux démonstrations que le retour de Napoléon provoqua dans l'ouest et le midi de la France, on se borna à opposer le plus triste soldat du monde au plus formidable des guerriers; en toute hâte, sous le prétexte de concourir en cas de besoin à la défense de la capitale, et indépendamment de quelques troupes, on fit arriver à Paris des bandes d'assassins tirées du Midi et de la Vendée. C'était une répétition de ces horribles Marseillais qui, en 1792, firent le 10 Août, massacrèrent les prisonniers d'Orléans à Versailles et les malheureux qui, à Paris, encombraient les prisons. C'était faire justifier par les Bourbons eux-mêmes le plus hideux des actes révolutionnaires. Il n'y avait en effet que les mots à changer à l'égard de crimes qui, sous Charles IX, avaient eu pour prétexte la catholicité, sous la Convention le patriotisme, sous Louis XVIII la destruction des libéraux et des bonapartistes, et qui étaient les produits de trois fanatismes également forcenés. De même qu'aux pires époques, on fit des listes par quartiers. Outre quelques hommes tels que le duc de Bassano, dont à cause de leur importance on voulut se défaire le plus tôt possible et pour lesquels on imagina ou tenta des assassinats particuliers, les généraux, à quelques honteuses exceptions près, furent portés en masse sur les listes. On me prévint que je n'avais pas été oublié; mais de semblables attentats, lorsque leur effet est trop étendu, tournent d'ordinaire en bagarre; celui-là ne me semblait devoir offrir que deux ou trois nuits de danger; grâce à mon ami Rivierre de l'Isle (1), j'avais une cachette au ministère de la Maison du Roi, et à peu près la certitude d'être prévenu du jour où je devrais découcher. Au reste, cette exécution en masse n'eut pas de suite, parce qu'elle ne pouvait en avoir; de tels projets éventés n'aboutissent jamais qu'au mépris.

Pendant que le comte d'Artois comptait retrouver à Lyon les adorations qui allaient se tourner vers Napoléon et l'abuser à son tour, pendant que, dans la Vendée, le duc de Bourbon passait sous le joug d'un colonel, que Bordeaux et le Midi étaient témoins de l'inutilité des efforts du duc et de la duchesse d'Angoulême, et que le duc de Berry enrageait de rester à Paris, on eut recours au maréchal Ney pour aller combattre Napoléon. Mais ce chef, superbe de résolution et de vaillance devant l'ennemi, et si faible en affaires de politique et d'État, après n'avoir vu dans ce retour qu'un acte de complète démence et dans celui qui l'exécutait un fou à ramener dans une cage, ne fit que grossir le cortège et se rendit passible d'une trahison qui n'empêcha pas de le plaindre et d'exécrer ses juges, mais qui n'en tacha pas moins sa vie.

En dépit de la Charte, ce contrat de mariage entre la France et lui, Louis XVIII traita la France comme une épouse que l'on déteste malgré ses vertus et ses titres, et l'Émigration comme une maîtresse que l'on adore malgré ses fautes et ses crimes. Le contrat avait donc reçu pas mal d'atteintes, et, pour donner le change sur ses

---

(1) Rivierre était chargé de la liquidation de la dette du Roi et des Princes. Il mourut en 1816.

infidélités, le Roi se rendit à la Chambre des députés et renouvela son serment à la Charte, serment que, sans qu'ils y fussent provoqués, prêtèrent également le comte d'Artois, le duc de Berry, le duc d'Orléans et le prince de Condé, et, dans cette circonstance, le comte d'Artois se distingua par une véhémence théâtrale en s'écriant : « C'est au nom de l'honneur que nous jurons tous fidélité à Votre Majesté et à la Charte constitutionnelle qui assure à jamais le bonheur des Français. » Mais, après ce que l'on savait du personnage, sa scène à grand effet fut froidement accueillie. A cette première jonglerie on crut devoir en ajouter une seconde qui n'eut pas davantage le don de persuader personne. N'ayant pu nous tuer, et aucun miracle ne prouvant que les goupillons des prêtres valussent mieux que les baïonnettes, on se mit à nous cajoler ; caresses de la peur, et qui furent reçues comme telles. Enfin, ce qui devait être pour les Bourbons le coup de grâce, c'est que le maréchal Soult se trouva ministre de la guerre. Rien n'est plus caractéristique, plus conséquent avec lui-même que la conduite que le maréchal tint dans cette circonstance ; rien n'est plus conforme à cet axiome qui fut celui de toute sa vie : « Que tout ce qui me domine, périsse. » Et en effet, des troupes en assez grand nombre avaient été dirigées sur Grenoble et sur Lyon, afin de former vers les Alpes un camp que M. de Talleyrand, alors au Congrès de Vienne, jugeait nécessaire pour rendre quelque attitude à la France ; mais ces troupes, choisies pour faire figure devant l'étranger, pouvaient ne rien valoir devant Napoléon, et, dans cette occurrence où il ne s'agissait que d'arrêter une poignée d'hommes, c'était sur le choix des chefs et des corps plus que sur le nombre qu'on devait compter ; il fallait donc immédiatement éloigner quelques régiments et quelques généraux, et les remplacer par d'autres; il fallait encore morceler les masses pour leur ôter la confiance qu'elles prennent d'elles-mêmes et la facilité de se concerter sur leur défection, et il fallait rendre les fractions responsables de leur conduite, l'une envers l'autre; il fallait de plus placer sur la route toutes les troupes à portée, les échelonner par brigades à une journée de distance, munir la brigade de tête d'artillerie pour commencer le feu suivant ce que j'ai dit, et de cavalerie pour profiter d'un moment de succès, et il fallait qu'avec cette brigade se trouvât le lieutenant général en chef, afin de ne pas laisser de proportion entre le nombre des troupes et l'influence des grades; il fallait également des proclamations pour les troupes et pour les généraux des instructions appropriées aux nécessités du moment; car des ordres de la teneur habituelle risquaient, dans ces circonstances exceptionnelles, de rester sans effet. Enfin, en opposition aux plus fortes menaces, il fallait des garanties de grandes récompenses pour ceux qui se distingueraient par leur zèle et leur dévouement. De telles mesures étaient au nombre des devoirs sacrés d'un ministre fidèle; mais l'inspirateur du monument de Quiberon et de la colonne de Boulogne (monuments qui hurlent d'avoir le même père) était occupé de bien autre chose, ou plutôt il n'en voulait qu'une seule, simple à ses yeux, abominable à tous les autres; il voulait pouvoir, quels que fussent les événements, se faire un mérite, un titre de ses actes vis-à-vis des Bourbons si Napoléon échouait, vis-à-vis de Napoléon si les Bourbons succombaient, et c'est ainsi qu'il parvint à se mettre en position de dire à Louis XVIII : « Sire, les seuls éléments qui soient à la disposition d'un ministre de la guerre, ce sont les généraux et les troupes, et sans retard j'en ai dirigé contre l'ennemi commun dix fois ce qu'il fallait pour le détruire. Que pouvais-je faire de plus pour prouver mon dévouement à Votre Majesté? » Et à Napoléon : « Sire, envoyer au-devant de Votre Majesté impériale et royale, ou mettre à sa portée les généraux qu'elle a faits et les troupes dont elle n'a pas cessé d'exalter l'enthousiasme, c'était lui livrer l'armée tout entière, et ma fidélité est attestée par mon empressement à le faire. » Et, grâce à cette façon d'agir, Louis XVIII eut immédiatement pour ennemies toutes les troupes qui devaient le sauver, et Napoléon disposa de toutes celles qui devaient le combattre.

L'accusation de machiavélisme qui, résultant des actes mêmes du maréchal, fut alors publiquement répandue, cette accusation est contredite par la conduite que la duchesse d'Abrantès prête dans la même circonstance au même maréchal. Est-ce une raison pour que je me rétracte? Certes non. Mon opinion ne date pas d'hier; je l'ai consignée sous l'impression du moment en 1815, et, d'accord avec celle de tant d'hommes de guerre et de tant d'hommes d'État, d'accord surtout avec les faits, j'ai eu l'occasion de la répéter bien des fois sans qu'aucun des témoins ait pu m'opposer d'arguments contraires. Quant à l'idée que, suivant Mme la duchesse d'Abrantès, le maréchal aurait émise de ne pas laisser un soldat sur la route suivie par Napoléon, et cela, depuis le lieu de son débarquement jusqu'à Paris, cette idée est absurde, au dernier point absurde (1). M. de Blacas, se récriant que c'était insulter l'armée, avait cent fois raison, et les faire fuir devant Napoléon pendant deux cents lieues eût été une singulière manière de les aguerrir contre lui; de même que les signaler ainsi

(1) Il y a d'ailleurs contradiction patente entre le conseil donné par le même Soult d'envoyer le maréchal Ney contre Napoléon et, en propres termes, pour le combattre.

comme disposés à la trahison n'était pas un moyen de les rendre fidèles (1). Et croit-on que ces troupes ainsi réservées auraient été plus efficacement mises en ligne quand partout elles eussent vu éclater l'ivresse et le délire? Croit-on que, même encore contenues, elles auraient combattu les populations que Napoléon avait reconquises par une invasion d'enthousiasme? Belle idée que celle de laisser insurger toute la France, pour rester maître des régiments, et qui oserait supposer de bonne foi qu'alors l'armée ne dût pas faire cause commune avec le peuple? Sans nul doute ce fameux conseil, s'il eût été suivi, aurait révolté les corps les mieux disposés et suffi comme prétexte pour faire déserter les autres en masse. Une telle révélation, au surplus, n'a pu être faite que par le colonel Bory de Saint-Vincent, fort à sa place à l'Institut, voire même à la Chambre des députés, mais ne pouvant inspirer de confiance relativement aux plus simples opérations de guerre, et à qui son admiration outrée pour le maréchal ne permet pas d'être un juge indépendant en de telles matières. Trêve de romans; le succès de Napoléon résulta des motifs mêmes qui avaient déterminé son entreprise. C'est aux Bourbons seuls qu'il le dut, à eux qui, n'ayant d'amis que les ennemis de la France, avaient poussé les choses au point de rendre ce succès indubitable.

Les événements marchaient à pas de géant, c'est-à-dire au pas de celui qui les déterminait. Arrivé à

---

(1) M. le maréchal entendait-il que toutes ces troupes, au lieu de fuir devant lui, s'écartassent seulement pour le laisser passer et après se missent à sa poursuite? Mais, sans rappeler que ses émissaires couvrirent de suite la France et qu'un seul suffisait pour tout soumettre, on ne rattrape pas celui à qui on n'aurait pu échapper et on ne fait pas tripler les étapes à des soldats qui marchent à contre-cœur.

Grenoble avec sa faible escorte, de suite et par l'élan spontané de La Bédoyère et de son régiment, il est maître de cette place, de toutes les troupes qui s'y trouvent et de toutes les populations du Dauphiné ; il part pour Lyon, que ses habitants lui livrent avec d'indicibles transports, où il trouve une nouvelle armée et d'où, regardant sa colossale entreprise comme accomplie, il reprend et exerce le pouvoir souverain, et rend ces trop fameux décrets portant dissolution des Chambres, convocation du Champ de mai, etc. Proclamé par les citoyens avec autant d'ardeur que par les troupes, c'est avec de simples détachements sans cesse renouvelés qu'il continue sa marche victorieuse et triomphale, et de sa personne qu'il forme presque toujours l'avant-garde de la longue traînée de troupes qu'il laisse après lui, semblable à ces météores, dont un immense embrasement sillonne le passage. Bientôt d'autres légions accourent au retentissement de ses pas ; tout, en effet, se rallie à sa voix, et c'est isolé de ses compagnons de l'île d'Elbe, de ces braves qui devaient être sa sauvegarde et dont il devint le salut, qu'avec la rapidité de l'aigle, son emblème, il franchit le vaste espace qui le sépare de Paris, s'empare de cette capitale, après en avoir fait fuir, aussi bien que du reste du royaume, les amis des Cosaques.

Bien que vingt-trois ans se soient écoulés depuis cette course prodigieuse, et quelles qu'en aient été les suites, on ne peut en invoquer le souvenir sans en éprouver comme un contre-coup de commotion électrique. Toutefois il pouvait bien être permis de ne pas s'attendre à de tels miracles, que cependant tout dès les premiers jours dut faire présager aux Bourbons. La conduite des troupes, des généraux d'Erlon, Lallemand et Lefebvre-Desnoettes, les nombreux corps déjà ralliés à Napoléon, l'exaltation de Lyon, l'attitude de Paris et le silence trop significatif de la garde nationale à la revue du 11 mars, les rapports des officiers successivement chargés de parcourir les départements de l'Est et du Nord, rapports qui avaient achevé de révéler qu'il ne restait pas un régiment, pas une population sur lesquels le Roi pût compter, tout cela n'avait pu laisser aucun doute aux Bourbons sur la nécessité de leur prompt départ, et ce départ avait dû être résolu dès le 11 ; mais, pour rester quelques jours de plus maîtres de Paris, ils annoncèrent qu'ils étaient et dans l'intention de combattre et en mesure de défendre la capitale et ses approches. Afin même de mieux afficher une confiance qu'ils ne pouvaient plus avoir, ils ôtèrent le ministère de la guerre au maréchal Soult, pour le donner au général Clarke dont l'Empereur avait payé l'espionnage et les dénonciations en le nommant duc de Feltre, dont, à l'office de bourreau près, Louis XVIII fit un Olivier le Dain ou un Tristan l'Hermite, et dont il paya les terribles services en abaissant jusqu'à lui la première dignité de l'État. Pour rappeler les détails de cette première agonie des Bourbons, faut-il dire encore qu'ils s'occupèrent de réunir ce qui restait de troupes à trente ou quarante lieues de Paris, qu'ils levèrent des volontaires royaux, mirent même des détachements de la maison du Roi en campagne, et que le Roi nomma le maréchal Macdonald général en chef de cette soi-disant armée? On lui composa un état-major, dont Belliard fut le chef, et on mit à sa disposition tous les généraux et officiers sans troupes qui étaient à Paris.

Le choix du maréchal Macdonald n'était pas heureux. Sa valeur ne pouvait pas entraîner un seul brave, parce qu'elle n'était pas communicative; il eût glacé les plus enthousiastes. Étant allé le voir à son retour de Lyon, je ne pus pas en avoir une parole sérieuse ; il m'accueillit par un grand éclat de rire et par ces mots : « Eh bien, nous voilà dans un joli gâchis ; si je sais comment nous en sortirons, je veux que le diable m'emporte. » Et autres facéties de ce genre qui cadraient à merveille, si ce n'est avec les circonstances, du moins avec son ton léger, son air moqueur et le dédain qu'il affichait pour ce qui occupait le plus tout le monde.

Quoi qu'il en soit, le 19 mars se trouvant un dimanche, il me parut de mon devoir d'aller au Château, et je m'y rendis, guidé par ce sentiment qui conduit au lit d'un agonisant. Je pris même part à un hourra de : « Vive le Roi ! » par lequel on salua Louis XVIII au moment où, sortant de la chapelle, il rentra dans le salon de la Paix, hourra de déférence plus que de présage. Croyant avoir surabondamment acquitté tout ce qui était même de convenaace, j'allais sortir du Château et rentrer chez moi, lorsqu'en vertu des pouvoirs dont il était revêtu, le maréchal Macdonald me prévint que j'avais le commandement de toutes les troupes qui allaient être dirigées sur Charenton, et que je serais spécialement chargé de faire en toute hâte construire, au-dessous du confluent de la Seine et de la Marne, un pont destiné à servir de communication et même de retraite aux troupes campées à Villejuif, où le quartier général allait être établi ; j'avais ordre de défendre et au besoin de faire sauter ce pont et celui de Charenton que je devais faire miner de suite.

Ici se renouvela pour moi, mais par un simple soliloque, une des scènes des *Fourberies de Scapin*, et, à partir de ce moment, je ne cessai de me répéter : « Que suis-je venu faire dans cette maudite galère ? » Certes, en un pareil moment, rien n'était plus facile que d'échapper à ma destination qui n'était plus qu'une jonglerie ; mais tout ce qui a seulement eu l'apparence du devoir a toujours été sacré pour moi. Je ne fis donc aucune observation et me rendis immédiatement chez Belliard pour avoir ses ordres. Je les croyais prêts, et, quoiqu'ils se bornassent aux termes que j'ai rapportés, ils ne me furent remis qu'à trois heures et demie, après plus de deux heures d'attente. Encore aucune instruction n'y fut-elle jointe ; on ne put même me donner ni la situation, ni la désignation des troupes que j'aurais à commander, tant le bouleversement était au comble. Seulement on joignit à la remise de cet ordre un bon de trois mille francs qui, je ne sais plus où, me furent payés de suite et immédiatement employés à acheter deux chevaux ; joints aux quatre que j'avais encore, ces chevaux me mirent en état de commencer ma campagne de vingt-quatre heures. Enfin je partis de chez moi vers huit heures du soir, avec mon ancien aide de camp, le commandant Vallier, et mon fils aîné à cheval, et suivi par un domestique conduisant un cheval de main et par mon cocher menant mon cabriolet attelé de deux chevaux ; j'avais pris à tout événement six mille francs sur moi.

A moitié chemin de la barrière à Charenton, je fus arrêté par trente ou quarante gardes du corps venant de faire une reconnaissance ; ils me prirent d'abord pour un général profitant de la nuit pour rejoindre Napoléon, qui de fait couchait à Fontainebleau. L'explication fut courte, et, comme ils venaient de traverser Charenton, je leur demandai quelles troupes j'y trouverais ; ils n'y avaient vu que quelques canonniers et n'avaient été reconnus que par un poste de gens sans uniforme et se disant volontaires royaux. J'entrais dans le village, quand mon aide de camp, qui m'avait précédé afin de faire mon logement, me rejoignit et me rendit compte que la municipalité était fermée. Je n'avais pas de temps à perdre; je me fis donc ouvrir la moins laide des maisons que je distinguais, j'y établis mon quartier général, et de suite je fis appeler le maire et le commandant de chacun des corps ou détachements qui se trouvaient à Charenton. Un lieutenant d'artillerie arriva. Jeune encore, il était remarquablement bien de tenue, de manières et de ton ; ses réponses, toutes justes et exactes, étaient brèves, sa mine soucieuse ; il dissimulait mal le regret qu'il avait de se trouver là, où, selon lui, son tour de service ne l'appelait pas. Après avoir appris qu'il avait avec lui quatre pièces et les hommes nécessaires pour les servir, je lui demandai quelles troupes occupaient Charenton : « Il n'y a ici aucune troupe, me répondit-il; seulement, à l'entrée de la nuit, j'ai vu arriver de Paris quelques centaines de misérables, porteurs de fusils et de gibernes, et à qui on pourrait faire l'aumône s'il était prudent de leur montrer qu'on a de l'argent. » Je le renvoyai en lui ordonnant de m'adresser de suite sa situation et en le prévenant qu'à la pointe du jour je passerais la revue de sa troupe et de son matériel.

Un Cadédis lui succéda, petit, maigre, mais vif et sautillant, coiffé d'un chapeau rond à large cocarde blanche, vêtu d'un frac marron des plus étriqués, véritable caricature que complétaient une longue rapière et la manière dont il la portait. « Et c'est vous, lui dis-je, qui commandez les volontaires royaux? — Non, mon général, je ne suis que chef de bataillon, et nous avons un colonel. — Eh bien, allez dire à votre colonel que je l'attends. » Et mon Cadédis disparut et ne tarda pas à être remplacé par un homme d'une quarantaine d'années, à peu près en uniforme et plus embarrassé que vain de son rôle. Les premiers mots d'usage échangés, je lui demandai l'état de situation de son corps : il n'en existait aucun ; son organisation : deux soi-disant bataillons ; leur force : cinq à six mille hommes ; leur composition : tout ce qui s'était présenté ; l'armement et l'équipement : gibernes vides ; l'instruction : pas cinquante hommes sachant par quel bout on prend un fusil ; l'habillement : des haillons ; les chaussures : des savates ; la coiffure : tout ce qui peut en servir, quelques bonnets rouges y compris. De plus, sans le sou, ces va-nu-pieds demandaient le prêt qui ne leur était pas dû et du pain que Charenton ne pouvait pas ou ne voulait pas leur donner. Et telles étaient les troupes avec lesquelles, de par le Roi, je me trouvais chargé de combattre et vaincre Napoléon ; grâce au commandement dont le maréchal Macdonald m'avait gratifié au Château même, j'avais beaucoup plus l'air d'être arrivé dans un coupe-gorge que dans un quartier général. Lorsque je parlai au colonel de passer la revue de ses hommes, recrutés avec tant de zèle sur les deux rives des ruisseaux de Paris et qui cependant représentaient les coryphées de la plus sainte des causes, il répondit par le mot « impossible » ; car, quelque peine qu'il se fût donnée, il n'avait pu parvenir ni à les mettre en bataille, ni à les faire marcher par le flanc. Tout ce qui fut en son pouvoir se borna à trouver parmi eux douze hommes, un sergent et un caporal, capables de me former un poste tel que je n'en avais vu qu'à la porte des comités révolutionnaires... Eh bien, cent et quelques jours après, c'était à qui se vanterait, se glorifierait d'avoir fait partie de ces volontaires royaux, qui s'étaient soi-disant dévoués au jour du danger et qu'on transformait alors en héros. Cette palinodie fournit des titres à des grâces sans nombre, et on en célébra l'anniversaire par des repas annuels, auxquels, par parenthèse, je fus constamment invité, tous les chefs de ce ramassis m'étant restés reconnaissants des égards avec lesquels je les avais traités ; mais on conçoit que je ne me rendis à aucune de ces invitations, et que j'aurais éprouvé une véritable honte à spéculer sur le titre de général commandant ces volontaires, du moins cette bande, car je crois qu'il y en avait une autre composée d'éléments plus solides.

Enfin le maire se présenta. Rien ne manquait à son dévouement, si ce n'est les effets. On lui avait demandé mille rations de vivres, et pas une ne fut délivrée. Il avait dû fournir cent ouvriers pour la construction du pont, il en manquait plus de soixante-dix, et mes menaces d'exécution militaire n'en firent pas venir vingt en plus. Je requis quatre voitures pour aller chercher à Vincennes des vivres et des cartouches, et je n'en obtins une que le 20 mars à plus de neuf heures du matin ; enfin je fus douze heures à me faire donner un logement en remplacement de la petite maison où j'étais entré en arrivant, c'est-à-dire à placer mon quartier général à la campagne que l'archevêque de Paris possède à Conflans.

Vers onze heures du soir, et par une nuit obscure et pluvieuse, j'étais à l'endroit où l'on jetait le pont dans la rivière plutôt que sur la rivière ; de fait, on travaillait mal, rien n'avançait, et la mauvaise volonté était manifeste. Cependant, à force de stimuler l'officier du génie chargé de cette construction, les sapeurs, les mariniers et les ouvriers qui devaient le seconder, j'eus, vers une heure du matin, la certitude que, vers dix heures, ce pont serait terminé, et je rentrai chez moi, d'où j'adressai à la hâte un premier rapport au maréchal Macdonald, rapport que je venais de faire partir pour Villejuif, lorsque le général Rouget de Lisle (frère de l'auteur de la *Marseillaise*, mais non frère d'opinions), l'un des deux maréchaux de camp qui devaient me rejoindre et auquel je donnai de suite le commandement direct de tout ce qui se trouvait à Charenton, arriva avec le lieutenant-colonel Allouis devant faire les fonctions de chef d'état-major de la division que je devais commander. Ce dernier était accompagné d'un adjoint, comme le général Rouget l'était d'un aide de camp.

A deux heures et demie du matin, on m'annonça un aide de camp du maréchal général en chef. C'était le colonel d'artillerie Boilleau, qui pendant une partie de la campagne de Portugal avait été employé auprès de moi, que j'aimais comme un de mes enfants et qui avait pour mission de faire cesser immédiatement tous les travaux du pont, de détruire tout ce qui se trouverait exécuté, de renvoyer les ouvriers et de faire repartir pour Paris les sapeurs, marins, matériaux et bateaux qui en étaient venus; et tout cela sans un ordre écrit, sans un mot pour moi. Dans toute autre situation, avec tout autre que Boilleau, son ordre n'eût été exécuté en aucune partie; mais, d'après la confiance qu'il était impossible que Boilleau ne m'inspirât pas, d'après sa qualité de premier aide de camp du maréchal et d'après tout ce qu'il me dit, je dus me déclarer convaincu et je me bornai à me faire écrire et signer par lui, et au nom du général en chef, un avis de la mission qu'il avait reçue, sur quoi je lui donnai carte blanche. Il était à peine huit heures du matin, que je reçus un billet de mon ami Rivierre de l'Isle, que son royalisme outré immisçait à tout, qui avait assisté au départ du Roi et qui m'avait promis de me tenir au courant de ce qui pourrait influer sur ma conduite. Ce billet portait : « Le Roi et la famille royale sont partis à minuit. Une forte agitation règne dans Paris. Tout me semble perdu. » Je gardai sur ces avis et nouvelles le secret le plus profond ; mon fils lui-même n'en sut rien par moi, et il ne le sut que tard. Au reste, je ne pouvais en prendre acte que pour ne pas me trouver au dépourvu, mais non pour changer de rôle ; soldat chargé d'une mission, je considérais que mon devoir était de la remplir, et, cette lettre reçue, je fis couvrir le pont de Charenton par des postes avancés plus nombreux ; je fis établir les deux tiers de mes volontaires royaux dans les maisons qui, à la droite et à la gauche du pont, bordent la rive droite de la Marne, et je fis former avec le dernier tiers une espèce de réserve. Quant aux pièces, deux placées vers le milieu de la pente de la rue qui descend jusqu'au pont, l'enfilèrent dans toute sa longueur, et les deux autres furent disposées de manière à battre son avancée. Enfin on continua la tâche commencée sur l'ordre apporté par Boilleau, c'est-à-dire qu'on acheva d'enlever les parapets en pierre du pont et qu'on en mina les trois arches.

Une nouvelle lettre m'arriva à Paris ; elle était de mon second maréchal de camp, m'annonçant qu'il jugeait inutile de me rejoindre. C'est à ce moment que, par le retour de la voiture et des hommes de corvée que j'avais fait envoyer à Vincennes, j'appris que le marquis de Puyvert, commandant ce château fort, s'était sauvé, et qu'il ne restait personne à qui on pût rien demander, de qui l'on pût rien obtenir. C'est à cette fuite et à l'avancement qui, à la seconde Restauration, fut donné à ce marquis (alors qu'on m'exila à Tours) que Béranger fait allusion dans ces deux vers :

> Ma foi, c'est un joli talent,
> Que d'avancer en reculant.

Mais on ne se borna pas à le promouvoir au grade de lieutenant général ; on lui rendit le commandement de

Vincennes, si lâchement et si criminellement déserté par lui, et on commit l'iniquité d'ôter ce commandement au général Daumesnil, qui avait défendu Vincennes contre toutes les forces de la Coalition et, tant en matériel qu'en munitions, etc., venait de sauver à la France pour plus de quatre-vingts millions de valeurs... Telles étaient la politique et la justice des Bourbons.

Pour en revenir à ma position, mon chef d'état-major, ce même Allouis qui pendant toute la seconde Restauration devait être chargé à Paris de la police militaire par le duc de Feltre et qui fut fait colonel par Louis XVIII, baron par Charles X, me demanda de se rendre chez lui pour voir comment se portait sa femme, qu'il prétendait avoir laissée malade; je lui donnai cette autorisation, et, deux heures après qu'il m'eut quitté, je reçus de lui une lettre disant que, si j'attendais à Charenton des ordres de ceux qui m'y avaient envoyé, je les attendrais longtemps, Paris étant abandonné à lui-même, c'est-à-dire à l'Empereur qui est attendu d'un moment à l'autre. Pour lui, regardant ses obligations comme remplies, il m'annonçait qu'il ne reviendrait pas auprès de moi et il me conseillait un prompt retour.

Je montrai cette lettre au général Rouget qui en rit avec moi, mais qui, pas plus que moi, ne considérait sa mission comme accomplie. Il y avait toutefois entre nous cette différence que Rouget aimait les Bourbons, et qu'il faisait par sentiment d'affection ce que je ne faisais que par discipline et par sentiment du devoir. Bref, nous restâmes parce que, lui comme moi, nous crûmes que dans une telle circonstance, pour laisser inexécutés d'anciens ordres, il fallait en avoir reçu de nouveaux ; car la disparition du souverain ne fait disparaître qu'un homme et non l'autorité qu'il représente, et, si cette autorité n'a pas été transmise par une cession légale de pouvoir, elle ne peut être méconnue par des soldats soucieux de leur honneur et de leur devoir. Nous demeurâmes donc, mais nous demeurâmes fort mécontents du maréchal Macdonald dont je n'avais reçu ni lettre, ni réponse, ni avis verbal, et cela quoique je lui eusse envoyé trois rapports, le premier reçu par lui à Villejuif; le second confié à un piéton qui me rapporta ma dépêche en m'apprenant qu'il n'y avait plus à Villejuif ni généraux, ni troupes, et que le quartier général en chef devait être à Saint-Denis; et le troisième à Saint-Denis, dont je n'eus jamais de nouvelles. Au fait, et dans des circonstances de cette gravité, ce silence, cet abandon prouvaient une indifférence fort déplacée, une ironie signifiant que nous étions bien bons de croire avoir encore des devoirs à remplir; ou bien c'étaient les signes d'un désordre tel qu'il eût fallu croire que chacun avait perdu la tête, M. le maréchal Macdonald le premier.

Vers une heure après midi, le 7e régiment de cuirassiers traversa le pont de Charenton et vint se mettre en bataille en arrière de ce village, sa droite à la route de Paris, et cela dans un silence que n'interrompirent pas les cris de : « Vive le Roi! » qu'à sa vue des officiers et volontaires royaux avaient proférés. Après avoir fait mettre pied à terre aux hommes, le colonel de ce régiment se rendit chez moi. Il ne savait rien de ce qui se passait ou s'était passé à Villejuif; seulement il me dit que toutes les troupes qui avaient été réunies sur ce point repassaient la Seine et la Marne, et que celles qui étaient encore attendues avaient toutes eu contre-ordre : « C'est verbalement, ajouta-t-il avec humeur, que j'ai reçu l'ordre qui a déterminé le mouvement que je viens d'exécuter; on m'a prévenu, à la vérité, que je recevrais ici de nouveaux ordres; mais je ne puis plus guère reconnaître comme tels que ceux qui me viendront de Paris, et si dans une heure je n'ai rien reçu, j'irai en chercher moi-même. »... Boutade à laquelle je ne répondis rien.

Informé vers trois heures et demie qu'un nouveau régiment de cuirassiers (le 4ᵉ) arrivait, j'allai à sa rencontre. Comme il entrait à Charenton, quelques officiers de volontaires recommencèrent leurs cris, qui, cette fois, furent répétés avec véhémence par le colonel de ce 4ᵉ et plus ou moins fortement ou faiblement par sept ou huit officiers et par autant de sous-officiers ou de soldats. Charenton traversé, le 4ᵉ se mit en bataille en avant du 7ᵉ; aucun des hommes de l'un ou l'autre de ces deux corps, appartenant cependant à la même arme, ne traversa le faible espace qui les séparait et ne quitta son rang; le colonel lui-même resta sur le front de son régiment. Tout se remarquait, dans ce moment où une forte préoccupation était écrite sur toutes les figures. Cette situation dura une heure, après laquelle le lieutenant-général Girardin arriva. Nous causâmes; les rives gauches de la Seine et de la Marne étaient décidément abandonnées. A l'exception de quelques bataillons dirigés sur Saint-Denis, tout le reste de l'infanterie était renvoyé à ses dernières garnisons. Quant à Girardin, il avait ordre de réunir sa division à Saint-Denis. L'une de ses brigades s'y était rendue directement, et il devait s'y porter avec la seconde, composée des deux régiments de cuirassiers dont je viens de parler. Il fit donc appeler les chefs de ces deux corps et les informa du mouvement qu'ils allaient faire. Le colonel du 4ᵉ se déclara prêt, mais le lieutenant-colonel du 7ᵉ répondit que son colonel était à Paris, et qu'il avait défense de bouger jusqu'au retour de celui-ci. « En vertu de quel ordre votre colonel s'est-il rendu à Paris? demanda Girardin. — Je l'ignore. — Il n'y a de chef, reprit ce général, que celui qui est présent. La culpabilité de votre colonel n'atténuera pas la vôtre. Son absence est un délit; elle lui ôte son commandement et vous en laisse chargé. Ainsi, votre régiment faisant partie de ma division, comme en voici la preuve (et il l'exhiba), vous allez faire sonner à cheval et suivre le mouvement du 4°. — J'en suis désolé, mon général; mais, en partant pour avoir des nouvelles, mon colonel m'a demandé ma parole d'honneur que le régiment ne bougerait pas avant son retour. Cette parole, je puis regretter de l'avoir donnée, mais enfin il l'a reçue, et je ne saurais y manquer. — Vous refusez donc d'obéir à mes ordres. — J'y suis forcé. — Mon général, s'écria le colonel du 4°, un officier qui se permet de faire une telle réponse doit être arrêté sur-le-champ. » Le lieutenant-colonel fixa son nouvel interlocuteur et sourit. Ce sourire, qui me frappa, signifiait que le 7° ne souffrirait pas plus cette arrestation que le 4° ne l'exécuterait. Le général Girardin avait trop d'esprit pour s'y méprendre. Aussi se borna-t-il à ajouter : « Dans les circonstances où chacun reste l'arbitre de sa conduite, à chacun aussi revient sa part de responsabilité. Quant à moi, j'aurai fait mon devoir. » Mot après lequel il ordonna au 4° et au 7° de cuirassiers de monter à cheval. Le 4° obéit et, au commandement de « Marche! » partit à la suite du général Girardin, toutes les trompettes sonnant; le colonel proféra de nouveau le cri de : « Vive le Roi! » que trois ou quatre voix à peine répétèrent (ce qui révélait que le régiment n'irait pas bien loin), et que Girardin ne répéta pas. Quant au 7°, il resta pied à terre, immobile et gardant le plus profond silence.

Cette scène avait un double intérêt pour moi. Elle

achevait de me révéler tout ce que ma position avait d'embarrassant; car, depuis que le marquis de Puyvert avait décampé de Vincennes, je restais le seul tenant encore pour le Roi autour de Paris, comme dans Paris, et, en dépit de mes sentiments, au milieu de l'écroulement général, j'étais résolu à me conduire comme j'aurais pu le faire dans ma propre cause et comme si je pouvais conserver encore l'assurance du succès, c'est-à-dire à me conduire sans grimaces, hésitation ou faiblesse; c'est à ce moment que je fis une dernière visite à mes postes avancés, que je rectifiai leur placement et que je stimulai le zèle de tous (1). Combien de fois me le suis-je dit depuis!... Si Napoléon, par quelque raison que ce pût être, avait pris cette route, s'il était arrivé au pont de Charenton, je faisais engager le feu et sauter le pont. Cela n'empêchait rien; mais je considérais que, dans cette aventure où le sort de la France était si cruellement engagé, la stricte observance des ordres reçus devenait le premier et le plus sacré des devoirs du soldat. Rien ne peint mieux mon état d'esprit et de conscience à ce terrible moment qu'un mot de Zozotte qui me revient en mémoire et que je cite parce qu'il correspond très exactement à ce qu'était alors mon sentiment. Un jour que je parlais de ma position à cette date du 20 mars 1815, je ne sais plus quel général s'étant récrié sur la nécessité à laquelle je me trouvais réduit de commander le feu contre Napoléon et son escorte, s'ils se présentaient par la route que j'étais chargé de défendre, Zozotte lui

(1) L'avant-veille, Préval avait été envoyé par le duc de Feltre à Versailles pour en faire partir deux régiments destinés au camp de Villejuif et pour exciter leur dévouement. Cette mission une fois remplie avec l'apparence d'un entier succès, Préval, de retour auprès du ministre, lui dit : « Monseigneur, j'ai obtenu de ces corps tout ce que je leur ai demandé. Ils sont partis au cri unanime de : « Vive le Roi! » mais tous pour rejoindre l'Empereur. »

dit : « Vous oubliez, général, qu'il faut avoir de l'honneur avant d'avoir des opinions »; et tel était en effet pour moi ce cas de conscience militaire que j'étais condamné à exécuter contre un géant, que j'avais tant admiré, des ordres donnés contre lui par des pygmées que je méprisais; mais, pour rappeler un autre mot de Zozotte : « Doit-on se mettre mal avec sa conscience, puisqu'on est obligé de vivre toujours avec elle ? »

Ainsi j'aurais tiré sur Napoléon; dans ce cas, il ne me restait plus d'autre parti à prendre que de courir après Louis XVIII. J'aurais tout au moins partagé la destinée de Ricard ; mon exil momentané m'eût placé à la Chambre des pairs; toutes mes tribulations sous les deux règnes des Bourbons eussent été conjurées, mes malheurs évités; et pourtant j'aurais un regret, peut-être un remords, que le sort m'a fort heureusement évités.

Rentré à mon quartier général, vers les six heures du soir, j'étais prêt à me mettre à table lorsque le général Rouget m'amena un officier supérieur de l'état-major de Paris; cet officier portait à son chapeau la cocarde tricolore et m'apportait l'ordre verbal de rentrer chez moi et de faire également rentrer chez eux les officiers généraux et d'état-major qui se trouvaient sous mes ordres, de renvoyer d'où ils étaient venus mes corps et détachements, et de faire cesser tous les travaux de défense, surtout en ce qui tenait à la rupture du pont (1). Il était temps que la journée finît; ce commandement de vingt-quatre heures me semblait avoir eu la durée d'un siècle; m'y entêter eût été absurde, quand tout était dit et cent fois dit; mais je n'en fus pas moins blessé de la

(1) Les trois arches dont je fis démolir les parapets de pierre, n'ont encore aujourd'hui, 1837, que des parapets de bois.

manière assez dégagée dont les nouveaux ordres m'étaient envoyés; par qui, en quel nom et de quelle autorité? Aussi, sans répondre à l'officier supérieur, je me bornai à dire au général Rouget : « Vous venez d'entendre les ordres que monsieur apporte. Malgré ce qu'il y a d'irrégulier et d'inconséquent à ne pas me les avoir adressés par écrit, je les tiens pour suffisants et je vous charge de leur exécution, qui terminera votre mission. Monsieur, dont je vous prie de prendre le nom, restera avec vous pour vous seconder au besoin; puis, comme vous ne ferez aucun rapport à qui que ce soit, il retournera vers qui l'a envoyé pour rendre compte que nous avons obéi aux circonstances, faute, ne les connaissant pas, d'avoir pu obéir aux personnes. »

Mes chevaux étaient sellés et harnachés, et je partis immédiatement à cheval, laissant la soupe sur la table et sans m'occuper de qui la mangerait. Comme j'arrivais à la grande route, le 7ᵉ de cuirassiers montait à cheval. En me voyant, le lieutenant-colonel accourut à moi pour me dire que son colonel venait de lui envoyer, par un officier qu'il avait emmené avec lui, l'ordre de le rejoindre à Paris, et que par conséquent il allait me suivre. Arrivé par la rue de la Grande-Pinte au carrefour de Rambouillet, je fus pris pour le maréchal Ney et applaudi à tout rompre. A deux cents pas plus loin, ma cocarde blanche me fit huer; aussi, au lieu de suivre la rue de Charenton qui était encombrée de foule, je me fis jour à travers la poussée de monde jusqu'à la rue de Beauveau qui était presque déserte. Enfin, ne voulant ôter ma cocarde blanche que lorsque je serais rentré chez moi, mais me souciant peu de nouvelles scènes, je montai dans mon cabriolet dont je m'étais fait suivre, et par les rues peu fréquentées de Sainte-Marguerite, de Popincourt, etc., je gagnai la rue de Caumartin où je logeais.

Comme complément de tous les devoirs que mon adhésion aux Bourbons avait pu me faire contracter, mais en même temps comme moyen de constater l'abandon dans lequel M. le maréchal Macdonald avait apparemment trouvé commode ou plaisant de me laisser, je lui fis à la hâte un rapport dans lequel je relatais tout ce qui avait résulté de ma mission et de quelle manière son silence l'avait compliquée et avait pu l'aggraver. Dans la soirée même, je portai mon rapport à son petit hôtel, rue de l'Université, où, par parenthèse, on n'avait aucune nouvelle de lui et où l'on me conseilla de mettre mon paquet à la poste en l'adressant à Lille, ce que je fis. La conduite du maréchal et la nouvelle preuve qu'il me donna de la légèreté avec laquelle il traitait les hommes et les choses, m'avaient donné de l'humeur contre lui ; je ne le revis donc pas de longtemps ; plus tard je n'eus pas l'occasion de revenir avec lui sur cet épisode de Charenton, alors même qu'en 1816 je fus si brutalement persécuté par le duc de Feltre. Je dédaignai et le droit que ma conduite au 20 mars me donnait de recourir à lui, et le devoir qu'elle lui imposait de me défendre ; de sorte que j'ignore encore si mon rapport lui est parvenu ou non.

Au moment où, mon rapport fini, j'allais me rendre chez le maréchal, le général Rouget était entré dans mon cabinet pour me rendre compte de l'exécution de mes derniers ordres : « Eh bien, lui dis-je, quand nous fûmes prêts à nous quitter, qu'allez-vous faire? — Rester chez moi. Et vous, mon général? — Je n'en sais rien, répliquai-je. Nous sommes dans le lit d'un torrent, qui semble vouloir tout emporter, et, pour des princes à l'égard desquels j'ai fait mon devoir jusqu'au bout, je ne risquerai pas d'être écrasé. Toutefois, si je suis le courant, ce ne sera qu'avec prudence et qu'à bonne enseigne. »

CHAPITRE X

Je venais de parler de prudence, de réflexion et de réserve dans ma conduite, et cependant les exaltations populaires ont une telle puissance électrique qu'à peine sorti de chez moi, je me sentis saisi dans le courant, et qu'après avoir passé par l'hôtel de M. le maréchal Macdonald, à l'idée que je venais d'y régler le dernier compte de mes devoirs envers les Bourbons, je devins le jouet d'un irrésistible entraînement qui me conduisit aux Tuileries. Il était neuf heures un quart; Napoléon venait d'arriver; en proie à la plus délirante des exaltations, vingt mille personnes au moins se pressaient aux abords du pavillon de Flore, dans l'escalier et les appartements où je crus que je ne parviendrais jamais. A la descente de sa voiture, l'Empereur avait été entouré, saisi, enlevé et porté à bras jusque dans les salons. Ceux qui l'avaient porté étaient comme fous; mille autres se vantaient d'avoir baisé ou seulement touché ses vêtements, et leurs exclamations se perdaient dans l'incroyable charivari des cris et des vivats dont retentissaient la cour et le jardin. Dans les appartements on ne criait plus, lorsque j'arrivai, mais tout le monde y parlait à la fois; il était impossible de s'entendre; car, pour quelques heures, le peuple formait seul la Cour de celui que la France réélevait sur le pavois. Toutes les âmes semblaient déborder de joie. Paraissait-il un des officiers revenant de l'île d'Elbe, on se jetait sur lui, comme si l'on avait voulu s'en partager les reliques, et il n'y avait pas jusqu'aux valets que l'on ne touchât et que l'on ne fêtât. Tout à coup Napoléon reparut. L'explosion fut subite, irrésistible. Je crus assister à la résurrection du Christ; de fait, après un rôle surnaturel, après des malheurs dans l'affliction desquels le ciel semblait intervenu, le miracle de son retour achevait de faire de cet homme un être plus qu'humain. A sa vue, les transports furent tels qu'on eût dit que les plafonds s'écroulaient; puis, après cette explosion de tonnerre, chacun se retrouva, palpitant d'extase et comme balbutiant d'ivresse. M'ayant reconnu au milieu de cette cohue et ayant accompagné mon nom d'un signe de tête et d'un gracieux sourire, l'Empereur put lire mon émotion sur ma figure. Et pourtant il y avait à peine trois heures que, soldat des Bourbons, j'avais encore mes canons braqués contre lui; mais maintenant il me semblait que j'étais redevenu Français, et rien n'égalait les transports et les cris avec lesquels j'essayais de lui manifester la part que je prenais à l'hommage qui lui était rendu. La nuit ne fit que suspendre ces acclamations. Au jour naissant, la foule avait envahi de nouveau le jardin et la cour, et de nouveau faisait retentir les airs de ses vivats les plus passionnés, qui, pendant près d'une semaine, furent d'échos en échos répétés par un million de Français.

A part les gens auxquels l'enfer réservait encore une revanche, dont ils abusèrent comme ils avaient abusé de la première, — n'ayant pas été plus corrigés par 1815 qu'ils ne l'avaient été par 1793, qu'ils ne l'ont été par 1830, qu'ils ne le seront jamais, — à part ces gens-là, tout Paris d'abord, bientôt toute la France partagea cet enthousiasme à la fois d'espoir et de vengeance. Et comment, après un an de torture et de honte, de malheurs et de rage, n'eût-on pas été cent fois électrisé par ce retour incompréhensible, qui rappelait tant de prospérité, de grandeur, de gloire, et, ramenant la confiance en un avenir réparateur, exaltait encore? Je l'avais bien senti par moi-même : un moment et un homme avaient suffi pour rendre la France aux Français, les Français à la France ; fait d'autant plus saisissant que, dans le *Moniteur* du 21, il n'occupa que ces deux lignes sous la date du 20 mars : « Le Roi et les princes sont partis cette nuit. — S. M. l'Empereur est arrivé ce soir. »

Bientôt arrivèrent les vieux braves de l'île d'Elbe, dont le dernier homme, monument de tant de hauts faits, était chevalier de cet ordre de la Légion d'honneur, naguère celui des batailles et des illustrations, de cet ordre dont la dernière décoration comptait plus dans la considération publique que les cordons et les plaques n'ont compté depuis que cet ordre est devenu l'ordre des avilissements et plus rarement du mérite. L'arrivée des braves et celle du bataillon sacré, formé à Lyon d'officiers licenciés, ne laissèrent plus de bornes au délire, et, pour chaque nouveau régiment passant simplement par Paris, les vitres tremblaient dans les rues qu'il suivait, et cela sans interruption depuis la barrière par laquelle il entrait jusqu'à celle par laquelle il sortait, et même tout au long des faubourgs. Jamais Napoléon n'exerça une plus grande influence morale que dans ce moment, et, si le retour de Waterloo allait mettre le comble à ce qu'avait eu de lugubre celui de Moscou, l'impression produite par l'arrivée de l'île d'Elbe fut digne de celle produite par le retour d'Égypte (1); tou-

(1) La joie causée par ce premier retour, joie si puissamment justifiée par les victoires de 1797, avait produit plusieurs effets extraordinaires dont j'ai cité quelques-uns, mais j'ai omis celui-ci : Un homme mit à la loterie les numéros correspondant à la place

tefois, pour conserver la magie de ce retour, il ne fallait pas essayer de consolider son occupation avec de l'encre, des chiffons de papier et des agents, mais avec des soldats ; par malheur, Napoléon était d'autant plus en proie à la vanité qu'il était plus affaibli, et, pour la troisième fois, il devait être en 1815 la dupe des ruses dont il avait été la victime en 1812 et en 1813. De même qu'en négociant à Moscou il avait donné à l'armée de Turquie le temps d'arriver sur ses derrières et à l'hiver celui de ramener ses plus effroyables rigueurs ; de même qu'en négociant à Dresde il avait donné aux Russes et aux Prussiens le temps de doubler leurs forces et de les faire entrer en ligne, et à l'Autriche celui de faire d'immenses levées et de mobiliser contre lui trois cent mille hommes sous le prétexte d'une intervention armée ; de même à Paris, en écrivant aux rois de l'Europe des lettres qu'aucun d'eux ne daigna recevoir, ce qui le laissa justiciable d'un Congrès où sa condamnation était irrévocable, de même en faisant une constitution qui lui ôta deux cent mille hommes, en restant dans une inaction qui glaça le zèle de cent mille Belges prêts à se joindre à lui, en s'abaissant à employer je ne sais combien d'agents subalternes et impuissants, en fournissant à Fouché l'occasion de s'évertuer dans quatre rôles (1) dont trois trahisons devaient être la conséquence, en figurant à un Champ de mai et en jouant aux souvenirs quand l'urgence des réalités présentes était criante, il donna aux coalisés le temps de l'attaquer avec six cent mille hommes, que secondaient la Vendée, mille embarras intérieurs et une Chambre exécrable,

---

que tiennent dans l'alphabet les neuf lettres du nom de Bonaparte (le double A pour une), c'est-à-dire les numéros 2, 15, 14, 1, 16, 18, 20, 15 ; et cette mise lui fit gagner 51,000 francs.

(1) Napoléon, le roi de Rome, le duc d'Orléans, Louis XVIII.

tous obstacles dont seule une prompte victoire aurait fait justice.

Pendant qu'il perdait ainsi l'unique moment qui dût lui être offert de précéder l'ennemi sur les points les plus importants de nos frontières, les messes et les réceptions des dimanches (1) recommençaient aux Tuileries; mais, à l'exemple des Bourbons, auxquels il reprochait de n'avoir rien appris ni rien oublié pendant leur long exil, lui-même ne sut pas mettre à profit sa première disgrâce et comprendre qu'il devait à la France l'escompte de ses fautes et des malheurs qui en avaient été la conséquence; il ne comprit pas que, pour s'acquitter, il fallait non des messes, mais des concessions, alors surtout qu'il les avait annoncées et promises. Mais j'arrive à la circonstance la plus fâcheuse de ma vie, à la plus déplorable des fautes que j'aie commises et sur laquelle je dois d'autant mieux m'expliquer que, vis-à-vis de ceux qui comme moi en ont souffert, c'est-à-dire de mes enfants, cette explication peut seule justifier de ma conduite.

Le 27 ou le 28 mars, comme j'achevais de déjeuner, on me prévint que le conseiller d'État Maret était dans mon cabinet. C'était une visite à laquelle son heure même ne donnait aucun caractère extraordinaire, et cela

(1) A la première de ces réceptions et au nombre de beaucoup d'autres gens de l'ancien régime, se présenta le prince de Montmorency, ce premier baron chrétien, au père duquel un M. de Vienné, entrant avec lui chez Louis XVI le lendemain du jour où ce même Vienné avait été fait baron, disait : « Vous le voyez, prince, les extrêmes se touchent. » Comme ce Montmorency arrivait, Préval l'aperçut et l'aborda en lui demandant : « Que venez-vous faire ici ? — M'étonner et admirer. — Monsieur le duc, reprit Préval, ce qu'il y a d'étonnant, c'est votre présence; car dans huit jours ceci sera une Cour, et vous y serez à votre place; mais aujourd'hui c'est un quartier général où se passe une revue de lendemain de bataille, et, n'étant pas militaire, vous avez la bonne fortune de pouvoir éviter de vous y commettre. » Et le Montmorency partit, comprenant que ce n'était pas là sa place.

par suite de la manière intime dont nous nous étions liés, le conseiller et moi, à Orléans. Dès que je l'eus rejoint et avant même d'échanger les politesses habituelles : « Mon général, me dit-il, je n'ai pas voulu perdre un moment pour vous donner de grandes et d'heureuses nouvelles et un avis important. Il n'y a plus de doutes que l'Empereur va de nouveau être reconnu par toutes les puissances continentales de l'Europe; ce qui le prouve, c'est que Marie-Louise et le roi de Rome sont en route pour le rejoindre, et que dans quatre jours ils seront à Strasbourg. Aussi la miraculeuse réussite du retour a changé toutes les dispositions dans lesquelles on était à l'égard de l'Empereur; les Bourbons sont pour jamais expulsés de la France, l'Empire est rétabli, et cette circonstance donne la plus haute importance à la manière dont on se sera prononcé avant que ces faits soient publiquement accomplis. C'est donc pour vous donner le temps de tirer parti de votre position que j'accours et pour vous engager à une démarche urgente; vous êtes mal avec le prince de Neuchâtel, qui ne peut manquer d'être prochainement de retour; plus mal avec le prince d'Eckmühl, ministre de la guerre; vous n'êtes pas riche, vous avez une famille nombreuse et vous ne devez pas compromettre une carrière honorablement fournie. Cependant vous n'avez qu'un moment pour concilier tout ce que vos intérêts commandent; car, l'Impératrice une fois rentrée en France, toute protestation ne paraîtra plus qu'une spéculation, et vous seriez mal venu à parler d'un zèle qui ne pourrait plus être attribué au dévouement. Considérez d'ailleurs que votre conduite à Charenton forme un fâcheux précédent, et que le silence que vous avez gardé depuis, bien que vous vous soyez montré, n'est pas propre à vous recommander. »
Je le remerciai, et de sa démarche, et du motif auquel

il était impossible de ne pas l'imputer, et je le priai de me dire ce qu'il pensait que je devais faire. « Écrire, me répondit-il, à l'Empereur une lettre, que par duplicata vous adresserez au ministre de la guerre et pour laquelle vous ne laisserez aucun doute sur votre dévouement et sur votre amour pour Sa Majesté. »

Certes, si ce conseil qui successivement me fit perdre le commandement de la dix-huitième division militaire, qui me fit exiler à Tours, qui m'ôta la direction générale du personnel de la guerre, qui me plaça dans une ligue d'hostilité à laquelle je n'appartenais pas, qui, avant l'âge, me fit mettre à la retraite deux fois et, la seconde fois, par ordonnance de bon plaisir (1), qui me jeta dans deux entreprises auxquelles, et au nombre des moindres maux qu'elles me firent, je dus ma ruine; si ce conseil enfin qui eut une action malheureuse jusque sur les carrières de mes fils, sur l'établissement de mes filles, m'avait été donné par un homme se trouvant dans une position ordinaire, je l'aurais discuté et examiné, j'aurais appelé la réflexion, c'est-à-dire, le temps à mon aide, et il y a cent à parier contre un que, s'il m'avait entraîné à une démarche, ce qui aurait été d'autant plus douteux que mes services m'auraient paru devoir me dispenser de les offrir, j'aurais parlé et non écrit à Napoléon, et surtout je n'eusse pas écrit au maréchal Davout, chez lequel je n'avais pas mis les pieds depuis le blocus de Hambourg. Mais, ayant jugé à tort ou à raison que le conseil que je venais de recevoir, je le devais au frère de M. le duc de Bassano, et ce conseil me paraissant une sorte d'offre de bienveillance, j'eus le tort ou le mal-

---

(1) Il est effrayant de penser ce qu'avec ce mot de plaisir les souverains ont donné le change aux peuples; combien les plaisirs ont ruiné de contrées, les menus plaisirs de provinces et le bon plaisir de personnes.

heur de le considérer comme impératif. Je n'eus pas la pensée d'élever aucun doute sur l'authenticité des nouvelles qui venaient de m'être certifiées, et je ne pouvais pas même paraître hésiter à les croire. Je vis donc, dans mon empressement à suivre la marche qui m'était tracée, une sorte d'obligation et la dernière occasion qui m'était offerte vis-à-vis de Napoléon pour mettre fin à une suite de malentendus qui avaient équivalu à un état de disgrâce. De plus, résister aux instances tout amicales qui m'étaient faites me parut devoir m'attirer une nouvelle inimitié, et, d'après ces considérations et sur sa demande, je brochai en présence de M. Maret la lettre qu'il jugeait indispensable, lettre dans laquelle et à deux reprises, et pour en rendre l'effet plus certain, il me fit recommencer la rédaction de la phrase qui a causé toutes mes tribulations. Enfin, trouvée bien par lui, cette lettre fut recopiée et signée en double en sa présence; après quoi je sortis avec lui, moi porteur du duplicata adressé au ministre de la guerre et que je remis à l'officier de service de celui-ci, M. Maret porteur de ma lettre à Napoléon, et qu'il se chargea de remettre en mains propres.

Cependant le jour annoncé pour l'arrivée de Marie-Louise à Strasbourg se passa sans qu'il fût question d'elle, et les jours se succédèrent dans un égal silence. Le doute s'empara donc de moi; j'interrogeai sur le fait de ce retour des personnes devant être bien instruites, et je ne trouvai en elles que réticences et embarras. J'allai même voir le comte Maret, et il évita toute conversation ayant trait à l'Impératrice et au roi de Rome. Pour donner suite au contenu de mes lettres, j'avais attendu la vérification des nouvelles qui m'avaient déterminé à les écrire, et l'on comprend que je devins encore plus circonspect à mesure que ces nouvelles se démentirent, de sorte que ces fatales lettres n'existèrent, l'une que pour faire remarquer à Napoléon ces hésitations postérieures et cette défiance, l'autre pour me perdre vis-à-vis des Bourbons que leur conduite et leurs desseins m'empêchaient d'aimer, mais pour lesquels je n'avais pas moins été dévoué au jour du danger et dont je n'aurais trahi les intérêts dans aucune circonstance, attendu que je n'ai jamais trahi personne.

Peu de jours après sa rentrée à Paris, Napoléon avait quitté les Tuileries, qu'il n'avait plus les moyens de remplir, alors même que de nouveau son nom remplissait le monde. Ce château, en effet, signalait beaucoup trop les vides qui s'étaient formés autour de l'Empereur; un silence de mort régnait dans les appartements de Marie-Louise et du roi de Rome; indépendamment de ce que, dans cette résidence, chaque pas donnait lieu à des souvenirs cruels, il restait si peu de rapports entre elle et celui qui l'occupait, quelque colossales que fussent encore ses proportions, qu'un moindre espace était devenu indispensable à un rôle réellement amoindri, et par exemple ce seul fait de ne plus y voir le corps diplomatique rappelait trop que le ci-devant roi des rois était maintenant traduit au ban de l'Europe conjurée. Dans cette situation non moins fausse que menaçante, l'Élysée devint un refuge; Napoléon ne reparut aux Tuileries, où cependant le drapeau national et impérial continua à flotter, que les dimanches pour la messe et pour les audiences publiques; audiences pendant lesquelles on tâchait de conserver un faux air des jours qui n'étaient plus. A l'Élysée, espèce de petite maison décorée du nom de palais, on pouvait s'écarter du cérémonial sans trop afficher cette nouvelle preuve de déchéance et sans avoir l'air de renoncer à ce même cérémonial pour d'autres lieux et pour des temps meilleurs;

aussi l'étiquette s'y modifia de manière que les grands dignitaires, les maréchaux, les ministres et les membres du Conseil d'État, les pairs, les généraux, les députés, les préfets, se mirent sur le pied de s'y rendre le matin à l'heure du lever et le soir à celle des anciens cercles. Le matin cependant, on ne voyait guère Napoléon que quand on demandait à être reçu par lui; mais, le soir, on était admis dans ses appartements, où il se tenait; on s'y présentait comme auparavant sans doute pour demander et pour se montrer, mais aussi, dans ce moment où l'incertitude de l'avenir aiguisait la curiosité, pour trouver réuni beaucoup de monde.

J'ai dit à quel point je considérai comme inique de ne pas avoir reçu l'ordre de la Couronne de fer. Il me semblait impossible de ne pas attribuer ce fait à un oubli de la part de l'Empereur; conséquemment, passant à Paris, en février 1813, pour me rendre d'Espagne à la Grande Armée où mon zèle seul me conduisait, j'écrivis à l'Empereur pour lui demander cet ordre. Cinq mois après, me trouvant à Lübeck, je reçus du ministre de la guerre une lettre qui contenait ma demande et portait que cette demande avait été renvoyée par Sa Majesté Impériale au moment de son départ pour l'armée et sans l'énoncé de la décision nécessaire pour qu'il pût y être donné suite; que cependant des demandes de cette nature n'étaient jamais retournées au ministre que lorsqu'il devait être favorablement statué sur leur contenu, qu'il y avait donc ici preuve d'oubli, et que ma demande m'était renvoyée afin que je pusse faire parvenir ma réclamation au quartier impérial. Nous étions en campagne et l'Empereur dans une situation déjà fort difficile; ce n'était plus le moment de parler de soi, et j'ajournai toute démarche à des jours plus heureux. A ce titre, les Cent-jours ne convenaient certes pas à une récidive, et cependant je me laissai aller à demander, un matin, à être reçu. Admis dans le cabinet de Napoléon, je lui rendis compte des faits qui précèdent, et je lui présentai et la demande que je lui avais faite il y avait quinze mois, et la lettre du ministre de la guerre. Tout en jetant les yeux sur l'une et l'autre de ces deux pièces : « Il n'existe plus en France, me répondit-il, de chancellerie de cet ordre. — Sire, répliquai-je, je mets cent fois plus de prix à la preuve que Votre Majesté Impériale a eu l'intention de me donner cet ordre, qu'au droit de le porter. » Il réfléchit un moment, pendant lequel j'espérai échapper à ce que l'Empereur pouvait trouver d'extraordinaire à ma démarche, et je crus qu'il allait mettre en marge de ma demande le fameux « Accordé » et son « Nap... »; mais il se borna à me dire : « Je garde ces pièces pour m'en occuper quand le moment en sera venu... » Et je ne gagnai à cette malencontreuse démarche que de perdre la preuve écrite et officielle du fait, et j'ajoutai un second regret au premier, si même je n'y ajoutai pas un peu de honte ; mais je ne recule pas devant l'aveu de mes faiblesses.

Les audiences des Cent-jours me rappellent encore une petite aventure arrivée à Préval ; je la rapporte parce qu'elle montre bien à quel degré de circonspection on en était arrivé en matière de relations à cette petite Cour de l'Élysée. Fait lieutenant général par les Bourbons, employé de suite par eux, notamment à l'organisation de la Maison du Roi, et comme chef de l'état-major de la gendarmerie de France, caressé par une foule de bourboniens et par les renégats, cité de plus pour avoir très énergiquement refusé à Murat d'être un des juges du duc d'Enghien, redouté par les uns pour ses épigrammes, par d'autres pour ses crâneries, enfin jalousé à cause d'une supériorité menaçante pour trop de gens, il était peu aimé, et c'en fut assez pour qu'on le signalât comme dangereux. On parla même de l'exiler, et sa position devenait de plus en plus fausse et désagréable, lorsqu'il obtint du maréchal Suchet, partant pour organiser et commander l'armée des Alpes, d'être emmené par lui. Il partit donc; mais, à peine arrivé à Lyon, je ne sais combien de généraux le dénoncèrent, de telle sorte qu'une dépêche télégraphique ordonna au maréchal de le renvoyer de suite à Paris, où il arriva à peu près en proscrit. Cependant Napoléon, qui connaissait trop bien Préval (1) pour ne pas estimer sa sagacité et sa capacité,

(1) Préval était, par sa femme, dans l'intimité de la Cour; d'abord Mme Turgant et Mme de Beauharnais étaient liées; ensuite, quand Caroline Turgant entra chez Mme Campan, Hortense, son aînée, fut chargée d'elle, suivant l'usage de la maison. Or, dès qu'Hortense fut nubile, le premier Consul eut des regards pour elle, et Mme Campan, d'accord avec Joséphine, ménageait les entretiens. Sitôt que le premier Consul arrivait, Mme Campan emmenait Caroline, qui, quoique bien jeune et par instinct de femme, devina le secret. Quoi qu'il en soit des suites, qu'Hortense ait été mariée à Louis étant déjà grosse, ou que Napoléon lui ait fait un enfant sitôt qu'elle fut mariée, il n'en est pas moins vrai que Caroline Turgant était trop liée avec Joséphine et Hortense pour qu'elle ne dût pas, quand elle épousa Préval, se montrer avec son mari. Ils allèrent donc tous deux un matin chez Joséphine et y rencontrèrent Mme Savary, qui était alors la maîtresse de Napoléon et qui, se croyant vraiment maîtresse, avait offensé Joséphine. Mais Napoléon était au moins aussi disposé à venger sa femme qu'à l'outrager; il avait donc résolu non seulement de répudier, mais encore de châtier Mme Savary, et ce fut la présentation de Caroline qui servit d'occasion à la mise en scène décidée d'avance. « Caroline, dit l'Impératrice, comment n'êtes-vous pas présentée? Il faut que vous le soyez sans retard. » Et elle chargea Mme Savary de présenter Caroline. Mme Savary prétexta qu'elle n'était pas de service, qu'elle ne pouvait prendre la place de Mme de Luçay sans froisser cette dame; elle se débattit inutilement et dut obéir. La présentation eut lieu de suite, et, quand les deux dames entrèrent dans le cabinet de l'Empereur, celui-ci dit à Mme Préval : « Bonjour, Caroline; je suis bien aise de vous voir; vous êtes vraiment belle et parfaite de manières. Ce n'est pas comme vous, ajouta-t-il en se tournant vers Mme Savary; on ne sait quelle figure vous avez aujourd'hui.

avait résolu de l'utiliser; en conséquence, il ordonna au ministre de la guerre Davout de le faire appeler et, après cette phrase : « Quoique vous ne soyez pas des nôtres », de lui ordonner de se rendre en Picardie, en Artois et en Flandre, pour y réunir dans les trois mois vingt-cinq mille hommes de cavalerie disponibles. En quinze jours il eut accompli sa mission, et, lorsqu'il en rendit compte au maréchal Davout, ce ministre lui ordonna de se présenter aussitôt à l'Élysée pour faire lui-même son rapport à Napoléon. Il était neuf heures et demie du matin lorsqu'il entra dans la galerie de ce palais, et là, au milieu de cent personnes de sa connaissance, de soixante de ses camarades, de trente qu'il tutoyait depuis vingt ans, personne ne s'approcha de lui, et il resta dans un tel isolement qu'il y paraissait un inconnu. A plusieurs reprises il avait demandé à des aides de camp de Napoléon de l'annoncer, mais le plus hardi d'entre eux aurait craint de se compromettre en le nommant; enfin, ayant pu s'adresser à M. de Montesquiou qui passait, il fut de suite introduit.

En l'apercevant, Napoléon lui dit : « Vous vous mêlez

Avec qui diable avez-vous couché cette nuit? Mais vous... » Et il aggrava le contraste en s'adressant de nouveau à Mme Préval, qui était plus morte que vive et qui, bien qu'accablée de compliments, sortit du formidable cabinet résolue à ne pas remettre les pieds à la Cour. Malgré des invitations et des admissions aux grands et petits cercles, elle resta des années sans revenir; puis, mère de trois enfants, elle jugea qu'elle n'avait plus rien à redouter et reparut. Elle se trouvait à côté de Mme de France; quand l'Empereur passa, il dit à celle-ci : « Qui êtes-vous ? — Fille de Foncier. — Il y a des filles partout. » Il continua son tour, sans adresser, fort heureusement, de semblables boutades à Mme Préval, mais en la fixant avec colère et sans répondre à la révérence qu'elle lui faisait. Huit jours après, elle eut une même réception; mais quand elle reparut pour la troisième fois, l'Empereur s'arrêta devant elle, la considéra et lui dit : « Ah! vous revenez? Eh bien, vous êtes une digne femme et la femme d'un officier que j'estime. Je serai toujours bien aise de vous voir. »

donc de politique ? — Jamais, Sire. — Vous vous en mêlez, et vous avez tort. Occupez-vous de votre métier, et non de choses auxquelles vous n'entendez rien. Qu'avez-vous à me dire ? »... Et Préval lui rendit compte de la mission qu'il venait de remplir avec tant de célérité et plein succès. L'approbation fut complète, et, conséquemment aux ressources qu'il avait indiquées, il reçut l'ordre de faire le plus promptement possible et d'apporter à Napoléon lui-même un travail pour porter, en cinq mois, cette levée de troupes à cheval à cinquante mille hommes. Préval se retira et traversa de nouveau cette galerie sans qu'un mot lui fût adressé, sans qu'un regard se dirigeât sur lui.

Quatre-vingt-seize heures lui suffirent pour terminer le travail demandé; les copies et tableaux de ses rapports remplissaient un portefeuille, et c'est suivi par un des huissiers du ministère de la guerre chargé de ce portefeuille qu'il traversa pour la troisième fois cette galerie de l'Élysée, marchant comme les deux premières fois entre deux murs d'épaules, car on ne voyait encore en lui qu'un solliciteur obstiné, un homme qui à force de courbettes venait obtenir sa grâce. Quant à l'huissier, on était loin de croire qu'il eût avec Préval aucun rapport, c'est-à-dire que celui-ci fût en si bonne compagnie; mais lorsque, arrivé à l'extrémité intérieure de la galerie, Préval eut dit à cet huissier : « Mettez mon portefeuille sur cette console et venez le reprendre à onze heures et demie », un demi-tour à droite et un demi-tour à gauche s'exécutèrent avec la rapidité de l'éclair; chacun lui fit face; tous les yeux se levèrent sur lui, les bras s'étendirent, les figures s'épanouirent, les bouches s'ouvrirent, et, de toutes parts apostrophé, bientôt embrassé, il ne savait plus comment répondre à toutes les démonstrations et exclamations dont il était l'objet.

Une scène du même genre, quoique dans un sens opposé, se répéta pour lui dix ans plus tard au Conseil supérieur de la guerre (1), et, comme celle que je viens de

(1) Le Conseil supérieur de la guerre, créé sous le ministère de M. le vicomte de Caux, avait deux sortes de séances, savoir : les séances préparatoires où l'on élaborait les questions, et les séances princières où l'on délibérait définitivement; les premières présidées par des maréchaux, membres du Conseil; les secondes par M. le Dauphin. Or, à l'une des séances préparatoires, et dans le but de mettre fin aux interminables et scandaleuses réclamations d'officiers qui, avec plus ou moins de raison ou d'injustice, avaient été privés de leurs emplois, et pour empêcher que la Chambre des députés ne continuât à être un parquet de dénonciations contre le gouvernement, on avait examiné un projet d'ordonnance portant que tout officier, ainsi arraché aux fonctions de son grade par ordre du ministre de la guerre, recevrait un cinquième de sa solde, mais au cas seulement où dans un Conseil d'enquête il aurait été reconnu digne de cette faveur. Le général Préval s'éleva contre ce projet et soutint que non seulement l'officier troublé dans sa carrière devait conserver son traitement jusqu'à décision d'un Conseil d'enquête, mais de plus que ce n'était pas par un tel jugement qu'il devait pouvoir perdre son activité. Un *tolle* général repoussa cette opinion. Le surlendemain, l'ordonnance projetée fut soumise au Dauphin et devint, à la lecture, l'objet de son approbation la plus entière; mais le général Préval, ayant obtenu la parole, lut un mémoire justificatif de la thèse qu'il avait soutenue l'avant-veille, et ce mémoire, rédigé avec talent, avait ébranlé le prince. Une discussion véhémente suivit. Le comte d'Ambrugeac ne comprenait pas que des officiers jouissant d'un traitement de réforme pussent se plaindre, et le général Préval répondit qu'il fallait jouir de soixante mille francs de revenu pour ne pas comprendre que jouir de trois cents francs par an, au lieu de quinze cents par exemple, n'était pas une seule et même chose. Le ministre de la guerre prétendit que la proposition du général Préval portait atteinte aux prérogatives royales, et Préval répliqua : « Ce n'est pas des prérogatives royales qu'il s'agit, à propos de malheureux officiers dont le Roi n'entend jamais parler; ce n'est pas même des prérogatives du ministre de la guerre, c'est de celle des bureaux, c'est du bon plaisir du plus obscur des employés. Mais encore c'est par des bienfaits, et non par des rigueurs, que la puissance royale doit se manifester, et c'est dans ce but que la justice se rend au nom du Roi, non par le Roi; or l'ordonnance en question n'aurait d'autre résultat que de revêtir du nom sacré du Roi l'arbitraire du dernier des commis. » Préval avait parlé avec chaleur;

rapporter, elle n'apprendra rien à ceux qui connaissent les hommes. On est, il est vrai, étonné que le plus noble des métiers, loin d'élever ceux qui le pratiquent, les entraîne, au contraire, à se ravaler devant les promotions, les honneurs et les grâces, en s'acharnant à calomnier, pour les supplanter, leurs camarades qu'ils traitent non seulement comme des rivaux, mais comme des ennemis. Certes il existe quelques généraux justes appréciateurs des mérites d'autrui, et, sans leur demander d'égaler en droiture le lieutenant général marquis de La Tour Maubourg, modèle et exemple de loyauté et de vaillance et qu'avec raison l'on déclarait « sans peur et sans reproche (1) », on peut dire que quelques-uns sont assez

le Dauphin fut enchanté, le Conseil entier se déclara convaincu. Complimenté par tout le monde, Préval eut tous les honneurs de la séance ; mais à peine cette séance avait-elle été terminée que le Dauphin fut assailli par dix personnes, qui toutes attaquèrent Préval comme un jacobin déguisé, ayant abusé de la candeur du prince. Monseigneur fut outré, et ce fut dès lors à qui applaudirait à sa colère et s'évertuerait à l'exalter. Qu'on juge de l'étonnement de Préval lorsque, reparaissant la première fois devant lui depuis cette séance et s'en approchant avec la conviction d'un accueil gracieux, il ne vit qu'un visage courroucé et entendit le Dauphin s'écrier : « Je ne veux pas vous voir... » Quant à ceux qui avaient fini par approuver le plus hautement, ils faisaient mine de ne pas le reconnaître, et ce qu'il y a de certain, c'est que le ministre de Caux eut mille peines à empêcher qu'il ne cessât de faire partie du Conseil supérieur.

Trois ans après, se trouvant directeur général du personnel de la guerre, le général Préval fit instituer par le maréchal Soult des Conseils d'enquête, chargés de connaître de tous les faits qui pouvaient donner lieu à des rapports au ministre et surtout à la suspension ou à la perte de l'activité ; mais, grâce au rôle de trop de généraux, le despotisme des commis fit sous Louis-Philippe justice de ces Conseils, comme il les avait fait proscrire sous Charles X. Quant à Préval, il fut, dans ces circonstances comme dans tant d'autres, le protecteur et le défenseur de la carrière des officiers, souvent sans profit pour eux, presque toujours à ses dépens.

(1) Voici d'ailleurs un fait qui le peint. Au lieu de l'enrichir, ses campagnes et ses commandements l'avaient forcé à contracter des dettes, et, l'Empereur lui ayant envoyé trois cent mille francs pour

honnêtes pour ne pas céder aux calculs de l'envie; mais ils sont rares, et l'on a pu dire aussi, et très justement, que, s'il existe des amis sous l'épaulette de lieutenant, il n'en reste guère sous celle de lieutenant général; et cette division des généraux qui, à force de se déprécier l'un l'autre, ont fini par enlever de la considération à leur grade, cette division funeste a, je l'ai dit, fortifié des agents qui auraient dû rester subordonnés aux chefs de l'autorité militaire, c'est-à-dire aux hommes qui décident de la gloire ou de la honte des armées, du salut ou de la chute des empires, et qui cependant, grâce au servage des généraux esclaves de leurs propres rivalités, a pu devenir, sous le nom de corps de l'Intendance, une puissance indépendante, rivale et usurpatrice.

Ces intendants, redoutables en ce sens qu'ils sont en général composés de gens instruits, capables, adroits, insinuants et de bonnes manières, ont pu, grâce à leur entente commune, à leur solidarité, parvenir à occuper le secrétariat général et le secrétariat intime du ministère de la guerre, où de droit ils sont chefs de tout ce qui tient à l'administration; ils ont fini, à force de souplesse, de patience et de services accaparés, par arracher une foule de concessions sinon fatales à l'armée, du moins humiliantes pour les officiers, et, comme un corps ne meurt pas, alors que les ministres passent ainsi que des ombres, ce que ces intendants

---

payer ces dettes, il en établit à l'instant le compte qu'il solda sur l'argent reçu, et il retourna le reste. Le comte de Narbonne, qui n'avait rien eu à dépenser pour le service de l'Empereur, n'en agit pas de la sorte, et l'on a rapporté à son sujet entre l'Empereur et lui le colloque suivant : « On dit que vous avez des dettes, monsieur de Narbonne? — Sire, je n'ai plus que cela. — Deux cent mille francs arrangeraient-ils vos affaires? — Ils ne les gâteraient pas, Sire. » Et il les reçut et les garda. L'histoire ne dit pas s'ils suffirent pour le libérer. Mais il était trop bien né pour ne pas être insolvable.

n'obtiennent pas de l'un, ils l'obtiennent de l'autre. Dira-t-on qu'ils régularisent les dépenses ? Mais tout comptable suffirait pour cela. Qu'on leur doit de notables économies tant à l'intérieur qu'aux armées ? Mais en France les troupes coûtent un tiers de plus qu'elles ne devraient coûter, et en campagne le double. Qu'ils ont réformé des abus ? Mais, à cet égard, tout de leur part s'est borné à remplacer ceux qui leur nuisaient par ceux qui leur étaient utiles. Qu'ils ne volent jamais pour leur compte et empêchent les généraux de faire fortune ?... Mais que l'on se rappelle l'histoire de Latude (1); qu'on se rappelle Soult et Mathieu Faviers en Andalousie, Guilleminot et Bordessoulle, Ouvrard à Madrid, Bourmont et Denniée à Alger, et cent autres couples de même appétit. Mais encore faut-il bien remarquer que ce que des généraux ont pu s'abaisser à prendre ou à se faire donner sert en résumé à soutenir des noms la plupart devenus honorables, alors que l'argent que MM. les intendants se sont avilis à prendre ne signale et ne peut signaler que des voleurs ; car, si le premier devoir des généraux est de combattre, le premier devoir de l'administration est de veiller aux intérêts du trésor, au bien-être des troupes, à l'économie des ressources du pays où l'on fait la guerre. Et les concussions de ces administrateurs leur font trahir leurs obligations les plus sacrées, compromettant parfois des opérations importantes, de même qu'elles se font au préjudice des soldats et, ce qu'il y a de plus horrible, aux dépens des malades et des blessés, ce qui mêle la mort à leurs spéculations ; alors que celles des généraux, impossibles sans des victoires, n'ont lieu qu'aux dépens de l'ennemi ou des pays conquis, et, on

---

(1) Voir tome IV, page 303.

peut bien l'avouer en passant, elles n'ont pas toujours nui à l'ardeur belliqueuse; tout au contraire, elles l'ont excitée et soutenue. Aussi, et sans les approuver et à part des indignités dont justice doit toujours être faite, les fortunes que quelques généraux ont élevées sur les risques de la guerre ont-elles été assez promptement excusées. Les châteaux, les terres, les revenus et les hôtels de tous les grands seigneurs de l'épaulette, voire même le pavillon de Hanovre, dénomination que, suivant son goût habituel de plaisanterie, Paris a donnée et maintenue, ne sont pas restés comme des tares indélébiles, tandis que les vols des chefs ou agents de l'administration ont été et restent des taches qui ne s'affaiblissent ou ne s'effacent qu'avec le souvenir du voleur. Quoi qu'il en soit, malgré le peu d'utilité et parfois la vilenie de leur rôle, ils ont marché vite dans l'accaparement des prérogatives (1), et, sans parler de la croix de Saint-Louis que, malgré des clameurs unanimes et les pages les plus virulentes publiées à ce sujet par les écrivains militaires

---

(1) On ne doit pas être étonné de ce qu'ils ont obtenu, quand on songe aux moyens auxquels ils ont pu recourir. J'en citerai cet exemple. Dans une des séances du Conseil supérieur de la guerre, on avait décidé, à l'unanimité des voix moins une, que les demandes de grâces, d'avancements et de récompenses faites pour des membres de l'Intendance, ne parviendraient aux ministres qu'avec l'avis des lieutenants généraux dans les commandements desquels ces intendants seraient employés. Eh bien, le rapporteur, qui se trouvait être un intendant militaire, eut l'audace de supprimer cette disposition dans le procès-verbal de la séance, procès-verbal qu'il rédigea dans un tout autre esprit que celui qui avait présidé à la discussion. Il fit même d'autres changements importants et poussa les choses au point d'augmenter, de son chef, le corps de l'Intendance de dix membres. M. le Dauphin demanda sur tout cela un rapport, dans lequel le général Gentil de Saint-Alphonse signala ces délits comme conséquence des vues et projets de l'Intendance; mais l'ordonnance se trouvait publiée, et les relations familières du coupable avec la Camarilla d'alors le sauvèrent du châtiment qu'il méritait.

de l'époque, M. de Saint-Germain donna à des commis de la guerre ayant été commissaires des guerres ; sans rappeler que de droit les secrétaires des maréchaux de France étaient commissaires des guerres ; sans citer l'Empereur qui les fit participer aux titres, aux dotations, aux décorations, les plaques exceptées (1), je dirai, comme preuve de ce qui précède, que, exploitant le gâchis de la seconde Restauration, ils parvinrent, par leur ordonnance d'institution de 1817 et par une autre de 1820, à obtenir la dénomination et le grade d'officiers, usurpation dont ils abusèrent au point de faire assimiler leurs élèves âgés de vingt et un ans aux chefs de bataillon avec les honneurs de ce grade, même le défilé, leurs sous-intendants âgés de vingt-cinq ans au grade de colonel, leurs intendants au grade de maréchal de camp et, après dix ans de service en cette qualité, à celui de lieutenant général. Et cependant ces assimilations n'avaient eu primitivement pour objet que les retraites, et cette origine n'empêcha pas les intendants de prendre le titre de général, impertinence digne de l'interprétation au moyen de laquelle ils réclamèrent la seconde place dans quelque armée que ce pût être (2), de telle

(1) La première plaque de la Légion d'honneur qui fut accordée à un intendant militaire, le fut au baron de Joinville. En la lui remettant, le maréchal Macdonald, alors chancelier de l'Ordre, lui dit : « Je rougis de vous donner une plaque qui ne devrait être que le prix du sang versé. »

(2) Le prétexte de cette prétention, non moins absurde qu'impertinente, se trouve dans le règlement du 20 mai 1623, portant que... les commissaires des guerres prendront la gauche des capitaines de cavalerie légère ou des lieutenants et autres membres desdites compagnies, en l'absence les uns des autres. De 1623 à 1788, les commissaires des guerres n'accrurent que faiblement leurs prérogatives ; mais, à cette dernière époque, l'ignorance des anciennes ordonnances d'une part, de l'autre l'importunité des commissaires des guerres, que dirai-je? une de ces occasions que la destinée offre parfois à l'intrigue permanente, firent décider qu'en même temps

sorte que, s'il s'y trouvait trois maréchaux de France et si l'intendant y était représenté par un adjoint, ce dernier prendrait la droite du maréchal commandant en chef, en laissant la gauche au second des maréchaux, tandis que le troisième maréchal n'aurait plus de place qu'à la droite dudit adjoint.

Rien n'égalait en fait de prérogatives l'avidité de ces intendants, et les ordonnances, qui déjà avaient fait passer pour eux toutes les bornes, leur semblèrent encore insuffisantes. La présence du maréchal Saint-Cyr au ministère de la guerre ne les intimida pas; j'aime à penser, pour l'honneur de sa mémoire (1), qu'il voulait faire rentrer ces messieurs dans les limites qu'ils n'au-

---

que les commissaires des guerres seraient complètement subordonnés aux lieutenants généraux, commandants des divisions, ils prendraient la seconde place après le commandant militaire, mais ne prendraient rang qu'après tout officier général. Et, tout en se targuant de la teneur de ces ordonnances, les intendants militaires se gardèrent bien d'en citer les textes.

(1) Personne plus que moi n'est l'admirateur du maréchal Saint-Cyr comme homme de guerre, si froid dans l'attaque, mais le plus accompli pour la défense; il était au cabinet ce qu'il était au champ de bataille, un grand homme d'État quand il avait trois jours pour méditer une pensée, un pauvre ministre quand il devait prendre une décision rapide ou mettre en avant un projet qu'il n'avait pu longuement mûrir. Préval lui sauva bien des écoles, notamment pour ses lois sur la réserve, l'avancement; et cependant il l'éloigna de lui parce que l'abbé Louis lui raconta sottement que le duc de Richelieu avait dit au Conseil que, « le général Préval absent, il n'y avait plus de ministre au ministère de la guerre ». Saint-Cyr avait d'ailleurs contre Préval une ancienne rancune, et, tel qu'il s'est toujours montré comme homme privé, on peut croire qu'il ne l'avait pas oubliée. Vers la fin de sa fameuse retraite, Moreau était fort inquiet de savoir s'il pourrait passer le val d'Enfer, et Saint-Cyr avait signalé Préval pour cette grave reconnaissance. Non seulement Préval parvint à rendre le passage possible en tournant cette formidable position; mais, lorsqu'il fut arrivé au delà, il poussa jusqu'à Neubrisach et osa écrire au commandant de Strasbourg au nom du général en chef; il fit ainsi prendre des dispositions qui sauvèrent l'armée, et, en revenant de sa mission si brillamment remplie, il adressa son rapport directe-

raient jamais dû dépasser; mais il ne crut mieux faire que de nommer une commission chargée d'éclairer son opinion en cette grave matière; cette commission, dont je fus, engagea la lutte sur une constitution administrative qui lui était soumise et dans l'introduction de laquelle se trouvait une phrase commençant par ces mots : « Les officiers de l'intendance. » Ce n'était qu'une façon de dire, mais c'était la première fois qu'on la hasardait, et plus elle était neuve, plus elle paraissait choquante; elle souleva la plus vive discussion, et nous en étions encore là que le maréchal Saint-Cyr avait quitté le ministère et que notre commission était dissoute.

En novembre 1820, une seconde commission fut formée et n'aboutit pas davantage; les intendants réussirent à empêcher la réunion de commissions nouvelles; ils exploitèrent la duperie à huis clos et, sauf de très misérables modifications, obtinrent leur constitution. Dans l'enivrement de leur conquête, ils osèrent faire écrire sur la première porte de leurs bureaux au ministère de la guerre : « Bureau de l'intendance et des grâces. » Ce qui leur subordonnait tout, mais ce qui bientôt disparut. Individuellement, leurs prétentions s'exaltèrent; on vit, à Metz, l'intendant Dufour vouloir prendre par intérim le commandement de la division militaire, non seulement comme plus ancien que les maréchaux de camp de la division, mais comme ayant, par dix ans de fonctions, le grade de lieutenant général; et cet acte révélateur, qui aurait dû valoir à son auteur le fouet administré par tous les tambours de la division, ne fut pas le seul de ce genre.

ment au général Moreau, sans passer par l'intermédiaire du général Saint-Cyr; celui-ci ne put pardonner un manque de discipline qui le frustrait de la part qu'il se serait indubitablement attribuée dans la réussite.

Enfin, et pour en finir avec l'insatiable avidité de ces intendants et la satisfaction qu'ils en obtinrent grâce à l'empressement des généraux pour se coaliser avec quiconque attaque l'un des leurs, je citerai le cas du règlement que le général Préval fit élaborer sous le ministère du maréchal Soult. Préval est peut-être l'officier qui possède au plus haut degré l'entente de ces matières; le règlement, discuté dans un comité de généraux et même d'intendants, débattu dans la totalité des comités spéciaux, modifié à la suite de cette longue collaboration, de plus revu et approuvé par le ministre, revêtu de la sanction royale et promulgué en 1833, le règlement, dis-je, déplut aux intendants, dont il bornait les prétentions, dont il pouvait gêner les spéculations; et ils parvinrent une fois de plus à faire révoquer les points de ce règlement qui blessaient leur orgueil ou gênaient leurs intérêts, et cela, non plus au temps de la Restauration, par le marquis de La Tour Maubourg qu'égara plusieurs fois l'héroïsme de son dévouement à la branche aînée des Bourbons, non plus par un Victor, ganache soumise à tous les vouloirs de la Camarilla, non plus par un Clermont-Tonnerre ou Clermont-Pétard, l'un des jésuites les plus impudents et que nos rangs même n'ont pu honorer (1), non plus par un Bourmont, parjure et traître au champ d'honneur, mais par un Maison, soldat en 1792, général issu de la Révolution, et qui, ministre, plus occupé des filles du boulevard que des intérêts de l'armée, accorda aux intendants et sous-intendants des honneurs que rien ne pouvait justifier; tels,

(1) Je passais avec le général Foy sur le pont Royal au moment où ce Clermont, alors ministre, nous croisa dans sa voiture pour se rendre aux Tuileries : « Tenez, me dit Foy en me le montrant, voilà un homme à qui, dans mon régiment, personne ne disputait la réputation d'être le plus mauvais officier du corps. »

par exemple, que de leur faire rendre les premières visites par les officiers supérieurs, de leur donner droit à des visites de corps, de faire porter les étendards et les drapeaux à leurs revues d'appel, ce qui, par parenthèse, laisse ces drapeaux sans garde.

Et si l'on n'arrête ces intendants dans leur marche envahissante, si on ne se décide pas à les rabaisser au niveau des services qu'ils peuvent rendre, on finira par voir le ministère de la guerre entre leurs mains, le corps de l'intendance avoir des maréchaux administratifs, prétendre à je ne sais quel commandement équivalant à quelque connétablie; ce qui ne leur laisserait plus à envahir que le pouvoir royal et leur permettrait de jouer un rôle comme régulateurs des destinées du trône de France. Sur ce, je termine une digression que j'ai considérée comme un devoir à remplir envers l'armée, et je me reporte au début des Cent-jours.

CHAPITRE XI

L'enthousiasme sans bornes qui marqua le début des Cent-jours eut pour conséquence une disposition générale à la gaieté, et on s'y livrait avec d'autant moins de réserve qu'elle semblait le garant du bonheur dont elle était l'effet. Nécessairement les caricatures en firent pour une partie les frais; l'une des premières qui parurent, intitulée : *le Retour de l'île d'Elbe*, fit fortune. Complétée dans une seconde édition qui la rendit plus piquante, elle représentait l'aigle impérial arrivant à tire-d'aile et rentrant aux Tuileries par la grande croisée est de la salle des Maréchaux, pendant que, par des soupiraux de caves, décampaient des légions de pourceaux, et que, par toutes les fenêtres et même par les lucarnes, par le haut des combles et par les tuyaux des cheminées, s'échappaient des nuées de dindons à faces humaines, les plus gras ayant les figures de différents membres de la famille royale, et le fretin celles des coryphées de la Cour. Déjà le duc de Berry avait régalé Louis XVIII de deux caricatures, l'une le représentant en robe de chambre et en bonnet de nuit, l'autre huché sur le plus innocent des quadrupèdes, et, dans cette occasion, il l'avait payé de sa propre monnaie, ainsi que le prouvent les caricatures que le susdit Louis XVIII barbouilla en 1814 à Paris, en 1815 à Gand, et même celles que, vers 1787, il composa et fit graver contre la Reine, représentée dans l'une d'elles que j'ai achetée et possédée, par une prétendue harpie du lac Fagna, ce qui était plus méchant que grossier, plus grossier que spirituel et plus impolitique que grossier.

On s'amusa également de la manière dont le duc de Feltre quitta la France. Pendant que le comte de Lille (Louis XVIII) partait pour Lille, le duc de Feltre partait pour la Normandie, afin qu'il ne pût être accusé de suivre le Roi. Or, de même qu'il avait trahi le Directoire pour le général Bonaparte et l'Empereur pour les Bourbons, de même il ne demandait pas mieux que de trahir les Bourbons pour se rallier à Napoléon; laissant donc l'aîné des généraux Fririon comme secrétaire général au ministère de la guerre, il le chargea de négocier son pardon; mais, en matière d'affaires d'État, on ne pardonne qu'à ceux dont on a besoin ou que l'on redoute; or le duc de Feltre n'était pas de calibre à rendre ce pardon obligatoire; toute démarche fut inutile, et si des ordres ne furent pas donnés pour le chercher et l'arrêter, du moins on le lui fit croire, ou bien la peur le lui fit imaginer; bref, ses craintes furent telles que, s'étant assuré d'un petit bâtiment pour passer au besoin en Angleterre, il se fit porter à bord caché dans une botte de paille, et, furieux du dédain qui le laissait disponible, il courut à Gand offrir le tribut de sa fidélité à la trahison; j'ai possédé un croquis au trait fort habilement fait et représentant cet embarquement à la Clarke.

Parmi les faits dont s'égaya encore Paris, il faut citer le cas du perruquier Le Tellier. Ce personnage demeurait rue de Rivoli, tout près de la rue de l'Échelle, et il était père de cette Virginie qui, au départ des Bourbons, resta grosse des œuvres du duc de Berry. Celui-ci, marchant sur les traces de ses pères, à peine rentré à Paris, et à la barbe de sa femme de la main gauche (1) et des deux filles qu'il en avait, s'était coiffé de cette Virginie. Lorsque le père de la belle vit que la Restauration n'avait d'autre résultat pour lui que la grossesse de sa fille, il feignit d'en éprouver un véritable désespoir, et, en contant à tous venants ce qu'il nommait alors son infortune, il ne manquait jamais de terminer son récit par cette jérémiade : « Enfin, ce qui met le comble à mon déshonneur, c'est que je vais avoir un Bourbon dans ma famille. » Or, dix-huit mois après la seconde Restauration, il fut gratifié d'un deuxième petit Bourbon; mais, ses sentiments s'étant modifiés avec les circonstances, il n'en parlait plus qu'avec l'orgueil d'un personnage qu'aurait visité le Saint-Esprit.

Cependant on cessa d'exulter et de rire; on devint sérieux parce que de tristes nouvelles se succédaient, mécontent parce que l'on prévoyait que Napoléon ne réaliserait pas les espérances qu'il avait données à la France, inquiet parce que tout annonçait une nouvelle et effroyable guerre. Et, dans une situation où toutes les impressions se ressentaient avec violence, trois événements produisirent une sensation profonde et furent considérés comme de fâcheux présages.

Le premier fut la mort du prince de Neuchâtel. J'étais à l'Élysée le soir du jour où Napoléon apprit cette nouvelle. Personne mieux que lui ne cachait ou ne laissait

---

(1) Amy Brown, qu'il épousa en 1806 à Londres après en avoir eu un fils, né en 1805 et qui ne fut jamais reconnu. Marié, il eut d'elle, en 1808 et 1809, deux filles : la comtesse d'Issoudun, qui épousa le comte de Faucigny-Lucinge en 1823, et la comtesse de Vierzon, qui épousa en 1827 le baron Athanase de Charette, neveu du chef vendéen. Le mariage d'Amy Brown fut annulé par le Pape, à la demande de Louis XVIII monté sur le trône, et le duc de Berry se maria en secondes noces, le 17 juin 1816, avec la fille du roi des Deux-Siciles, devenue la célèbre duchesse de Berry. (Éd.)

paraître ses sentiments; mais on eût dit qu'il avait perdu sa puissance pour dissimuler. Jamais, en effet, je ne l'ai vu aussi triste; il ne quitta pas un petit salon que précédait celui où nous étions admis, et il passa, seul avec le comte Boulay de la Meurthe, une grande heure pendant laquelle sa figure était contractée, son attitude sombre, sa parole plus brève que de coutume. Sa tête altière se baissait malgré lui, son regard avait quelque chose de sinistre, et ses gestes exprimaient d'autant plus la douleur que ses moindres mouvements avaient quelque chose de convulsif. Quelque odieuse qu'ait été la conduite de ce Berthier qui, le premier à Fontainebleau, avait abandonné un maître dont pendant dix-neuf ans il avait éprouvé les bienfaits et à l'égard duquel il n'aurait dû avoir qu'une ambition, celle de lui sacrifier son honneur et sa vie, sa mort à ce moment paraissait de mauvais augure, tant elle mêlait l'horrible à l'inattendu. Les premières versions portèrent qu'il avait été jeté par une des fenêtres du palais de Bamberg, qu'il occupait; des officiers d'un régiment traversant la ville auraient, assurait-on, vengé de cette manière un jeune homme qui avait été jugé d'après ses ordres et fusillé à Schœnbrünn en 1809. Cependant, après avoir fait toutes les enquêtes possibles pour découvrir la vérité, je suis arrivé à la conviction que Berthier était monté en haut du palais de Bamberg pour voir passer ce régiment de troupes étrangères, qui pour la seconde fois allaient souiller la terre de France. Berthier, qui avait émigré parce qu'il n'avait osé reparaître devant l'Empereur en capitaine des gardes du Roi, était au fond de son exil et dans l'incertitude s'il n'y mettrait pas un terme, en proie à de cruelles tortures morales. Pour mieux voir, sans être vu, il s'était placé sur l'entablement d'une lucarne et s'y trouvait sans appui; frappé d'apoplexie, il tomba dans le vide et vint s'écraser sur le pavé. Telle est du moins la version d'accord avec le récit du valet de chambre, avec la croyance de la famille, avec les renseignements que j'ai pu me procurer; elle s'explique par l'âge, par la complexion du prince, par le travail colossal qu'il avait fourni, les ennuis intimes qui l'avaient fatigué (1) et les souffrances de sa position présente;

(1) On sait sa longue passion pour la Visconti et les ennuis qu'elle lui valut avec la princesse de Bavière qu'il avait épousée. Cette Visconti logeait dans une maison communiquant avec l'hôtel. Un jour Berthier, au désespoir et venant d'apprendre le fait, accourt auprès d'elle et lui confie que sa fille aînée n'est pas de lui : « Au moins, ajouta-t-il, mon fils est de moi. — A vous peut-être, lui riposta la Visconti, mais non de vous; il est de Sopransi. » Elle était réputée pour ses propos et ne se gênait pas pour conter ses infidélités à Berthier : « Il me cherchait une nuit au bal de l'Opéra, et j'étais en fiacre »; ou bien encore : « Elleviou était charmant. J'en ai eu la fantaisie, mais il avait un drôle de goût. » C'est à l'occasion d'une de ces infidélités qu'elle répondit à Berthier, qui lui faisait les plus vifs reproches : « Et vous? n'avez-vous pas fait sur l'escalier un enfant à la dame d'honneur de la princesse? »

Cette Visconti, « la bêtise de Berthier », pour ne pas paraître grosse, se faisait lacer le corps, les cuisses à tour de bras; à ce régime elle prit une paralysie de tout le côté gauche, et je l'ai vue en 1814 chez la princesse de Neuchâtel jouant au whist avec un pupitre pour ranger ses cartes. Elle avait encore une grande influence sur le prince; lorsqu'il émigra, elle exigea qu'il emportât tous ses diamants valant trois cent mille francs, et c'est alors qu'il lui constitua quarante mille livres de rentes viagères qu'elle mange depuis dix-neuf ans.

Les relations de cette femme avec Berthier fourniraient par centaines des anecdotes, mais on conçoit que le sujet ne comporte pas un si grand développement, et je me contente de citer ce dernier fait. Les Anglais qui avaient dans leurs guerres contre la France employé les moyens les plus réprouvés, soldé des trahisons et des coalitions, acheté des assassins, fabriqué de la fausse monnaie et de faux assignats, lancé des fusées incendiaires, des brûlots et le feu grégeois dont la proscription honore encore la mémoire de Louis XV; qui, profitant d'un vent de nord-ouest, avaient lâché contre notre flottille et dirigé sur nos côtes une quantité de barques sur lesquelles brûlait de l'arsenic; qui, ne respectant ni le repos ni les secrets des familles, avaient imprimé la correspondance d'Égypte; les Anglais, qui, en fait de ruses de guerre, avaient elle est corroborée par ce fait que j'ai déjà signalé, à savoir que l'apoplexie semble endémique chez les Berthier. Il est vrai que Léopold a été soustrait par la fièvre des hôpitaux à tout autre accident, et que le vicomte Alexandre, dernier des frères du prince et son filleul, de beaucoup plus jeune, vit encore ; mais j'ai déjà cité César et madame d'Augirauville frappés d'apoplexie et tombant, l'un dans le lac de Grosbois, l'autre dans la cheminée de sa chambre à coucher.

Le second des faits qui contribuèrent à altérer la sécurité publique fut la nouvelle que les lettres adressées par Napoléon aux principaux souverains de l'Europe n'avaient pas même été reçues ; c'était la preuve que les souverains alliés ne condescendaient pas à s'occuper de lui et qu'ils le laissaient à la discrétion du Congrès.

Le troisième fut la défaite et la dépossession de ce malheureux Murat... Hélas! lorsque je me sers de ce mot, lorsque l'épithète de coupable répugne à ma plume, ce n'est pas que je m'aveugle sur les torts ou les délits. Le général Bonaparte avait tiré Murat du néant, le premier Consul l'avait uni à sa sœur, et l'Empereur, l'associant à son immense fortune, lui avait fait monter les derniers échelons des grandeurs humaines, en le faisant passer par la souveraineté du grand-duché de Berg pour le conduire jusque sur le trône de Naples (1). De tels bien-

---

violé toute morale et toute pudeur, imaginèrent de copier des lettres privées, qu'ils avaient interceptées ou acquises par leurs moyens ordinaires et que la décence ne permettait pas de livrer à la publicité de l'impression, et ils avaient jeté ces copies sur les côtes occupées par nos troupes. De cette sorte, Préval avait reçu à Albinga, où il se trouvait avec l'état-major du général Suchet, un paquet de copies contenant entre autres des lettres du général Berthier à Mme Visconti et renfermant des choses incroyables à force d'être obscènes.

(1) On a répété que tout d'abord, et avant de l'élever à tant d'honneurs, Napoléon s'était montré furieux d'avoir marié une de

faits ne laissent de justification, de palliatif à aucune félonie, et, quoique ce mot de Murat : « Mes devoirs comme roi sont indépendants de mes sentiments comme frère et comme ancien sujet », soit moins choquant que ce mot de sa femme : « Les souverains n'ont de famille que leurs peuples », il n'en est pas moins aussi odieux qu'absurde. De fait, la force seule pouvait empêcher que chacun ne revînt à sa position primitive, et du moment où la victoire abandonnerait nos drapeaux, les grandeurs que la guerre avait créées devaient être anéanties par elle; plus elle aurait élevé, plus on risquait d'être abaissé. J'ai la conviction que, cédant à cette crainte, la femme de Murat fit les trois quarts des frais de ses trahisons et de son ingratitude; pourtant ne puis-je oublier que, lorsque près d'Erfurt Murat eut, au milieu d'un bois et de nuit, des conférences secrètes avec un émissaire autrichien, lorsqu'il traita avec cet émissaire pour ainsi dire à la porte du quartier impérial, lorsque, pour la seconde fois, il abandonna l'armée et qu'il sépara sa cause de celle de son ancien général, de son ancien souverain, de son bienfaiteur, sa femme n'était pas avec lui. Aussi, dans l'impossibilité d'inculper son cœur qui était bon, je ne trouve d'explication à sa conduite que dans l'insuffisance de sa capacité et la fougue de ses impressions; dans cette alliance trop fréquente du courage héroïque et du manque de caractère; dans cette vanité que tout

ses sœurs à Murat, comme il était furieux d'avoir marié l'autre à Leclerc. C'est pour s'en débarrasser qu'il aurait envoyé le premier mourir à Saint-Domingue, et à cela on ajoute que, Mme Leclerc veuve, il en fit une princesse Borghèse; de même il n'aurait manqué aucune occasion de faire tuer Murat; du moins Murat le croyait-il et disait-il à qui voulait l'entendre, et en parlant de Napoléon : « Si je n'ai pas été tué, ce n'est pas de sa faute. Il est vrai que je le secondais de mon mieux. J'allais bon jeu, bon argent. » L'accusation, eût-elle été vraie, n'excuserait pas encore la trahison.

révélait en lui et dont ses costumes marquaient le degré puéril; enfin dans cette violence qui, preuve de faiblesse morale, précipite en aveugle celui à qui un jugement sain ne sert pas de frein capable de le retenir. Son départ de l'armée, sa paix avec l'Autriche, son accord avec le cabinet britannique, accord dont l'entrée triomphale des Anglais à Naples fut la conséquence, ne lui assurèrent pas les garanties sur lesquelles il avait compté ; il comprit bientôt le piège dans lequel il avait donné, lorsqu'au Congrès de Vienne, où siégeait un de ses ambassadeurs, on osa le désigner sous ce titre : « la personne qui gouverne maintenant à Naples », et il sut que M. de Talleyrand avait employé cette phrase menaçante non seulement sans provoquer de réclamation, mais d'accord avec le duc de Wellington. Au milieu de l'exaspération où de telles révélations le jettent, il conçoit, médite et résout une guerre contre l'Autriche. Aussitôt, informé de ce dessein par Murat, Napoléon, encore à l'île d'Elbe, l'est également de la situation de la France et du mouvement du comte d'Erlon, et ces nouvelles déterminent et accélèrent le débarquement au golfe Juan ; mais, en quittant l'île, Napoléon avait prescrit à Murat de rester en une immobilité entière jusqu'au moment où il lui enverrait l'ordre d'agir ; cette réserve aurait été observée, et elle pouvait influer sur le rôle de l'Autriche, par conséquent sur tous les événements postérieurs, si, électrisé, Murat ne s'était figuré qu'il n'avait plus de ménagements à garder, et si Napoléon, abusé par l'accueil qu'il avait reçu à Lyon, n'avait cru que, pouvant tout attendre de la France, il n'avait plus rien à craindre de l'Europe ; erreurs fatales à tous deux, et d'après lesquelles l'un d'eux perd, à Paris, les heures propices, et l'autre, entraîné par son ardeur impatiente, répondant à la menace et à l'injure par l'agression, commence les hostilités en marchant vers le Pô à la tête de soixante-dix mille hommes, et, voulant doubler ou tripler ses forces, achève de révéler ses projets, en appelant aux armes tous les peuples de l'Italie et en proclamant la guerre de l'Indépendance.

On ne peut le nier, cette pensée était grande et faite pour exciter de nombreuses et de fortes sympathies. La vaillance du chef ne pouvait lui faire défaut; je ne puis sans doute en dire autant de la capacité; et pourtant si cette armée de Murat avait été composée de Français, ou seulement si les anciens soldats toscans, vénitiens, même lombards et piémontais, levés ou formés par nous et alors licenciés en grande partie et épars dans leurs foyers, avaient pu être ralliés sous des chefs dignes d'eux, si Napoléon avait commencé les hostilités dès la fin de mars; si, au lieu de préluder par d'insignifiants avantages, Murat avait pu débuter par une victoire, qui lui donnât le temps nécessaire pour faire entrer en ligne les renforts qu'il attendait et pour que son cri : « Aux armes! » eût rallié autour de lui des masses imposantes; si encore, et en attendant le signal de Napoléon, il s'était donné le temps de recevoir de lui le plan de la campagne qu'il devait suivre, il pouvait réunir en un empire formidable les dix États qui affaiblissent l'Italie et constituent la puissance des geôliers qui la garrottent... Mais rien de tout cela ne se réalisa. Près de trois mois s'écoulèrent avant que Napoléon commençât les hostilités à deux cent cinquante lieues du Pô; sept à huit mille hommes à peine se réunirent à l'armée napolitaine, et les renforts attendus de Naples ne la rejoignirent pas; malgré l'exemple de son chef, cette armée s'ébranla au lieu de s'aguerrir, alors qu'ayant abandonné à euxmêmes les faibles corps que Murat battit durant huit jours de succès éphémères, les Autrichiens concentrèrent sur la rive gauche du Pô les forces dont ils pouvaient disposer, repoussèrent Murat les deux fois qu'il tenta de passer ce fleuve, passèrent le Pô à leur tour, prirent l'offensive et attaquèrent Murat de front, en même temps qu'ils le tournèrent par sa gauche. Battu et débordé, sa retraite devint une effroyable déroute. Poursuivi sans relâche, ne pouvant se rallier nulle part, bientôt non moins menacé par ses sujets que par l'ennemi, en peu de jours sans armée et sans royaume, il se trouva errant sur les flots et, faute d'asile, forcé de se jeter sur les côtes de la Provence et d'y attendre, déguisé en mendiant, l'arrêt de Napoléon, et cela pendant que sa femme, après avoir fait autant que possible face à ses devoirs de régente et de mère, quittait Naples quand elle n'y vit plus à courir que des dangers sans résultats, et venait rejoindre à Gaëte, où d'avance elle les avait envoyés, ses enfants dont elle était le seul et dernier appui. Encore faut-il ajouter que, dans sa détresse, elle avait conclu avec les Anglo-Siciliens un traité que l'on viola, et qu'on lui vola jusqu'à ses bijoux. Quant à Murat, incapable d'implorer ou d'accepter la sorte de refuge que sa femme finit par obtenir de l'Autriche, il commença par adresser à Napoléon la demande de combattre et de mourir à côté de lui, et ce dernier acte expiatoire, cette grâce, par suite de laquelle, substitué à Grouchy, il eût changé en victoire la défaite de Waterloo, fut remplacée par l'ordre, politique peut-être, mais décelant plus de colère que de sagesse, de quitter immédiatement le sol français (1).

(1) Quels furent les motifs d'un ordre aussi dur? J'en suppose plusieurs : la conduite de Murat en 1813 et 1814; la transgression funeste des dernières recommandations que Napoléon lui avait envoyées; l'inconvénient de faire figurer à côté de lui et comme son beau-frère, alors que sa propre position devenait si chanceuse, un homme qui venait d'être battu et dépossédé. Enfin, Napoléon proclamait le maintien du *statu quo*; Murat venait de combattre pour

C'est alors que, dans l'égarement du désespoir, ce malheureux, après avoir si durement payé la velléité de recommencer en Italie les rôles du général Bonaparte et du premier Consul, forma l'entreprise extravagante de ressaisir le pouvoir à Naples, comme Napoléon l'avait fait à Paris, entreprise qui, grâce à la trahison d'un batelier, termina par la plus atroce des morts une existence chevaleresque s'il en fut jusque-là. Cette mort appellera à jamais la pitié sur lui et l'exécration sur le cannibale couronné qui, par un ordre d'exécution télégraphiquement transmis, profana jusqu'au simulacre de la justice et, pour mieux attester la volupté que cet assassinat lui fit goûter, pour ne laisser aucune borne au dégoût, à l'horreur qui resteront attachés à sa mémoire, fit décapiter le cadavre de ce brave des braves, à la fois son successeur et son prédécesseur, fit mettre la tête dans un bocal et plaça ce bocal dans une des armoires de sa chambre à coucher, de sorte que, la nuit même, il put n'être pas privé de ce genre de jouissances dont, avant Ferdinand Ier, aucun brigand ne s'était régalé.

La mort de Murat n'eut lieu néanmoins qu'au moment où, quittant le monde et la France, Napoléon tomba dans le guet-apens du *Bellérophon;* mais la nouvelle de la défaite et de la contre-révolution de Naples avait été, comme je l'ai dit, pour Napoléon un malheur et pour la France un sujet de triste pressentiment; ce qui me ramène à mon sujet, c'est-à-dire au mécontentement, à l'inquiétude qui venaient de remplacer à Paris le premier mouvement de fanatisme. Cependant l'élan donné ne s'arrêtait pas, et le temps, si malheureusement perdu pour l'offensive, était du moins activement

conquérir; l'accueillir, l'employer, pouvait indiquer une connivence de nature à ébranler le nouveau genre de confiance que Napoléon prétendait inspirer aux peuples et aux rois.

employé pour la défensive. L'armée, qui devait être de quatre cent mille hommes, se recrutait avec rapidité; les quatre cents bataillons de grenadiers de la garde nationale se formaient; un seul département en levait onze; la Bretagne se fédérait, et les anciennes provinces de l'Est imitaient cet exemple ou concouraient à le donner; si rien n'avait contrarié cet élan, nos forces, au 15 juin, auraient été colossales; mais, le 22 avril, un mois à peine révolu depuis son retour, Napoléon gratifia la France des articles additionnels aux Constitutions de l'Empire, et ces articles, en arrêtant un mouvement qui était général, devinrent le plus grand auxiliaire de nos ennemis.

Le 23, au matin, je me rendis à l'Élysée. Ceux qui s'y trouvaient déjà étaient certes des hommes dévoués ou ne demandant pas mieux que de se dévouer; eh bien, la consternation se lisait sur toutes les figures. Un silence immense régnait dans les salons; on se rapprochait sans s'aborder, et si l'on en arrivait à échanger quelques paroles, c'était pour se demander à voix basse : « Avez-vous lu les articles additionnels? » question à laquelle la seule réponse était un « oui », auquel succédait un regard trop significatif. Et en effet, de toutes les fautes de Napoléon, c'est une de celles que j'ai le moins comprises. Je sais que pendant son voyage il avait prodigué les promesses; je sais qu'à son passage à Lyon, jugeant au frénétique enthousiasme des Lyonnais que sa tâche serait très facile et s'imaginant qu'il serait toujours le maître de ne tenir de ses promesses que ce que bon lui semblerait, il rendit des décrets aussi imprudents que furent vaniteux ses décrets datés du Kremlin sur la Comédie française; mais comment aborder les plus hautes questions de gouvernement et entreprendre de les résoudre au milieu de tant de difficultés de tous genres et de bouleversements? Comment s'exposer à dépasser la ligne désirable ou à mécontenter la France, alors qu'on n'avait qu'elle à opposer à l'Europe conjurée? Comment ne pas profiter de deux mois et demi avant lesquels les Russes ne pouvaient être en ligne, tandis que les Autrichiens attendaient leurs alliés pour agir? Comment ne pas attaquer les premières troupes arrivées à portée; comment méconnaître qu'il n'y avait qu'une urgence, celle de la guerre qui, heureuse, arrangeait tout et, malheureuse, n'aurait pu sauver la plus admirable et la plus parfaite des constitutions? Laissant de côté des simagrées qui ne trompaient plus personne, il fallait, comme réparation d'honneur due à la France et pour rétablir l'équilibre politique en Europe, annoncer hautement la reprise de nos limites imprescriptibles, c'est-à-dire de ce cours du Rhin qui jadis avait circonscrit les Gaules, qui, reconquis par la République, avait été possédé par l'Empire, et sans lequel il ne pouvait plus y avoir de France pour Napoléon, attendu que, s'il n'avait pas le pouvoir de le reprendre alors que les sympathies des habitants de ces contrées étaient encore chaudes, il n'avait pas le pouvoir de rien garder. Je le répète parce que je ne peux bannir de mon esprit et de ma plume ces regrets et cette pensée, il fallait s'abstenir de protestations qui ne décelaient que la crainte, et, pour arriver à une paix qui n'était possible qu'en la rendant nécessaire aux ennemis, il fallait partir pour Bruxelles en battant la générale et en la faisant battre dans toute la France; en deux mois on aurait eu sous ses drapeaux un demi-million de soldats, sans pour cela repousser et humilier, ainsi qu'on le fit, les gardes nationales et les fédérés qu'il fallait au contraire exalter.

Cependant, s'il ne prenait pas ce parti, sur lequel le général Bonaparte, le premier Consul ou l'Empereur jusqu'en 1812, n'aurait pas hésité, forcé par la malheureuse proclamation de son séjour à Paris de constituer un avenir qu'il détruisait de cette manière; il fallait que Napoléon dépassât alors les engagements qu'il avait contractés et convainquît la France que, pour la situation nouvelle où elle était placée, elle trouverait en lui un homme nouveau, et que, cause des désastres éprouvés par elle, comme prix des efforts et des sacrifices qu'elle avait encore à faire, il entendait la dédommager par de larges et utiles concessions. Mais, s'il avait reproché aux Bourbons de n'avoir rien appris et rien oublié pendant leur exil, la France put lui faire au même titre le même reproche, et elle cessa d'avoir pour lui des sentiments qu'il n'avait pas pour elle. Cependant il ne tarda pas à se rendre compte du tort qu'il avait eu, mais il n'avait plus la possibilité d'en atténuer l'effet; son entourage ne fut que plus empressé à faire couvrir ces articles additionnels de signatures, que l'on arracha et qui ne firent qu'aliéner un peu plus ceux qui se résignèrent à les donner. Puis M. Sismondi inséra dans le *Moniteur* trois plaidoyers, que personne ne lut parce que rien n'est plus indépendant des mots et des phrases que l'opinion des masses, et Napoléon, dans le discours qu'il prononça au Champ de mai, annonça une revision qui, après ce que ses articles avaient révélé, ne devait rassurer personne.

Quelques jours après cette fatale promulgation, je rencontrai le général Watier de Saint-Alphonse (1). « Eh bien, me dit-il, j'ai une destination. Je commande la divi-

(1) Le général Watier prit ce nom de Saint-Alphonse quand il fut fait comte. Le général Gentil le prit également en recevant le même titre, et Watier fut choqué de la concurrence, comme s'il avait reçu ce nom de ses pères. De fait, tous ces déguisements de rotures étaient burlesques.

sion de cavalerie du corps du général Reille; je le quitte; il lui manque encore un général de division d'infanterie, et il serait enchanté de vous avoir, comme je le serais de resservir avec vous. Dépêchez-vous cependant, car plusieurs de nos camarades sollicitent déjà ce commandement. » Je ne sais ce que je lui répondis; mais moi qui, dix jours avant, aurais saisi avec joie cette occasion de reprendre mon service actif, je n'allai pas chez Reille et même je l'évitai, jusqu'à ce que je susse que ses deux divisions étaient données.

A peu d'époques de ma vie je ne me rappelle avoir ressenti un pareil désenchantement de tout et de moi-même, et c'est peut-être la cause pour laquelle j'éprouve tant de peine à en réveiller le souvenir; je laisserai donc de côté des hommes très honorables par leur dévouement, mais dont l'exagération a fait plus de mal que de bien à Napoléon; j'y laisserai de même cette foule de gens, les uns plus faux, plus vils, plus lâches et moralement plus laids qu'on ne peut croire, les autres plus ridicules qu'on ne peut dire. Partout où se trouve le pouvoir se trouvent la bassesse et l'intrigue; mais, en un moment où le pouvoir était si incertain que les intérêts ne savaient vers qui se tourner, jamais on ne vit tant de gens, affublés de tous les costumes, prendre tous les masques pour jouer tous les rôles. Le dégoût que provoquait ce spectacle devait être surpassé par celui que devait provoquer le spectacle de ces mêmes Tuileries trois mois plus tard, et le cœur me lève un peu devant les turpitudes dont il fallut être témoin et que je renonce à faire revivre sous ma plume; toutefois je ne puis éviter de parler d'une anecdote sur laquelle on a fait courir dix versions et dont je puis fixer certains détails à titre de témoin. C'était à une réception des dimanches: Napoléon était rentré de la chapelle dans le salon de la

Paix et arrivait à la porte de la salle du Trône, lorsqu'il aperçut M. de Bourmont qui, pour la première fois, je crois, se montrait au château depuis les Cent-jours ; il s'arrêta devant cet homme à la droite duquel je me trouvais ; j'ai donc parfaitement entendu ce que je vais rapporter littéralement. Tout se borna, du reste, aux trois phrases suivantes : « Ah !... monsieur de Bourmont, vous avez eu de la peine à vous décider. » Et ces derniers mots furent accompagnés d'un sourire douteux. — « Moi, Sire ? Je suis dévoué à Votre Majesté impériale, et non moins ambitieux de lui prouver ma fidélité que reconnaissant de ce que je lui dois déjà. » Il avait été fait général de brigade et général de division par l'Empereur. Celui-ci, après un regard prolongé, fit un mouvement de tête en terminant sur ces mots : « Je m'en souviendrai et justifierai votre zèle. » Tel fut le colloque, qui avait évidemment pour sujet une démarche récemment faite par ce Bourmont auprès de l'Empereur, demande soit écrite, soit présentée par un tiers. De fait, grâce à la protection du général Gérard, que Bourmont joua sous jambes, ce qui n'était pas difficile, grâce à la tendance qu'avait toujours eue l'Empereur pour employer des gens de l'ancien régime, grâce à la satisfaction qu'il pouvait éprouver vis-à-vis de la France et de l'Europe à montrer que même un Bourmont se ralliait à lui, une division fut confiée au traître, dont à bon droit le nom est devenu une flétrissure. On sait les suites, et il est presque fastidieux de rappeler les trois époques de ce Bourmont. Au retour de Lisbonne, et tant qu'il était au service de l'Empereur, il correspondait avec les Princes, se disant toujours à la tête de grandes machinations pour obtenir des envois d'argent ; puis, après la première Restauration, du jour où Napoléon est débarqué, ce même Bourmont, l'ami du Roi et des Princes, travaille à la proclamation du maréchal Ney, à Lons-le-Saulnier, se moque d'un chef de bataillon qui brise son épée et, dînant avec le maréchal, boit à la santé de l'Empereur ; il demande du service à celui-ci, en reçoit une division, et il déserte à Waterloo, avant la bataille ; une heure après la désertion, tous les avant-postes de l'armée sont attaqués et surpris, et, comme excuse, il se contente de dire : « Si le canon avait tiré, je me serais regardé comme engagé » ; puis plus tard il fait cette confession : « J'avais d'abord cru les Princes perdus » (c'est pourquoi il s'était rallié à Napoléon) ; « mais les articles additionnels m'ont fait croire au gain définitif de leur cause » (et c'est pourquoi il déserta la veille de la bataille et porta aux ennemis la situation de notre armée et le secret des opérations qui allaient être exécutées). Traître parmi les traîtres, ce Bourmont avait eu l'habileté de se faire des complices ; il entraîna notamment le général Reiset, auquel il répétait : « Le Roi a besoin que des hommes comme nous ne mettent aucune borne à leur dévouement » ; et son impudence fut telle qu'on se demande vraiment si ce qui fut dit alors n'est pas vrai, à savoir que le Roi, partant pour Gand, fit recommander à ce Bourmont de servir Napoléon pour le trahir, et que cette mission, qui pour tout homme d'honneur eût été une insulte, ne sembla au traître qu'un devoir de réparation et de justice. Mais assez de ces pourritures.

Tout se préparait pour la solennité du Champ de mai, espèce de prologue qui pour la France précéda le drame le plus terrible, et pour Napoléon la scène du jugement dernier. Cependant des députations de toutes les villes, de toutes les gardes nationales, de tous les régiments arrivaient, les uns pour présenter les actes plus forcés que libres d'adhésion aux articles additionnels, les autres pour recevoir de nouveaux drapeaux, tous pour renouveler de ces serments à valeur conditionnelle, et qu'on prête comme on les reçoit. Ce fut en même temps une seconde représentation de la distribution des drapeaux de l'Empire en 1804, et de la Fédération en 1790, avec cette différence que la bénédiction donnée par le prélat qui officia en 1815 n'eut pas l'efficacité de la messe dite en 1790 par un prêtre qui, se jouant de ses engagements avec Dieu comme avec les hommes, donna une femme mariée pour concubine à l'Église (1),

(1) Prêt à épouser Mme Grand, M. de Talleyrand voulut se dédire ; mais elle avait obtenu ou surpris des secrets importants, dont l'un surtout ne pouvait être divulgué sans qu'il en résultât pour M. de Talleyrand l'échafaud, et cette femme, sans esprit et sans âme, mais fort loin d'être sans tenue et sans caractère, se décida pour un billet conçu en ces termes : « Si vous ne m'épousez de suite, je vous fais raccourcir d'un pied. » Au nombre des personnes les mieux placées pour être bien informées et qui m'ont raconté ce fait, je dois citer Mme Eusèbe Salverte ; suivant elle, comme suivant tous ceux qui connaissaient les personnages, c'est en effet la seule manière d'expliquer le mariage de M. de Talleyrand. Sans doute à l'Empereur qui lui demandait si sa femme avait de l'esprit, M. de Talleyrand répondit : « Elle en a comme une rose »; mais cette comparaison, fort exacte à l'adresse d'une femme qui, sotte à l'excès, n'avait pour elle que sa fraîcheur et sa beauté, ne suffit pas à nous faire croire à un véritable amour de la part d'un homme aussi blasé que l'était M. de Talleyrand à l'époque où cette bizarre union résulta d'un divorce avec un homme et d'un divorce avec l'Église.

Quoi qu'il en soit, quelles illusions pouvaient survivre à un tel mariage? Aussi, non content des quatre-vingt-deux ans de scandale donnés au monde, M. de Talleyrand mit le comble aux indignités de sa vie par celles dont la mort de sa femme fut l'occasion. Et en effet, durant les huit derniers jours, il fit torturer l'agonisante pour lui imposer un testament différent de celui qu'elle avait fait. Informé par les espions dont il l'avait entourée, qu'elle avait destiné une cassette fermée à la duchesse d'Estissac, celle de ses propres nièces qui était la plus riche en enfants, la moins riche en argent, il fit guetter la remise de cette cassette pour s'en emparer au nom d'un contrat de mariage dicté par lui seul et qu'il exploitait devant le cadavre encore chaud de celle à laquelle il avait par dédain refusé le dernier adieu. On est révolté d'une telle spéculation chez un homme à qui ses riet finit par faire légitimer par un pape ses anticipations sacrilèges.

Ayant à prononcer un discours à ce Champ de mai (ou de mort), Napoléon chargea je ne sais plus qui de le lui ébaucher; et cette ébauche, conçue de manière à stimuler de plus en plus les sentiments patriotiques de la nation, lui déplut en ce qu'elle devait lui convenir. Il fit donc appeler son aide de camp Bernard, qui aujourd'hui encore tient lieu à la France de ministre de la guerre et, de fait, n'est que le ministre de son ancienne arme, puis, évitant toute explication, il se borna à lui dire : « Lisez ce discours qui ne vaut rien et que vous referez. » Bernard le refit, mais pour le rendre plus libéral qu'auparavant. Certes rien n'était plus honnête, mais aussi rien n'était plus godiche; aussi Napoléon avait-il à peine parcouru cette amplification de tribune, que la feuille de papier sur laquelle elle était écrite avait été broyée dans sa main, jetée au feu, et qu'il avait tourné le dos audit Bernard ; car comment prononcer un discours presque révolutionnaire avec le costume dans lequel Napoléon avait résolu de paraître? Le contraste aurait été aussi étrange que fut choquant le disparate de son discours, de ses articles et de ce même costume avec les circonstances. Jamais orateur ne se montra plus habile pour substituer des phrases d'exaltation à des concessions positives et pour tout renvoyer à un avenir où il comptait encore être redevenu maître de tout; jamais acteur ne fit plus de frais pour représenter la majesté impériale dans toute sa splendeur, mais jamais Napoléon ne remplaça plus mal à propos son habit de guerre, sa redingote grise, sa vieille épée,

chesses, cause de toutes ses infamies, vont échapper; car on ne les emporte pas plus en enfer qu'au paradis, où d'ailleurs ce damné peut être sûr de ne pas être attendu.

son petit chapeau et ses bottes par des bas de soie blancs, des souliers brodés et à rosettes, un glaive de théâtre, un habit, une écharpe, un manteau éblouissants de broderies et une couronne d'empereur romain. Cette parade, qui semblait indiquer que l'homme de guerre était fini en lui, m'affligea et en affligea beaucoup d'autres. C'est à peine si, aux jours de prospérités, tout cela pouvait paraître lui convenir, car de tels déguisements ne déguisent jamais rien. Ce qu'il y avait de plus grand en lui, c'était toujours l'ancien général Bonaparte, et la seule coquetterie qu'il pouvait se permettre impunément était de renchérir sur son orgueilleuse simplicité. Empereur, il ne représentait qu'une concession que la France n'avait faite qu'à regret, que l'Europe continentale n'avait admise qu'avec rage et dédain, que l'Angleterre n'avait cessé de combattre ; alors que, général, il ne dépendait que de son épée, dont il tenait tout, et il était certain d'inspirer un enthousiasme qui le déifiait. Je le répète donc, au 31 mai, au 1er juin 1815, il s'agissait de guerre et non de faste, parce qu'il s'agissait de résultats et non d'illusions, et nous restâmes confondus de voir Napoléon s'affubler de vêtements qui, dans la pensée de tous, pouvaient lui être arrachés le lendemain.

Une immense tribune couverte et richement décorée avait été construite sur toute l'étendue du corps avancé de l'École militaire; c'est dans cette tribune que furent placés les principaux personnages assistant à la solennité et tous les membres de la famille de Napoléon qui se trouvaient à Paris; enfin ce fut là qu'il se plaça lui-même, au bruit du canon et du roulement général qui annoncèrent son arrivée. Le Champ de Mars était rempli de troupes, et le soleil, dardant sur soixante mille baïonnettes, semblait faire scintiller l'immense espace que du haut du talus quatre cent mille spectateurs encadraient. Le coup d'œil était superbe, et, quoiqu'il fût fait pour absorber les regards et la pensée, je crois voir encore Hortense dessinant cet imposant tableau ; elle avait à ses côtés ses deux fils, non moins remarquables par leur beauté que par l'élégance de leurs habits de hussards ; et ces enfants, auxquels la situation du roi de Rome pouvait réserver un avenir immense, l'inexorable destinée condamnait l'un à une mort prématurée et aurait fait subir à l'autre une mort encore plus affreuse, si Louis-Philippe ne l'avait arraché au supplice dont son attentat de Strasbourg l'avait rendu passible (1).

Au milieu de la somptueuse tribune dont je viens de parler, un trône surmonté d'un dais était construit en avancée sur le Champ de Mars ; élevé d'une douzaine de degrés au-dessus du sol, il communiquait par des gradins avec les troupes, et il était entouré des trois cents étendards et drapeaux qui allaient être distribués. C'est à ce trône que Napoléon se rendit, presque immédiatement suivi de ses frères Joseph, Lucien et Jérôme, et d'un groupe formé par les dignitaires et les officiers de sa maison. Jetant en arrière son manteau avec une dignité et une grâce qui rappelaient les leçons de Talma, il prononça avec énergie et chaleur un discours qui, malgré quelques phrases au dernier point heureuses et adroites, était plus impérial que français. Les détails de cette cérémonie sont connus ; je n'ajouterai donc qu'un mot sur un épisode, le dernier qui pour la France et pour Napoléon ne fut pas un épisode de malheur et de honte, le dernier qui dût rappeler les fêtes mémorables et triomphales auxquelles ce Champ de Mars servait de

(1) A l'époque où il écrivait, le général Thiébault ne pouvait encore prévoir les futures destinées de ce fils d'Hortense qui devint Napoléon III. (Éd.)

théâtre depuis vingt-six ans, et ce mot consistera à dire qu'il était impossible d'aller au-devant d'une défaite irrévocable par un appareil plus militaire, d'un effroyable désastre par une solennité plus imposante, de s'acheminer vers la nuit des tombeaux par un jour plus radieux, vers le néant par plus de pompe.

A dater de ce jour, Paris n'offrit plus que le double spectacle de la levée d'un camp et du branle-bas d'un vaisseau. Cinquante mille bras élevaient et armaient des fortifications autour de cette capitale que les plus insolents de nos ennemis devaient insulter un mois après, et tout ce qu'il y avait de troupes et de députations de régiments, qui avaient reçu les nouvelles aigles, partaient en toute hâte pour rejoindre leurs corps d'armée ou leurs corps respectifs et pour soumettre à l'épreuve du feu ces insignes confiés à la valeur et à la fidélité. Moment imposant s'il en fut et d'autant plus grave que le chemin que la plupart de ces troupes avaient à faire pour se trouver en ligne, était plus court. Naguère des centaines de lieues séparaient Paris de nos avant-gardes, alors que c'était à soixante lieues de la Seine que le canon allait tonner; et c'est à cette faible distance que le gant nous était jeté par un Blücher et un Wellington, héros de bricole et de hasard, à qui la fatalité sacrifia et la gloire de Napoléon et Napoléon lui-même, victime à jamais immortelle.

A cette heure terrible où se jouaient de tels destins, les individualités ne comptaient guère, et cependant il faut bien, puisque j'écris mes *Mémoires*, que je revienne à moi. Me montrant au Château et à l'Élysée, mais seulement aux heures des réceptions générales, n'étant allé chez Joseph et chez Lucien (1) qu'une seule fois, quoi-

(1) On sait comment avait disparu de la scène politique Louis, celui qu'on appelait le *caput mortuum* de la famille, et qui, ayant

que j'en eusse été toujours reçu à merveille; vivement contrarié d'avoir été entraîné à écrire une lettre, avec les termes de laquelle je restais en contradiction; ne demandant rien d'une part parce que je manquais de confiance aux événements; décidé à ne rien refuser, mais aussi à ne rien solliciter; n'ayant, conséquemment aux résolutions que j'avais prises à Hambourg, mis chez le maréchal Davout, ministre de la guerre, ni les pieds, ni mon nom, ce qui suffisait pour expliquer l'apparent oubli dont j'étais l'objet; n'ayant pas été davantage chez les autres ministres et pas même chez Carnot, qui cependant avait parlé favorablement de mes ouvrages, pas même chez Cambacérès qui, dans toutes occasions, m'avait traité avec distinction et bonté; comprenant, du reste, que, dans les circonstances où nous nous trouvions, on ne pouvait guère employer que ceux qui sollicitaient des commandements, je n'en étais pas moins blessé de ne pas avoir reçu d'ordres; c'était, en effet, la première fois de ma vie que j'étais laissé sans emploi, et, quoique je ne dusse

contracté en 1801, à Salamanque, une maladie fatale, et ayant été mal soigné, ne s'en est jamais rétabli. Voué à une existence de souffrances, il était exaspéré contre quiconque se portait bien, et c'est ainsi qu'il prit d'Arjuzon en aversion parce que celui-ci était toujours content et paraissait heureux. Il ne croyait à aucune bonne intention, et un général l'ayant suivi à Gratz par excès de dévouement, il lui dit un jour qu'il n'était pas dupe, et qu'il devinait un motif intéressé à de si beaux sentiments; sur ce thème il poussa les choses si loin que l'autre dut le quitter. Il avait des malignités incroyables. En endossant la chemise d'un galeux, il se donna la gale pour la donner à sa femme; quand il quitta la Hollande, il emporta sans les payer pour huit millions de diamants que Napoléon acquitta en réunissant la Hollande à la France, et personne ne sait ce qu'il a en portefeuille; car tantôt il fait de grandes dépenses, tantôt il vit comme un cuistre. Il y a dix ans qu'il est paralytique et qu'il ne peut plus manger seul, et il vient d'épouser une jeune Strozzi, âgée de seize ans, et la plus belle fille de l'Italie. Comme dans ce mariage tout sera sacrifié à l'argent, il est possible que le vieux roi ait des enfants de sa jeune femme si elle n'en a de lui.

m'en prendre qu'à moi, je n'en avais pas moins de l'humeur; toutefois cette humeur ne me fit pas dévier de la ligne que je m'étais tracée.

Le temps nécessaire pour que les troupes qui avaient assisté au Champ de mai arrivassent à leur destination, expirait le 10 juin, et tout annonçait le départ instantané de Napoléon. Or, ce 10 juin se trouvant un dimanche, j'assistai à la dernière messe qu'il entendit aux Tuileries, à la dernière audience qu'il dût y donner. L'affluence était considérable, la préoccupation générale. Chacun néanmoins s'efforçait de faire bonne contenance et n'aboutissait guère qu'à afficher une de ces confiances qui, exprimées par des banalités, n'en inspirent aucune. Je ne dirai pourtant pas que l'on était sans espoir; mais on était encore moins sans anxiété. Napoléon, qui tant de fois avait volontairement joué quitte ou double, se trouvait cette fois acculé par la force à cette nécessité; l'arbitre souverain de tant d'existences, l'homme qui, d'un regard, d'un geste, d'un mot, bouleversait la vie ou la rendait heureuse ou magnifique, en était arrivé au moment peut-être où il n'aurait plus d'asile. Voulant échapper à mes pressentiments fâcheux et chercher en cet homme même les motifs de sécurité qui semblaient me fuir et que lui seul pouvait donner encore, me rappelant la détresse physique en laquelle il m'était apparu le jour où il avait appris la mort de Berthier, et cherchant à me rassurer contre de tels souvenirs, je ne cessai de le considérer, et mes regards s'attachèrent sur lui avec d'autant plus d'avidité, je pourrais ajouter de souffrance, que plus je l'examinais, moins je parvenais à le retrouver tel qu'au temps de sa force et de sa grandeur. Jamais l'impression que sa vue me fit éprouver, à ce moment où le destin allait prononcer entre le monde et lui, jamais cette impression n'a cessé de m'être présente. Son regard, jadis si formidable à force d'être scrutateur, avait perdu la puissance et même la fixité; sa figure, que si souvent j'avais vue comme rayonnante de grâce ou modelée dans l'airain, avait perdu toute expression et tout caractère de force; sa bouche contractée ne gardait rien de son ancienne magie; sa tête elle-même n'avait plus ce port qui caractérisait le dominateur du monde, et sa démarche était aussi embarrassée que sa contenance et ses gestes étaient incertains. Tout semblait dénaturé, décomposé en lui; la pâleur ordinaire de sa peau était remplacée par un teint verdâtre fortement prononcé, qui me frappa. Qu'était donc devenu le triomphateur de l'Italie deux fois soumise à ses armes; de l'Autriche deux fois conquise; de l'Égypte où de fait il s'assit sur le trône de Sésostris; de la Prusse qu'une journée lui avait suffi pour anéantir; de la Russie qui ne put être sauvée que par son climat? Et quelle différence des temps où nous étions à ceux que je rappelle; temps où le dernier soldat tressaillait à sa vue, comme à sa voix; où ses moindres paroles se répétaient avec enthousiasme et semblaient prophétiques, et où, achevant d'exalter toutes les âmes par son éloquence ossianique, il osait dire (1) : « Bientôt je reparaîtrai à votre tête, et l'on reconnaîtra que vous êtes de la race des braves. »

Où était le temps où il pouvait se vanter d'avoir cent mille hommes et cent millions à dépenser par an, calcul horrible du moins en ce qui concerne les hommes et qui peut-être l'a perdu, du jour où les rentrées n'ont plus concordé avec la dépense? L'histoire de Napoléon se résume à ceci : à mesure que s'accroît sa destinée, il gagne en ambition ce qu'il perd en prévoyance et en capacité, par conséquent en véritable force. Un

(1) Voir sa proclamation qui suivit son retour d'Égypte.

de ses grands vices fut de favoriser, et souvent avec impudeur, les hommes qui avaient fourni toutes sortes de raisons pour être sacrifiés, et de haïr l'indépendance au point de repousser ceux qui, par leur honnêteté et leurs vertus, ne lui donnaient sur eux aucune de ces prises qu'il regardait bien à tort comme les garanties d'un dévouement aveugle et sans bornes. De même les faveurs, les grâces finirent par être scandaleusement réparties, et des hommes ineptes, immoraux, obtinrent de lui des décorations, des titres de chevalier, de baron même (je citerai Lemière), des dotations enfin qu'il refusait ou ne donnait pas à des hommes éminemment recommandables parvenus aux premiers grades. Un colonel lui demandait la croix pour son quartier-maître : « Il me faut du sang et non de l'encre », lui répondit Napoléon, qui peu après donna cette croix pour de la boue.

Combien n'a-t-on pas cité d'anecdotes sur ses rapports avec le troupier! Or ces rapports, si fermes, si intelligents, si féconds au début, prennent plus tard une forme de dévergondage de puissance : « Attrape ça, dit-il à un soldat, en lui donnant un titre et une dotation…. Je te fais douze cents francs de rente, dit-il à un autre; bois-les avec tes camarades, et qu'à ton exemple ils se battent bien.. Quant à toi, tu es invulnérable. » A une revue, un sergent s'avance pour demander la croix; le colonel veut faire retirer l'homme, auquel Napoléon ordonne de rester par ces mots : « Qu'as-tu fait pour mériter la croix? — Sire, j'ai arraché les palissades à l'attaque de Stralsund. — Est-ce vrai, colonel? — Oui, Sire. — Qu'as-tu fait encore? — J'ai enlevé un drapeau à telle affaire. — Est-ce vrai, colonel? — Oui, Sire. — Eh bien, pourquoi ne voulez-vous pas que cet homme ait la croix? — Sire, c'est un ivrogne, un voleur, un ….. — Bah! le sang lave tout cela. » Et la croix fut accordée à ce brave d'un genre particulier, qui ne pouvait que bientôt la déshonorer. A une autre revue, Napoléon voit un soldat qui le fixe : « Eh bien, qu'as-tu à me demander? — La bamboche, Sire. » Et le soldat est décoré (1). Et, comme pendants à ces abus de faveurs, simples caprices de tout-puissant, on citerait d'autres faits aussi peu conformes à la justice, mais dans un sens tout opposé. Un major, excellent homme très dévoué, très exact et très fidèle pour le service de l'Empereur, mais qui, d'après les devoirs de son grade, était resté au dépôt, est nommé colonel. Dans sa joie, il croit bien faire de se rendre à l'armée pour remercier Napoléon. Il paraît et reçoit cette question : « Vous étiez à la dernière affaire? — Non, Sire. — Vous étiez donc à telle autre ? — Non, Sire. — Alors à celle-là ?—Je n'ai pas eu cet honneur. — Et qu'est-ce qui m'a f..... un colonel comme vous? Vous n'avez été nulle part. » Et le brave homme, qui dès la première question n'avait plus osé dire d'où il venait, fut privé de son grade, que cependant et par les meilleurs titres il justifiait. Bien d'autres exemples, aussi significatifs que celui que je viens de citer, pourraient être rapportés, mais je ne puis prolonger hors de proportion ce qui n'est qu'une digression, et il me suffira de dire, comme

(1) Les revues étaient le véritable moment pour faire valoir des titres réels ou même imaginaires. Napoléon était toujours contrarié quand, dans ces occasions, on ne lui demandait rien : « Comment, disait-il un jour à un colonel qui ne lui présentait aucune demande, vous n'avez donc rien fait; vous n'avez donc su mettre dans votre corps personne à même de mériter quelque chose? » Selon lui, si on ne demandait rien, c'est qu'on avait la conscience de ne mériter rien. Aussi ne craignait-il pas l'obsession, et l'on a cité ce chef de bataillon qui, désirant entrer dans la garde, fit sa demande et obtint pour réponse un : « Ce n'est pas possible. » Il insiste : « Sire, j'ai des titres qui méritent vos bontés. — Il n'y a pas de place. — Sire, il s'en fait tous les jours. — J'ai dix-neuf chefs de bataillon à la suite. — Eh bien, Sire, le vingtième ne sera pas le moins brave. » Et le vingtième fut nommé dans la garde.

conclusion, que Napoléon, par l'exercice même de sa puissance extraordinaire, avait peu à peu perdu le sens précis, la véritable mesure des choses et la possession de lui-même ; il ne savait plus voir vite et juste, et, si la campagne de Dresde le montre déjà inférieur à lui-même, il n'est pas moins certain que ses facultés avaient continué à s'affaiblir par l'effet des tortures morales qu'il endurait depuis vingt mois. Son retour de l'île d'Elbe avait été comme la dernière poussée d'un volcan qui s'éteint, et, si son génie se révélait encore par des pensées profondes, par des phrases magnifiques, il ne suffisait plus à ces grandes conceptions inséparables de la puissance d'exécution. La fortune, d'ailleurs, s'est lassée ; Napoléon va bientôt arriver sur le théâtre de la lutte suprême, où il semble avoir appréhendé de paraître ; il peut encore débuter par la défaite des Anglo-Prussiens ; mais l'homme capable de profiter des dernières chances qui lui restent n'existe plus, et, de même qu'il a perdu la bataille de Leipzig, manqué toute sa campagne de 1813 et rendu l'invasion de la France et la souillure de Paris possibles, faute d'avoir pu disposer de cent soixante mille hommes dispersés par lui dans dix places inutiles, de même il perdra la bataille de Waterloo, cette Iéna de la France, pour n'avoir pas été rejoint par les quarante mille hommes si imprudemment confiés au marquis de Grouchy, que par une double aberration il avait fait maréchal. Mais, au 10 juin, nous n'en étions pas encore à ce complément de nos malheurs ; l'horizon seulement était chargé d'orage. Les derniers de mes regards qui se portèrent sur Napoléon ne me pénétraient pas moins d'un trouble douloureux. En proie aux plus noirs pressentiments, je quittai ce château où je ne devais plus le revoir, et je rentrai chez moi en faisant des vœux à l'exaucement desquels je ne croyais plus.

CHAPITRE XII

Du moment où Napoléon eut quitté Paris, un vide immense sembla s'être formé. On eût dit que le ciel et la terre participaient à ce déplacement, que l'équilibre du monde était dérangé. Cependant, quelque précaire que fût la situation, on ne tarda pas à s'étourdir sur elle. Un grand mouvement d'ailleurs animait Paris; les ateliers, les arsenaux s'y multipliaient ou activaient leurs travaux, et les cinquante mille ouvriers achevaient de le transformer en un camp retranché, qu'une immense artillerie devait armer. La garde nationale mobilisait ses bataillons, et, indépendamment des troupes devant former une armée de réserve, indépendamment des fédérés presque tous anciens soldats, réunis au nombre de quinze mille et qui auraient pu être portés à soixante mille et plus, de toutes parts arrivaient des détachements de soldats et de conscrits, destinés au recrutement d'une partie des corps composant nos armées actives du Nord et de l'Est, et à l'organisation de nouveaux bataillons ou régiments (1).

J'ai dit quelle était, au milieu de cette agitation générale, ma situation d'attente, et à quel degré de perplexité et d'incertitude j'étais livré. En attendant d'être fixé sur le rôle que j'allais avoir à jouer dans cette

(1) On organisait alors dix-huit bataillons, formés d'officiers et de soldats en retraite, et vingt régiments de marine.

phase convulsive que traversait ma patrie, Zozotte était repartie pour Tours avec ses filles, et j'avais cru devoir profiter de son absence pour quitter la maison de M. de Villegris, que nous habitions, et pour venir me loger dans l'hôtel que j'avais récemment acheté rue de l'Arcade; faute d'occupation plus sérieuse, j'arrangeais sur le jardin un appartement où Zozotte pût se plaire à son retour. Le comte de Barral, qui avait été baron d'Empire, et sa femme, la belle Zoé, occupaient depuis bien des années cet hôtel; je leur avais donné congé; mais M. de Barral, qui me devait trois années de loyers arriérés, trouvait commode d'avoir affaire à un propriétaire plus que patient; paralytique et n'ayant pas quitté son lit depuis ces trois dernières années (1), il basait sur son état ses demandes de délais sans cesse

(1) Pendant ces trois années, il n'avait pas permis qu'on déplaçât son tapis et qu'on balayât sa chambre. Aussi sale pour lui-même que pour tout ce qui l'entourait, il ne se lavait jamais, de sorte que son médecin, pour avoir le courage de lui tâter le pouls, lui ordonnait préalablement des bains de main dans de l'eau de savon chaude. Sa femme, qui, devenue veuve, épousa M. de Septeuil, était fort belle et très bonne personne, et plus M. de Barral devint impotent, plus il se montra jaloux d'elle. A tous moments il la faisait appeler; quand elle sortait, il se fâchait à grands cris. Pour éviter ce tapage, et soit qu'elle fût sortie, soit qu'elle eût quelque chose de mieux à faire que d'aller le trouver, elle lui faisait dire : « Madame est incommodée; elle a été obligée de se coucher; elle a la fièvre très fort!... — Ah! tant mieux, répondait-il, tant mieux! » Il était neveu d'un comte Dubourg, qui fut célèbre pour son avarice. C'est ce comte Dubourg qui, pour économiser un valet de chambre, avait imaginé de se procurer une manche de livrée; ce qui lui permettait de donner le change sur sa condition quand il passait le bras par la fenêtre pour vider lui-même ses pots de nuit. C'est encore ce comte Dubourg qui, donnant des commissions à un domestique, peu pressé d'obéir, lui dit : « Prête-moi tes souliers, et je ferai mes commissions moi-même. » Ses fils, l'engageant à voir une pièce nouvelle qui attirait tout Paris aux Français et n'obtenant pas qu'il fît cette dépense, lui offrirent de payer sa place, ce qu'il accepta. Arrivé au théâtre, l'un d'eux prit les billets et remit au comte le billet qui lui revenait; mais, à peine sous le vestibule, l'a-

renouvelées. J'en parlai à sa femme, qui me déclara n'y pouvoir rien par elle-même, mais me conseilla de prendre les moyens extrêmes. En conséquence, dès le lendemain, à six heures du matin, les maçons furent installés au rez-de-chaussée. Réveillé par leurs coups redoublés, M. de Barral envoya une de ses deux gardes pour savoir ce qui se passait ; qu'on juge de sa frayeur quand on vint lui dire qu'on démolissait la maison juste au-dessous de lui. A l'instant le déménagement commença, et le lendemain j'étais quitte de lui ! « C'est affaire à vous, me dit la comtesse Zoé ; au reste, vous n'aviez pas d'autre moyen (1) ! »

Le rapport de mon architecte avait établi que, pour l'arrangement de ma maison telle que je la désirais, il suffisait de changer quelques distributions et de faire quelques réparations ; mais il se trouva qu'il n'y avait pas un mur à conserver, pas un plancher qui ne fût pourri, que les fondations étaient à reprendre en totalité, et que l'architecte de confiance m'avait trompé à ce point qu'au lieu d'une maison bien bâtie je n'avais acheté qu'un terrain chargé de matériaux inemployables. Cependant, une fois ces terribles travaux commencés, il n'y avait plus à s'arrêter ; il fallait subir trois ans de coûteuses dépenses au lieu d'un été de travaux légers, débourser cent dix mille francs au lieu de dix huit mille et vérifier ce jeu de mots justifié par toutes les duperies du métier : « Qui bâtit ment. »

---

vare prétexta un besoin, sortit, se fit rendre au bureau l'argent et se sauva avec.

(1) Je n'avais pas un besoin aussi urgent de la partie de la maison qu'occupait la comtesse Zoé, qui fit son déménagement à son aise et fut encore quinze jours chez moi. Quant au comte, il possédait une armoire vitrée pleine de curiosités, et j'ai dit qu'il y conservait un soulier de la princesse Borghèse, dont le pied était une merveille de forme et de petitesse.

Cependant des préoccupations aussi secondaires ne pouvaient me faire oublier le grand intérêt qui se débattait pour l'Empereur et pour la France, et je commençais à être fort agacé de mon inaction, quand, me mettant à table le 15 juin, je reçus la visite du comte de Valence. J'ai déjà parlé de lui ; mais comment le nommer sans revenir aux avantages que la nature avait prodigués à cet homme superbe et qu'il perfectionna dans les situations où le placèrent son rang, sa fortune, sa carrière et ses mérites! Homme d'État, de Cour, de boudoir et de guerre, il joignait à l'importance des vues, à la vigueur et à la justesse des pensées, au talent de parler et de dire (1), l'énergie des sentiments, l'exaltation de la vaillance, un esprit non moins orné que fécond, une politesse incomparable et une grâce, un ton, des manières qu'à ce degré lui seul m'a fait connaître, dont il était à la fois le modèle et l'exemple, et dont la tradition n'existe plus. Non moins remarquable dans les entretiens les plus graves et les plus légers, et soit qu'il s'agît des arts (2), des sciences ou de littérature, il s'élevait aux plus hautes questions avec autant de facilité qu'il en avait à donner un charme indicible aux questions les plus futiles. Chevalier français dans toute la signification de ce mot, synonyme d'honneur et de galanterie, citoyen au dernier degré dévoué à sa patrie, ami à toute épreuve, loyal et bon, soldat plus qu'intrépide, général distingué, il fut l'apologie vivante des temps passés et présents, et, partout en première ligne, toujours du premier ordre, capable de tous les genres d'héroïsmes, il réunit tous les genres d'agrément et de

---

(1) Voir ses discours à la Chambre des pairs.
(2) Personne n'a plus approfondi l'art dramatique, et rien n'était intéressant comme de l'entendre disserter sur cette matière. Ce sont ses leçons qui ont achevé la supériorité de Mlle Duchesnois.

mérites. S'il dut s'honorer de ses aïeux, on peut dire qu'il ajouta à l'honneur de son nom et termina de la manière la plus digne la race antique et illustre dont il fut le dernier rejeton. Assurément, tant qu'il resta jeune, aucun homme, sous les rapports des avantages personnels et de l'amabilité, ne dut pouvoir se comparer à lui, et aucune femme sans doute n'osa lui comparer son mari ou son amant, ce qui en amour le rendait aussi formidable qu'il le fut à la guerre. Peu d'existences auraient pu fournir aussi bien que la sienne un grand nombre d'anecdotes transcendantes, et ce n'est pas de ma faute si les principales n'ont pas été recueillies. A deux reprises, je lui ai demandé de m'aider à rédiger sur lui des notes biographiques. Mais rien n'était plus difficile que de l'amener à parler de ce dont tant d'autres se seraient vantés, et je n'en obtins, avec les phrases les plus amicales, les plus flatteuses sur les sentiments et les motifs auxquels je cédais, que des ajournements que la mort a rendus définitifs et qui, grâce à l'insignifiance de ce qui a été recueilli sur son compte, lui ont fait subir une double mort.

Pour en revenir à la visite du comte de Valence : « Mon cher Thiébault, me dit-il en m'abordant, appelé en toute hâte chez le ministre de la guerre, je viens de recevoir par ses mains ma nomination de commandant du premier corps de la réserve ; l'Empereur ordonnant que cette réserve soit le plus promptement possible en état d'entrer en campagne, il a fallu désigner de suite les officiers généraux qui en feraient partie ; le commandement de la première division vous a donc été donné. J'aurais désiré pouvoir vous consulter à cet égard et, avant de faire expédier vos ordres, savoir de vous si cette destination vous serait agréable ; le temps n'a pu m'être accordé. Au reste, et pour peu que vous partagiez le plaisir que j'éprouve de servir avec vous, j'aurai doublement à me féliciter de ma nomination. — Mon général, lui répondis-je, depuis vingt et un ans je vous appartiens à des titres qui seront toujours sacrés pour moi et auxquels vous ajoutez encore en ce moment, et par la bonté que vous avez eue en venant m'annoncer cette nomination vous-même, et par les termes dans lesquels vous voulez bien le faire. Comptez donc sur tout ce que le dévouement du cœur et celui du devoir pourront rendre possible à votre ancien aide de camp. »

Ma division devait être réunie sous cinq jours et campée près de Montrouge, où mon quartier général devait être établi, ainsi que celui du comte de Valence; dès le lendemain le camp fut tracé et nos logements faits. Au milieu d'un parc anglais extrêmement soigné, se trouvait une habitation charmante, très digne du nom de château et meublée avec recherche; elle fut destinée à ma résidence. C'était la maison de campagne ou la buvette d'un des tailleurs de Paris, et, je crois bien, de celui qui si vivement avait remué la bile du général Fournier. Les troupes ne devant commencer à arriver que le 20, j'avais continué à coucher chez moi, me bornant à accompagner deux ou trois fois le comte de Valence à Montrouge, afin de nous assurer que tout ce qui avait rapport aux besoins des troupes serait prêt, et, le 20 au matin, je me disposais à aller m'y établir lorsque j'entendis traverser à grands pas ma salle à manger, mon salon dont les portes étaient ouvertes, et je vis arriver au seuil de ma chambre à coucher le capitaine Viennet, qui, les traits décomposés et dans l'attitude la plus mélodramatique qu'il soit possible d'imaginer, s'arrête à ma vue, lève les bras au ciel et d'une voix effroyable s'écrie : « Tout est perdu ! » tout en continuant à marcher en tous sens comme un homme dont la raison est égarée. Jamais désastre ne fut annoncé sur un ton aussi tragique, et Viennet en ce moment aurait si bien pu défier Lekain et Talma qu'en dépit des vingt-deux années écoulées, j'entends encore ce « Tout est perdu! » retentir à mon oreille. C'est ainsi que j'appris le désastre de Waterloo et le retour de Napoléon à Paris, retour qui mit le comble au bouleversement que j'éprouvais. Et comment échapper aux terreurs qui m'assaillirent; comment sortir de ce dilemme : ou le mal est sans remède et l'ennemi aux portes de Paris, ou Napoléon n'est plus rien de ce qu'il a été! Pour comble de malheur, cette dernière supposition était la véritable. Qu'il fût revenu seul d'Égypte, en y laissant une armée dans une position qu'il devait savoir intenable, la France avait pu lui pardonner ce premier abandon de troupes, abandon qu'elle expliqua par une pensée d'ambition colossale et qu'elle excusa en faveur d'une puissance morale conquise dans des circonstances extraordinaires; qu'il fût revenu seul de Russie, en laissant derrière lui la Grande Armée mourant de faim et de froid en une effroyable déroute, ce nouvel abandon avait pu encore être pardonné, parce que la France crut ou consentit à croire que ce retour précipité était nécessaire pour que l'Empereur conçût et fît exécuter les mesures propres à réparer en peu de mois la perte de trois à quatre cent mille hommes, de cent cinquante mille chevaux et du plus grand matériel d'artillerie, d'administration et d'équipages que l'on eût jamais mis en campagne. Mais à Waterloo nous n'avions pas perdu vingt mille hommes, et les Anglais en avaient perdu presque autant que nous; il leur fallait des mois pour réparer leurs pertes, alors qu'il ne nous fallait pas douze jours pour que ceux de nos cadres qui se trouvaient affaiblis fussent plus que recomplétés; notre cavalerie avait peu souffert; le matériel de l'artillerie se serait remplacé de même, et quand, pour les attelages, on n'aurait eu de ressources immédiates que les chevaux de remise ou de fiacre de Paris, ils auraient suffi pour suppléer à ceux dont on pouvait manquer. Sous le rapport des forces à opposer à l'ennemi, les quarante mille hommes du marquis de Grouchy, faute desquels la bataille avait été perdue, formaient à eux seuls un noyau autour duquel et même sans lequel tout pouvait se rallier. Mais encore Laon, où il fallait s'arrêter, n'est qu'à trente-cinq lieues de Paris; un jour suffisait pour l'aller et le retour des courriers, et c'est de là que tous les ordres pouvaient et devaient être donnés; de là, le premier moment passé, Napoléon pouvait faire de subites apparitions à la tête des troupes; il n'est aucun de ses ordres qui n'eût été ponctuellement exécuté; de là encore il en imposait à l'ennemi, il conservait une attitude de souverain et de général, qui suffisait pour garantir nos frontières, pour tout contenir et au besoin pour avoir raison des factions de l'intérieur, de la turbulence insurrectionnelle de la Chambre des députés et de la lâcheté de la Chambre des pairs. Mais pour cela, je le répète, il ne fallait pas quitter l'armée avec la rapidité de la fuite et sous le canon de l'ennemi; il fallait en personne rallier les corps et par-dessus tout ne pas venir se faire prendre à l'Élysée comme dans une souricière. Rentrer à Paris, ainsi qu'il y rentra, c'était donc sans nécessité, sans profit et en courant à sa perte, en la rendant pour ainsi dire inévitable, se mettre à la discrétion des anarchistes et de leurs complices les royalistes; c'était mettre les troupes à la discrétion de l'ennemi, tout en révélant qu'il n'y avait plus rien à espérer et à craindre d'un homme qui, après une lutte de quelques jours, n'espérait plus en lui-même. De sa part délaisser son armée après la défaite qu'il aurait dû prévenir, et la délaisser au moment d'une retraite, c'est-à-dire de la plus difficile comme de la plus menaçante des opérations de guerre, c'était la trahir; l'abandonner ébranlée, découragée, quand un mot, un regard pouvait immédiatement lui rendre l'énergie que d'elle-même elle reprit quelques jours après, c'était risquer d'achever de la sacrifier; de même que reparaître à Paris en fuyard, c'était provoquer son abdication ou plutôt abdiquer cent fois pour une.

Et maintenant, avant de continuer ma narration, je me trouve arrêté par une de ces questions devant lesquelles il est impossible de reculer, par celle de savoir à qui la perte de cette bataille de Waterloo a été due. Elle a été due d'abord à Napoléon, qui par ses articles additionnels diminua ses forces et glaça le zèle de beaucoup d'hommes, et qui, n'ayant plus en lui le pouvoir de se faire obéir, ne parvint pas à tirer de ses forces tout le parti possible; ayant eu déjà aux Quatre-Bras la preuve que ses ordres pouvaient être transgressés impunément, il devait garder sous sa main la totalité de ses troupes et se borner à porter, dans la nuit du 17 au 18, le corps de Grouchy entre les armées anglaise et prussienne. Cette perte a encore été due au maréchal Soult, qui, à travers un pays ami, à quatre lieues de distance, disposant d'une armée, ne fut pas capable de faire parvenir un ordre à l'exécution duquel tenait le salut de l'Empire et se borna à envoyer un tel ordre par un seul officier (1), n'ayant ni prévu ni compris qu'un officier por-

(1) Pendant la campagne de 1808 en Portugal, et au moment où nous dûmes croire à un prochain débarquement d'une armée anglaise, j'eus à rappeler à Lisbonne quatorze cents hommes de troupes qui se trouvaient à Almeida. Il ne s'agissait ni du salut d'une grande armée, ni de celui de la France; eh bien, mes ordres ayant à traverser cinquante-quatre lieues du pays le plus difficile

teur d'un ordre d'une telle gravité pourrait être enlevé par quatre hommes et un brigadier; puis, ne le voyant pas revenir, n'en recevant aucune nouvelle, il ne se douta pas que cet officier devait être tombé dans les mains de l'ennemi et n'expédia des duplicata ni par des espions, ce qui prouve qu'il n'avait pas de chiffre, ni par de nouveaux officiers, quand il aurait dû en faire partir dix et faire escorter l'un d'eux par une division de cavalerie s'échelonnant sur cette faible distance de quatre lieues. J'ai dit que Napoléon, ne voyant pas Grouchy paraître, interrogea le maréchal, qui lui répondit par l'énoncé du fait que je viens de rapporter; on sait avec quelle hauteur de mépris il paya cette négligence ou plutôt cette insuffisance (1); eh bien, cette première école ne mit pas le major général en garde contre d'autres fautes; car, au moment où nos troupes ployèrent, le seul chemin de la retraite se trouva encombré à un tel point que la débandade fut complète et que tout le matériel fut perdu. Bourmont, major général, n'eût pas mieux fait que Soult.

La perte de la bataille de Waterloo a été due encore au marquis de Grouchy, qui la veille d'une bataille décisive ne se mit pas en communication avec son général en chef, Napoléon ou autre, et qui, le lendemain matin, entendant sur sa gauche une effroyable canonnade et ayant quarante mille hommes l'arme au bras, ne marcha pas où le canon tonnait, ce qu'un caporal

---

et des populations insurgées jusqu'à la rage, de trois heures en trois heures une nouvelle expédition de ces ordres, et une expédition chiffrée, partit jusqu'à ce que j'eusse là preuve écrite que l'une d'elles était arrivée. Vingt-deux officiers ou espions furent expédiés, et de ce nombre douze revinrent sur leurs pas, sept disparurent, mais trois arrivèrent. Et de telles précautions ne sont que l'A b c du service d'état-major.

(1) Voir tome IV, page 415.

aurait dû faire et aurait fait. Cette attitude du général Grouchy a donné lieu à une polémique entre lui et le général Gérard. Ledit Gérard se vante d'avoir pressé ledit Grouchy de se porter sur le champ de bataille de Waterloo et l'accuse d'avoir résisté à ses conseils, tandis que le marquis de Grouchy argumente sur ce thème, qu'ayant reçu de l'Empereur l'ordre de suivre l'armée prussienne, et nul ordre contraire ou différent ne lui étant parvenu, il n'existait aucune considération humaine de nature à justifier sa désobéissance ou seulement à la rendre excusable, l'Empereur n'étant pas de ces chefs dont on pouvait et devait transgresser, commenter ou modifier les ordres. Examinons la valeur de l'accusation et de la défense.

En thèse générale, l'accusation est fondée ; mais, dans le cas particulier où le général Gérard la présente, elle manque de bonne foi. Le général avait l'ordre de partir à la pointe du jour de son bivouac, ce qui devait le faire arriver devant Wavre à huit heures du matin, et, parti seulement vers sept heures, il marcha avec une telle lenteur que ce ne fut qu'après midi qu'il arriva et à une heure qu'il ouvrit l'avis en question. Or, cet avis adopté même de suite, on ne pouvait guère être en marche que vers une heure et demie, et une troupe qui avait déjà fait quatre lieues n'en eût pas fait quatre autres en moins de six heures ; Grouchy ne serait donc arrivé que vers huit heures du soir ; à ce moment, tout était dit. Encore faut-il ajouter que si Blücher, qui marchait avec des troupes fraîches, avait su qu'il était suivi par Grouchy, il aurait hâté sa coopération, ce qui aurait avancé le moment de notre funeste retraite et peut-être compromis Grouchy sans sauver Napoléon. Cet avis, qui, conforme aux ordres interceptés, aurait donc tout sauvé à huit heures du matin, était insignifiant ou ne pouvait qu'augmenter la masse de nos malheurs cinq heures après; s'en vanter dans cet état de choses n'est que de la forfanterie, et cette forfanterie ne pouvait aboutir qu'à signaler le retard et les lenteurs dudit Gérard.

Mais s'ensuit-il que cela excuse Grouchy? Non certes... 1° Comme commandant en chef, il devait surveiller le mouvement du général Gérard; au besoin, le faire partir à l'heure prescrite et lui faire accélérer sa marche. 2° Il avait l'ordre de suivre l'armée prussienne; mais s'arrêter devant un rideau cachant le mouvement que cette armée pouvait faire et a fait, ce n'était pas la suivre. Sans doute le marquis de Grouchy pourrait dire : « Si le général Gérard était arrivé à huit heures du matin, comme il le devait, j'aurais attaqué l'armée prussienne et, par suite, découvert et empêché son mouvement... » Mais on répliquerait : « D'une part, vous ne l'aviez pas annoncé, donc vous ne l'auriez pas fait; de l'autre, pourquoi ne l'avez-vous pas fait du moment où le corps du général Gérard vous a rejoint? » Et il n'y aurait à cela aucune réplique. 3° Je répète que, n'ayant pas de nouveaux ordres et par cela même qu'il n'en avait pas dans une de ces situations où une heure de silence est menaçante, il devait, dans la soirée qui précéda cette funeste journée, se mettre en communication avec Napoléon, et cela autant pour lui adresser un rapport et pour demander au besoin de nouvelles instructions que pour s'assurer que les communications étaient libres, ce qui eût suffi pour lui donner l'éveil sur les projets de l'ennemi, pour lui révéler que de nouveaux ordres pouvaient avoir été interceptés. 4° Enfin comment ne pas se douter qu'un officier aussi rusé que ce Blücher, qu'un homme aussi distingué que son chef d'état-major Gneisenau, n'aient pu avoir l'idée de dérober une marche pour se réunir au duc de Wellington? Aussi, et quoique

Gérard ait ouvert l'avis de marcher sur le feu, alors que par sa faute le moment d'une fructueuse exécution en était passé, et qu'il n'ait pas ouvert celui d'une attaque que tout commandait, Grouchy n'en reste pas moins éternellement coupable de n'avoir pas fait une manœuvre ou une attaque, sur l'urgence de laquelle le canon d'une part, de l'autre l'absence de toute nouvelle ne devaient laisser de doute à personne. Le marquis de Grouchy et le général Gérard n'ont donc été dans cette grave circonstance, l'un qu'un général de toute incapacité, l'autre qu'un homme de mauvaise foi, spéculant sur une effroyable calamité pour usurper un mérite qu'il n'a pas eu et qu'avec plus d'obéissance il pouvait avoir, de manière à sauver Napoléon et l'armée et la France.

Enfin, et pour en terminer avec cette longue digression, la perte de la bataille de Waterloo a été due aussi au maréchal Ney. En évitant les faux mouvements, qui pendant les deux tiers de cette journée rendirent son corps d'armée inutile, il aurait mis Napoléon à même de battre l'armée anglaise avant que les Prussiens arrivassent à la rescousse.

Tant de fautes ne pouvaient aboutir qu'à la perte de la bataille; mais cette perte ne fut terrible que par ses suites, car en elle-même elle n'était pas si grande qu'elle ne pût être réparée. J'ai dit que nous étions en mesure de remplacer le nombre d'hommes et le matériel qu'elle nous avait coûté. Malgré l'énormité de leur avantage, Wellington et Blücher n'osèrent pas franchir nos frontières, et, avant l'abdication, ils ne devaient les dépasser que flanqués par les armées impériales, qui pour agir attendaient des succès décisifs; or celui de Waterloo ne l'était pas, grâce aux moyens que nous avions de doubler en quinze jours nos forces dans le Nord. L'Autriche ne demandait qu'à louvoyer; comme elle, la

Russie ne pouvait être indifférente à ce fait que les Prussiens et les Anglais ne leur laissaient aucun rôle à jouer; enfin nos troupes étaient tellement exaspérées de leur défaite et de ce qu'elle a eu d'extraordinaire qu'elles sollicitaient avec rage d'en revenir aux mains. Mais ce ne fut pas de guerre ni de revanche qu'on s'occupa. Plût au ciel qu'au moment de son départ pour l'armée et pendant le temps de son absence, donnant pour motifs la proximité de celles de nos frontières où la lutte allait s'engager, la gravité des circonstances et le besoin de sauver la France et Paris même des effets d'une bourrasque populaire, Napoléon eût placé les Chambres à Blois ou à Bourges! La Coalition n'eût pas trouvé en elles des auxiliaires exécrables.

Dans les situations malheureuses, ce qu'il y a de plus à craindre est toujours ce qu'il y a de plus vraisemblable, et mes inquiétudes s'étaient portées malgré moi sur la conduite que la Chambre des députés allait tenir; je me rendis donc dans les salles qui précèdent celle de ses séances. Mon but était de juger par moi-même de l'attitude de cette Chambre, afin de préjuger son rôle; mais il y avait déjà tant de rôles qu'il n'y avait plus d'attitude. Jamais une ruche d'abeilles en complète anarchie ne sera plus fidèlement représentée qu'elle l'était en ce moment par l'antre des députés. Tout remuait et bourdonnait, les hommes entrant et sortant, allant et venant, paraissant, disparaissant et reparaissant, aux prises avec des gens de toute espèce sans cesse renouvelés et qui, comme les députés eux-mêmes, avaient l'air d'avoir été piqués par des tarentules; tout annonçait que c'était du poison et non du miel qui pour la France se préparait dans cette ruche digne d'avoir été essaimée par des Pitt ou des Cobourg. De fait, malgré la distance colossale qui existait entre le Napoléon de Waterloo et celui d'Austerlitz, la distance était plus grande encore entre ce Napoléon vaincu, ayant perdu les plus grands ressorts de son génie, et ce qu'on pouvait lui substituer. Tout abattu, tout moralement affaibli qu'il était, il y avait encore en lui plus de ressources qu'en tout autre pour disputer la France à l'étranger. En outre, au plus fort du danger, toute désunion, tout changement de pouvoir peut être mortel; c'est manœuvrer sous la mitraille; méconnaître alors ces vérités, c'était se mettre à la discrétion des ambitieux, des traîtres et de la Coalition. Et cependant, en quittant la Chambre, je ne doutais plus que tel allait être le triste spectacle que nous donnerait la majorité.

De la Chambre je me rendis au ministère de la guerre, pour savoir ce que devenait le premier corps de la réserve; j'appris que les troupes qui devaient le composer recevaient de nouvelles destinations, que nos lettres de services étaient comme non avenues, et qu'à cet égard notre rôle était fini avant d'être commencé. En toute hâte j'allai en informer le comte de Valence. Et le lendemain matin, à neuf heures, j'étais à l'Élysée. La pensée que l'étranger allait s'avancer sur les talons de nos soldats pour souiller une seconde fois de sa présence la France et Paris, cette pensée m'exaltait d'une sorte de délire patriotique et me reportait, avec une ardeur dont je n'étais plus le maître, vers l'homme en qui s'incarnait pour moi l'unique espoir du salut. A cette heure effroyable où Wellington et Blücher nous menaçaient de leur foulée brutale, le seul refuge pour un cœur français me paraissait être encore Napoléon, et je ne pus résister au désir d'offrir à celui que la foule abandonnait des tributs qui du moins ne pourraient plus être attribués à des spéculations. J'étais d'ailleurs révolté des sentiments qu'affichaient des misérables, jadis comblés de ses plus inconcevables faveurs, et j'aurais eu horreur que l'on pût me confondre avec eux. Hélas! bien d'autres avaient abjuré le culte de ce demi-dieu, dont le malheur avait refait un homme. En entrant dans le palais, je fus frappé de la solitude qui y régnait. La galerie était déserte; douze à quinze personnes au plus se trouvaient dans le salon auquel elle aboutit. J'y arrivais à peine lorsqu'une porte s'ouvrit, tout près de l'endroit où je me trouvais; Napoléon parut; je fis deux pas, et, le saluant plus profondément que de coutume : « Sire, lui dis-je, permettez-moi de mettre à vos pieds l'expression d'un dévouement aussi profond que respectueux. — C'est de la France qu'en ce moment il faut s'occuper, me répondit-il. — Plus que jamais, répliquai-je, vous êtes son œuvre de miséricorde. » Il me fixa, dut voir mon émotion, leva les yeux et passa à une autre personne. Je me retirai, et telles furent les dernières paroles que je dusse échanger avec cet homme extraordinaire, qui acheva de me confondre et de me navrer par l'expression de sa noble figure qui avait repris tout son calme et sa beauté antique.

On sait les faits et méfaits des Chambres, notamment de cette Chambre des députés qui, dans les adieux qu'elle avait faits, le 11 juin, à Napoléon partant pour l'armée, n'avait mis aucune borne à son adulation; dix jours après, le 21 juin, elle se mettait en permanence contre lui, et la démagogique motion du marquis de La Fayette (1) s'arrogeant la proposition, la sanction

---

(1) Ce marquis avait voulu être le Washington de la France, et, ce rôle manqué, il chercha dans la populacerie, mais heureusement sans succès, un pouvoir plus grand que celui qu'il a pu obtenir. De fait, sans le retour des Bourbons, il n'aurait pas toute la célébrité qui l'entoure et n'aurait pas reçu l'hommage public, national, historique, des États-Unis. C'est à eux seuls, ou plutôt à leur haine pour lui, qu'il doit son attitude et sa gloire. Leur mépris

et l'exécution des lois, déclara traître à la patrie quiconque s'opposerait à son fonctionnement, comme s'il pouvait y avoir d'autres traîtres en ce moment que ceux qui trahissaient la France en trahissant les serments qu'ils avaient prêtés et reprêtés à Napoléon. Quant à la Chambre des pairs, qui devait s'opposer à ces envahissements, ajoutons à sa honte que, lâche autant que l'autre Chambre était coupable, elle se mit dès le même jour à la remorque de celle-ci, ce qui enhardit l'une à parler de déchéance et l'autre d'abdication, seule pudeur dont elle se trouva capable. Dès le 22, ces attentats furent consommés, et celui par qui seul la France pouvait encore être sauvée des souillures de l'étranger n'eut plus rien à espérer d'elle. Mais déjà, et sur la proposition d'un député digne de représenter Charenton, la Chambre usurpatrice, exploitant la souveraineté comme si elle l'avait eue en partage, s'occupait de communiquer directement et de traiter avec les chefs de la Coalition au

l'a illustré, honoré, enrichi par l'indemnité des émigrés et le don des Américains ; mais par lui-même il n'avait pas l'étoffe d'un grand rôle, et on sait le mot du duc de Choiseul qui, ayant voulu voir à Chanteloup le marquis revenu d'Amérique, s'écria : « Ce grand homme n'est qu'un grand Gille. » Et le mot a cela de juste que M. de La Fayette fut réellement une figure de parade, qui prit et nous fit prendre les apparences pour la réalité. Toutefois il faut dire, pour expliquer sa célébrité, qu'à une époque où, ballottés de la Révolution à Napoléon, de Napoléon aux Bourbons, des Bourbons à Napoléon, les gens changeaient d'opinions et de costumes comme on change de chemise, M. de La Fayette fit preuve de la plus grande ténacité pour rester sur la même scène, et Laffitte l'a peint assez exactement par cette phrase : « C'est un monument qui se promène pour trouver un piédestal. »

Sa sépulture est à Picpus, dans un petit cimetière où reposent les restes du duc de Lewis, de la famille Genoud et des La Fayette, petit champ d'aristocratie muette où le citoyen des deux mondes ne doit pas être déplacé. C'est dans ce lieu qu'il a fait placer douze tonneaux de terre prise sur je ne sais quel champ de bataille de l'Amérique et qu'il a rapportée lui-même. Bizarre idée que d'être en France dans la terre d'Amérique !

nom de la nation ; toutefois cette absurdité n'aboutit qu'à la création d'une commission de gouvernement, par laquelle un scélérat (Fouché) et trois dupes (Carnot, Barère et Réal) se trouvèrent chargés de remplacer l'homme des temps modernes le plus grand comme guerrier, législateur et monarque. Au surplus, cette Chambre, non moins inhabile que malintentionnée, condamnable et condamnée par ses actes comme par leurs résultats, et qui mit la France à la merci de l'étranger en prétendant la mettre à l'abri de ses armées, cette Chambre qui rendit le trône à Louis XVIII en criant : « Vive Napoléon II! » poussa l'abomination au point d'envoyer à Napoléon un révolutionnaire, nommé d'Almeida, et chargé de lui signifier que, s'il ne quittait de suite la France, il serait mis hors la loi. Je sais que beaucoup de députés furent étrangers à de telles infamies, qu'il s'en trouva même qui firent de généreux efforts ; mais, comme ils n'ont trouvé le moyen ni de faire le bien, ni d'empêcher le mal, si on doit les plaindre, on ne peut certes pas leur offrir de l'estime en compensation de la haine et du mépris qu'ils ont inspirés à ceux-là même dont ils se sont trouvés avoir servi les intérêts. Au reste, le ciel leur fut clément. Cette Chambre fut fermée au nez de leurs Majestés, et ces députés disparurent dans le bourbier qu'ils avaient creusé et qu'ils étaient faits pour remplir.

Quant à Napoléon, plus que patriote en 1792 (1), en

(1) Voici comme preuve de ce fait une lettre écrite par l'officier d'artillerie Buonaparte, le 27 juillet 1792, à M. Naudin, commissaire des guerres à Auxonne, et littéralement transcrite par moi, ligne par ligne, sur un fac-simile fait par Robert, lithographe à Lons-le-Saunier, fac-similé que possède le lieutenant général Préval :

MONSIEUR,

Tranquil sur le sort de mon pays et la gloire de mon ami, je n'ai plus de sollicitude que pour la mère patrie. C'est à en conférer

1794 (après le 9 thermidor, il fut arrêté à Nice comme révolutionnaire) et au 13 vendémiaire, mais qui, à chacune de ses élévations, abjura une partie de ses premiers sentiments, il préféra en 1815 tout perdre sans retour

avec vous que je vais employer les moments qui me restent de la journée. S'endormir la cervelle pleine de la grande chose publique et le cœur ému des personnes que l'on estime et que l'on a un regret sincer d'avoir quittés, c'est une volupté que les grands cœurs seuls connaissent.

Aurons-nous la guerre? se demande-t-on depuis plusieurs mois. J'ai toujours été pour la négative. Jugez mes raisons.

L'Europe est partagée par des souverains qui commandent à des hommes et par des souverains qui commandent à des bœufs ou à des cheveaux.

Les premiers comprenent parfaitement la Révolution; ils s'en épouvantent; ils fairaient volontiers des sacrifices pécuniaires pour contribuer à l'anéantir, mais ils n'osseront jamais lever le masque, de peur que le feu ne prene chez eux. Voilà l'histoire de l'Angleterre, de la Hollande, etc.

Quant aux souverains qui commandent à des cheveaux, ils ne peuvent saisir l'ensemble de la constitution; ils la méprise; ils croyent que ce cahos d'idée incohérentes entraîneront la ruine de l'empire franc. A leur dire vous croyriez que nos braves patriotes vont s'entregorger, de leur sang purifier cette terre des crimes commis contre les rois et ensuite ployer la tête plus bas que jamais sous le despot mitrée, sous le fakin thitré, et surtout sous le brigand à parchemin. Ceux-ci ne fairont donc aucun mouvement; ils attendront le moment de la..... qui, selon eux et leur plat ministre, est infaillible.

Ce pays-ci est plein de zèle et de feu... Dans une assemblée composée des 22 sociétés des trois départements, l'on fit, il y a 15 jours la pétition que le roi fut jugé.

Mes respects à madame Renaud, à Marescot et à Mr. de Goi, — j'ai portée un toste aux patriotes d'Aussonne lors du banquet du 14. — Ce régiment est très sûr, les soldats et sergents et la moitié des officiers; il y a deux places vacantes de capitaine.

Respect et amitié; le sang méridional coule dans mes veines avec la rapidité du Rhône.

Vot
BUONAPARTE.

Pardonnez donc si vous éprouviez de la peine à lire mon griffonage.

Valence, le 27 juillet.

Mais cette pièce établit en outre que Napoléon, qui à la vérité ne et rejeter le dernier moyen de sauver la France que d'en appeler au peuple, au nom duquel on le répudiait et qui ne demandait qu'un mot pour anéantir ceux qui conspiraient contre lui. D'autres diraient plus grand que son infortune, et moi je dis presque rapetissé au-dessous de son rôle, il ne voulut à aucun prix accepter les secours des derniers hommes que leur enthousiasme pour lui exaltait encore jusqu'au délire et qui pouvaient d'autant moins manquer d'auxiliaires que l'armée était tout aussi fanatique qu'eux. Et ici je ne parle pas que d'après moi. Les 21 et 22 juin, et à dix reprises, autour de cet Élysée qui pour lui ne pouvait plus être qu'un enfer, j'ai entendu et les propos et les cris de ce peuple et d'une foule de soldats, de sous-officiers et d'officiers; et je puis le dire, les anxiétés, l'indignation, le désespoir, la rage étaient indicibles et ne se ralentirent pas même quand celui qui en était l'objet fut parti pour la Malmaison, où ses souvenirs durent mettre le comble à ses tortures. Ainsi un signe de lui, et la Chambre n'était plus, et la Seine aurait charrié les tristes successeurs de ceux que les fenêtres de l'Orangerie de Saint-Cloud sauvèrent quinze ans auparavant. De son côté, l'armée eût fait justice de quiconque ne se fût pas rallié à elle en se ralliant à lui; et quatre-vingt à quatre-vingt-dix mille hommes de troupes de ligne, montés au dernier degré de l'exaspé-

---

faisait pas de vers comme Frédéric le Grand, ne savait pas davantage l'orthographe; qu'il ne croyait pas à la guerre alors qu'elle était au moment d'être déclarée; et certes, en lisant cette lettre, on n'imaginerait guère que son auteur était prêt à dominer par son génie toutes les célébrités du monde, par sa puissance tous les rois du continent; qu'il rétablirait en France les ordres, les titres, une noblesse et le pouvoir absolu; qu'il musellerait et garrotterait la liberté, qu'il pourrait faire pendre quelques-uns des patriotes compris dans son toast du 14 juillet, qu'il se ferait sacrer par le despote mitré, et qu'autant qu'il le pourrait il ornerait un jour sa Cour et de faquins titrés et de brigands à parchemin.

ration, et qui, avant l'approche des armées impériales, eussent été rejoints par quarante à cinquante mille fédérés, par autant de gardes nationaux formés en bataillons de grenadiers, par de nouveaux corps levés de tous côtés, par celles de nos armées qui faisaient face aux Russes et aux Autrichiens; enfin, et au besoin, par l'armée de la Vendée qui aurait pu se réunir aux autres pour un moment décisif. Or toutes mettaient encore à la disposition de Napoléon trois cent mille hommes et plus, auxquels il ne manqua qu'un chef, comme il ne manqua à Napoléon qu'un général Bonaparte pour en rappeler de tout par la victoire, pour rendre les retranchements de Paris inexpugnables et, au pis aller, pour forcer les Coalisés à traiter à des conditions honorables. Tout cela fut irrévocablement rejeté par des raisons que je n'ai jamais pu admettre. Napoléon se trompait encore au point de croire que les actes des Chambres auraient la moindre influence sur les déterminations de souverains qui, débarrassés de lui, n'avaient plus rien à craindre et rien à ménager, et il adopta l'abdication pour échapper à la déchéance : il quitta Paris du moment où il eut obtenu la proclamation de Napoléon II, qui cependant ne pouvait sérieusement et tout aussi bien que lui devoir la couronne qu'à la victoire; à dater de ce moment, le découragement s'empara de tous, et l'on ne s'occupa plus chacun que de soi-même.

Cependant, à peine à la Malmaison, informé que Blücher et Wellington s'avançaient sur Paris avec soixante mille hommes au plus et en bravant toutes les forces qui s'y trouvaient, il fut saisi d'une irrésistible indignation, et demanda que, comme simple général en chef, on lui remît le commandement de l'armée que, sans tant de façons, il devait prendre et que personne au monde ne lui aurait contesté. Il affirmait qu'il ferait repentir ces deux hommes de ce qu'ils avaient osé se permettre un mouvement généralement considéré comme l'effet de l'insolence et du délire, et qui pourtant, grâce aux intentions et aux garanties du généralissime Fouché, n'était rien moins que cela. En réalité, ils n'avaient pas de quoi faire face aux forces avec lesquelles nous pouvions les assaillir ; mais Fouché, pour hâter leur marche, n'avait cessé de leur écrire : « Arrivez, ne fût-ce qu'avec des têtes de colonnes, et comptez que vous ne serez attaqués par personne. » Ce même Fouché provoqua et obtint le passage de Blücher sur la rive gauche de la Seine, mouvement qui sans cela eût été un acte de démence, et il s'opposa à toute agression défensive dans l'espoir de jouer, en 1815, le rôle que Talleyrand avait manqué en 1814 ; livrant la France en livrant l'armée, il parvint à la conclusion du traité de Paris, complément de son œuvre infernale (1), et, ainsi que me l'écrivait Zozotte : « Ce qui assigne à ce Fouché une place d'honneur parmi les traî-

(1) Ce Fouché avait le génie de la traîtrise. Au lendemain de la rentrée de Napoléon à Paris, lors des Cent-jours, il persuade à celui-ci que les événements ne permettent pas de chercher les coupables, et qu'il faut un armistice. Napoléon réplique que personne n'y croira : « Eh bien, ajoute Fouché, quel est l'homme auquel vous en voulez le plus ? — Benjamin Constant, qui vient de m'insulter dans les journaux. D'un Montmorency je comprendrais l'insulte, mais de cet homme, un étranger ! — Faites-le conseiller d'État, et cela convaincra tout le monde. — Il refuserait ! » Fouché se fait promettre la place, se charge de la faire accepter, découvre Benjamin Constant qui lui est amené et auquel il dit : « Vraiment, vous vous conduisez comme un enfant ; vous changez de nom, vous vous cachez ; qu'est-ce que cela signifie ? » L'autre répond qu'il craint les persécutions à cause de son article. « Votre article, l'Empereur l'a lu, il y trouve un grand talent ; d'ailleurs, l'Empereur est bien changé ; il sent qu'il faut des concessions ; il connaît votre mérite et désire votre coopération. Vous allez être fait conseiller d'État... » L'autre essaye un timide : « Mais, monsieur le duc. » Les chevaux sont attelés à la voiture de Fouché, qui emmène sa victime aux Tuileries. On est introduit ; l'Empereur répète les pensées déjà exprimées par Fouché, à savoir qu'il veut faire la part des

tres, c'est qu'il a dupé jusqu'au bout l'Empereur, qui cependant n'a jamais été sa dupe. » Mais, comme disait encore Zozotte : « Cette doublure ne pouvait remplacer l'étoffe qu'elle avait mangée »; et réellement comment Fouché ne fut-il pas averti par l'échec de Talleyrand, et comment put-il se persuader que l'assassin de Louis XVI serait plus agréable aux Bourbons qu'un prêtre marié ne l'avait été? Les gens qui avaient sacrifié leur premier bienfaiteur au ciel ne devaient-ils pas sacrifier le second et dernier en holocauste au sang du Roi martyr? Toujours est-il que la France paya cher d'avoir produit deux êtres aussi perfides, et que ce fut la Chambre des Cent-jours qui fit tout le succès de Fouché. Dans les grandes crises publiques, les Chambres et Paris seront la poudre au moyen de laquelle celui qui se sera emparé d'eux déterminera l'explosion.

Ainsi l'enfer et Fouché en avaient décidé du sort de la France; Davout rendit leurs arrêts irrévocables, et ceci me ramène à la démarche que Napoléon avait faite en arrivant à la Malmaison. Non seulement le général Becker, qu'il avait chargé de la présenter, eut la douleur profonde de lui rapporter qu'elle était rejetée; mais encore, cette démarche ayant donné l'éveil sur les ressources que nous avions encore et qu'un retour imprévu pourrait remettre dans la main de Napoléon, on fit mine de s'irriter de ce que le grand homme osât se recueillir quelques jours à cette Malmaison, où Joséphine semblait offrir à côté de sa tombe un dernier refuge hospi-

---

temps; il annonce à Benjamin Constant le poste qu'il lui réserve et lui fait payer trente mille francs, montant d'une année d'avance sur le traitement. Benjamin Constant, toujours aux abois, accepte; mais la seconde Restauration arrive, et c'est alors qu'il court chez Fouché lui dire : « Vous m'avez perdu... que faire aujourd'hui?
— Faire comme moi, répond Fouché. Vous avez chaussé le pied gauche; eh bien, maintenant chaussez le pied droit. »

talier à l'époux de Marie-Louise; et on le pressa de partir; on le lui ordonna même, et, ainsi que je l'ai dit, sous peine d'être mis hors la loi; mais un fait que, faute de le savoir ou par horreur de le mentionner, on n'a encore consigné nulle part, quoique cent personnes l'aient su et répété, c'est que ce Davout que, dans l'espoir de trouver en lui un aide, l'Empereur avait fait général de division, commandant de la cavalerie de l'armée d'Italie, et cela quoique le personnage fût complètement myope, colonel général de la garde et maréchal, qu'il avait couvert de cordons et de crachats, qu'il s'opiniâtra à revêtir des plus hauts commandements et de toutes les marques de la plus grande faveur, qu'il fit duc et prince avec dix-huit cent mille francs de dotation et des traitements énormes, auquel en 1815, et pour comble de malheur, il confia le ministère de la guerre, ayant cependant fini par comprendre qu'il ne devait plus lui confier une armée; eh bien, ce Davout, trahissant l'attachement, la reconnaissance, violant ses serments comme il avait violé tant d'autres obligations, la foi conjugale y comprise (1), ce Davout, dis-je, osa faire si-

(1) L'Empereur ayant été informé en 1811 que le maréchal Davout avait pour maîtresse à Varsovie la femme d'un sous-inspecteur aux revues ou commissaire des guerres, nommé Martin, et qu'il s'affichait avec elle au point de donner ses audiences chez elle et de lui donner chez lui la première place à table comme au salon, fit appeler la maréchale et lui ordonna de partir dans les vingt-quatre heures pour rejoindre son mari. Partir ainsi était extrêmement difficile, mais qui résistait à une puissance surhumaine? La maréchale partit donc; il était à croire en effet que son arrivée mettrait fin à ce scandale; il en fut autrement, le maréchal ne garda même aucune apparence avec la plus respectable des femmes, et, bornant toutes ses concessions à établir la Martin dans une campagne située aux portes de la ville, il poussa l'impudeur au point de passer les jours et les nuits chez cette créature, fort jolie du reste, mais tout aussi commune, ce que le maréchal n'était pas capable d'évaluer. La maréchale prit patience huit jours; puis, au bout de ce temps, jugeant la mesure suffisamment comble,

gnifier à son bienfaiteur et ancien maître que, s'il ne partait pas de suite, lui Davout irait le tuer de sa propre main (1), à quoi Napoléon, avec un calme et un demi-sourire qui équivalaient au carcan, répondit : « Qu'il vienne; je lui ouvrirai ma poitrine. » Enfin Napoléon se mit en route; or qui croirait que, pendant ce triste et lugubre voyage, ses alentours se disputèrent sur la répartition des charges de sa couronne? On pense rêver en relatant de telles bouffonneries; mais, il faut le dire, elles cédèrent encore à l'aberration par laquelle, dépassant tout ce qui déjà avait révélé son affaiblissement moral, Napoléon se livra à la loyauté de l'Angleterre, alors qu'il pouvait se rendre avec son frère Joseph ou même seul en Amérique, où cent braves l'auraient suivi, lui auraient encore formé une Cour affranchie de toutes les vicissitudes du pouvoir et, par un échange continuel de hautes pensées et de souvenirs, de respect et d'admiration, auraient encore allégé les derniers moments de cette gigantesque existence.

Un secret douloureux à rappeler, impossible à omettre et appartenant à la dernière période des Cent-jours, trouve ici sa place. J'en dus la connaissance à mon entière et ancienne intimité avec Cadet-Gassicourt. Ce secret, je l'ai religieusement gardé, et si aujourd'hui je cesse de le considérer comme un secret, c'est que Napoléon et Gassicourt, les deux seuls hommes qui y

---

elle revint à Paris. Ce désordre ne recommença pas à Hambourg, lorsque la maréchale s'y rendit, en 1813; mais ledit Davout avait été, et de manière à s'en souvenir, sermonné par l'Empereur, offensé de ce que l'arrivée à Varsovie de la maréchale n'eût pas été considérée par le maréchal comme un ordre de changer de conduite.

(1) Cette infâme mission fut remplie, selon les uns, par le général Flahaut; selon les autres, par ce d'Almeida dont je viens de parler; et qui de cette sorte aurait été l'organe de deux exécrables menaces.

avaient un intérêt personnel, n'existant plus depuis longtemps, il rentre tout à fait dans le domaine de l'histoire.

Tous ceux qui ont connu Gassicourt savent qu'il joignait à une figure à la fois belle, gracieuse et beaucoup plus noble que celle même de son royal père (1), au-

(1) J'ai dit (voir tome I, page 170) que M. Cadet, le père de mon ami Charles, avait épousé une des plus belles femmes de France. On connaît les fastueuses amours de Louis XV, le zèle des agents de ses plaisirs pour découvrir et livrer à la fantaisie de ce monarque des beautés nouvelles. Mme Cadet lui fut signalée; il paraît qu'elle ne résista pas et qu'elle sortit des bras de Sa Majesté grosse de Gassicourt. M. Cadet, trompé pendant quelque temps, découvrit le mystère et, comme mari, dit à sa femme un éternel adieu. C'est vainement que le Roi, pour le calmer, le nomma membre de l'Académie des sciences, lui envoya un très bel exemplaire complet des *Mémoires* de ce corps savant, chose déjà fort rare, et de plus son portrait en émail. Malgré ces faveurs et plusieurs autres, Cadet fut inflexible. Tout ce que l'on put obtenir de lui fut de ne pas répudier publiquement sa femme; mais elle ne le fut plus que de nom; il ne la revit guère qu'aux heures des repas, malgré ce qui lui en coûta de renoncer à avoir des enfants; il se blasa même sur tout ce qui est sentiment, ainsi que le prouvent ces deux vers aussi mauvais que cyniques, les seuls qu'il ait faits de sa vie :

> Amour! tu n'es qu'un feu, lequel par la tête entre
> Et qui s'en va par le bas du ventre !

Il eut des maîtresses et pour maîtresses les plus belles femmes du monde : c'était sa consolation et son luxe. Depuis 1768 jusqu'à la mort de M. Cadet, ces créatures absorbèrent certainement les trois quarts de ses revenus.

Les excellentes qualités, le mérite, l'esprit et les grâces de celui qui aux yeux de la loi était son fils, les respects que le jeune Gassicourt eut toujours pour M. Cadet, lui méritèrent cependant quelque attachement de la part de celui-ci; mais ce ne fut jamais la sollicitude d'un père. Ils s'en étaient d'ailleurs expliqués, et il ne restait entre eux aucune illusion. Gassicourt lui disait « mon père »; mais M. Cadet ne l'appelait jamais que « mon ami ». M. Cadet, se faisant opérer de la pierre, interdit même à Gassicourt l'entrée de sa chambre; il fit plus : il avait trente-deux à trente-six mille francs dans son secrétaire, et il ne remit à Gassicourt ni l'argent ni la clef du secrétaire; or cette somme entière, dans la conviction de Gassicourt, fut volée par le chirurgien qui opéra M. Cadet et qui ne

quel, du reste, il ressemblait extrêmement, une taille élevée, un ton et des manières parfaites; qu'il avait infiniment d'esprit et beaucoup de connaissances, enfin qu'il n'était pas moins remarquable par son amabilité, l'énergie de son caractère et l'élévation de ses sentiments. J'ai dit comment je le mariai et les tristes causes qui le déterminèrent à se séparer de sa femme; mais, cette rupture ayant impliqué le sacrifice de trente mille livres de revenu, il résolut d'en retrouver l'équivalent dans le produit d'une pharmacie qu'il créa en effet sous le nom de Cadet, nom pharmaceutique, attendu que par sa fortune, sa réputation, sa qualité de membre de l'Académie des sciences, l'époux de sa mère avait réellement été *primus inter pares*. Il est donc certain que pour une pharmacie le nom de Cadet était

s'était chargé de cette opération que sous la clause formelle que M. Cadet serait et resterait sous sa clef.

Grâce à mon père qui, à la prière de Mme Cadet, intervint dans l'affaire du mariage de son fils, M. Cadet le dota de huit mille livres de rente, mais, à part cela, montra peu d'intérêt pour ce jeune homme que sa mère idolâtrait. Gassicourt hérita plus tard de ce qui forma la succession de M. Cadet, succession qui se réduisit presque à rien, alors que le fils unique de M. Cadet devait avoir une fortune immense. Il craignit même, avant son mariage, de n'en jamais rien avoir. C'est un sujet qu'alors nous avons cent fois traité ensemble.

Ce ne sont pas pourtant les confidences de Gassicourt qui m'ont primitivement informé de tous ces faits; je les avais sus par M. de Sozzi; souvent je les avais entendu répéter par mon père, par ma mère et par une ancienne amie de la famille Cadet, qui avait soigné M. de Sozzi jusqu'à sa mort et que mon père eut chez lui depuis 1785 jusqu'en 1790. Je ne le cachai pas à Gassicourt. Lui-même en causa alors avec moi tantôt sérieusement, tantôt en riant, depuis 1786 jusqu'en 1814, et cela toutes les fois que l'occasion s'en présenta et que nous nous trouvions seuls; mais après la Restauration, contre laquelle il se prononça avec tant de véhémence, il ne voulut jamais y revenir. Un mot que, depuis cette époque et à propos de son buste et de sa ressemblance avec Louis XV, je lui dis à ce sujet, parut lui faire de la peine, et je ne lui en parlai plus.

déjà une garantie de succès; les supériorités de Gassicourt firent le reste, et le résultat justifia ses espérances. Il ne se borna pas même aux produits de la pharmacie. L'Empereur eut un pharmacien à attacher à sa personne; Gassicourt fut choisi, et, pour l'être, il n'eut certes pas besoin que l'Empereur s'amusât à se donner pour serviteur un des fils de Louis XV, un des oncles naturels de Louis XVIII. Quoi qu'il en soit, il eut de suite un logement aux Tuileries et dans chacune des résidences de Napoléon; il fit avec le quartier impérial la campagne de Wagram, sur laquelle il publia une sorte de relation intitulée : *Voyage à Vienne,* et à la suite de laquelle il fut décoré et nommé chevalier de l'Empire, ce qui fit de lui le premier pharmacien revêtu d'un titre féodal; enfin, au retour de l'île d'Elbe, il se hâta de reprendre auprès de Napoléon son service, ajoutant de plus en plus aux preuves d'un dévouement sans bornes.

Telle était sa position lorsque, dans les premiers jours de juin, il fut mandé dans le cabinet de Napoléon, et là, après quelques mots sur la gravité des circonstances, sur les chances de revers auquel on ne devait pas survivre ou d'une captivité qu'on ne pouvait supporter, il reçut, mais sous l'injonction du secret le plus absolu, l'ordre de préparer lui-même une dose de poison infaillible, de la rendre aussi peu volumineuse que possible et, pour qu'elle fût parfaitement cachée et constamment à portée de la main, de la loger dans une breloque ne pouvant être ouverte que par celui qui en saurait le moyen. Bouleversé par un tel ordre, Gassicourt supplia Napoléon de lui permettre quelques mots; ces mots furent articulés avec toutes les preuves, toutes les marques d'une émotion violente; ils furent écoutés avec bonté, mais restèrent sans effet. L'ordre fut donc maintenu et exécuté;

peu avant son départ pour Waterloo, Gassicourt remit en mains propres la breloque contenant la formidable pilule. Or, dans la nuit du 21 au 22 juin, un nouvel ordre l'appelle en toute hâte à l'Élysée ; il accourt ; Napoléon venait d'avaler le poison ; mais, de nouvelles pensées ayant changé sa détermination, Napoléon demandait d'en empêcher l'action. Quoique terrifié, les cheveux lui dressant, une sueur froide l'ayant saisi, Gassicourt n'en fit pas moins tout ce qui restait au pouvoir des hommes ; des vomissements aussitôt provoqués, obtenus et alimentés au moyen d'abondantes boissons, lui firent espérer que l'assimilation du poison avait pu être prévenue. Pourtant, en me racontant ces faits trois ans après que Napoléon était à Sainte-Hélène, il ne pouvait encore se défendre de la terreur que cet empoisonnement n'eût des suites ; lorsqu'on parla des souffrances de Napoléon, il frémit à l'idée qu'elles n'en fussent le résultat, et, lorsque Napoléon fut mort et que l'on sut que cette mort provenait d'une lésion à l'estomac, il me répéta dix fois pour une : « Quelques parcelles du poison n'ont pu être extraites ; dès lors, ou plus tôt ou plus tard, la mort était infaillible... » Et voilà la cause de cette fin si douloureuse et si prématurée, et la dernière preuve possible des tortures atroces auxquelles la Chambre des Cent-jours mit le comble, comme si elle avait eu pour mission d'assassiner et Napoléon et la France.

CHAPITRE XIII

Napoléon parti, la France, comme un vaisseau dégréé et sans boussole, se trouva le jouet de la tempête. Encore si elle eût été abandonnée à elle-même, un Dieu de miséricorde aurait pu la secourir; mais, ainsi que je l'ai dit, Fouché s'étant emparé d'elle, elle fut à la discrétion du naufrage.

Cependant le rôle joué par ce Fouché n'était encore connu que de peu de personnes. Comment s'était-il trouvé en France une Chambre capable de placer cet homme à la tête d'un gouvernement provisoire, il est vrai, mais qui avait de si grandes choses définitives à faire ? Comment Napoléon avait-il pu se fier, dans un moment aussi critique, à un fourbe dont il connaissait les trahisons, qu'il appelait le ministre de Louis XVIII et qu'il détestait? Cent anecdotes prouveraient le mépris de Napoléon pour Fouché et le plaisir qu'il se donnait parfois à le mortifier; elles prouveraient en même temps avec quel cynisme Fouché justifiait ce mépris. Pendant une réception des Tuileries et passant devant Fouché, Napoléon s'arrêta, fixa sur lui un de ces regards malveillants qui eussent accablé tout autre que cet assassin de roi, et le colloque suivant s'échangea : « N. Vous avez été prêtre? — F. Oui, Sire. — N. Vous avez voté la mort de Louis XVI ? — F. C'est le premier service que j'ai rendu à Votre Majesté. » Et l'Empereur passa, n'ayant plus rien à dire, et les rieurs furent pour Fouché, qui cependant ne pouvait pas plus pardonner la question que Napoléon ne pouvait pardonner la réplique.

Pour expliquer ce choix qu'avaient fait la Chambre et Napoléon d'un tel homme, on cherchait toutes sortes de motifs qui le rendissent compréhensible ; mais ce qu'on ne savait admettre, c'est que les Bourbons pussent se dégrader au point d'accepter, que dis-je ? d'invoquer la protection d'un homme qui, par son influence plus encore que par son vote, avait conduit Louis XVI à l'échafaud, et qu'ils acceptassent cette infâme alliance en repoussant les plus honorables illustrations de la France et en exaspérant la nation tout entière. N'admettant donc pas que ce Fouché dût avoir d'autre chance de salut que le salut même de la France et osât jamais en abandonner la cause, Burthe crut que l'on pourrait obtenir de cet homme un conseil important ou quelques lumières pour être éclairé sur la conduite à tenir dans des circonstances aussi difficiles ; il imagina de m'entraîner avec lui pour être fixé ; je le suivis. Burthe était fort loin de manquer d'esprit naturel et d'assurance, et, s'il avait eu du tact ou voulu en avoir, il eût été un excellent guide dans les démarches de cette nature ; mais il se faisait gloire d'être incivil, et il exposa assez crûment le motif de notre venue, insistant fort mal à propos sur la confiance que nous avions dans le patriotisme dudit Fouché et sur le rôle que, grâce à lui, l'armée pourrait encore jouer. La pâle figure du personnage, qui ne jugea pas que nous valussions la peine de beaucoup de finesse, prit, dès les premiers mots dits par Burthe, un air sarcastique et me révéla qu'il jouissait d'avance des désappointements qu'il nous réservait ; au reste, sa réponse fut brève autant qu'elle me parut significative ; sept syllabes lui suffirent pour se débarrasser de nous, et « Attendre... se résigner », fut tout ce que nous eûmes de lui pour prix d'une démarche fort inutile et surtout complètement ridiculé.

Comme nous arrivions, Carnot sortait. Ayant, peu de temps auparavant, acquis la preuve que le Fouché vendait la France et la livrait, il l'avait abordé par ces mots : « Eh bien, que vais-je devenir, traître ? » question à laquelle le complice de Davout, le Judas de Napoléon, qui par justice divine allait être la dupe et la victime de cette seconde Restauration qui était son ouvrage, comme la première avait été l'ouvrage de Talleyrand, répliqua par ces mots : « Ce que tu voudras, imbécile. »

Cependant, malgré tant de malheurs et de trahisons, en dépit du découragement qui s'était emparé même d'une grande partie de l'armée, quelques esprits plus généreux voulaient espérer encore, tout frémissants de honte et de colère contre l'étranger. Les uns osaient rêver à des moyens de salut, les autres, à défaut d'un tel espoir, cherchaient du moins à prolonger la défense et à contenir ou même faire reculer les Anglais et les Prussiens, afin de maintenir le *statu quo*, jusqu'à l'approche d'Alexandre dont on attendait quelque modération, et de l'empereur d'Autriche qui, en sa qualité d'aïeul de Napoléon II, pouvait tempérer par ses sentiments de famille sa haine de coalisé. Et c'est ainsi que le comte de Valence voulut bien discuter avec moi l'idée de demander le commandement de quinze mille hommes d'infanterie, quinze cents hommes de cavalerie et deux batteries et demie d'artillerie, d'en former deux divisions dont une naturellement m'était destinée et l'autre servait de réserve, de tourner avec ce corps la gauche de l'ennemi dont l'avant-garde était à Saint-Denis, de se porter sur ses derrières, de couper la route suivie par ses convois et par les détachements qui le rejoignaient, et de profiter du secret dont les habitants auraient couvert nos mouvements pour détruire tout ce qui était destiné à l'approvisionner et à le renforcer ; d'insurger les provinces du nord de la France, de nationaliser la guerre à la faveur de ce corps et des refuges qu'offraient nos places fortes, de forcer ainsi les armées anglaise et prussienne, ou bien à rétrograder, ce qui les eût fait suivre et poursuivre par plus de quatre-vingt mille hommes, ou bien à former des détachements, ce qui préservait d'une attaque de vive force Paris, où il restait en troupes de ligne, en fédérés et en gardes nationales plus qu'il n'en fallait pour le défendre.

C'était incontestablement ce que nous avions de plus utile et de plus à propos à faire, et par là même ce qu'il était le moins possible d'obtenir de Fouché et de Davout, les intérêts de l'ennemi étant en trop bonnes mains pour que la proposition du comte de Valence ne dût pas être repoussée, ainsi qu'elle le fut. On ne s'en tint pas même là. Tout ce qui pouvait produire ou augmenter le découragement fut mis en œuvre envers les généraux dont on glaçait le zèle, envers les troupes que l'on excitait à la désertion, envers les gardes nationaux et les populations parmi lesquels on semait la crainte et la désunion. Quant aux fédérés, ils formaient deux classes : d'abord ceux qui avaient été réunis et organisés sous les ordres du lieutenant général Darricau, et que l'on se borna à dissoudre du moment où cela fut possible ; ensuite les trente mille et plus, accourus au moment du plus grand danger et dont on ne pouvait trop honorer le patriotisme, mais qui, ne demandant que des armes et du pain, n'obtinrent ni l'un ni l'autre, furent traités même avec un dédain, une dureté dont malheureusement Napoléon n'avait pas été exempt ; on les chassa, plus qu'on ne les renvoya, réduits à retourner chez eux en mendiant. Et pourtant d'implacables ennemis étaient aux portes de Paris ; par le concours des forces que cette ville recélait, ils s'y trouvaient à discrétion, et, ces Anglais et Prussiens défaits, incontestablement les armées autrichienne et russe, qui se trouvaient n'avoir eu aucune part à la gloire de cette campagne, Alexandre et François, qui ne semblaient arriver que pour orner le triomphe de Wellington et de Blücher, se seraient arrêtés ; la France n'était pas réduite à traiter avec les plus faibles et les plus arrogants de ses ennemis ; elle n'eût pas fait un traité que l'on viola par des assassinats, des spoliations, des dévastations et des attentats de toute nature, et nous évitions le retour de Louis le Désiré et de son entourage qui ne l'était pas davantage (1).

Toutefois, quelque chose que les Fouché et les Davout pussent faire pour obtenir l'immobilité de tout ce qui portait les armes autour de Paris, une troupe de gardes nationaux, à la suite d'un combat vigoureux et agissant sans ordre ni autorisation, enleva aux Prussiens les villages d'Aubervilliers et des Vertus ; la brigade de cavalerie du général Vincent, division Strolz, tourna et attaqua dans Versailles, sabra et prit en totalité, c'est-à-dire sans qu'un seul homme échappât, deux régiments de hussards prussiens qui, dans la confiance de notre inaction, n'étaient échelonnés par aucune autre troupe ; fait sans autre exemple comme sans influence sur notre destinée, mais dont l'explication fut donnée au comte de Valence par le duc de Wellington lui-même. Et en effet, peu de jours après l'occupation de Paris, les voitures de ces deux messieurs se croisèrent rue

(1) Cette épithète, aussi fausse que jamais épithète a pu l'être, m'inspira sous le titre de « Retour de la famille Désirée » une caricature dont je fis le projet ; mais je ne trouvai personne qui voulût la graver.

d'Anjou Saint-Honoré, et, par suite d'un mouvement réciproque, ils les firent arrêter et mirent pied à terre. Un assez long entretien s'ensuivit; le comte de Valence ne put s'empêcher de demander au duc comment il avait osé se déterminer au mouvement sur Paris, où l'attendaient des forces si disproportionnées; le duc répondit : « Il ne nous a fallu pour cela ni conception, ni audace. Du moment où Napoléon eut abdiqué, nous reçûmes du duc d'Otrante jusqu'à quatre dépêches par jour portant : « Arrivez, ne fût-ce qu'avec des têtes de colonnes, arrivez. Le gouvernement provisoire vous garantit que vous n'aurez aucun combat à soutenir; mais arrivez. » Ainsi, ajouta Wellington, l'attaque d'Aubervilliers et l'affaire de Versailles nous confondirent; car notre sécurité était telle que, sur de nouvelles demandes du duc d'Otrante, nous n'avions pas hésité à porter l'armée prussienne sur la rive gauche de la Seine et à envoyer à Versailles deux régiments de hussards sans les faire soutenir par personne. Deux minutes s'étaient à peine écoulées depuis leur séparation, que le comte de Valence était chez moi, rue de l'Arcade, n° 21, empressé de me communiquer cette conversation qu'il a répétée d'ailleurs à d'autres que moi (1).

(1) J'observe que c'est dans ce même entretien que, le maréchal Soult ayant été nommé, le duc de Wellington affirma qu'il avait vingt-cinq millions à la banque d'Angleterre. C'est à un chiffre approchant celui-ci que M. Thonnelier estimait, d'après le calcul des approvisionnements, la somme que le maréchal Soult avait dû retirer de ses bénéfices sur la vie de ses soldats en Espagne. De fait, jamais M. Thonnelier, qui était payeur général des armées françaises en Espagne, n'a pu obtenir de compte de l'armée du maréchal Soult. Toutes les pièces comptables que le maréchal lui envoyait étaient enlevées par les guerillas. De plus, le payeur du maréchal devint riche; son ordonnateur Mathieu-Faviers le devint davantage et fut fait pair de France lorsque le maréchal fut président du conseil. Quel malheur pour le trésor qu'à cette époque le temps des lettres de change tirées sur les généraux fût passé!

Les deux régiments pris furent parqués à l'École militaire. J'allai les voir, quoique leur vue, en me rappelant de quoi nous eussions été capables si nous avions eu le droit d'agir, achevât de me désespérer. La figure singulièrement expressive d'un des prisonniers déjà vieux, vrai type de figure de hussard fumant sa pipe, me décida à l'aborder. Il était hors de lui : « Eh bien, lui dis-je en allemand et en l'apostrophant à la troisième personne, vous ne vous attendiez pas à entrer comme cela à Paris ? — Seigneur Jésus, s'écria-t-il, on n'a jamais vu un coup comme celui-là. Deux régiments de hussards pris comme des souris, et sans qu'il s'en sauve un seul... Non, cela ne s'est jamais vu. » Et il avait raison ; mais, s'il était beau de pouvoir se vanter de ce fait d'armes et plus beau d'en avoir eu l'honneur sans s'en vanter, il était moins beau, mais plus extraordinaire, de s'en vanter sans y avoir pris part. Et cependant c'est ce qui arriva grâce aux forfanteries de Burthe, qui, en rentrant à Paris, s'en attribua la gloire et, vantard comme pas un, courut les boulevards et les cafés en répétant : « C'est moi qui dans nos guerres ai donné les premiers et les derniers coups de sabre », faits faux quant aux derniers, puisque pendant ce combat sa brigade était en réserve immobile et n'a pas même mis le sabre à la main. Quant aux premiers coups, l'affirmation n'est pas plus véridique ; car, en 1792, ledit Burthe était dragon et dans un régiment qui, faisant partie de l'armée du Rhin, n'eut et ne put avoir aucune part aux premières affaires qui eurent lieu à l'armée du Nord. Mais, à force de répéter une chose, on trouve des gens qui aiment mieux la croire que de la vérifier. Je fus longtemps de ce nombre quant à l'affaire de Versailles, et je serais peut-être encore engagé dans mon erreur (1) si, un jour que j'attribuais ce fait d'ar-

(1) Le général Solignac était encore dans la même erreur, lors-

mes à Burthe, le rire des généraux Grouvelle, Marbot et Préval n'avait donné lieu au rétablissement des faits, que le général Strolz m'a confirmés depuis, et tout en riant, le général Vincent en convint lui-même.

D'ailleurs, ce général Vincent, si noble de sentiments, mérite qu'on lui rende ce qui lui est dû. Et il y a dans sa carrière trois faits qui le placent parmi les plus dignes, mais aussi les plus rares caractères de son temps. J'ai déjà cité, je crois, le premier fait (1). Parvenu à Fontainebleau au dernier terme de son agonie, abandonné jusque par Berthier, Napoléon y est encore dépouillé par un Souham qui, au moment de le trahir et en criant misère, lui arrache 10,000 francs, tandis que le général Vincent, par son dévouement de la dernière heure et son désintéressement, contraste si bien avec ces vilenies que l'Empereur est étonné de voir un de ses anciens généraux servir encore et ne demander rien. Je viens de parler du second fait quand, à Versailles, il porte à l'ennemi les derniers coups que celui-ci a reçus et enlève les deux régiments de hussards prussiens. Enfin, lors de la révolution de 1830, écuyer du Roi et chargé du commandement des dernières troupes qui tenaient en faveur de ce prince, il commande le dernier coup de canon tiré pour ce Roi qu'il quitte seulement après son embarquement et, à dater de ce jour, ne sert plus. Voilà donc trois titres de noblesse qui n'ont pas besoin de parchemins.

Mais ces traits de grand caractère et d'honneur m'ont éloigné des traits d'infamie et de trahison; je n'en ai cependant pas fini avec eux. Un soir, et pendant qu'on

que, parlant sur la tombe de Burthe, il répéta la même phrase que sa veuve fit graver sur le petit monument qu'elle éleva à son mari, et ce fait prouve aux historiens qu'ils ne doivent pas toujours prendre comme articles de foi les oraisons et les épitaphes.

(1) Voir tome IV, page 585.

préparait la reddition d'une capitale qui, comme je l'ai dit, avait plus de troupes qu'il n'en fallait pour vaincre en bataille rangée les assaillants avec lesquels on la faisait capituler, le maréchal Davout chargea l'intendant militaire Volland de se rendre aux Tuileries où siégeait la commission du gouvernement, et cela afin de donner au président de cette commission, et toujours à ce Fouché, connaissance d'un fait qui sans doute avait quelque importance. Arrivé, Volland se hâta de se faire annoncer; la réponse fut d'attendre. Trois quarts d'heure se passèrent; M. de Vitrolles parut, envoya sa carte à Fouché, qui de suite sortit, se blottit avec lui dans l'embrasure d'une fenêtre, causa près d'un quart d'heure, rentra, ressortit, parla de nouveau et rentra enfin sans dire un mot à M. Volland, auquel il ne donna audience qu'une heure un quart après son arrivée. De retour auprès du maréchal, et lui ayant rendu compte de ce qui avait rapport à sa mission, M. Volland lui parla de ce qu'il avait observé, de ce qu'il concluait, et, quoiqu'il se sentît écouté avec une indifférence trop significative, il ajouta : « Monsieur le maréchal, vous sauverez la France si vous faites guetter le duc d'Otrante sur le pont Royal, et si, lorsqu'il y passera pour rentrer chez lui, vous le faites jeter dans la rivière. » Ce à quoi Davout répondit en renfrognant sa mauvaise figure : « Je ne suis pas un homme de révolution, je suis un homme d'exécution. » Est-ce à ce titre qu'il voulait poignarder Napoléon ? Mais si Napoléon lui échappa, la France ne lui échappa pas.

Tout à coup Davout convoqua chez lui, c'est-à-dire au ministère de la guerre, un grand conseil de guerre composé de maréchaux et de généraux de division. Appelés l'un et l'autre en cette qualité, le comte de Valence et moi, nous nous y rendîmes ensemble, fort occupés de savoir de quoi on allait nous entretenir. Descendus de voiture en même temps que le maréchal Masséna qui commandait la garde nationale de Paris, le maréchal Davout commandant les troupes de ligne, nous entrâmes avec ce premier et, pendant le trajet que nous eûmes à faire depuis le vestibule, nous lui demandâmes s'il connaissait l'objet de cette convocation : il l'ignorait. Quand nous fûmes entrés, nous aperçûmes plusieurs autres maréchaux et généraux, mais ils se tenaient à distance du ministre, qui, assis et comme rencogné dans un des angles du salon où il devait nous recevoir plus qu'il ne nous recevait, causait avec je ne sais plus qui; il ne parut pas même nous voir entrer, et aucun de nous ne s'approcha de lui. Nous nous résignâmes donc à prendre avec les autres personnages présents, et pendant trois quarts d'heure, une patience qui commençait à nous paraître excessive, lorsque Hulin, alors commandant de la place de Paris, arriva. Aussitôt Davout quitta son interlocuteur, s'assit à une grande table ronde placée au milieu du salon, fit asseoir Hulin à côté de lui et se mit à manier une liasse d'ordres de mouvements, n'ayant rapport, ainsi que je l'entendis, qu'à la marche de détachements que leur faiblesse achevait de rendre tout à fait indignes d'occuper un ministre de la guerre. On se regardait, mais ces regards interrogatifs n'aboutissaient à rien, attendu qu'il était impossible de rien comprendre, je ne dis pas seulement au temps perdu, dans des circonstances où chaque instant était réclamé par les plus puissants intérêts, mais encore aux motifs qui rendaient vingt maréchaux ou généraux de division témoins d'une occupation aussi niaise. Cependant, et dans la persuasion que d'un moment à l'autre cette ridicule scène finirait et que nous apprendrions enfin ce qu'on voulait de nous, nous attendîmes jusqu'à dix heures et demie, mais alors l'impatience se manifesta : « Que faisons nous ici? » dit le maréchal Masséna, et assez haut pour que tous les regards se dirigeassent sur lui et sur le maréchal Davout; aucune voix ne répondit, tandis qu'en précipitant ses paroles, sans doute pour paraître étranger à ce qui se passait, le ministre se borna à abaisser un peu plus sa lourde tête chauve sur les paperasses qu'il tripotait. Quelque temps se passa encore; sur une réflexion nouvelle le maréchal Masséna se trouva engagé dans une discussion qui s'anima, mais enfin la pendule sonna onze heures; chacun se tut, comme si l'on s'était donné le mot, et tous les yeux se portèrent sur Davout, qui imperturbablement continuait la plus inconvenante des occupations : « Messieurs, reprit alors le maréchal Masséna en élevant la voix encore plus haut que précédemment, je crois que ce que nous avons de meilleur à faire, c'est de nous en aller ; quant à moi, je pars. — Je pars aussi », dit le comte de Valence, non moins étonné que scandalisé. D'autres voix, dont la mienne, répétèrent ce « Je pars aussi », et nous nous retirâmes, sans qu'aucun de nous, Hulin excepté, eût eu l'occasion ou la possibilité de dire un mot au maréchal Davout ou même de le saluer. De fait, nous le perdîmes de vue, sans qu'il eût levé les yeux et paru rien voir ni rien entendre. Ainsi se termina cette scène certainement sans exemple et ce que dans ce genre on peut citer et imaginer de plus impertinent. « Ah çà, me dit le comte de Valence, dès que nous fûmes remontés en voiture, pourriez-vous me dire, mon cher général, ce que signifie tout ceci? — Il y a plus d'une heure que je me le demande, répondis-je, et je n'ai trouvé à m'arrêter qu'à deux hypothèses : ou le maréchal a renoncé à nous communiquer ce qu'il avait voulu livrer à notre investigation, et, n'ayant plus le temps d'éviter la réunion, voulant s'abstenir de toute explication, il n'a rien imaginé de mieux qu'un rôle que sa grossièreté naturelle lui a rendu facile; ou bien il a simplement voulu se mettre en mesure de pouvoir dire : « J'avais convoqué un conseil de guerre; mais, de ceux que j'y avais appelés, les uns ne sont pas venus, les autres se sont retirés avant même que j'aie pu ouvrir la séance. » — On s'y perd, reprit le comte de Valence, mais je crains bien que nous ne soyons le jouet de deux misérables, si vraiment Davout s'est fait le complice de Fouché. »

Vingt et un ans s'écoulèrent sans que j'eusse l'occasion de rien ajouter à ce que je viens de rapporter; mais, le 18 décembre 1836, le hasard me fit rencontrer à dîner, chez mon ami le chevalier Doyen, M. Lacour, sous-intendant militaire, et qui peu après partit pour l'armée d'Afrique; or ce M. Lacour, que pendant la campagne et le blocus de Hambourg j'avais vu secrétaire intime du maréchal Davout, et qui, en 1815, durant le ministère du maréchal, reprit les mêmes fonctions, s'était, en cette qualité, trouvé présent à cette inconcevable scène; il me raconta donc que, dès que nous avions été partis, le maréchal, enchanté d'avoir si bien échappé à la tenue du conseil par une jonglerie, s'était levé et avait dit en ricanant : « Notre vieux Masséna a encore de la vigueur. » Puis, interrogé par moi sur le rôle politique que ce Davout joua en ce moment, M. Lacour m'apprit que le même soir, vers minuit, le maréchal était reparti pour la Villette, où il avait établi son quartier général et où il avait couché, non pour être près de l'ennemi et à portée de faire mieux combattre les troupes, mais pour recevoir plus vite les ordres de l'ennemi, et au besoin pour être en mesure d'empêcher nos troupes de céder à la rage qui les transportait et qui chez quelques généraux était à son comble. A peine arrivé à la

Villette; le maréchal s'était couché, et M. Lacour, suivant l'ordre établi, joignant aux fonctions de secrétaire celles que Roustan avait longtemps remplies auprès de l'Empereur, s'était jeté sur un matelas que chaque soir on mettait en travers de la porte de la chambre du maréchal, afin que personne ne troublât le repos de Son Excellence. Malgré les fatigues de la journée, M. Lacour ne dormait pas; de fait, ce qui depuis quelques jours se passait autour de lui était assez extraordinaire et assez préoccupant pour expliquer son insomnie. Il était donc parfaitement éveillé lorsque, vers deux heures, il entendit du bruit et, à la lueur d'une lampe placée dans un coin de la pièce où il couchait, il vit entrer un officier qu'il avait déjà aperçu rôdant autour du maréchal et échangeant avec lui quelques mots confidentiels. Voyant cet officier qui à pas de loup se dirigeait vers la porte que M. Lacour barrait, son premier mouvement fut de s'opposer à son entrée; mais l'étonnement, la curiosité, et surtout la crainte d'intervenir mal à propos dans un secret d'État, décidèrent M. Lacour à faire semblant de dormir; il laissa l'officier arriver à lui, l'enjamber, ouvrir doucement la porte donnant accès chez le maréchal, puis franchir le seuil, et, cela fait, la porte se referma sans bruit. Aussitôt M. Lacour fut sur son séant pour appuyer son oreille contre le joint de la porte : « Ah! vous voilà », furent les premiers mots qu'il distingua et qui lui révélèrent que l'officier était attendu. La suite de l'entretien eut lieu si bas, que les mots : « Armée... Roi... » arrivèrent seuls à l'oreille de M. Lacour; mais après dix minutes environ, le maréchal ayant quitté son lit pour venir avec l'officier jusqu'à la porte, M. Lacour entendit distinctement : « Partez de suite; tâchez de remettre vous-même ma soumission au Roi; protestez de mon dévouement et, comme preuve, garantissez qu'aucun mouvement de troupes ne sera fait, qu'aucun combat ne sera livré contre les alliés. » A ce moment, le pêne ayant grincé, M. Lacour retomba sur son matelas, parut dormir du plus profond sommeil, et l'émissaire se retira comme il était venu. Ainsi achèvent de s'expliquer et de se justifier la sécurité des alliés et la fureur de nos troupes, à qui, en passant le pont du Pecq, Blücher avait, je le répète, fourni l'occasion et le moyen de ne rien laisser échapper ni de l'armée anglaise, ni de l'armée prussienne, la seconde parce qu'elle n'avait plus de retraite, la première parce qu'une fois isolée et assaillie, puis tournée par trois fois son nombre, rien au monde ne pouvait la préserver d'une destruction totale.

La menaçante proclamation que Louis XVIII data de Cateau-Cambrésis, cette proclamation élaborée d'avance et dans laquelle, après un début jésuitique, il laisse échapper l'aveu qu'il revient « pour punir », cette malheureuse proclamation du 25 juin causa la plus fâcheuse impression, encore augmentée par ce complément « et pour récompenser ». Cela fut pris comme un raffinement d'outrage que d'ajouter à la terreur des futures victimes l'indignation de tous et l'envie de quelques-uns. De telles récompenses, en effet, ne pouvaient solder que des rôles exécrés par la France, qui réputait méritoires les torts des prétendus coupables. L'opinion ne confond jamais celui qui combat et celui qui conspire; bien moins encore confond-elle l'homme qui, dans les rangs de ses concitoyens, se dévoue à la défense de la patrie et le félon qui appelle et dirige contre elle les armes de ses ennemis. Les rois s'honorant du nom de père, qu'est-ce qu'un roi parlant de punir quand, de la part de ses enfants et jusqu'au dernier moment, il doit ne croire qu'à des erreurs et se ménager les moyens de paraître gémir du sort de ceux même que frappe le glaive de la loi? On fut donc révolté de voir un roi qui, favorisé par une effroyable calamité, ramené par les ennemis de son pays, n'ayant de titre que leur victoire et revenant à peine d'une proscription méritée, promettait déjà des persécutions ; ces persécutions, eussent-elles été justes, ne pouvaient manquer d'emprunter à leur caractère de préméditation l'apparence la plus odieuse. Mais on se persuada que, Napoléon mort pour le monde, on n'avait plus rien à redouter de la France et des Français, et que les baïonnettes anglaises et prussiennes, ayant en réserve les forces de l'Autriche, de la Russie, de l'Italie, de l'Allemagne et de la Péninsule, suffiraient pour faire raison de tout. On pensa n'avoir plus à se déguiser sur rien, du moment où l'on ne voyait plus rien à craindre, et, à dater de ce moment, les événements se pressèrent ; tout marcha au gré des trahisons de Fouché, et, grâce aux tergiversations de Barère, le traître échappa à une mort qui aurait rendu la vie à la France.

Les fédérés repoussés, humiliés, dispersés, rentrèrent en criminels d'où ils étaient partis en héros. Les gardes nationaux mobilisés eurent un sort à peu près égal et même en partie se trouvèrent beaucoup plus compromis. L'armée, à la fois mugissante et muselée, indignée, rebutée, ne tarda pas à s'affaiblir de jour en jour, et le 3 juillet fut signé le traité de Paris, traité qui n'était garanti que par l'honneur et dont par conséquent les rois, les empereurs devaient se jouer en spoliant nos musées et nos bibliothèques ; Blücher devait en rire en vendant 500,000 francs la conservation du pont d'Iéna, et Louis XVIII s'en moquer en multipliant les victimes.

Au nom de l'armée, de toute la garde nationale de Paris, représentée par tous ses colonels et par le maréchal Masséna, au nom de la France entière, les plus vives instances furent faites auprès du Roi et du comte d'Artois pour reprendre la cocarde tricolore. Ces instances furent inutiles; les plus misérables velléités de l'orgueil firent raison des plus grands intérêts de la patrie et même du trône, car les trois couleurs étaient désormais celles sous lesquelles l'insurrection devait renaître.

Le 4 juillet, notre brave et malheureuse armée abandonna la capitale et se retira derrière la Loire, où l'héroïsme de la résignation l'emporta encore sur l'héroïsme de la vaillance. Le 7, les troupes de l'ennemi pour la seconde fois souillèrent Paris, et, dans ce jour de honte et de deuil, je ne communiquai avec personne au monde... Le 8 août, Napoléon quitta la France. Après sa résurrection instantanée, ce fut comme une seconde mort, mort à laquelle, et en dépit du mal qu'il nous avait fait, on se sentait participer. Cinq ans plus tard, cette mort allait être définitive et laisser le monde veuf de ce qu'il avait connu de plus grand; le géant mort creusait un vide que l'avenir ne remplira pas. Météore immense et qui a tout embrasé sur sa route étincelante, il éclaire encore le monde qu'il a quitté; s'il fut la splendeur de son époque, il est surtout la gloire et l'honneur de l'humanité, l'orgueil de la création; comme le soleil, il eut ses taches, mais de lui seul peut s'expliquer, sans paraître impertinente, la devise de Louis XIV : « *Nec pluribus impar.* »

Enfin, le 8 juillet, Louis XVIII rentra aux Tuileries, mais n'y rentra que pour ajouter aux infortunes de la France et se faire le complice des alliés, et cela pendant que, par une insolence dont je n'ai jamais compris les motifs, Blücher faisait bivouaquer des troupes sur la place du Carrousel et y dressait en batterie quatre pièces de canon, braquées sur le château. Encore que de cent manières le Roi justifiât l'exaspération dont il était l'objet, on se trouvait encore insulté par les insultes qu'il recevait de ses bons amis les étrangers; mais, privés de tout moyen de résistance, il fallut bien courber la tête et subir les quinze ans d'agonie après lesquels la France, prédestinée par le ciel à une rédemption, put, sous la sage tutelle de son nouveau souverain, se retrouver française et revenir non seulement au culte mais aux traditions du plus grand de ses monarques. Toutefois, comme suite à la révolution de 1830 et aux passions qu'elle fit déborder, une émancipation tendant à saper par leur base les fondements de tout gouvernement possible se révéla de toutes parts, et, non moins fatale aux individus qu'elle exalte qu'aux masses qu'elle entraîne, elle menace de nous précipiter dans des révolutions nouvelles dont aucune prévision humaine ne pourrait faire calculer et les phases, et les excès et le terme. Et cette pensée d'un avenir auquel je n'assisterai pas me suggère une digression à laquelle je ne cède pas sans hésitation.

Et en effet, fils d'un père qui a consacré sa vie à l'instruction, j'ai été nourri dans cette croyance presque religieuse que jamais l'instruction ne pouvait être trop générale et trop étendue. Ce que j'avais vu résulter de l'ignorance du peuple avait justifié, développé et fortifié cette opinion; et cependant je me trouve en ce moment épouvanté par les progrès de ce qui a été l'objet de mes vœux les plus constants..... Est-ce à tort? est-ce à raison? Est-ce l'effet de mes forces qui s'affaiblissent et qui s'effrayent à l'idée d'une lutte trop difficile à soutenir? Mais, en pensant à ceux qui vont se trouver dans la mêlée, je me demande pour eux que faire, que devenir au milieu d'athlètes qui tous voudraient faire preuve et usage de leurs forces; d'un peuple d'académiciens et de docteurs, également avides de montrer leur érudition et de spéculer sur leur éloquence; d'une armée d'individus tous jaloux d'autorité, tous prêts à raisonner plutôt qu'à obéir. Au milieu de tant de mérites, de tant de titres à la suprématie, plus que jamais s'établiront l'envie et la rivalité, c'est-à-dire la haine; l'esprit d'individualité remplacera l'esprit de nationalité, car toute faculté crée chez celui qui en est armé des prétentions que l'amour-propre proportionne à l'idée que chacun se fait de lui-même; chacun prétendra donc en raison de ce qu'il croira pouvoir; or que, sur mille hommes se figurant mériter également, il n'y en ait qu'un qui obtienne, neuf cent quatre-vingt-dix-neuf seront mécontents, et, si leur nature est une nature d'action, ils conspireront, tandis que les plus déterminés seront à la discrétion d'une occasion pour devenir des Louvel, des Fieschi, des Alibaud. Quel est celui d'entre eux qui sera susceptible de comprendre que c'est à lui que s'arrêtent les bienfaits de l'instruction et que commencent les dangers? La Terreur a été le produit du grand siècle de la philosophie; elle a été le vertige, le délire d'une multitude d'esprits égarés qui n'ont pas douté un seul instant que leur jugement, faussé par le manque d'équilibre entre la force de leurs idées et leur position, ne fût la raison même; ils n'ont pas soupçonné qu'ils pouvaient ne pas posséder ni l'absolue compétence, ni l'infaillibilité, et ils ont pris leur passion pour règle de leur justice.

Ces vérités, le moment présent les cache aux sots et aux fanatiques qui n'ont pas le sens plus juste que les sots; mais le temps achève de les démontrer, ce qui justifia cette épigraphe du discours du Père Guénard sur l'esprit philosophique : *Non plus sapere quam oportet* (1).

(1) Le discours du Père Guénard, Jésuite, remporta en 1755, à l'Académie française, le prix sur cette question : « En quoi consiste l'esprit philosophique. »

Mais encore ce qui sous ce rapport est vrai pour tous les peuples, le sera toujours cent fois plus pour les Français, qui, incapables de mesure, ont besoin qu'on leur impose des limites et des bornes, et chez qui la liberté est toujours en mal d'enfant de la licence la plus effrénée... Bornons-nous, au reste, à ces aperçus, et, laissant ces hautes questions, reprenons le faible rôle que la destinée m'avait réservé.

CHAPITRE XIV

C'est à ces temps misérables et chétifs que j'avais formé le projet d'arrêter mes *Mémoires;* car, en comparaison de la période héroïque à laquelle se rattachent mes précédents souvenirs, qu'est-ce que la période qui l'a suivie? On ne se lassera jamais de lire les récits relatifs à la Révolution et à l'Empire; la France y verra toujours ce dont elle a été capable; chaque famille y cherchera éternellement son nom, et, comme pas un acteur du drame n'a été placé de la même manière, quiconque racontera pour quelle part il y a été associé pourra avec le moindre talent, mais avec de l'exactitude, éveiller l'intérêt.

Avec la disparition de Napoléon se trouve terminée, comme le fut celle de tant de milliers de braves, ma véritable existence militaire, et mon rôle cessa d'autant mieux de pouvoir intéresser les autres qu'il cessa d'avoir de l'intérêt pour moi. Toutefois, après tant d'illustrations, de conquêtes, de gloire, il m'eût semblé trop pénible de m'arrêter à ce moment où vaincus, spoliés, dépouillés, nous étions à la discrétion d'ennemis incapables de pudeur (car ils ne devaient la victoire qu'au nombre et à la trahison), à ce moment où nous subissions le joug d'une famille plus fatale à la France que la Coalition entière. Et, puisque j'ai mêlé tant de souvenirs de famille à mes souvenirs publics, je n'arrête pas mon récit à la fin de ma vie publique, mais à la fin de ma vie de famille, que brisa si cruellement en 1820 la mort de ma malheureuse Zozotte. Les faits qui vont suivre n'auront pas l'avantage d'être rehaussés par l'éclat d'un temps incomparable; réduits à l'intérêt de personnalité, ils paraîtront mornes et pâles ; mais je m'y attarderai le moins possible, et d'ailleurs on n'en lira que ce qu'on voudra.

Louis XVIII n'était pas un homme supérieur; toutefois, lorsqu'il rentra en France et même en 1815, il était encore un homme d'esprit et de volonté ; avec son expérience des révolutions, même de la Terreur qu'il a si bien dirigée des bords du Rhin, personne mieux que ce roi ne pouvait prévoir et prévenir les massacres auxquels la France allait servir de théâtre. Mais ces massacres, il les voulait, fait cent fois prouvé par le choix de ses agents, par la latitude qui leur était donnée, par leur conduite, par leur impunité. 1793 et 1794 firent envoyer à la mort cette foule d'hommes honorables, condamnés pour n'avoir pas émigré, et dont le véritable Fouquier-Tinville était à Coblentz; 1815 et 1816 firent traquer, sacrifier ou persécuter, autant qu'on le put, les hommes revêtus d'une célébrité importante, et si l'on n'en fit pas un autodafé, c'est que les souverains alliés s'y opposèrent; pourtant ils ne purent empêcher les listes de proscription. Il y en a eu deux.....

Ici le général Thiébault établissait en quinze pages le bilan de la Restauration ; il l'établissait par des arguments précis et par des faits, et complétait, croyons-nous, ce qu'il avait dit dans le premier volume sur l'entente de l'Émigration et de Robespierre ; le même intérêt qui a inspiré la destruction de deux pages dans ce premier volume a fait sacrifier dans le cinquième volume ces quinze pages.

Et telle est l'ébauche cent fois incomplète des indignités et des turpitudes que la Restauration crut qu'elle pourrait commettre impunément ; erreur que 1830 dissipa, horreurs dont il fit justice. Et néanmoins que de eçons inutilement reçues en 1789, au Jeu de paume, au dîner des gardes du corps, aux 5 et 6 octobre, à la bataille de cannes, pendant le voyage et le retour de Varennes, au 13 vendémiaire, au 18 fructidor, sous l'Empire en France et hors de France, dans la Vendée, dans le Midi et aux armées sous la première Restauration, au 20 mars 1815 et durant la seconde Restauration ! Eh bien, ce parti ultra-terroriste, toujours battu, mais jamais abattu, osait encore dire à Charles X en 1830 : « Comptez sur nous, et vous vaincrez les rebelles »; et ce qu'il y a d'incroyable, c'est qu'il le dit encore. Mais on se rappelle la seconde Restauration comme on se rappelle la Terreur; 1815 et 1816 firent en effet plus de victimes que la France n'en déplorait depuis 1794, époque à laquelle les autodafés inspirés par le Roi Très Chrétien ne finirent que grâce à la mort de Robespierre. On sait, au reste, à quel degré l'agent fut digne du mandataire; mais on sait aussi qu'à sa rentrée en France la gratitude de Louis XVIII fut telle que de suite il donna à la sœur de ce monstre, et pour les bons et loyaux services de son frère (d'autres disent cependant pour acheter son silence), une pension viagère de quatre mille francs. D'où il résulte qu'être du parti de la Restauration, c'est épouser tous les crimes de ce parti, c'est se déclarer prêt à les recommencer, c'est provoquer et justifier tous les anathèmes.

Le Roi rentré en France et le maréchal Saint-Cyr se trouvant ministre de la guerre, je fus nommé commandant en chef de la dix-huitième division militaire; dont le quartier général était à Dijon. Ce commandement présentait deux grandes difficultés : d'abord les habitants ont été toujours assez difficiles à gouverner, opposés qu'ils se sont toujours montrés, et cela par caractère, à toute espèce d'autorité ; dans ce moment leur opposition était d'autant plus vive que, excités par les rancunes d'anciens membres d'États, de Chambres des comptes et de Parlements, ils se montraient hostiles à quiconque avait servi sous l'Empire et la Révolution. L'autre difficulté provenait de la présence de cent dix mille Autrichiens réunis dans la ville sous les ordres du prince de Schwarzenberg, de la présence aussi de l'archiduc Ferdinand, du prince impérial et des empereurs d'Autriche et de Russie. Pour répondre aux exigences de ma position, je n'avais avec moi que douze cents hommes de troupes ; je parvins cependant à faire respecter l'autorité du Roi et j'obtins réparation de la moindre sottise faite par le moindre soldat autrichien. J'éprouvais donc une véritable satisfaction de voir les plus notables familles se rallier à moi, et j'eus la conscience de justifier ma nomination autant qu'elle pouvait l'être à une époque où, pour occuper une fonction publique sans être censé l'usurper, il fallait être de la bande ; mais, au moment où le plan de conduite que je m'étais tracé et que j'exécutais produisait des résultats qui passaient mon espérance et semblait me garantir un long séjour dans ce gouvernement, le duc de Feltre, remplaçant le maréchal Saint-Cyr, fit succéder un ministère de parti à un ministère d'organisation militaire ; la lettre que M. Maret m'avait fait écrire à l'Empereur fut tirée des cartons du ministère ; je ne m'en étais pas occupé, par suite de l'assurance que l'on m'avait donnée que tous les papiers relatifs à cette époque avaient été brûlés. Quoi qu'il en soit, cette terrible lettre était un trop beau titre à la persécution pour qu'elle ne me valût pas mon remplacement immédiat. Ce fut le général Ricard qui me remplaça; et, quand il vint prendre le commandement, après s'être assuré de l'état où il le prenait, il dit en présence de toutes les autorités : « Voilà une division que j'aurai de la peine à rendre dans l'état où je la reçois. »

Je rentrai à Paris en criminel traduit au tribunal des catégories, conception digne de son auteur, le duc de Feltre. Ma maison était espionnée; quand je sortais, j'étais suivi; enfin, un jour que je m'apprêtais à aller dîner chez un de mes amis, on me remit une lettre portant ces mots : « Les ordres sont donnés de vous arrêter. Quittez Paris sans délai, mais surtout ne couchez pas chez vous. Cet avis vous est donné par un employé de la police qui vous a des obligations. » La date était du jour ; la lettre était venue par la poste sous écriture contrefaite et sans signature. J'allai à mon dîner comme si je n'avais rien reçu; seulement, avant de rentrer chez moi, je passai chez Rivierre, alors très en faveur et, comme je l'ai dit, chargé de la liquidation de la dette du Roi et des Princes; je lui fis lire ce billet, pour qu'à tout événement il sût ce que j'étais devenu; après quoi je rentrai chez moi et me couchai. Sur ces entrefaites, je reçus de ma femme une lettre qui m'annonçait qu'elle se rendait pour quelques jours à Paris; elle y vint, mais, à peine arrivée, elle apprit que sa pauvre mère qu'elle avait quittée souffrante était morte, que les scellés étaient mis et qu'il fallait ma présence pour les lever. Je partis de suite afin qu'elle trouvât ces tristes formalités terminées. Il était tard lorsque j'arrivai à Tours. Il fallut courir chez le juge de paix, le décider à venir pour que je pusse entrer dans cette maison où toute une génération venait de finir pour nous; il était onze heures, lorsque la chambre de M. Chenais fut ouverte; j'y passai une nuit cruelle d'insomnie; j'avais hâte, dans l'état de tristesse où je me trouvais, de quitter ces lieux de solitude et de regrets ; je pressai donc les affaires ; je sentais d'ailleurs ma présence à Paris nécessaire pour réparer, si c'était possible, le tort fait à ma position, et j'allais me remettre en route, quand, parlant de mon départ au préfet M. Destouches, j'appris de lui que la rentrée à Paris m'était interdite, que j'étais exilé à Tours et que j'y étais sous la surveillance de la haute police. Tel était le contenu d'une dépêche qu'il venait de recevoir de M. le duc Decazes ; car, pour moi, on ne prit même pas la peine de m'en informer. Stupéfait, indigné, j'écrivis au duc de Feltre ; je n'eus aucune réponse, et il fallut me résigner à la prolongation indéterminée d'une situation aussi pénible et d'autant plus pénible que les craintes ne s'arrêtèrent pas au présent. On vivait dans l'incertitude et les alarmes, entretenues par l'annonce sans cesse renouvelée de persécutions nouvelles. Landrième nous régalait de ces mauvaises nouvelles. Tantôt on devait enfermer tous ceux qui se trouvaient sous la surveillance de la police, tantôt on devait les envoyer à Tarascon ou dans d'autres villes du Midi où leur massacre paraissait certain. Fort heureusement les nouvelles ne se confirmaient pas, mais le plus souvent elles n'en avaient pas moins produit leur effet (1).

Les mots d'exil et de surveillance de la haute police étaient assez bien faits pour effaroucher bien des gens ; plusieurs personnes de nos anciennes relations trouvèrent ces raisons suffisantes pour s'éloigner de nous. Nous retrouvâmes cependant beaucoup d'amis, une Mme Ballisle, sœur de M. Cartier Rose, et que Zozotte avait connue dès son enfance. Cette dame passait sa vie avec de vieux

(1) Ce pauvre Landrième affectait depuis la Restauration un air d'importance qui divertissait Zozotte, et, pour lui, parler bas était une manière de se donner un air de gentilhomme. Il s'y appliquait

savants, des livres et des journaux, et elle entreprit de faire refaire à Zozotte un cours complet d'histoire de France; elle ne s'occupait pas moins de politique et soutenait ses opinions très libérales avec une véhémence, une abondance d'idées, une volubilité incroyables. Détestant les femmes qui parlaient politique et ne pardonnant ce travers qu'à Mme Ballisle, Zozotte se sauvait par des inspirations qui déconcertaient sa *tempête roulante*, comme elle l'appelait. La tempête s'exaltant sur les malheurs de Napoléon qui avait perdu sa puissance : « Après tout, reprit Zozotte, est-ce que son sort n'est pas celui de tant de femmes qui, bien avant leur âge, perdent le pouvoir souverain de leurs grâces et de leur beauté? Ne faut-il pas qu'elles s'y résignent ? » A propos d'un plaidoyer chaleureux en faveur des libéraux : « Libéraux, royalistes, riposta Zozotte, les uns s'amusent à fabriquer des quilles pour jouer à la Royauté, les autres à fabriquer des boules pour jouer à la République. »

Nous revîmes aussi M. de Sénécal, homme d'esprit et qui, comme disait Zozotte, ne faisait pas seulement des phrases avec des mots; le lieutenant général Margaron, qui avait acheté près de Tours la propriété de Beaulieu, et qui venait d'y installer sa femme et ses trois filles; mais, parmi les personnes qui renchérirent d'égards envers moi, précisément pour protester contre la mesure qui m'avait frappé, je dois citer la famille Bacot. Le père, qui avait par son esprit, son activité, sa loyauté, acquis une grande fortune dans les affaires, avait su, mérite bien plus rare, la conserver, et il en faisait le plus

---

si bien qu'on était obligé de lui faire répéter une partie de ses mots, et, comme disait Zozotte, « dans l'état d'aphonie où l'a mis sa chétive noblesse, si le malheur voulait qu'il retrouvât un parchemin de plus au fond de son armoire, on ne l'entendrait plus parler du tout. »

noble emploi. De ses deux fils, l'aîné suivait la carrière
administrative; il fut successivement et avec une haute
distinction sous-préfet, préfet d'Indre-et-Loire et conseiller d'État, directeur général des Droits réunis et plusieurs fois membre de la Chambre des députés. Le
cadet prit la carrière des armes, arriva rapidement
au grade de lieutenant-colonel, quitta le service peu
après la seconde Restauration, et il est en ce moment député. Mais ce qui les distinguait au plus haut
degré, c'est qu'à cette époque où les opinions politiques
avaient tant de force et provoquaient tant de querelles, ces trois hommes, dont l'un, le père, était patriote à principes modérés, le fils aîné royaliste et le
cadet libéral, pouvaient parler et parlaient politique
ensemble sans disputer jamais. On eût dit simplement
qu'ils pensaient tout haut. M. Bacot, le père, possédait
la belle terre de Vernon, qu'il avait achetée en quittant les affaires, et il insista pour que, chaque semaine,
j'y vinsse au moins deux ou trois jours. Sa franchise, sa
délicatesse, sa bonne amitié, ne permettaient pas l'hésitation, et je dus à mes relations si fréquentes avec lui
les plus grands adoucissements dont ma position fut
susceptible. Quelque temps après, le fils aîné de M. Bacot
fut nommé préfet d'Indre-et-Loire. J'allai le voir, et, les
premières phrases échangées, il me questionna sur mon
exil et me demanda pourquoi je ne lui en avais jamais parlé.
Ce n'était pas par embarras, puisque cet exil était absurde;
c'était par horreur de pouvoir paraître me plaindre inutilement. Il jugea assez extraordinaire que je n'eusse pas
poussé plus loin mes réclamations; je lui opposai ce
qu'elles pourraient avoir de gratuitement humiliant, au
cas où elles n'aboutiraient à rien, et je l'assurai que, eus-
sé-je l'intention de les renouveler, je me serais abstenu
de lui en faire la confidence, de peur de paraître spécu-

ler sur l'amitié que me témoignait sa famille. Après quelques mots d'obligeance, il m'engagea à écrire au duc Decazes ; « mais, ajouta-t-il, si vous vous adressiez directement à lui, il me renverrait votre lettre pour avoir mon avis; faites-la-moi donc parvenir auparavant, et je me charge du reste en tout ce qui dépendra de moi. »

Une heure après que je l'eus quitté, il avait ma lettre (1), et dans les quatre jours arrivaient les ordres qui terminaient mon exil. C'était pour l'expédition d'une affaire de ce genre une rapidité tout à fait inconnue, et, si je devais de la reconnaissance au duc Decazes que je n'avais pas l'honneur de connaître, évidemment c'était au baron Bacot que j'avais l'obligation entière et de la décision et de la promptitude avec laquelle elle avait été rendue.

J'avais intérêt à rentrer à Paris, où me rappelait surtout la construction de ma maison, que depuis mon départ pour Dijon je n'avais pu surveiller. C'était pour complaire à Zozotte et pour la loger selon ses volontés que j'avais acheté cette maison et que je la faisais rebâtir; je n'avais pas l'argent des nouvelles constructions, je dus emprunter plus de cent mille francs, et ce fut le commencement de cruels embarras; mais pour le moment nous étions tout au plaisir de jouir de ma nouvelle acquisition, et, quoique la partie que nous dussions habiter sur le jardin ne fût pas achevée, Zozotte voulut bien se contenter et se déclarer satisfaite du côté de la cour, dont la réfection n'était pas encore commencée. Le provisoire de son installation ne l'empêcha pas de tenir son salon et d'y réunir beaucoup d'esprits charmants, qu'elle attirait par son charme, ses saillies et sa finesse d'esprit incomparable. Jouy venait souvent, et, comme

(1) Elle a été publiée dans la *Revue bleue*, 4e série, t. II, p. 818. (Éd.)

il ne pouvait être indifférent à l'idée qu'il donnait de lui à une femme aussi distinguée que Zozotte, il redoublait d'efforts pour paraître plus aimable. Je me rappelle, entre autres, un dîner précédant de peu de jours la première représentation d'un petit opéra dont Jouy était l'auteur, et qui avait pour titre : *Cent ans et un jour*. Ma femme lui en demanda le sujet et jamais pièce ne fut analysée et racontée avec plus d'esprit et de richesse d'imagination, avec plus de grâce et de charme. Le succès en aurait été immense si l'œuvre avait eu la moitié du mérite de ce récit. Mais ce n'en fut pas ainsi ; on ne siffla pas, parce qu'on ne siffle pas à l'Opéra, et la pièce se joua même tout entière. A peine la toile fut-elle baissée, Jouy arriva dans notre loge, et, riant de la manière la plus naturelle : « C'est détestable, nous dit-il, et le public a eu bien de la bonté. » Certainement ce fut un des moments de sa vie où Jouy eut le plus d'esprit ; car, tout en mettant à leur aise des gens fort embarrassés, il prit pour lui-même le meilleur parti.

A l'exception de plusieurs de ses opéras et surtout de la *Vestale*, le chef-d'œuvre de notre scène lyrique, de quelques fragments de notre littérature légère et d'un assez grand nombre d'articles de l'*Ermite de la Chaussée d'Antin*, on faisait alors peu de cas des ouvrages de Jouy. Jouy avait beaucoup d'esprit, mais c'était moins son esprit que son goût et sa grâce qui assuraient sa réputation, et on évaluait généralement à deux ou trois volumes ce qui, de sa pacotille littéraire, était fait pour surnager plus ou moins de temps sur le fleuve de l'oubli. C'est que Jouy manquait de ce qui fait les vrais talents ; il n'avait pas plus une conscience d'écrivain qu'une conscience d'homme ; et, comme disait Zozotte, il était de la nature des chats que sa figure rappelait. Ainsi il n'avait de maîtresses que pour avoir place à de bonnes tables et dans de belles campagnes, et ses attachements étaient d'autant plus durables qu'il ne les demandait que dans la mesure de ce qui était nécessaire à son profit. La mort de Mme Leg... ne lui a coûté qu'une épitaphe, et, quitte avec elle, il a couru chez Mme Dav..., dont il est devenu l'amant parce qu'elle avait une grande fortune. Il était, dans toute la force du terme, l'ami de la maison (1).

Plus intimement que Jouy venait aussi M. Viennet. Il disait que Zozotte lui fournissait des traits les plus heureux et les plus gais pour des comédies : il en avait noté plusieurs et lui en avait fait l'aveu : « Allons,

(1) J'ai cité quelques-uns des mille caprices qui, pendant sa vie, traversèrent la cervelle de Jouy et qu'il exécuta. Il m'en revient à la mémoire deux ou trois qui compléteront sa biographie. Entré comme sous-lieutenant dans la légion de Luxembourg, et cela par suite d'études aussi rapides que brillantes, il partit avec cette légion pour l'Inde, et là il eut pour maîtresse une fille de neuf ans ; l'ayant emmenée dans une course chez je ne sais quelle tribu, il imagina, en visitant un temple, d'habiller cette petite avec les vêtements et les attributs de la divinité, mascarade qui finit par le massacre de la petite et de six des sept camarades qui avaient accompagné Jouy. Obligé de fuir, celui-ci fut recueilli par le gouverneur de Pondichéry dont il séduisit la fille, qu'il abandonna, comme il séduisit à son retour en France la fille de sa sœur, Mme Broudes, jeune personne extrêmement belle et qui mourut, sans compter tant d'autres séductions du même genre dont j'omets beaucoup et dont j'ai déjà mentionné plusieurs. Véritablement Jouy était diabolique comme séducteur ; toutefois, secrétaire général de la préfecture de Bruxelles sous le comte de Pontécoulant, il eut un échec près d'une jeune dame, belle, riche et vertueuse. Aidé d'un ami, que je ne sais comment il endoctrina comme son complice, il endormit la dame avec du thé préparé, prit ce qui ne lui avait pas été accordé et, poussant la vengeance au dernier degré, en envoya les preuves au mari. Je ne parle pas d'un petit gueux, l'un de ses bâtards, qu'il eut le courage d'installer chez lui ; eh bien, tout cela était su et pardonné. Sa fille l'adorait, et son esprit, son goût, sa grâce le sauvaient de toutes les difficultés où sa fantaisie l'engageait et où mille autres se seraient inextricablement empêtrés, ce qui lui permit de faire à l'Athénée un cours public de morale qui eut un véritable succès.

me voilà exposée, me dit-elle un jour, à être transformée en Lisette ou en Marton! Mais que M. Viennet prenne garde de me faire siffler, car si cela lui arrivait, ajoutait-elle en riant, je lui ferais une scène qui lui apprendrait à me mettre en pièce! »

Je ne cite pas tous mes anciens amis dont les noms ont reparu vingt fois sous ma plume et qui venaient apporter le tribut de leur esprit à ces jaseries littéraires ou de leur talent à nos réunions musicales. Il fallait bien trouver en soi-même la source d'oubli pour passer ces tristes temps sans trop réfléchir sur leur douleur. Je ramenai Zozotte une fois encore à Tours pendant que s'achevaient les aménagements dans la partie de l'hôtel que nous devions habiter définitivement sur le jardin, et je n'imaginais guère que ce voyage serait pour elle la première occasion d'adieux éternels. Enfin, revenue dans sa maison, chez elle, en septembre 1818, Zozotte fut contente de son nouvel appartement et déclara qu'elle n'avait jamais été si bien logée. Favorisées par le confortable de notre installation, nos réceptions se développèrent et notre société s'augmenta considérablement ; le général Mermet et sa femme qui me rappellent un fameux dîner (1), leur beau-frère et

(1) Nous étions vingt convives, la table couverte de bougies, de lampes et de fleurs ; nous achevions le premier service quand un craquement annonce qu'une traverse se brise, et le milieu de la table s'affaisse, entraînant vases de porcelaine, lampes, carafes, compotiers, verres, etc. ; à tous les débris se mêlent l'huile des lampes, les sauces, les vins qui s'écoulent vers le centre. On se figure les cris des dames, surtout de celles assises aux places d'honneur et vers lesquelles le torrent débordait. Un instant la table fit halte sur leurs genoux ; mais, sentant leurs jambes écrasées et leurs robes compromises, elles se sauvèrent au salon, où le bruit de la table s'effondrant à terre leur fit oublier leur frayeur en les faisant éclater de rire. Seule Mme Mermet, prenant la chose au sérieux, était en larmes. Pour la consoler, on proposa de dresser un buffet et de manger le restant du dîner au salon, les dames servies

belle-sœur les d'Espinchat, le général des Michels et sa femme, Mme Thonnelier et sa fille, les de Breuilpont, le général Cavaignac, sa femme, sa belle-sœur et sa belle-mère, Mme Auriol, le baron de Rancher et sa fille douée d'une voix pure et flexible qu'elle conduisait avec méthode, les Mortemart-Roux, le marquis d'Angosse mon locataire, devinrent avec les Vaulgrenant, les d'Hanache, les de Champéron, la comtesse de Frennes, des familiers de notre intimité.

Le marquis d'Angosse était homme d'esprit, mais petit, maigre, chétif, n'ayant ni santé, ni maladie, ni vices, ni vertus publiques ou privées, et, s'il cultivait des amours peu relevées, il n'y tenait pas assez pour s'épargner d'être trompé. Pair de France pour être quelque chose, n'allant toutefois à la Chambre que comme on va au spectacle quand on ne l'aime pas, n'ayant jamais été d'aucune commission, d'aucune députation, ne vivant que pour lui et existant sans air et sans exercice, plein de manies frisant le ridicule, caché comme s'il avait quelque chose à cacher et ne sortant de chez lui et n'y rentrant, c'est-à-dire n'allant de son antichambre à sa voiture et de sa voiture à son antichambre que comme un criminel qui se sauve, ce qui ne l'empêchait de paraître dans le monde, d'être aimable avec des manières distin-

par les messieurs comme pour une collation de bal. Mais Mme Mermet voulut que la réparation eût lieu sur le terrain même de l'accident. Il fallut déblayer, nettoyer toute la salle à manger, faire apporter une nouvelle table, la monter par la fenêtre au moyen de cordes, faute d'espace dans l'escalier, la resservir en entier et moins bien qu'elle ne l'avait été ; bref, employer à ce travail deux grandes heures, pendant lesquelles les rôtis séchèrent, les légumes burent leur sauce et se mirent en bouillie, et les appétits se passèrent. Enfin on s'était mis à table à six heures et demie, et quand on en sortit pour la dernière fois, il était près de dix heures ; le salon était plein de personnes invitées pour la soirée et qui ne comprirent la durée de ce dîner que lorsqu'on leur en eut fait l'histoire.

guées, d'une société très douce, bon voisin et ne faisant pas plus de bruit qu'une souris.

M. de Mortemart-Boisse, jeune, gai si des éclats de voix et beaucoup de rires sont de la gaieté, encore indemne de romantisme et ne gâtant pas ce qu'il pouvait avoir d'esprit par l'esprit qu'il voulait avoir, comme le dit Gresset, fournissait son contingent aux entretiens qui étaient à sa portée. Zozotte néanmoins avait peine à le définir; elle trouvait sa vivacité sans franchise, son esprit sans portée, sa gaieté sans abandon, et ajoutait : « Je ne sais qu'en dire, mais il paraît toujours céder à un élan qui le pousse là où il n'a pas les moyens d'arriver. »

Quant à Cavaignac et à sa femme, on aurait voulu l'un moins bruyant et l'autre moins prolixe en certains détails; ce n'est pas seulement qu'elle crachât à dégoûter le diable, mais elle avait l'habitude de faire part de ses indispositions, de ses grossesses par exemple, de manière à les rendre contagieuses. Zozotte disait qu'avoir mal au cœur ne devrait pas donner le droit de faire mal au cœur aux autres; toutefois elle n'en avait pas moins de l'affection pour Mme Cavaignac et du plaisir à la voir. Cavaignac eut l'idée de montrer un bal de l'Opéra à sa femme, et, pour qu'elle s'y amusât, elle qui n'avait pas le montant d'esprit qu'il fallait pour cela, il en fit une affaire de société. Nous soupâmes donc chez lui une vingtaine de personnes. En sortant de table, ces dames se masquèrent, et, comme il logeait en face de l'Opéra, nous n'eûmes que la rue à traverser. Quoi que l'on pût faire, Mme Cavaignac ne tarda pas à y bâiller, alors que Zozotte s'y divertit extrêmement. Zozotte avait fait sa provision d'anecdotes, surpris les signes de ralliement de quelques sociétés, s'était munie de signes semblables; enfin, au dernier point saillante et maligne sous le masque, elle se trouva bientôt suivie par une foule de personnes acharnées à la connaître, mais à la totalité desquelles elle échappa, tantôt en changeant de signe, tantôt en se grandissant ou se rapetissant, d'autres fois en changeant de domino et de masque, finalement en disparaissant protégée, d'après nos arrangements, par un des messieurs de notre société qui ne la perdait pas de vue. Zozotte d'ailleurs était souvent allée à ces bals; elle s'y plaisait parce qu'elle y plaisait, son caquetage de masque étant toujours charmant. Malgré cela, peut-être même à cause de cela, j'avais écrit en 1814, je crois, contre ces saturnales un article à la manière de ceux dont Jouy, sous son pseudonyme de l'Ermite de la Chaussée d'Antin, délectait alors Paris. Des anecdotes piquantes s'y trouvaient réunies à des leçons utiles. Ce morceau, le plus légèrement écrit qui soit sorti de ma plume, fut trouvé charmant par Gassicourt et, par ma faute, resta inédit; il a disparu dans le vol des trois quarts de mes papiers. J'ajouterai que Zozotte le lut, s'amusa fort des anecdotes, mais laissa de côté les leçons. Je regrette donc moins qu'il n'ait pas été publié; certainement ma morale n'aurait corrigé personne. Je reviens à notre cercle intime.

Mme d'Auriol, la belle-mère de Cavaignac, était une de ces personnes qui n'imaginent pas qu'il puisse manquer quelque chose dans les salons où l'on trouve des sièges, des tapis, du feu, des bougies, des cartes, du thé et des gâteaux. A la première soirée où nous allâmes chez cette dame, nous y rencontrâmes, comme on le rencontrait chez tout le monde, M. Amalric, beau-père du général Pelet, ce qui fit dire à Zozotte, qui pour se désennuyer passait sa revue des invités : « Ah! pour celui-là, on peut être sûr que quand on ne le verra plus partout, c'est qu'il ne sera plus nulle part. »

J'ai parlé de la famille d'Hanache (1), qui comptait parmi ses membres quelques excentriques; mais le vieux comte d'Hanache, le père du vicomte Ernest et de Mlle d'Hanache, qui appartinrent, l'un à la maison de la duchesse de Berry, l'autre à la maison de la duchesse d'Angoulême, était un de ces fous aimables, spirituels et bons qui avaient gardé tout le charme d'un autre temps. Nous lui témoignions une affection très vive; il tournait pour les beautés de son entourage de jolis couplets et me rappelait beaucoup ce charmant vicomte de Léomont, créole de Saint-Domingue, gentilhomme émigré, commissaire des guerres et poète, mais à coup sûr l'esprit le plus sagace et le plus facile, l'imagination la plus brillante et la plus féconde, le cœur le plus chevaleresque (2) qui pût, à cette époque morose, faire revivre le dix-huitième siècle qu'il incarnait si bien. Devenu malade et pauvre, il ne perdit pas sa gaieté, et c'est de lui ce trait qu'on a attribué à d'autres et qui le peint si bien. On lui avait ordonné l'exercice en voiture; or, n'ayant pas de quoi se payer des fiacres, il entrait dans les maisons où il voyait se préparer un bel enterrement, puis il montait dans une voiture de deuil; cette facétie lui valut d'être invité à parler sur une tombe sans qu'il sût quel mort on venait d'y descendre, et il s'en tira de manière à faire pleurer tout le monde. J'ai dit qu'il était poète. En 1784, se promenant au Palais-Royal avec l'abbé Delille, il fit au coup de midi ce quatrain :

---

(1) Voir tome IV, page 112.
(2) Il est rencontré par Montrichard qui se retire assez en désordre devant l'ennemi et qui, bien que poursuivi avec vigueur, au lieu de songer à ses troupes, demande à Léomont, connaissant le pays, de lui indiquer où il pourrait trouver un lit pour se reposer; Léomont le conduit au bord de la rivière et lui dit : « Tenez, voilà le seul lit où l'on peut trouver le repos quand on est battu. »

> Dans ce jardin tout se rencontre,
> Hors les ombrages et les fleurs ;
> Si l'on n'y règle pas ses mœurs,
> On y règle du moins sa montre.

A ce moment, la Dugazon aperçoit Léomont avec l'abbé Delille et les accoste, et Léomont de s'écrier :

> Qu'importent les fleurs et l'ombrage
> Dans ce jardin où tout égare la raison !
> Point ne faut à l'amour l'abri d'un vert feuillage,
> Il lui suffit d'y trouver Dugazon.

Eh bien, Léomont, qui improvisa ces badinages en 1784, débitait en 1834 ce quatrain à Mme de Clincourt (1), qu'il rencontrait coiffée selon la mode du jour :

> Du soleil redoutant l'ardeur,
> Églé couvre son front d'un chapeau fait en cloche.
> Églé, vous vous trompez, pardonnez ce reproche ;
> La cloche est pour le fruit, et non pas pour la fleur.

Ainsi cinquante et un ans de troubles et de rénovations, l'éloquence révolutionnaire, la pompe de l'Empire et le romantisme naissant n'avaient rien changé du style léger, plein de bonne grâce et de verve, que Léomont avait emprunté au siècle charmant de sa jeunesse ; et quand, au temps où fleurissaient la solennité littéraire de M. de Chateaubriand et les théories de Mme de Staël, il rééditait ces badinages de vieux marquis bien élevé, il ne semblait pas sortir d'outre-tombe, mais gardait

---

(1) Une autre dame, Mme de Nicolaï, avait reçu un quatrain passionné par lequel un jeune homme lui jurait un amour éternel ; ne voulant pas se fâcher, elle demanda à Léomont de lui faire une réponse qui laissât à cet envoi le caractère de badinage, et il écrivit :

> Non ! il n'est point de flammes éternelles,
> Et votre muse se méprend.
> Désire-t-il ? l'Amour quitte ses ailes.
> Est-il heureux ? il les reprend.

une fraîcheur d'idées qui constituait sa véritable originalité. Il la devait à une exaltation d'esprit et de cœur qui avait l'apparence de la folie, mais qui n'était que de l'enthousiasme et de l'inspiration, qualités grâce auxquelles on ne vieillit pas. Lui seul, malgré sa propre misère et les chagrins qui accablèrent les dernières années de ma vie, conserva le pouvoir de me faire rire, et, ne fût-ce que pour toutes les saillies heureuses dont je profite chaque fois que je le rencontre, je lui devais ce souvenir.

Revenu au ministère, le maréchal Saint-Cyr organisa le corps royal de l'État-major et me nomma l'un des huit lieutenants généraux de ce corps, me fit présider le comité d'examen des lieutenants, auxquels on demanda de véritables preuves de savoir et de capacité. Il me fit également présider le Comité chargé de régler l'ordre des études et de la police de l'École d'état-major. Il résulta pour moi de ces fonctions des relations d'agrément ou simplement de circonstance, et, au nombre des généraux de ce corps qui augmentèrent notre cercle, je me rappelle le général Desprez et le comte d'Ambrugeac.

A la première visite qu'il lui fit, le général Desprez trouva moyen d'impatienter au dernier point Zozotte, parce qu'il ne cessa, pendant tout le temps que dura cette visite, d'arracher avec sa main gauche la paille de la chaise sur laquelle il avait tenu à s'asseoir. Il avait d'ailleurs un ton, des manières, une série d'amusettes peu sympathiques, et sa conversation sans doute manquait de charme. Aussi Zozotte disait-elle de lui : « Ce petit bonhomme sec est trop pointu pour que la jaserie glisse avec lui sans s'accrocher. Tout ce qu'on peut faire, c'est de parler sans se piquer. » Quant au général d'Ambrugeac, beaucoup plus souple et plus amusant, il était cependant beaucoup plus inquiétant. Homme de tous les rôles, il se disait alors libéral, tout en étant cent fois plus ultra que son frère et plus dangereux pour ses amis que pour ses ennemis. La marquise de Grossier me le peignit un jour en me demandant : « Est-ce du blanc ou du noir que vous me parlez? » Mais avec cela il avait beaucoup d'esprit et plus que de l'esprit ; conteur agréable, orateur entraînant, il captivait d'autant plus ses auditeurs que savoir d'où il partait et où il voulait arriver pouvait être réputé impossible. Il se mit à venir nous voir assidûment et presque aussitôt nous parla de sa famille et de lui. Quant à sa famille, il nous prouva, comme on prouve en pareil cas, qu'elle descendait en ligne directe d'Ambrujacus, roi de je ne sais quelle partie des Gaules. Quant à son histoire, elle était de même véracité, et cependant il trouva le moyen, tout en nous abusant pertinemment, de nous intéresser et de nous divertir ; puis, fort peu de temps après, notre degré d'intimité lui permettant déjà cette apparence de familiarité, il nous arriva avec un air mystérieux, et, se déclarant très heureux de nous trouver seuls, ma femme et moi, il me demanda, non pas en son nom, mais au nom d'une Autorité qui m'interpellait par sa bouche, des détails sur ma conduite au 20 mars. « Si ce n'est que cela, m'écriai-je en riant, votre Autorité et vous serez bientôt satisfaits. » Comme j'avais dépassé à Charenton ce que le devoir et la conscience prescrivaient, comme j'avais fait plus que qui que ce fût n'en fit ce jour-là à Paris et autour de Paris; comme, en cette occasion aussi bien qu'en toute autre, j'étais intéressé à ce que la vérité fût connue, le compte fut bien vite rendu. D'Ambrugeac se déclara charmé ; toutefois, le premier moment de surprise et de satisfaction passé, je le fus moins en réfléchissant aux sous-entendus que cette démarche révélait. Or, à quelque temps de là, je fus invité à dîner chez le duc Decazes, ministre de la police et son parent, par Mlle de

Sainte-Aulaire. En sortant de table, je me trouvais à côté de d'Ambrugeac, lorsque je me rangeai pour laisser passer le ministre, qui, arrivé devant moi, s'arrêta pour me dire : « Vous connaissez d'Ambrugeac? — Oui, monseigneur. — Eh bien, vous connaissez là un assez mauvais sujet, et je vous conseille de vous en défier. » Je fus abasourdi (1) et d'Ambrugeac décontenancé, bien qu'il s'efforçât de rire pour donner un caractère de plaisanterie, qu'elles n'avaient pas du tout, à ces paroles qu'au surplus, et vu ce qui les avait précédées, je n'ai jamais trop comprises, à moins que, réduites à leur signification littérale, elles ne fussent simplement destinées à me prévenir que c'était un de ses espions, ce dont je me doutais; mais en ce cas, et comme Zozotte en fit la remarque, pourquoi le dire devant tout le monde? Ce même soir, Guilleminot vint chez M. Decazes, et, tandis

---

(1) M. Decazes, si aimable causeur, avait d'ailleurs la parole assez libre, et, comme il se plaisait à tenir tête à ses ennemis (les ultras étaient en partie de ce nombre), on savait par lui des anecdotes qu'il révélait avec d'autant plus de plaisir qu'à la Cour on s'efforçait de les tenir cachées. Entre dix autres que j'ai oubliées, je me rappelle celle-ci. Il savait que le duc de Duras et quelques autres avaient résolu de le mortifier ; or, un jour qu'il sortait de chez le Roi, ce Duras l'apostropha par ces mots : « Comment se fait-il, monsieur, qu'un nommé X... ait été employé par vous? Il vient de m'être signalé comme ayant de détestables opinions, et, de votre part, vu les fonctions que vous a confiées le Roi, le fait paraît au moins singulier. — Parbleu, reprit Decazes, qui, vraie ou fausse, trouva bonne la riposte, je vous demanderai à mon tour comment il se fait que ce soit sur votre recommandation que cet homme a été employé. » Certes, dans le nombre des apostilles qu'il était entraîné à donner, le duc de Duras ne pouvait se rappeler exactement tous ceux qu'il avait pu recommander. Il fut donc un peu déconcerté. « Et quand cela serait, répliqua-t-il, n'était-ce pas votre métier de contrôler? — Vous m'apprenez, conclut Decazes avec un sourire triomphant, ce que valent vos recommandés ; je les examinerai dorénavant comme je vous examinerai vous-même, monsieur le duc, et si vous bronchez, je vous f....ai à Vincennes avec vos protégés. »

que nous causions, il remarqua dans mon costume des petits boutons à aigles, qui je ne sais comment n'avaient pas été changés, ce dont je ne me doutais pas. « Bah! lui dis-je, ils sont si petits! — Petits, reprit-il, il ne manque pas ici d'yeux pour les voir. »

De fait, on parlait peut-être plus d'espions et de police à cette époque que sous l'Empire, où cependant cette police avait été si terriblement organisée ; c'est que l'ancien personnel dont on était habitué à se défier se trouvait changé, et chaque jour on apprenait d'une personne nouvelle qu'elle était gagée. Ainsi une des anciennes amies de Zozotte, Victorine Lacroix, que nous avions retrouvée aux fêtes du sacre en 1804, alors mariée à ce digne et brave général Thouvenot qui fut par la suite réduit à la chasser, cette Victorine, grande, bien faite comme toutes les créoles, aux yeux magnifiques, aux dents admirables, était devenue espion de police sous la Restauration, et voici à quel hasard nous dûmes la surprise de cette révélation. Par une erreur qu'il est bien difficile de croire tout à fait involontaire, le commis chargé de mettre l'adresse sur la lettre d'envoi d'un des billets de cinq cents francs que cette belle Victorine recevait chaque mois, mit « à Mme Thonnelier » au lieu de mettre « à Mme Thouvenot », alors que le nom de Thouvenot se trouvait dans la lettre; et ce qu'il y a d'extraordinaire, c'est que Mme Thonnelier reçut cette lettre tandis que le général Thouvenot venait chez elle en visite, lui faire ses adieux. Le fait me fut conté dans la journée même; j'en pourrais citer d'autres. Je n'en avais pas d'ailleurs besoin de tant pour suivre le conseil de M. Decazes et celui de Guilleminot; je me méfiai de d'Ambrugeac et je fis changer mes boutons.

Mais je m'impatiente de m'attarder à des faits insignifiants. Cette année 1819 est une des deux seules que, pendant les seize années du mariage; je ne dis pas le plus constamment heureux, mais de ma part au moins le plus désiré et le plus fidèlement observé, j'ai passée tout entière avec Zozotte ; c'est donc son souvenir seul, son souvenir si cher et si regretté qui pour moi remplit les douze mois de cette année. Si Zozotte eut un tort, ce fut celui de s'ignorer ; elle avait si peu la conscience de son charme unique qu'elle crut avoir besoin des frêles avantages de la parure pour être la femme la plus distinguée, et elle fit à une coquetterie qui lui était superflue des sacrifices qui lui créaient mille tortures et ne la laissaient plus vivre, comme elle le disait elle-même, que dans l'huile bouillante. Par les embarras qu'elle multipliait, elle m'avait forcé à des observations, à des reproches qui l'avaient fatiguée et dont elle s'était offensée ; ainsi avait-elle pu prendre le change sur une passion aussi tendre qu'exclusive et sur des engagements qui, pour nous deux, devaient être sacrés ; ainsi en un cruel moment avait-elle pu s'éloigner de moi. Le premier fructidor an X (jeudi 19 août 1802), nous nous étions liés, Zozotte et moi, par les serments qui nous semblaient les plus indélébiles ; quelque temps après nous relevâmes ces terribles serments et nous les écrivîmes de notre sang ; je ne les ai jamais transgressés, et Zozotte, en s'engageant dans une voie de désillusion et de larmes, m'a condamné à d'éternels regrets. Eh bien, malgré cette heure d'oubli dont le souvenir me fait si douloureusement tressaillir, je n'ai jamais eu d'autre force que de la plaindre des torts qu'elle a d'ailleurs cruellement expiés, et, je l'avoue, rien ne m'a jamais été plus doux que de lui pardonner.

Ce qu'elle désirait, elle le désirait en enfant ; ses enchantements, ses désespoirs, ses humeurs, ses gaietés, ses exagérations, ses antipathies, ses prédilections, ses airs, ses mines, ses saillies, son ton, sa timidité, ses hardiesses, tout en elle était extrême et par cela même exerçait cet empire que seuls exercent les enfants. Et ce qui chez elle étonnait, alarmait et séduisait à la fois, c'était l'élévation de ses sentiments unie à la futilité de ses goûts; la sagesse de ses résolutions et même de bon nombre de ses actions à la folie de ses caprices; la profondeur de ses idées, la loyauté de ses aperçus à la légèreté de ses jaseries, à l'inconséquence de ses propos (1); si bien que ces inégalités, parfois cruelles dans leurs effets, la rendaient à chaque instant si différente d'elle-même qu'elle ne pouvait ressembler à personne et qu'entre les sentiments si divers qu'elle inspirait, il ne restait à son égard que le ravissement. La grâce exquise de sa figure, ses formes et ses mouvements délicieux, sa molle nonchalance, l'expression tantôt provocante, tantôt touchante de tout son être, son parler divin, son regard qu'elle savait rendre ou mutin ou céleste, lui donnaient une beauté suave et piquante à la fois, à laquelle je ne résistais pas, et cette Zozotte enchanteresse, si peu maîtresse d'elle-même, disposait de mon esprit,

(1) En 1819 précisément (et pour citer une de ces inconséquences entre cent autres), elle se trouva à dîner chez Gassicourt avec M. X... l'écrivain, qu'on accusait, à tort ou à raison, d'avoir porté la tête de la princesse de Lamballe. Informée de ce propos, elle avait horreur de ce M. X... Sachant que nous allions nous trouver réunis à dîner, je prêchai Zozotte, lui répétant que sans preuves on n'avait pas le droit de croire à de telles choses et encore moins de laisser paraître qu'on pût y croire, ce qui n'empêcha que, passant près de lui comme nous partions, elle affecta de lever très haut la tête avec un air de dédain, puis de se détourner. Choqué de cette mimique, qui n'était pas sans affectation, M. X..., pour se donner une contenance, prit l'air étonné de la manière dont Zozotte se redressait, et, la désignant à un voisin, demanda : « Pourquoi donc porte-t-elle la tête si haut ? » et Zozotte, qui avait l'ouïe très fine et qui entendit, se hâta de répliquer : « C'est qu'elle n'en a jamais porté d'autre que la sienne. »

de mon imagination, de ma vie que j'aurais donnée cent fois pour racheter la sienne.

Le 29 janvier 1820, elle accomplissait sa trente-neuvième année; pour acquitter toutes les dettes de politesse que tant de nouvelles relations nous avaient fait contracter, elle désirait donner un bal et nous le fixâmes à cette date de sa naissance, qui se trouva être la date du dernier grand bal donné par le duc de Berry. Plusieurs de nos convives y étaient engagés; ils vinrent au nôtre après avoir passé deux heures chez le prince; Zozotte, enchérissant sur tout ce qui était attentions et prévenances, enchanta tout le monde par ses grâces, et personne n'eût pu prévoir que c'était aussi sa dernière fête. Je dois dire cependant qu'elle avait eu deux crises qui auraient dû nous avertir. En 1817, mon ami Salafon, qui habitait Bordeaux, vint à Paris avec sa femme qu'il s'empressa de nous présenter. Pour rendre cette visite, le temps étant très beau, Zozotte en fit l'occasion d'une promenade avec Naïs, et, arrivée rue Sainte-Anne, à la porte de l'hôtel où Mme Salafon logeait, elle entra, monta l'escalier, sonna et, s'étant retournée à ce moment, n'aperçut plus Naïs. Or Zozotte avait pour ses enfants, non pas de la tendresse, mais un amour exalté; elle ne vivait que par eux et pour eux, et le premier comme le dernier désir de ses journées était de les voir et de les embrasser; il n'était guère de nuit qu'elle ne courût à leur chambre les entendre respirer; jamais elle ne rentrait ou ne se couchait sans les voir dans leurs lits et les embrasser; pour eux elle se montrait sans cesse prête à tous les sacrifices de repos et de santé; aussi Naïs et Claire étaient-elles toujours autour d'elle ou plutôt sur elle, ce qui faisait qu'elle les nommait ses petites « bêtes grimpantes et collantes (1) »,

(1) Je me rappelle, lorsque nous quittâmes la rue des Trois-

et dans ses effusions « la chair de sa chair et les os de
ses os ». Or on ne peut nier que relativement à Naïs son
enthousiasme, son délire n'eussent un degré de plus, et
cela parce qu'elle avait vu se réaliser en cette enfant
tous les rêves de bonheur qu'elle avait attachés à la
possession d'une fille, parce qu'elle lui avait donné le
nom de Naïs dont elle raffolait et parce que la naissance
de cette Naïs avait séché les pleurs dont la mort
d'Édouard n'avait jusqu'alors cessé d'être l'objet! Qu'on
se figure donc le bouleversement qui se fit en elle lorsque, parvenue en haut de l'escalier, elle ne vit plus sa
fille! La première chose sans doute eût été de descendre
à la hâte pour chercher Naïs; c'était ce que la raison
indiquait; mais l'usage de la raison n'était plus en la
puissance de Zozotte; un tremblement s'était emparé
d'elle, et des cris déchirants furent son seul recours. On
survint, on l'aida à descendre, et, dans la rue, on trouva
Naïs qui, le nez au vent et occupée de je ne sais quelle
mouche, n'avait pas vu sa mère entrer dans l'hôtel et
qui, s'étant vue seule, s'était arrêtée au milieu de la rue
et, immobile comme un pieux solitaire, attendait qu'on
vînt la chercher. Quelque courte qu'eût été l'émotion,
elle avait été si vive qu'il fallut ramener Zozotte en
voiture; notre médecin ne put venir de suite, et je fus
bouleversé lorsque, vers midi, je dus m'avouer que
Zozotte n'avait plus sa raison. Excepté sa vieille mulâtresse qu'elle regardait fixement sans la reconnaître et

Frères pour habiter rue Caumartin, Zozotte était venue avec ses
filles pour surveiller l'emménagement. Dans le salon il n'y avait
encore comme meuble qu'un tapis, et, lorsque je survins, je trouvai
Zozotte et ses filles roulées sur ce tapis en un groupe charmant.
Que de fois, arrivant à l'improviste, les ai-je surprises formant
un tableau d'autant plus exquis qu'elles y mettaient moins d'ap-
prêt, et que la tendresse seule provoquait et disposait leurs enla-
cements!

ses enfants, elle ne souffrait que personne l'approchât ; moi-même, je ne pouvais m'avancer vers son lit sans qu'elle jetât des cris ; son idée fixe était qu'on lui mettait du feu sur la tête, et son délire dura jusqu'à l'arrivée du médecin.

Une autre fois, elle allait entrer chez Tortoni, lorsqu'une marmotte, échappée ou lâchée et s'efforçant de se sauver de ses poursuivants, lui grimpa dans les jambes. Elle avait horreur des chiens, des chats, des oiseaux et des souris, et de ces dernières jusqu'à pousser des cris. « Ne me parlez pas de ce qui est chaud et doux », disait-elle ; elle manqua donc mourir sur place. La marmotte fut à l'instant écrasée sous les pieds de celui qui donnait le bras à Zozotte et payée à coups de canne sur le dos du propriétaire ; mais, ramenée chez elle en voiture, Zozotte eut une nouvelle crise.

Et ces terribles symptômes me conduisent jusqu'au 13 février 1820. J'avais quitté Zozotte vers neuf heures et demie, la laissant avec la comtesse d'Espinchat et quelques autres personnes ; je m'étais rendu au bal que le maréchal Suchet (1) donnait ce soir-là et où j'avais conduit le duc Spinelli ; je venais de terminer un long entre-

---

(1) Le maréchal Suchet occupait alors une haute situation d'estime. Jusqu'au camp de Boulogne, il n'avait guère été qu'un fils de négociant ; mais, à dater de cette époque, le chef digne de commander des armées s'était développé en lui, non comme chez Hoche, que de lettres en lettres, de page en page, sa correspondance montre s'élevant au niveau de son rôle, le dépassant bientôt et arrivant au premier rang des hommes de guerre ; non pas même comme chez Joubert qui suivait avec moins de rapidité et pourtant d'une façon étonnante la progression ascendante de Hoche ; mais Suchet, sans atteindre ses hauteurs, ne grandit pas moins de manière à devenir un général en chef distingué en même temps qu'un général heureux, et cela grâce à cette ardeur, à cette soif de la gloire qui seules rendent un homme capable de grandes choses et le plus souvent ne bornent les succès qu'aux occasions d'en arracher.

tien avec la comtesse de Montjoie, lorsque le bruit m'arriva que le duc de Berry venait d'être blessé à l'Opéra. Je fus bientôt dehors ; je m'informai que je ne pourrais entrer à l'Opéra, où ma première pensée fut de me rendre, et je me hâtai de rentrer près de Zozotte, de peur qu'elle eût appris la nouvelle avant que je pusse en pallier l'effet. Les Bourbons, que n'aimait pas la France, étaient au contraire dans une certaine société l'objet d'un attachement ou sincère ou intéressé qui devait se traduire par l'éclat de la douleur la plus vive. Je savais que, cédant à son imagination, Zozotte ressentirait avec exaltation le malheur d'une famille qui pour la septième fois avait à subir une pareille épreuve. Certes, ce deuil, qui atteignait dans leur affection un père, le comte d'Artois, un frère, le duc d'Angoulême, une jeune veuve et deux enfants dont l'un n'était pas né encore, ce deuil devait trouver dans tous les cœurs un écho de pitié et de sympathie ; mais, grâce au trouble même de son organisme, grâce aux sentiments sans cesse exprimés autour d'elle par les personnes de son intimité, par la comtesse de Frennes dont la douleur devrait être si vraie et si profonde, par la comtesse de Champéron dont la douleur serait si expansive, par l'exaltation de la famille d'Hanache, je savais Zozotte préparée à recevoir de cette mort si inattendue un véritable coup. Quand je rentrai, elle ne savait rien ; je me tus jusqu'au lendemain matin, mais il fallut bien lui dire ce qu'elle allait apprendre par sa mulâtresse ou par sa femme de chambre, et elle fut saisie comme d'un sentiment d'horreur, qu'augmenta et qu'entretint le désespoir des personnes de son intimité. Quand fut ouverte au Louvre la chapelle ardente pour l'exposition du corps, elle voulut la voir ; je la conjurai d'y renoncer ; elle insista avec l'ardeur et la sorte de tyrannie qu'elle mettait à l'expression de tous ses caprices, et je lui promis de l'y mener. Un incident faillit rendre vaine cette fatale promesse. Le 21 février, j'étais allé au château avec le général Watier de Saint-Alphonse, et de là, sous la conduite du ministre de la guerre, à la chapelle ardente. Ce triste devoir rempli, je m'étais rendu chez le maréchal Saint-Cyr, et, comme j'arrivais, la maréchale descendait de voiture; je lui offris la main pour rentrer chez elle; en montant l'incommode escalier de pierre qui conduit au vestibule, mes éperons s'accrochèrent, et j'allai donner dans le carreau d'une porte vitrée. Je rentrai chez moi la tête meurtrie et le front en sang; Zozotte fit de suite appeler le médecin et renonça à l'idée d'aller au Louvre; mais je connaissais la puissance de ses désirs, les regrets qu'elle se préparait, et, les pensées encore flottantes, les jambes mal assurées, je conduisis Zozotte au Louvre. Je n'avais pas de billets; le malheur voulut que nous entrassions grâce à mon uniforme. La vue de ce palais des rois consacré aux fêtes et aux pompes et ne renfermant plus que le cadavre d'un des princes destinés au trône, cette opposition terrible de la mort à la puissance et aux vanités humaines, la barbarie de l'assassinat du duc de Berry, dont les derniers moments n'avaient pas manqué de grandeur, commencèrent à serrer l'âme de cette pauvre Zozotte; la statue équestre de Henri IV, cette statue dont la blancheur contrastait douloureusement avec le crêpe dont elle était en partie couverte, les trophées de deuil placés à chaque angle de l'escalier, les salles drapées qui précédaient la chapelle accrurent à chaque pas son trouble et son agitation. La vue du catafalque dans cette chapelle tendue et éclairée de la manière la plus lugubre, les deux hérauts d'armes immobiles, assombris par toutes les marques de deuil dont ils étaient chargés et que l'éclat de leurs yeux, brillant seuls dans le noir de toute leur personne, achevait de rendre effrayants; puis d'un côté toute la maison du prince dans l'accablement et la tristesse, de l'autre les prêtres dont les costumes et le maintien complétaient ce lugubre tableau; que dirai-je? le recueillement général, la marche lente et solennelle de la foule vêtue de noir ou couverte de crêpe qui défilait autour du catafalque, et ce morne silence coupé d'instants en instants par des chants funèbres sur un ton sépulcral; enfin les pensées, les sentiments violents auxquels il n'était pas facile d'échapper dans cette circonstance, tout cela bouleversa tellement cette pauvre Zozotte qu'elle eut une attaque de nerfs. Elle la domina, mais la violence qu'elle se fit réagit sur le cerveau; tout à coup les objets dont elle était entourée se confondirent à ses yeux; elle ne vit plus rien et elle ne sortit de ce lieu de mort pour elle que guidée par sa fille Naïs qui était avec nous.

Je la suivais et je lui demandai comment elle avait trouvé cette chapelle et l'effet des nombreuses bougies qui l'éclairaient. « Je n'ai vu aucune bougie, me répondit-elle, je n'ai rien vu du tout, car ma vue est entièrement troublée. » J'attribuai ce menaçant effet à l'émotion qu'il était impossible de n'avoir pas éprouvée; d'ailleurs, ce premier trouble parut se dissiper. Zozotte me reconduisit chez moi et repartit pour aller voir la comtesse Henriette d'Hanache avec laquelle elle pleura beaucoup; mais, depuis ce moment, malgré les sangsues qui furent appliquées, le léger voile resté sur les yeux parut s'épaissir et bientôt se compliqua de vertiges. Cependant Zozotte pouvait encore sortir et recevoir; je ne réussis même pas à l'empêcher d'aller avec la comtesse de Champéron et la comtesse d'Hanache voir la chapelle du prince à Saint-Denis; elle n'y trouva que l'occasion de raviver ses douleurs, et comme, relativement à cette mort du duc de Berry, elle ne se modérait pas, je lui représentai le mal qu'elle se faisait et je cherchai vainement à diminuer son exaltation, qui sans doute était un effet de son trouble physique sans cesse grandissant. Le mois de mai, qui marque un si grand effort de la nature et sur l'action duquel je comptais pour la guérir, ne fit qu'aggraver le mal; elle perdit presque toute sensibilité du côté gauche, et les objets qu'elle croyait tenir lui échappaient sans qu'elle s'en aperçût; elle voulut essayer si elle pourrait s'accompagner encore une romance; mais sa voix même s'était affaiblie comme sa vue, et sa main demeura inerte. Ce fut la dernière fois qu'elle devait se mettre à son piano, source pour elle de tant de séductions, d'enchantements et de charmes. Elle voulut continuer à recevoir des visites, mais la causerie, qui lui avait valu tant de jouissances et de succès, n'était plus pour elle qu'embarras et fatigue. La comtesse de Frennes lui présenta le comte Adrien de Riencourt; Zozotte parvint à peine à suivre la conversation; toutefois elle eut encore la force de badiner sur la confusion de ses idées, et elle pria le comte d'ajourner l'opinion qu'il prendrait d'elle; mais bientôt le moindre bruit, le moindre mouvement qui se faisaient autour d'elle lui devinrent si douloureux qu'il lui fallut renoncer à voir qui que ce fût.

Elle put lire quelque temps encore. Les *Méditations poétiques* de Lamartine et l'ouvrage de M. de Chateaubriand sur la mort de Mgr le duc de Berry, les deux derniers volumes qu'elle ait lus, lui inspirèrent d'heureuses réflexions. Ainsi, relativement à l'ouvrage sur la mort du duc de Berry, elle me démontra combien le cadre de l'histoire était incompatible avec le talent de M. de Chateaubriand : « Les faits semblent le garrotter, me dit-elle; sans vague, il est sans inspiration. Abandonné à lui-même dans les plaines d'un désert, c'est un coursier superbe ; mais il perd toutes ses grâces dès qu'il est guidé ou qu'il suit une route tracée. Quelques étincelles rappellent sans doute encore sa brillante imagination ; cependant une affectation par moments glaciale prouve qu'il est stérile dès qu'il ne crée pas ; son sujet sera au surplus, vis-à-vis des contemporains, l'écueil de tous ceux qui oseront le traiter ; ce qu'on a si fortement senti reste au-dessus de l'éloquence des hommes. »

Le 27 mai, elle recouvra la vue pendant une demi-heure. Il était sept heures du matin ; j'étais encore couché ; mais, comme ma chambre se trouvait exactement au-dessous de la sienne, je l'entendis qui ouvrait sa fenêtre. Je courus à la mienne et, appelant Zozotte, je lui demandai de ses nouvelles. « Ma vue est revenue, me répondit-elle. — Dieu soit loué et béni ! » m'écriai-je, dans l'expansion de ma joie. Hélas ! cette joie fut courte ; c'était un éclair qui devait s'effacer en d'affreuses et éternelles ténèbres.

Vers cette époque, et un soir qu'elle se promenait dans l'appartement avec l'aide de mon bras, nous entendîmes le feu d'artifice de Tivoli, et, comme on voyait le bouquet de la fenêtre de son cabinet, nous nous en approchâmes machinalement ; en s'appuyant sur moi, elle essaya de s'y arrêter ; le bouquet tiré, elle demeura encore un moment immobile, après quoi, paraissant sortir d'une rêverie : « Voilà la vie », me dit-elle en soupirant ; « plus ou moins d'éclat, plus ou moins de bruit, et puis une nuit profonde, et puis le silence, et puis la mort. » Et elle répéta ce mot de Montaigne, l'un de ses auteurs favoris : « Ce n'est pas la mort qui est à craindre, c'est de mourir. » On eût dit qu'elle pressentait les horribles souffrances de sa fin. Une autre fois, elle désira s'approcher de la fenêtre ; le temps était pur, le ciel étoilé, une brise légère agita l'air, apportant jusqu'à nous la fraîcheur du soir et le parfum des fleurs. Elle eut l'intuition que ces délices de la nature, à laquelle elle était autrefois si délicatement sensible, lui échappaient, et elle regagna son canapé en disant : « Je ne vis plus; je ne fais que mettre des jours au bout des jours. »

Et combien d'autres fois cette plainte n'est-elle pas montée à ses lèvres : « Suis-je donc condamnée à ne plus revoir mes enfants? Ne pourrai-je plus contempler le ciel, reprendre mes lectures, savoir ce qui se passe autour de moi? Ah! que je sorte de ce tombeau et que je cesse d'être séparée toute vivante du monde, d'être enveloppée dans ces horribles ténèbres. »

Par moments cependant, et à travers ses douleurs, quelques lueurs d'espérance ranimaient son âme attristée. Elle en revint ainsi au passé, osa fixer l'avenir avec un calme et une raison tout à fait supérieurs. « Mes souffrances, me dit-elle un jour, m'éclairent sur tout ce qui est vanité et faiblesses. Elles sont une grande leçon! Cette crise me donnera cinquante ans; mais qu'importe, quand le temps des chimères est passé ! » Peu après, elle ajouta, dans un profond recueillement et avec un soupir : « Quel changement font sur nous les réflexions qui nous désabusent, et quelle lumière l'obscurité qui m'environne jette dans mon cœur et mon esprit! Que n'ai-je évalué plus tôt une foule de choses et de gens que j'apprécie trop tard!. » Et sans cesse elle revenait à ses enfants et me répétait : « Que deviendraient mes pauvres petites, si je venais à leur manquer ? » Puis elle, qui n'avait pas toujours été exempte de doute (1), se ratta-

---

(1) Je me rappelle sur ce sujet ce mot d'elle : « Personne ne croit plus que moi à l'immortalité de l'âme quand je me porte bien; mais, dès que je suis malade, je trouve tant de rapports entre

chait au secours surnaturel. Dès que l'*Angelus* sonnait, elle appelait Naïs, et, dès que cette enfant, objet de tant d'adoration, était près d'elle, elle lui faisait dire l'*Angelus* à haute voix, l'écoutait avec recueillement, restait, après l'avoir entendue, comme absorbée par ses méditations.

Cependant le temps augmentait ses souffrances ; elle eut des étouffements, des angoisses qui la torturaient, et je l'entendais proférer à demi-voix ces plaintes, tandis que son visage se contractait d'une expression déchirante : « Mon Dieu, c'est trop, c'est trop souffrir ; mon Dieu, miséricorde », ou bien résignée : « Mon Dieu, je vous offre mes douleurs, acceptez-les en expiation de mes fautes. »

Un jour, j'entrai dans le boudoir ; elle était assise sur le divan qui faisait face à la fenêtre ; elle était appuyée sur des coussins ; bien que les persiennes fussent fermées, je vis dans ses yeux une étrange fixité ; elle poussa un soupir ou plutôt un petit cri prolongé, un de ces sons de tête, qui, de même que son regard, me rappela les regards et les cris de la petite Nelly de Champéron que j'avais vue mourir, un an auparavant, d'un épanchement au cerveau. A dater de ce jour, je n'osai plus espérer.

Zozotte quitta sa chambre pour fuir le bruit des scieurs de pierre qui travaillaient à la construction du monument commémoratif élevé sur la première sépulture de Louis XVI ; elle s'était réfugiée dans le salon vert. J'avais fait placer une petite table pour travailler auprès d'elle ; mais, lorsque je relevais les yeux, j'étais effrayé de la voir abîmée sous l'effort du mal ; à la place

---

là bête et moi, que je ne sais plus comment faire pour me croire immortelle..... Je ne sais vraiment que penser de moi, disait-elle encore, j'en arrive toujours à conclure que je suis trop peu pour être quelque chose et trop pour n'être rien. »

de ses traits ravissants et de son expression si suave, je contemplais sa pauvre mine décomposée, qui gardait cette expression si douce, mais si poignante, de l'enfance qui souffre. Bientôt elle ne put plus supporter même ses enfants près d'elle; elle recevait leurs embrassements, la paralysie de sa bouche ne lui permettant plus ce baiser maternel dont elle s'était enivrée si souvent; puis, les fillettes parties, elle les réclamait, et s'adressant à moi : « Mon Dieu, qu'avant de mourir, je puisse les revoir, revoir le ciel et toi, et je mourrai résignée. »

Le 21 juillet, je dus aller dîner chez Gassicourt, pour y rencontrer un M. Dubois de qui Zozotte attendait une réponse impérieuse à une question d'intérêts. Elle se préoccupait de cette réponse avec d'autant plus d'agitation qu'elle était malade, et elle me pressa de me rendre au rendez-vous. Son médecin vint, me répéta encore qu'il n'avait pas la moindre inquiétude, et, dès qu'il fut parti, Zozotte me dit : « Maintenant que tu dois être tranquille, va à ton dîner; mais sois ici à sept heures. » J'hésitais encore. Ses derniers mots, je ne sais pourquoi, me parurent l'obsession d'un pressentiment; cependant, tout en répétant deux fois : « Sois ici à sept heures », elle insista si vivement que j'obéis. J'arrivai chez Gassicourt à cinq heures, et, comme je lui témoignais mon étonnement de ce qu'on ne se mît pas à table, il m'apprit qu'il attendait un Grec, nommé Polichroniades; le dîner ne commença qu'à six heures moins un quart et ne finit qu'à six heures et demie; j'avais pris mon chapeau quand Gassicourt me rappela avec instance pour entendre la lecture d'un sonnet que ce Grec désirait me lire sur son pays; je résistai; mais il ne s'agissait que d'une minute; j'en perdis dix et je partis maudissant ce Grec que je n'ai pas pu revoir sans colère. J'aurais payé un cabriolet bien cher, je ne trouvai que des fiacres attelés de rosses; à pied j'allais plus vite, et à sept heures dix j'étais chez moi. Je courus au salon vert ou Naïs travaillait en face de sa mère; je m'assis près de Zozotte, et je fus effrayé de lui voir des mouvements que je n'osais caractériser et l'impossibilité pour elle d'articuler quelques mots qu'elle cherchait à me dire : « Grand Dieu, m'écriai-je, qu'a donc cette pauvre Zozotte? » La garde me répond : « La chatte a sauté sur les genoux de madame, qui ne s'y attendait pas; madame a eu une attaque de nerfs, cela va passer. » Je me levai très agité, et, le craquement de mes bottes semblant agacer Zozotte, je courus à mon appartement pour les quitter, quand des clameurs me rappelèrent, et, lorsque je rentrai au salon, Zozotte, au milieu des sanglots des enfants, Zozotte, les membres raidis, la bouche de côté, poussait des cris qui n'avaient plus rien d'humain. J'ignore combien dura cette crise et combien s'écoula de temps jusqu'à l'arrivée du médecin, qu'Adolphe avait couru chercher. Je n'entendis que ces mots « attaque d'apoplexie », et dès lors une seule pensée me domina. La piété de mes enfants, les sentiments religieux que ma malheureuse Zozotte avait montrés dans les derniers temps, m'imposaient le devoir de réclamer les secours de l'Église. L'abbé Poisson vint. Je me précipitai à genoux derrière le chevet de ce lit de tortures, et, aveuglé de larmes, étouffé de sanglots, je demeurai dans cette attitude.

Vers onze heures du soir seulement Zozotte parut se calmer; son cri, son cri rauque et sépulcral cessa; on profita de ce répit pour l'appeler avec force; un instant elle parut écouter, mais ce fut le dernier acte apparent de ses facultés si délicates et si sensibles; alors l'effroyable contraste entre mes convulsions et son immobilité de mort, entre mes appels et son silence, acheva de m'égarer; je me précipitai sur ces mains, ces bras idolâtrés d'où s'évanouissaient la vie et la beauté, et cet adieu, auquel mon fils, mes domestiques vinrent m'arracher, fut le dernier gage échangé d'un amour qui fit mes délices et mon désespoir, et dont il ne devait plus me rester que le deuil éternel qui me couvre et un tombeau.

CHAPITRE XV

A dater de ce jour fatal, de ce 22 juillet 1820, ma vie est brisée, et je la considère comme achevée. C'est donc avec une entière indifférence que je laisse de côté tous les souvenirs postérieurs, et si j'ajoute quelques lignes, c'est pour porter un dernier regard sur la longue série d'années que j'ai si laborieusement et parfois si douloureusement parcourues. Vingt-trois de ces années correspondent au temps héroïque de la France; mais, si j'ai pu leur apporter mon faible tribut, si j'ai pu rectifier quelques faits, en appeler de quelques jugements sur les choses et sur les personnes, si j'ai relaté la part, si modeste qu'elle soit, que le destin m'a faite dans ces événements gigantesques, je n'en suis pas moins assailli par une dernière pensée qui me déconcerte. Pour qui ai-je pu écrire ces *Mémoires*? A qui puis-je les léguer, et comment seront-ils accueillis? Et les réponses que je me fais à ces questions ne me laissent qu'inquiétude et découragement.

Malheur, en effet, à qui, ne voulant rien déguiser et rien taire, se laisse entraîner à parler de ce qui tient à l'amour-propre, aux passions et au crédit des hommes, et que m'est-il réservé pour une œuvre dans la rédaction de laquelle je n'ai été influencé ni par le rang, ni par la puissance, ni même par mes sentiments d'attachement, de dévouement ou d'admiration? Je n'ai dissimulé aucune opinion, aucun jugement; je n'ai hésité sur aucun blâme, sur aucun reproche; faisant marcher de pair la louange et la critique, l'accusation et la défense, je n'ai cherché à déguiser aucune de mes pensées, aucune de mes impressions, à adoucir aucune de mes expressions; car, me considérant comme au tribunal de ma conscience et de l'honneur, comme écrivant en présence de Dieu, je n'ai rien admis qui tînt à une considération humaine. Certes quiconque n'oubliera pas qu'il écrit des *Mémoires* et qui, tout en les rédigeant pour le public, ne croira pas les rédiger pour lui seul, celui-là n'écrira que des romans; mais de tels *Mémoires*, écrits avec candeur et vérité, à qui peuvent-ils plaire? Aux gens sages et désintéressés qui les approuveront en silence, alors que les anarchistes et les amis du pouvoir absolu, spéculateurs acharnés sur les extrêmes, m'exécreront et le manifesteront avec énergie. Les bourboniens me déclareront factieux et les napoléoniens trop sévère en dépit de mes tributs (1); les hommes dont je blâme ou condamne la conduite ou les sentiments crieront à la calomnie et à l'imposture, et ceux mêmes de mes camarades dont je ne parle pas jugeront que j'ai eu tort de ne rien sacrifier à l'honneur de l'habit. Les avocats qui, par la puissance des mots sur les choses, sont devenus les moins traitables des patriciens de la France, trouveront que je manque de révérence pour les talents dont ils abusent; l'ancienne noblesse s'irritera des préjugés que je n'ai pas, et la nouvelle du peu de cas que je fais d'elle, l'une et l'autre de ce que je n'ai que des estimes

---

(1) Le général Thiébault basait ses prévisions sur l'opinion de son temps. Il n'imaginait pas que ses *Mémoires* ne verraient le jour qu'à une époque où les divisions politiques et les querelles épiques de la Restauration et de l'Empire, entrées dans le calme domaine de l'histoire, n'auraient plus qu'un intérêt rétrospectif. (Éd.)

individuelles, et ceux mêmes dont je dis le plus de bien jugeront mes éloges mesquins. Il n'y aura pas jusqu'au formidable corps de l'Intendance, qu'en masse je ne soulèverai pas contre moi.

D'autre part, tous ceux qui auraient lu ces pages avec avidité ont cessé de vivre, et, de quelque côté comme à quelque distance que je porte ma pensée défaillante ou mes regards fatigués, je n'aperçois plus personne qui à cause de moi puisse s'y intéresser. Mon père, ma mère, ma sœur, objets de tant d'amour et de vénération, eux dont j'ai occupé le cœur jusqu'à leur heure dernière et qui, dans le mien, ne mourront qu'avec moi, ne sont plus; tous ceux qui composaient la famille de cette Zozotte idolâtrée, elle-même enfin, ont également subi la loi du temps, et vingt ans ont passé sur la tombe d'une femme à laquelle s'adressa la première des deux grandes passions qui ont bouleversé mon existence. Presque tous mes amis, y compris ceux de ma première enfance, sont tombés moissonnés par la mort; des générations entières ont disparu autour de moi, et chaque heure ajoutée à cette vie, dont j'ai déploré tant de moments, dont je ne regrette aucun jour, m'isole davantage au milieu d'un monde auquel je n'appartiens plus. Des camarades que la guerre m'a donnés, plus de deux mille se trouvent représentés par chacun des hommes vivants qui comme moi ont fait nos premières campagnes, et bientôt il ne restera plus personne de ces millions de braves qui ont semé de leurs ossements épars la Hollande, la Prusse, la Pologne, la Moscovie, la Suisse, l'Allemagne et l'Autriche, les rives brûlantes du Nil et les plaines de l'Italie, les champs et les gorges de l'Espagne et du Portugal, les mornes comme les savanes de Saint-Domingue. Dix-neuf règnes ou gouvernements de fait ou de droit, ou du moins réputés tels, se sont succédé dans ma patrie depuis ma naissance (1), et, au nombre de tant de chutes et de morts, retentit sans cesse à mon oreille comme dans mon cœur le fracas de la chute épouvantable de ce colosse qui avait vaincu et subjugué le monde, être plus qu'humain, auquel nous restons à jamais identifiés par d'indestructibles souvenirs de prospérité et d'infortune, et dont le cadavre accusateur est encore enchaîné au roc pestilentiel de Sainte-Hélène.

Parlerai-je après cela de mes enfants? Mais, n'ayant pas donné à mon père de petits-fils, qui puissent du moins compter comme tels, je ne saurais m'occuper que des filles dont le ciel, à une près, m'a fait un heureux don; les filles finissent comme des fleurs solitaires ou s'éloignent de leur origine en entrant dans d'autres familles selon leur destinée, et, si chères que me soient celles dont j'ai vécu entouré, je puis prévoir le temps où l'intérêt de ce qui se rattache à ma vie et à mon nom disparaîtra avec elles. Ainsi je ne vois plus s'élever que des ombres et s'amonceler que des pierres de tombeaux. J'ai donc crié dans le désert, et, à part quelques lambeaux dont l'histoire s'emparera, dont elle aurait tort de ne pas s'emparer, ma voix se perdra dans le néant qui chaque jour s'étend et grandit autour de moi, et qui, s'il me réunit à tous ceux que je pleure encore,

---

(1) Louis XV, roi absolu; Louis XVI, roi absolu; le Gouvernement constitutionnel du 14 juillet 1789; le Gouvernement girondin du 10 août 1793; la Terreur, 31 mai 1793; le Gouvernement thermidorien, 10 thermidor an II; le Directoire; le Consulat, 18 brumaire; l'Empire, 5 mai 1804; le Gouvernement provisoire, 31 mars 1814; la lieutenance générale du comte d'Artois; Louis XVIII; Charles X; la lieutenance générale du duc d'Orléans; Louis-Phillippe; à quoi il faut ajouter la royauté de droit de Louis XVII; la souveraineté décrétée de Napoléon II; la royauté prétendue de Henri V; la royauté ridicule du duc d'Angoulême.

doit du moins et pour toujours me confondre avec eux.

Prulay, ce 10 août 1837.

Anniversaire de ce jour où, condamné à mort par Mlle Théroigne de Méricourt, je ne pensais guère avoir une carrière à fournir et devoir en rappeler les phases dans des *Mémoires,* dont je termine l'ébauche quarante-cinq ans après, jour pour jour.

FIN DES MÉMOIRES DU GÉNÉRAL THIÉBAULT

LA CAPITULATION DE BAYLEN.

(Voir tome IV, page 257.)

Depuis que la victoire d'Iéna avait fait avorter la coalition si traîtreusement ourdie contre nous par l'Espagne, le Portugal et l'Angleterre, le souverain d'Espagne et le monarque de France jouaient au plus habile, et il ne fut plus question de bonne foi entre eux. Les conventions de Fontainebleau furent un premier piège ; la prise de possession du Portugal, qu'elles rendirent possible, fut suivie de l'envahissement de l'Espagne. Sans doute les traités, ces garanties des nations, n'avaient été à Madrid et à Lisbonne que des moyens de tirer parti de la confiance qu'ils nous avaient inspirée, et il n'y aurait eu que duperie à nous croire liés par des engagements qui ne liaient que nous; mais était-ce une raison suffisante pour renchérir sur tout ce qui est fraude et fourberie ? Non, sans doute. Et, en raison de son élévation, l'opinion devait les pardonner à la France moins qu'à toute autre nation. Par tempérament autant que par principes, un Italien, surtout un Corse, ne pouvait éprouver la répulsion que de telles réciprocités excitent généralement, de même qu'il n'y avait qu'un Italien qui pût concevoir ou inspirer les ruses qui furent imaginées, qu'un Corse qui pût les faire exécuter ; et c'est ainsi que Napoléon résolut non seulement de venger le passé, mais, pour l'avenir, de ne pas laisser d'ennemis à craindre au revers des Pyrénées ; et telle est je ne dis pas l'excuse, je dis l'explication de sa conduite relativement à l'Espagne, dont il escamota une partie des places de guerre, la principale flotte, les deux tiers de l'armée de terre et, chose sans exemple, la capitale et les rois.

Le peuple espagnol ne s'embarrassa ni des raisons ni des motifs. Il ne vit que déception, insulte et trahison dans notre conduite, et, dans Ferdinand VII, que sa haine et celle de la nation entière contre Godoï faisaient adorer, il vit une victime pour laquelle il était de l'honneur de tout Castillan de prendre fait et cause. Ainsi offensé, révolté, il ne comprit que la vengeance; ignorant, il ne s'arrêta qu'à ce qui lui sembla justifier sa haine; fanatique, il se précipita en aveugle dans une arène qu'il devait couvrir de ruines, inonder de son sang, et, fier de ses pertes, orgueilleux de ses sacrifices, on vit le père pousser ses fils dans les rangs de l'insurrection ou même s'y jeter avec eux, les mères les exalter encore (1) et, dans l'égarement de la rage, des milliers de citoyens, sans distinction d'âge, de sexe, de fonctions, de rangs, s'offrir en holocauste et chanter en mourant sur le brasier du toit paternel.

Pendant que cette formidable croisade s'organisait contre nous de Figueira à Cadix, de Valence au Ferrol, pendant que l'Espagne entière retentissait au bruit d'un branle-bas général, un gouvernement s'improvisait comme les armées et portait une sorte d'ordre au milieu d'une effroyable anarchie. Tandis que le régime que Ferdinand VII avait secrètement muni de tous les pouvoirs demeurait sans action, et ses membres sans rôle, des juntes de provinces et de villes se formèrent tout à coup et s'emparèrent d'une autorité que de son propre chef la junte de Séville centralisa comme pouvoir souverain. En l'absence du Roi, cette junte devint le lieutenant général du royaume sous le titre de Junte suprême de l'Espagne et des Indes; les juntes de provinces tinrent lieu de gouverneurs; celles des villes devinrent les intermédiaires entre les juntes supérieures et le peuple; chacun se trouva donc investi du pouvoir qu'il avait usurpé, pouvoir sans bornes, encore qu'il fût sans légalité, et sous l'action duquel néanmoins des armées et d'innombrables bandes de guerillas se

---

(1) Qu'on juge à quel degré fut porté ce mépris de la mort. Un Espagnol, assistant à l'exécution de quelques-uns de ses compatriotes, croit, sur un geste, qu'on lui dit de se faire pendre et monte tranquillement à l'échelle, et pour en descendre se le fait crier deux fois. Une bombe tombe dans une rue de Saragosse. A l'instant, une femme espagnole saisit par la main son fils encore en bas âge, et, l'entraînant vers cette bombe près d'éclater, elle s'écrie : « Viens, que je t'apprenne à mourir. » Ce seul trait, glorifié de bouche en bouche, donna cinquante mille soldats à l'Espagne.

levèrent à la fois. Des miracles d'improvisations s'exécutèrent dans ce pays sans argent, sans armes ni soldats, sans chefs dignes de ce nom, presque sans places de guerre, sans capitale et sans gouvernement; de plus, envahi par cent cinquante mille hommes d'une armée qui avait vaincu l'Europe entière, il semblait à discrétion. Un exemple inconnu au monde fut offert de cette sorte par un peuple dont le monde ne s'occupait plus et qu'un pas conduisit du néant à l'héroïsme, du dédain à une haute gloire, et, comme tout ce qui se rattache à cet épisode de l'histoire de l'Espagne devait être extraordinaire, jamais royauté ne fut plus forte, ne fit faire plus de prodiges et de sacrifices que celle d'un prince qu'on devait croire perdu pour son pays et auquel ses sujets, abandonnés à eux-mêmes, finirent par donner pour auxiliaires tous les souverains de l'Europe; prince dont ils brisèrent les fers à deux cents lieues de distance de sa prison et auquel, après une lutte effroyable de cinq années, ils rendirent ses États délivrés de toute armée étrangère. Rôle colossal, mais qu'achèvent de rendre trop mémorable et l'anéantissement de la constitution jurée par Ferdinand VII à ceux qui l'avaient sauvé, et la proscription ou la mort dont les héros qui s'étaient dévoués pour le même prince lui furent redevables après une réinstallation qui était leur ouvrage. Cette conduite de Ferdinand VII est aujourd'hui encore l'excuse des démagogues d'Espagne, car aucun des plébéiens qui se dévouèrent pour ce roi avec tant d'héroïsme n'a été sous son règne l'objet d'une récompense nationale ou privée digne d'être citée. Maintenant, et en dépit de tant d'atrocités commises et d'autant plus révoltantes qu'elles étaient plus gratuites, de tant de ténacité et de prodiges, de tant de succès et d'héroïsme, que serait aujourd'hui l'Espagne elle-même en fait d'ordre public, d'instruction, de lumière, de tranquillité, de puissance, de richesses et de gloire, sans la guerre de la Péninsule?

Or, sans tenir compte des circonstances, des localités, des distances et surtout du caractère et de l'exaspération du peuple avec lequel on se trouvait aux prises, sans connaître la disposition, les formes et les ressources des nouvelles provinces que l'on voulait envahir ou soumettre; sans être même influencé par ce fait que la presque totalité des vieilles troupes restantes en Espagne se trouvait en Andalousie (1) ; convaincu qu'occuper, c'était posséder, et dans cette ivresse qui faisait croire encore qu'il n'y avait pas de bornes aux principes de notre invincibilité, enfin persuadé que, pour être un Napoléon, il suffisait de ne douter de rien et de répéter que le mot impossible était rayé de nos dictionnaires, Murat ordonne la prise de possession de l'Andalousie, voire même celle de Cadix (2), et charge le général de division Dupont, commandant le second corps d'observation de la Gironde, de leur occupation ; car on s'obstinait à n'y voir que cela, et même on agissait avec une telle confiance que la dépêche destinée à rendre compte au ministre de la guerre du départ des généraux Vedel et Gobert finissait par ces mots : « La dernière colonne entrera à Cadix le 21 juin. »

Encore si pour cette grave expédition on avait laissé toutes ses troupes au général Dupont ; mais on le fit partir avec cinq mille hommes de la division Barbou, plus deux régiments suisses au service de l'Espagne (les régiments de Reding et de Preux), les cinq cents hommes des marins de la garde impériale, trois mille hommes de la division de cavalerie du général Fresia et vingt-quatre pièces de canon desservies par cinq cents hommes.

Ce fut avec ces dix mille combattants environ, et en laissant en arrière les divisions Vedel et Gobert de cinq à six mille hommes chacune, que le général Dupont s'avança jusqu'à Cordoue, dont il s'empara à la suite de deux combats : le premier fut livré le 7 juin au matin au pont d'Alcolea, dont les retranchements étaient défendus par quatre mille hommes de troupes de ligne et quelques escadrons de cavalerie, cinq mille paysans armés et douze pièces de canon qui, ainsi que les retranchements, furent enlevées de la manière la plus brillante ; le second fut livré contre Cordoue, qui, attaquée dans la soirée du même jour, eut ses portes enfoncées à coups de canon, fut, selon le général Dupont, disputée de

---

(1) Le camp de Saint-Roque, le corps d'armée de Solano, presque tous les régiments de milice.

(2) Soit sur une distance de cent onze lieues : de Madrid à Tolède, dix lieues ; de Tolède à Baylen, trente et une ; de Baylen à Andujar, six ; d'Andujar à Cordoue, dix ; de Cordoue à Séville, vingt-huit ; de Séville à Cadix, vingt-six.

rue en rue, de place en place, et où la résistance, qui dura quatre heures, donna lieu à des représailles terribles (1).

Le général Dupont ne tarda pas cependant à juger la gravité de sa position. Sans compter six mille six cents contrebandiers et les milliers de paysans armés qui infestaient le pays, quarante mille hommes, dont près de trente mille de vieilles troupes, achevaient de s'organiser à Séville, et trente-neuf bataillons, vingt et un escadrons et trente pièces de canon de fort calibre allaient être mis en campagne sous le commandement en chef du général Castaños. Un moment on avait espéré le rallier, ainsi que ses troupes, à la cause de Joseph; mais la junte de Séville l'avait flanqué d'un comte de Tilly, joueur, criblé de dettes, poursuivi à Madrid comme faussaire, révolutionnaire forcené, et qui, en sa qualité de membre de cette junte, jouait auprès de Castaños le rôle d'un représentant de la Convention aux armées. Et, grâce à cet homme, hors de la présence duquel Castaños, par exemple, n'osait recevoir aucun parlementaire, et qui, comme le dit Foy, s'était jeté dans la Révolution à la manière des Catilina, aucune transaction ne devint possible. D'un autre côté, le général Dupont n'avait aucune nouvelle des renforts qu'il avait demandés, et, depuis trois semaines, il était sans communication avec Madrid; enfin Cordoue n'offrait pas une position de nature à être disputée contre des forces plus que quintuples, et, encore que dans cette saison les gués du Guadalquivir rendissent la position d'Andujar plus dangereuse que rassurante, le général Dupont réoccupa

---

(1) Le marquis de Londonderry dit que ce fut peut-être l'acte le plus violent, le plus froidement cruel de tous ceux qui se commirent pendant la guerre; il serait curieux de savoir s'il y comprend ces horreurs que d'après lui-même et si gratuitement, sur un trajet de cinquante lieues et plus, les troupes anglaises commirent sept mois plus tard en Galice, et cela sur leurs alliés.

Le général Dupont dit : « Dans la même journée, l'ordre est rétabli et la sécurité rendue aux habitants. » Le mot journée est fort puisqu'on ne prit Cordoue que le soir; par malheur, il est démenti par ce passage du rapport Regnaud Saint-Jean d'Angely à la Haute Cour nationale : « ... Le pillage ne fut empêché ni arrêté, ainsi qu'il pouvait l'être, fait d'autant plus coupable que c'était traiter en ennemis les sujets du frère de l'Empereur, qu'on devait se borner à soumettre. »

cette ville le 19 juin et même la retrancha, fait que la situation topographique d'Andujar rendrait inexplicable si on ne l'attribuait au désir que pouvait avoir le général Dupont d'être à même de s'affaiblir sur ce point, de s'éclairer et de se renforcer sur sa gauche, de contenir avec moins de troupes ce qui restait d'habitants dans cette ville et d'avoir une retraite assurée dans le cas où il aurait eu à se reporter en avant.

Le 29, cependant, le général Vedel arriva à Baylen avec sa division et fut immédiatement chargé d'observer et au besoin de défendre le cours du Guadalquivir depuis l'embouchure du Rumblar jusqu'au-dessus d'Almadiel.

Le 1er juillet, le général Dupont reçut du général Castaños la déclaration de guerre de la junte de Séville à la France, et se borna à répondre à ce message par l'acte qui proclamait Joseph roi d'Espagne et des Indes, alors que, renforcé par Vedel, son canon aurait dû porter à Séville même son accusé de réception, ainsi que, d'après le marquis de Londonderry, il aurait pu le faire avec succès.

Cependant le général Castaños quitta cette ville et vint avec toute son armée prendre, le 9 juillet, position à une lieue et demie en arrière d'Andujar. Quelques militaires, et de ce nombre se trouvent même des généraux anglais, ont pensé que si à ce moment le général Dupont avait marché sur Castaños avec ses deux belles divisions d'infanterie, sa division de cavalerie et ses trente-six pièces de canon, il l'aurait anéanti, mais il demeura immobile; le général Castaños eut le temps d'intercepter des lettres, de connaître notre pénurie, d'étudier notre position et de concevoir et d'arrêter un plan d'opérations que le succès devait finir par couronner et en exécution duquel il avança le 14 (jour de la victoire de Rio-Peño et de tant d'autres souvenirs) et fit attaquer le général Dupont de front et sur sa droite par un corps de dix-huit cents hommes qui passa le Guadalquivir sur le pont de Marmalajo. Le général Dupont repoussa ces attaques, mais comment ne comprit-il pas qu'une armée de quarante mille hommes, armée que lui-même porte à quarante-trois mille, ne pouvait pas se borner à une attaque de front et surtout à l'attaque d'Andujar, dont la prise devait coûter beaucoup de monde, alors que cette attaque aurait eu pour résultat d'entraîner les troupes françaises à une concentration qui les préserverait de tout échec et exposait les troupes espagnoles à tous les dangers? Comment ne fut-il pas frappé de ce fait qu'un général, ayant à franchir une rivière qui par dix gués lui offrait le moyen de tourner son ennemi, ne choisirait pas pour forcer son passage l'endroit où elle est inguéable, où il n'existe qu'un pont couvert de retranchements, où elle est adossée à une ville dans laquelle se trouvent la plus grande réunion de troupes ennemies et le général en chef en personne? Comment ne vit-il pas une fausse attaque dans celle qui s'exécuta sur l'extrémité de sa droite, que dix lieues de terrains boisés et montueux séparaient de sa gauche sans un poste intermédiaire, et n'en conclut-il pas qu'une attaque plus sérieuse se préparait et que son sort se déciderait là où il s'arrangeait à ne pas être? Comment, enfin, toutes les démonstrations de l'ennemi pour annoncer qu'il réattaquerait le lendemain n'achevaient-elles pas d'éclairer le général Dupont sur une manœuvre que sa position devait inspirer au plus incapable des généraux et qui jamais ne pouvait échapper à des chefs faisant la guerre dans leur propre pays (1)? Eh bien, il n'eut aucune prévison, et non seulement il ne profita pas de la nuit pour évacuer Andujar et pour se réunir au général Vedel, mais il écrivit à celui-ci de lui envoyer un bataillon et un escadron et même une brigade, s'il n'était pas en présence de forces supérieures aux siennes.

Pendant que le général Dupont s'obstinait à rester dans la plus fatale des positions, et cela parce que, dans la confiance que l'ennemi serait battu à Menjibar, il croyait être

---

(1) Le général Dupont pouvait montrer d'autant plus de prudence que, se trouvant à la tête de dix-neuf mille hommes dont trois mille cinq cents de cavalerie, ayant de plus trente-huit à quarante pièces de canon, ces forces lui suffisaient pour battre l'armée du général Castaños partout où il pourrait la joindre, et que d'ailleurs, grâce à de plus mûres réflexions de Murat et à la sagesse de Savary qui avait succédé à Murat, il ne s'agissait plus de procéder immédiatement à la conquête de l'Andalousie, mais d'attendre au delà de la Sierra-Morena, et non exclusivement à Andujar, comme Dupont le soutenait faussement, que la reddition de Saragosse mit à même de renforcer le corps du général Dupont et que la prise de Valence permit de porter à Grenade le corps du maréchal Moncey destiné à opérer une diversion utile.

bientôt en mesure de réunir toutes ses forces à Andujar et remporter sur Castaños une victoire décisive (1), le général espagnol de Reding, loin de se laisser battre, battait le général Liger-Belair à Menjibar, lui enlevait ce poste et passait le Guadalquivir. Le général Vedel, marchant au secours du général Liger, arrêta Reding et le rejeta de l'autre côté de la rivière ; mais à ce moment il reçut la demande de renfort du général Dupont, et l'ennemi (à ce qu'il affirme) n'ayant déployé devant lui que trois mille hommes (ce qui paraît inconcevable), concluant de ce fait qu'il n'avait pas d'autres forces sur ce point (ce qui était trop gratuit) et considérant que le général de division Gobert était arrivé à Baylen la veille avec deux mille hommes, dont un régiment de cuirassiers, se persuadant que ces troupes, jointes à celles du général Liger-Belair, formaient un nombre supérieur à celui que l'ennemi lui avait montré, il dépassa l'ordre qu'il avait reçu et, sur l'éventualité de la demande d'un bataillon ou d'une brigade, il marcha sur Andujar avec toute sa division. De cette sorte dix mille Français se trouvaient à Andujar au point de la fausse attaque, tandis qu'à six lieues en arrière du quartier général du corps d'armée, sur la seule route de retraite et de communication à l'entrée des gorges de la Sierra-Morena, trois mille et quelques centaines de Français restaient chargés d'arrêter et de battre vingt-deux mille Espagnols, formés des meilleures troupes de l'armée de Castaños, à même de se réunir et commandés par le général de Reding et le marquis de Coupigny, deux des chefs les plus entreprenants et les plus capables que l'Espagne possédait alors.

Sans doute cet inconcevable mouvement du général Vedel, ce mouvement qui atteste un manque total de jugement et qui, sous le rapport de la discipline, l'inculpe de la manière la plus grave, n'avait pas été ordonné par le général Dupont ; mais, en commençant à l'exécuter, le général Vedel s'était

---

(1) Cet espoir était chimérique. Castaños, il est vrai, avait partagé son armée entre les avancées d'Andujar et de Menjibar ; mais le premier de ces corps repoussé se retirait au pis aller sur Jaen, où le second le rejoignait. Ce double mouvement avait même l'avantage d'être concentrique et de faire menacer le flanc de celui de nos corps qui, le premier, aurait forcé un des corps de Castaños à la retraite.

hâté d'en informer son chef par une lettre portée par l'un de ses aides de camp, et le général Dupont ne le contremanda pas et même ne lui renvoya pas son aide de camp, ce qui laisse au général Dupont toute la responsabilité que le général Vedel avait encourue. Au reste, le mal que ce mouvement pouvait produire ne tarda pas à se réaliser. Le général de Reding, qui d'heure en heure connaissait la marche de nos moindres détachements, informé dès le 15 au soir du départ du général Vedel, repassa, le 16, le Guadalquivir et livra un nouveau combat dans lequel le général Liger-Belair fut battu et le général de division Gobert fut tué (1). Ce menaçant avantage fut remporté à la fois sur le bataillon en position à Linares par les trois mille hommes du corps de Valdecanos et sur la route de Menjibar à Baylen par le général de Reding, à la tête de plus de dix mille hommes. A la vue du régiment de cuirassiers, ce dernier néanmoins s'arrêta, demeura en position le reste de la journée et disparut pendant la nuit.

Je ne sais, mais cette conduite devait donner l'éveil sur une ruse de plus. La conviction que l'on pouvait couper notre ligne d'opérations devait être surabondamment acquise, et cette ligne eût été interceptée de suite si l'ennemi n'eût pas craint de faire immédiatement rétrograder et le général Vedel et le général Dupont, ce qui les éloignait des forces qu'il avait à leur opposer avec quelque chance de succès ; tandis qu'en disparaissant on rendait l'alarme moins forte, on ne faisait revenir sur Baylen que la division Vedel, que l'on espérait égarer à l'aide de faux avis, on donnait au corps du marquis de Coupigny le temps de se réunir au corps du général de Reding et on se trouvait en mesure d'envelopper le général Dupont.

Les généraux espagnols auraient commandé notre armée que celle-ci n'aurait pu exécuter leurs ordres avec plus de ponctualité et justifier leurs prévisions d'une manière plus complète. De fait, à la nouvelle de l'échec que nous venions de recevoir, et cela sur le point où il nous eût importé le

(1) Le général Gobert n'était arrivé qu'avec deux mille hommes de sa division, attendu qu'il devait réunir à eux quatre mille hommes demandés à l'armée de Portugal, mais demandés trop tard, par malheur pour le général Dupont, par bonheur pour le général Junot.

plus de rester les maîtres, le général Dupont se borna à y renvoyer le général Vedel avec sa division qu'il renforça d'un des régiments qui étaient à Andujar, et il resta dans cette ville qui, située sur la droite du Guadalquivir et commandée par les derniers contreforts de la Sierra-Morena, ne pouvait être disputée contre des troupes venant de Baylen. Ainsi rester dans Andujar, c'était se morceler gratuitement, c'était renoncer à soutenir efficacement les détachements que nous avions dans les défilés de la Sierra, défilés dont la protection et la garde étaient par-dessus tout ordonnées et devaient l'être ; de plus, le séjour à Andujar ajoutait six lieues à la distance qui séparait le général Dupont de Madrid, et l'atmosphère de la ville, particulièrement soumise aux influences délétères de cette saison, débilitait tous ceux de nos soldats que des maladies pestilentielles ne forçaient pas à entrer à l'hôpital (1).

Mais, pendant que le faux et déplorable mouvement du général Vedel donnait lieu à des dispositions si désastreuses, pendant que le général de Reding se blottissait derrière Menjibar, pour y attendre l'arrivée du marquis de Coupigny et les faits des ruses de guerre sur lesquelles il spéculait, le général Dufour, que la mort du général Gobert avait investi du commandement des troupes laissées pour défendre et conserver Baylen, avait reçu cette nouvelle fausse que ce même général de Reding se portait avec toutes ses forces à la Caroline, pour s'emparer des gorges et couper notre retraite sur Madrid, et cette nouvelle était d'autant plus habilement lancée qu'elle reposait sur un fait plus vraisemblable, car elle répondait précisément à la crainte à laquelle le général Gobert s'était le plus sérieusement arrêté en arrivant à Baylen et ce qui l'avait déterminé à placer un bataillon à Linares ; enfin la vue de la colonne espagnole de Valdecanos, filant par Saint-Bartolomeo, sembla lever les derniers des doutes ; et, comme la mission spéciale du

---

(1) On prétend que l'Empereur s'était irrité à la seule idée de l'évacuation d'Andujar ; mais c'est descendre du rang du général en chef au niveau d'un caporal que d'admettre, en une situation aussi grave, d'autres ordres que ceux de la nécessité, d'autres considérations que celles qui résultent du salut des troupes et de l'honneur des armes qui nous sont confiées. Sauver, c'est en pareil cas la seule manière d'obéir.

général Dufour avait été de surveiller les défilés de la Sierra, comme il ne faisait pas partie du corps du général Dupont, il crut de son devoir de chercher à précéder le général de Reding à la Caroline, et, sans demander, sans attendre des ordres, il abandonna Baylen, où le général Vedel, arrivé peu après son départ, ne trouva ni Espagnols, ni Français. Ainsi, en présence d'un ennemi qui avait l'offensive et qui en quatre heures pouvait réunir quarante mille hommes devant Baylen, nous formions trois paquets, dont aucun ne pouvait résister à de telles forces et qui étaient à six et sept lieues de distance l'un de l'autre. On croit rêver en rappelant de telles choses; on se demande si cette armée avait un chef ou s'il y avait des chefs dans cette armée, problème qui devient de plus en plus insoluble.

Si la mort du général Gobert, mort dont Vedel était la cause, si la malheureuse affaire de Menjibar également imputable à Dupont et à Vedel, n'avaient pas arraché le bandeau au général Dupont, la situation du général Dupont ne fut pas même l'objet d'une pensée pour le général Vedel, qui, au lieu de considérer le mouvement intempestif du général Dufour comme une forte reconnaissance dont il devait régulariser et déterminer les phases, imita son exemple, et sans donner le moindre repos à ses troupes abîmées par deux marches de nuit, sans pousser aucune reconnaissance jusque sur Menjibar, que jamais il ne devait perdre de vue, il se précipita sur ses traces. Mais, en prenant ce parti, il adressa le rapport du général Dufour au général Dupont et y joignit une lettre dans laquelle se trouve cette phrase : « Comme les ordres de Votre Excellence portent de faire ma jonction avec le corps qui s'est replié sur Baylen, j'en pars, etc. », ce qui semblait avoir pour objet de substituer une obéissance de mots à une obéissance d'intention ; car jusqu'à ce moment tout ce qui avait émané du général Dupont, comme de la force des choses, avait mis hors de toute question la nécessité de tout sacrifier à la conservation de Baylen. Mais ici les rôles changent, et ce général prédestiné à approuver, à sanctionner tout ce qui devait consommer sa perte, au lieu d'ordonner à Vedel d'attendre de nouveaux ordres à Guarroman, au lieu de quitter de suite Andujar pour se porter à Baylen, afin d'y juger par lui-même ce que commandent les circonstances, continue à rester à Andujar que deux fois déjà il aurait dû quitter, et il ose écrire et signer : « D'après le mouvement de l'ennemi (il devait dire : D'après le rapport du général Dufour, et en tant que ce rapport se vérifiera), le général Dufour a très bien fait de le gagner de vitesse sur la Caroline et Santa-Elena..... Je vois avec plaisir que vous vous hâtez de vous réunir à lui. » Cependant, n'ayant trouvé personne à la Caroline, le général Vedel informa le général Dupont qu'on supposait l'ennemi sur la route de Linares, ce qui devait suffire pour tout révéler et faire accourir à toutes jambes le général Dupont ; mais ce général, dont rien ne semble pouvoir altérer l'imperturbable tranquillité, approuve ce qui se fait et se borne à charger le général Vedel d'assurer les communications par la Caroline et Santa-Elena d'un côté, par Baeza et Linares de l'autre.

Tout ce que l'ennemi avait pu, je ne dis pas espérer, je dis désirer ou imaginer au monde, se trouvait accompli, dépassé ; la moitié de nos troupes avait été éreintée, d'abord pour faire inutilement face à la fausse attaque contre Andujar, puis, dans une marche de nuit écrasante, elle avait été rappelée à Baylen par suite de la seconde fausse attaque que le général Castaños avait exécutée sur ce point et qui nous avait valu une défaite et la mort du général Gobert ; enfin elle avait été exténuée pour courir à la Caroline et à Santa-Elena après le général de Reding, qui n'avait pas bougé de Menjibar, et en dernière analyse pour mettre douze lieues entre le général Vedel et le général Dupont.

Il ne restait plus pour Castaños qu'à profiter de si inconcevables succès, et certes le moyen n'avait rien d'embarrassant ; Baylen était le seul lieu sur lequel le général Dupont pût effectuer sa retraite et communiquer avec le général Vedel ; le général de Reding passa en conséquence le Guadalquivir le 17 au soir, et, le 18, rejoint par le marquis de Coupigny et ayant à sa portée le corps de Valdecanos, il se dirigea à Baylen, puis, le 19 avant le jour, quarante mille Espagnols marchèrent sur Andujar, afin d'attaquer le général Dupont, savoir : le général de Reding par ses derrières, et le général Castaños de front, pendant que le corps de La Cruz devait le prendre en flanc.

Cependant l'abandon de Baylen par nos troupes et l'occupation de cette ville par Reding, l'inaction de Castaños substituèrent tout à coup un affreux réveil à la somnolence du général Dupont, qui rêvait encore la défaite de Castaños quand il était entièrement enveloppé par lui.

Et pourtant il pouvait encore sauver son armée et lui-même si de suite il quittait Andujar et si, arrivant à la nuit sur le Rumblar, donnant quelque repos à ses troupes, se massant avant le jour et sous la protection de ses vingt-quatre bouches à feu, il avait attaqué l'ennemi aux premières heures de l'aurore et avait foncé sur lui en colonne, tête baissée. La baïonnette en effet lui frayait un passage qu'elle seule pouvait lui ouvrir, et il décidait la grande question de sa délivrance avant que la chaleur dévorante achevât d'épuiser les soldats mal portants et affamés. Mais il n'est plus possible de différer à le dire : si la prise de Cordoue n'avait pas été fort glorieuse, elle avait été terriblement lucrative. A la faveur de quelques coups de fusil reçus et du pillage affreux qui avait eu lieu, tous les vases sacrés des églises avaient trouvé place dans les fourgons du général en chef. Outre cela, des sommes énormes, dont une de 800,000 francs, une autre de 13 à 15,000,000 francs, avaient été découvertes et portées chez le chef de l'état-major par ordre du général Dupont, et la masse d'or et d'argent était telle qu'en employant lors du retour du général Dupont à Andujar presque tout ce qu'on avait de transports, en laissant à Cordoue les cuirs et les draps qui, en gratifications, avaient été distribués aux soldats, et, détail horrible à consigner, en abandonnant malades et blessés qui jamais ne devaient revoir leur patrie (puisqu'il était notoire que l'on massacrait partout nos soldats), on fut encore contraint de déposer chez le corregidor et sur sa responsabilité 40,000 francs, faits révélés par la voix publique, confirmés par le marquis de Londonderry, qui dit : « Il fut heureux pour Reding que Dupont eût songé à prendre tant de soin pour conserver le fruit de ses pillages »; par Foy, qui, fidèle à son extrême réserve, se borne à ces mots : « Mais Dupont avait, avec les troupes, un grand nombre de voitures (*impedimenta*) », et lui-même il les porte à plus de cinq cents. Et ces mêmes faits me sont confirmés, je ne dirai pas seulement par le général Vedel, mais par de nombreux témoins, par des notes du général Chabert, notes dont j'ai une copie certifiée et que j'ai collationnée, enfin par l'affreuse lettre du gouverneur de Cadix au général Dupont. Or, pour emporter la totalité de cet or, de cet argent et de tous les objets que d'après un tel exemple chacun voulait charrier, il fallut, en y comprenant les caissons de l'artillerie, que les équipages se composassent de cinq à six cents voitures, dont on porte même le nombre à huit cents. Or de tels bagages ne se mettent pas facilement en route, et, au lieu de partir en apprenant que Reding était à Baylen, on attendit le soir, sous le prétexte de dérober une marche à Castaños et de la gagner sur lui, ce qui était d'autant plus dérisoire que l'on ne fit pas même sauter le pont d'Andujar; au lieu de masser les troupes, on les morcela; au lieu d'arriver réunis, les derniers pelotons étaient encore à Andujar quand nos éclaireurs étaient déjà aux prises avec ceux de l'ennemi; au lieu d'attendre que la division fût au moins en grande partie rassemblée pour attaquer, on fit donner les premières troupes encore haletantes et, à mesure qu'elles arrivaient, toutes celles qui suivirent. De cette sorte on n'eut pas trois mille hommes en ligne contre des troupes en position et sept fois plus nombreuses, et, en guise d'une attaque qui aurait été décisive, on en fit quatre qui furent fatales. Pendant que tous les corps étaient écharpés par lambeaux, les pièces d'artillerie qui arrivaient une à une étaient démontées à mesure qu'elles étaient mises en batterie.

Des prodiges de valeur signalèrent cependant le début de cet affreux combat; mais, des efforts héroïques n'aboutissant à rien, l'ardeur se ralentit, le découragement succéda; deux mille hommes d'ailleurs jonchaient le champ de bataille, la débilité et l'épuisement qui résultaient et du défaut de nourriture et du mauvais état de la santé des troupes, et de quinze heures de marche et de combats, furent tels qu'à deux mille hommes près tous les soldats se jetèrent par terre et, quoi qu'on pût faire, refusèrent de se relever; enfin, et pour comble de désastre, les soldats et sous-officiers des deux régiments suisses que le général Dupont avait sous ses ordres, et dont l'un d'eux céda aux influences de Reding dont il portait le nom, passèrent à l'ennemi. Et telles furent les phases du dernier mouvement militaire dont le général Dupont fut l'arbitre, du dernier combat livré par ce général qui, sur le Mincio et avec l'aile droite qu'il commandait, décida d'une victoire dont le général Brune désespérait pour son armée entière, qui à Haslach, luttant avec sa seule division contre des forces quintuples, resta maître du champ de bataille, fit autant de prisonniers qu'il avait de soldats; qui, trois jours après, combattit l'archiduc Ferdinand à la tête de vingt-cinq à trente mille hommes, l'empêcha d'effectuer sa jonction avec le général Mack et compléta le blocus d'Ulm; qui, le jour d'après et secondé par Murat, battit de nouveau l'Archiduc, le poursuivit à outrance et concourut à la destruction totale de son armée; qui à Diernstein sauva une division française et le maréchal Mortier en les secondant contre le corps d'armée russe qui les avait enveloppés; qui avec sa seule division encore enleva le pont retranché et la ville de Halle, défendus par vingt-cinq mille hommes, fait d'armes caractérisé par ce mot de l'Empereur : « J'aurais hésité à attaquer avec soixante mille hommes »; qui, après avoir rendu à notre armée de Pologne la ligne de la Passarge, prit une part décisive à la bataille de Friedland et avec raison fit écrire à Foy : « Il n'y avait pas dans l'Empire de général de division classé plus haut que Dupont, que l'opinion de l'armée et la bienveillance de son souverain portaient au premier grade de la milice. » Et cette position, cette illustration acquises, cet éclat, ce passé si brillant, ce présent si honorable, cet avenir si riche de prospérités, tout cela, et pour jamais, vient d'être anéanti par celui-là même pour qui et par qui tout cela existait, et tant de succès et d'honneur se trouvaient remplacés par une défaite au dernier point honteuse, par des faits révoltants et par la perspective du dernier supplice.....

Quoi qu'il en soit, dans la position affreuse où il s'était placé, il est fort difficile de dire ce qui lui restait à faire. Renouveler les attaques quand toutes ses troupes furent enfin réunies? Mais, tombés d'inanition et de fatigue, les trois quarts des soldats ne pouvaient plus se soutenir. Compter encore sur le général Vedel? Mais, depuis huit heures que le canon tonnait, ce général avait eu plus que le temps nécessaire pour arriver de la Caroline, et on devait croire, ou bien qu'il avait dépassé cette ville, ou bien que son retour était empêché, fait peu vraisemblable cependant, puisque son canon ne grondait pas. Attendre que des soldats affamés et exténués eussent repris quelques forces? Mais le général Castaños pouvait paraître d'un moment à l'autre. Que faire donc en présence d'un corps auquel on ne pouvait plus même résister et suivi par des forces qui à elles seules pouvaient dès lors tout écraser ? Demander à traiter de l'évacuation ? Mais, depuis l'abandon d'Andujar, on n'occupait plus rien. Demander le libre passage pour se replier sur Madrid ? Mais comment espérer que sur le champ de bataille on obtiendrait par des paroles ce qu'on n'avait pu obtenir par la force des armes, et alors surtout que l'on avait à traiter avec des forcenés, plus révolutionnaires que soldats ? Quelque faible que pût être la chance de succès, le général Dupont s'arrêta néanmoins à cette dernière idée. On ne peut même le condamner à cet égard quant au fait, quoiqu'on doive déplorer qu'il n'ait pas mis plus de temps entre la détermination et l'exécution ; car la division par laquelle le général Castaños l'avait fait suivre ne devait pas arriver avant une heure, et le général de Reding, contre lequel il venait combattre, restait maintenant immobile. Il devait même penser que cette inaction, assez extraordinaire de la part d'un ennemi qui venait de livrer un combat favorable et qu'avait renforcé la défection des Suisses, pouvait avoir un autre motif que le désir d'attendre le général Castaños. Et en effet, pendant que le général Dupont n'avait plus de soldats en état de combattre, le général de Reding n'avait plus de munitions pour soutenir le combat (1) ; mais encore, et de même que le général Dupont ignorait où était le général Vedel, le général de Reding ignorait où était le général Castaños, et il savait que Vedel approchait avec toutes ses forces, comme le général Dupont appréhendait l'arrivée du général Castaños. Le manque de munitions avait donc, pour le moment, rendu la position de l'ennemi assez difficile et avait dans une certaine mesure rétabli l'équilibre des risques ; le général de Reding n'était donc pas sans anxiété, et, craignant, si le combat continuait, de se trouver à discrétion faute de pouvoir répondre, il avait imaginé le même moyen de salut que le général Dupont lui-même ; aussi, et pendant que le général Dupont, avec une latitude qu'il était imprudent de donner

(1) Il ne restait pas à ses troupes en ligne trois cartouches par homme, et pour le service de l'artillerie dont le feu avait commencé par se ralentir, puis avait cessé, il lui restait une gargousse.

et dont celui-ci abusa d'une manière criminelle, faisait partir M. de Villoutreys pour demander à traiter avec le général de Reding, ce dernier, pour demander à traiter avec le général Dupont, faisait partir un capitaine d'artillerie nommé, Sol, qui, devenu officier général et se trouvant à Paris, il y a douze mois encore, a révélé et affirmé à Mme la duchesse d'Abrantès, et le fait relatif au manque de munitions, que le général Vedel de son côté avait appris du général de Reding lui-même, et le fait relatif à la mission qu'il avait reçue.

Les deux parlementaires expédiés en même temps ne tardèrent pas à s'apercevoir. Aussitôt l'Espagnol ralentit sa marche; M. de Villoutreys accéléra la sienne, et, alors que le premier s'abstenait de toute espèce de démonstrations, le second, qui devait imiter cette réserve et attendre pour révéler sa mission qu'il connût celle du général de Reding, agita son mouchoir blanc avec violence. Cet empressement ajouta à la circonspection de l'Espagnol ; je ne sais même comment il aurait pu changer d'attitude, car, à peine à portée de se faire entendre, M. de Villoutreys cria qu'il se rendait auprès du général de Reding pour demander à traiter. A ce mot, le Castillan changea de rôle et, dans un dédaigneux silence, rétrograda et se borna à servir de guide à l'indiscret ou au pusillanime parlementaire. Maintenant de quoi était chargé ce parlementaire espagnol ? On a horreur de le dire ! Il était chargé de demander au général Dupont une capitulation pour la cause que nous avons dite. On le voit, tout conspirait contre nous ; quand tout pouvait encore être sauvé, tout fut perdu par la niaiserie d'un sieur de Villoutreys et la présence d'esprit d'un officier subalterne dont en Espagne le nom aurait dû être gravé sur le bronze.

Cependant, les négociations une fois entamées par le général Dupont, le général Vedel, qui avait perdu à Guarroman un temps irréparable et impardonnable (1), arriva en présence d'un des corps du général de Reding qui se hâta de lui envoyer un parlementaire pour l'informer qu'on était en pourparlers. Et le général Vedel, au lieu de répondre qu'il ne

---

(1) Il dit pour son excuse que ses troupes ne pouvaient plus marcher, et, pour le prouver, il envoie des reconnaissances sur Linares. Des reconnaissances, dans un pareil moment !

pouvait entendre à rien avant d'avoir rejoint son général en chef enveloppé par sa faute, au lieu de foncer sur l'ennemi et de lui enlever Baylen, ce qui ne laissait pas de traité à faire, le général Vedel, dis-je, eut la faiblesse d'accorder un quart d'heure au général de Reding pour que celui-ci lui fît parvenir des ordres. De plus, ce quart d'heure passé, il prolonge son inaction de trois autres quarts d'heure, temps que le général de Reding employa à joindre aux troupes de Valdecanos celles du marquis de Coupigny, que le corps de La Cruz remplaça pour faire face au général Dupont, et il arracha à ce dernier un ordre de nature à paralyser le général Vedel. Cependant, cette fatale heure s'étant écoulée sans qu'aucune nouvelle fût parvenue au général Vedel, il attaqua, et, forçant la droite de l'ennemi, l'enfonça, et deux drapeaux, deux pièces de canon et quinze cents prisonniers restèrent en notre pouvoir après une charge impétueuse, tandis que la gauche ennemie, qui défendait la position de l'Hermitage, cédait également à nos efforts. La défaite allait donc être complète, lorsqu'un premier ordre du général Dupont arriva pour sauver l'armée de Reding, en mettant fin à un combat qui nous rendait la victoire. Bientôt même un second ordre enjoignit de rendre les prisonniers faits, les trophées enlevés. Il est vrai que le porteur de cet ordre engagea de vive voix le général Vedel à différer cette remise; mais, sur un nouvel ordre écrit et formel, il fallut effectuer de suite ces restitutions, d'autant plus fatales qu'elles ne nous laissaient plus rien à mettre dans la balance.

Quant au général Dupont, il continua même à agir comme si le général Vedel était à cent lieues de lui, tandis que n'étant plus séparé que par deux lieues du restant de son corps d'armée, il devait considérer la négociation comme pouvant être rompue d'un moment à l'autre et se mettre en mesure de recourir à la force des armes pour sortir avec honneur de son affreuse position. Pour cela, et avant la nuit, il devait concerter avec le général Vedel une attaque combinée, gagner de cette sorte la nuit, dénoncer l'armistice et attaquer avant le jour; non seulement il ne le fit pas, mais, se condamnant lui-même comme soldat et comme Français, il rejeta cette proposition lorsqu'elle lui fut faite et acheva de donner aux généraux ennemis les moyens et le temps de ne pas nous laisser une chance de salut. Il répond à cette critique que ses troupes mouraient de faim; six à huit cents voitures attelées anéantissent une telle excuse, car il lui eût suffi de faire distribuer quelques centaines de chevaux aux soldats au moment de la suspension d'armes, quelques centaines d'autres à l'entrée de la nuit, et les soldats auraient retrouvé des jambes. On pouvait donc brusquement rompre l'armistice, et, comme à la guerre qui tourne est tourné, on pouvait attaquer le corps de Reding de front et par derrière, et, dans le cas où ce parti aurait été impossible ou trop chanceux, le général Dupont, après avoir transmis ses ordres au général Vedel, devait brûler les équipages, faire sauter les caissons, enclouer les pièces et remonter le Rumblar pour rejoindre le général Vedel, qui aurait marché à la rencontre des troupes du général Dupont et d'autant plus certainement assuré le succès de cette entreprise que, la totalité du mouvement ne s'étendant pas sur quatre lieues, c'est-à-dire n'étant que de deux lieues pour chacun, il pouvait être effectué avant le jour, et les hommes, qui sont toujours ce qu'il y a de plus précieux à sauver, eussent été sauvés; mais sauver les hommes, ainsi que l'honneur de nos armes, c'était sacrifier les fourgons et perdre l'espoir, en partie réalisé, de sauver de grandes richesses. Celui qui au besoin devait s'offrir tout entier en holocauste n'entendit pas même compromettre l'argent du pillage; et c'est toujours aux fourgons qu'il faut en revenir, c'est-à-dire à ce qu'il y a de plus abject, pour expliquer ce qu'il y a de plus honteux et de plus criminel.

On ne tarda pas longtemps à recueillir le fruit de cette conduite, sur laquelle on ne fit même que renchérir. Vedel, à portée de canon de Baylen, était encore un épouvantail pour l'ennemi, et il reçut l'ordre de retourner à la Caroline. Dès lors le général Dupont fut à discrétion. Ses troupes, ne recevant presque pas de vivres, n'étaient plus capables de rien et furent déclarées prisonnières de guerre jusqu'à leur renvoi en France, renvoi qui même ne devait pas être effectué. Ce fait réglé, les Espagnols qui n'avaient jamais compris que la possibilité d'envelopper le général Dupont, ne mettant pas plus de bornes à leurs prétentions qu'il n'en restait à notre docilité, entendirent comprendre le général Vedel et ses troupes dans la capitulation, et le général Dupont ordonna au général Vedel de revenir pour partager leur sort, c'est-à-dire pour doubler les pertes, et le général Vedel, sans considérer que quiconque a capitulé ne peut plus obéir à son souverain et par cela même a perdu le droit de se faire obéir par aucun des sujets de ce souverain, que quiconque se trouve à la disposition de l'ennemi a abdiqué toute autorité, le général Vedel déféra à un ordre qui, exécuté, consignait une double trahison de fait ou d'intention, et maître de la Sierra-Morena, maître de son retour à Madrid, il revint à Baylen, pour y déposer les armes entre les mains d'un ennemi qui n'avait sur lui aucune prise.

Je le répète : en consignant de tels faits, on croit rêver, on croit avoir le délire. Trente ans écoulés depuis l'accomplissement de cet horrible événement n'empêchent pas de le croire encore impossible, tant l'histoire elle-même semble appartenir aux fables les plus absurdes et les plus injurieuses. L'histoire moderne, en effet, n'offre rien qui puisse être comparé à ce fait où ce ne fut pas la nécessité qui fit la loi, mais la rapacité, et la rapacité la plus criminelle, qui fut satisfaite. Quoi qu'il en soit, l'abomination consommée, il fallut en rendre compte à Joseph et à Napoléon; cette mission fut confiée à Willoutreys, l'une des causes très secondaires et pourtant très actives de ce désastre, et ce choix fut encore une nouvelle spéculation. Et en effet, escorté par des détachements successivement espagnols et français, il emmena une voiture sur le contenu de laquelle l'opinion fut plus unanime qu'honorable. Parvenu en France, il fit un grand détour pour déposer ce qu'elle contenait dans une propriété qu'il avait dans le Midi. Pour ce qui fut des voitures ramenées par le général Dupont, un incident en amena le pillage ; à Sainte-Marie, un des domestiques de ce général eut besoin de changer de bottes ; il ouvrit un des caissons de son maître, et, en remuant ce que ce caisson renfermait, un saint-sacrement tomba par terre. Des Espagnols furent témoins du fait; leurs cris ameutèrent le peuple ; tous les équipages de l'armée furent pillés de fond en comble, et des voleurs espagnols se trouvèrent nantis d'objets que des Français avaient volés sur eux. Or ce pillage de Sainte-Marie qui fit perdre la totalité des sommes en argent blanc, de fortes sommes en or et les vases sacrés, livra en même temps aux Espagnols, et pour une grande valeur, des bons du Trésor trouvés dans les caissons du payeur, et le général Dupont, qui, indépendamment de pierres fines, aurait gardé par devers lui une forte somme en or et qui, malgré sa position, ne perdait pas de vue l'occasion d'ajouter à sa fortune commencée en Toscane par le vol de 1,500,000 francs, racheta à vil prix ces bons, dont la valeur échappait à leurs nouveaux possesseurs, et il en réalisa le montant à son retour en France.

Tels sont les faits. On sait toutefois qu'ils sont en partie étrangement dénaturés ou contestés par le général Dupont. Tout mauvais cas est niable. Mais nier n'est pas démontrer, alors que, par pièces écrites, on s'est donné à soi-même le démenti de ses propres dénégations. Sans doute, il déclara le général Vedel exclusivement coupable de son désastre, et cela pour ne pas s'être rendu à Andujar avec toute sa division et pour avoir donné lieu au combat dans lequel le général Góbert fut tué, ensuite pour avoir abandonné Baylen et couru après le général Reding qui n'avait pas quitté Menjibar, ce qui donna à ce général le moyen de lui couper, à lui Dupont, la retraite; mais le général Dupont oublie, quant au premier chef, que, mis en mesure d'arrêter ce mouvement, il a entendu qu'il achevât de s'exécuter; quant au second, il a applaudi à ce mouvement et l'a régularisé par la sanction la plus entière et la plus flatteuse. A cela néanmoins le général Dupont répond que, se trouvant loin de Baylen, il fallait bien qu'il s'en rapportât aux rapports de ses généraux, d'où il résultait que son approbation n'en était une qu'autant que leurs rapports étaient exacts. Mais la réplique est faite; la conservation d'Andujar tenait à Baylen. Baylen était donc le point le plus important de la ligne, celui qui jamais ne devait être compromis; c'est par conséquent à Baylen que le général Dupont devait être de sa personne, même dans l'hypothèse où il aurait dû continuer à occuper Andujar. Si Andujar ne pouvait être considérée comme une simple position d'avant-garde, c'était au plus la place du corps avancé, et non celle du général en chef, et cela à d'autant plus de titres que ce n'était pas le point qui devait être le plus vigoureusement attaqué, à cause des difficultés qu'il présentait et du peu d'avantages de succès qu'il permettait d'espérer. Ne pas établir son quartier général à Baylen était donc se rendre responsable de tout ce qui résulterait de cette absence; de fait, si, au lieu de continuer à garder ses fourgons à Andujar, le général Dupont avait été présent à Baylen, il y aurait eu la presque totalité de ses quatre mille chevaux, il aurait fait faire des reconnaissances, qui auraient déjoué la ruse du général de Reding, et il aurait évité les erreurs de Vedel qui peuvent bien être des inepties, mais qui ne sont pas des crimes.

En ce qui tient à la lutte du 19 juillet, ce n'est plus par les suppositions ou les raisonnements que l'on diffère, c'est par les faits. Ainsi le général Dupont dit que son combat dura jusqu'à deux heures après midi, et le général Vedel déclare que le canon avait cessé de tirer avant onze heures du matin. Le général Dupont dit que le général Vedel resta six heures à Guarroman, le général Vedel déclare n'en être resté que trois, ce qui était encore trois heures de trop. Le général Dupont dit que le général Vedel n'arriva qu'à quatre heures et demie du soir en présence des troupes du général de Reding, et le général Vedel déclare qu'à deux heures il était en vue de Baylen, et que s'il perdit une heure à attaquer, ce fut par suite de la nouvelle de la suspension d'armes du général Dupont. Le général Dupont fait entendre que les hommes, canons, drapeaux pris par le général Vedel, l'ont été sur des troupes qui ne s'attendaient plus à combattre, et le général Vedel déclare qu'il n'a attaqué que trois quarts d'heure après qu'on s'attendait à l'être, et que les Espagnols ont fait toute la résistance que pouvaient faire des troupes préparées à combattre. En résumé, le général Dupont accuse le général Vedel; le général Vedel accuse le général Dupont, et tous deux le font avec raison.

Quant au général Dupont, le dernier fait à consacrer (et en vérité c'est selon moi le fait le plus accusateur par les motifs qu'il révèle) est le suivant. L'Empereur, par décret du 1er mars 1812, avait ordonné qu'il serait fait trois expéditions de l'acte de procédure, de l'acte d'accusation et des pièces relatives à la capitulation de Baylen; que ces trois expéditions seraient déposées aux archives du gouvernement, aux archives de l'Empire et à celles du Sénat, ce qui fut exécuté. Le 17 novembre 1814, sous le prétexte d'un rapport à lui faire quand il l'ordonnerait, le général Dupont fit rendre par Louis XVIII une ordonnance portant que ces trois expéditions seraient remises entre les mains du chancelier (comme si, pour faire un rapport, une seule ne suffisait pas). Le 3 avril 1820, le général Vedel s'adressa au chancelier pour la restitution des pièces à lui enlevées lors de son arrestation, et fut renvoyé au ministre de la justice, auquel il se hâta d'écrire, et qui dans sa réponse lui déclara que les pièces relatives à cette affaire n'existaient plus aux archives du ministère, que même il n'y restait aucune trace d'elles. Ici les communications officieuses suppléèrent aux communications officielles et révélèrent au général Vedel que cette procédure avait été envoyée par ordre au ministère de la guerre ; que, comme elles y arrivaient, le secrétaire général de ce ministre s'en était emparé pour les porter au ministre, que depuis il n'en avait rien reparu, et que le ministre de la guerre sous lequel tout cela se fit était M. le lieutenant général comte Dupont. Heureusement cependant le général Vedel avait gardé copie de toutes les pièces qui étaient venues à sa connaissance, et, publiées par lui en 1823, chez Guessier, à Paris, elles forment des documents aussi certains que significatifs et procurent des lumières indispensables à quiconque voudrait fouiller ce dégoûtant cloaque.

Et maintenant de quelles fautes et des fautes de qui cette terrible catastrophe a-t-elle été la conséquence ? Et pour répondre il faut en appeler tout d'abord à Napoléon. Comme en fait de prodiges, Napoléon; en fait de fautes, se place trop souvent en première ligne. Ce n'est pas que personnellement il puisse être impliqué en tout ce qu'il y a d'effroyable dans les précédents, la conduite et les suites des combats de Baylen ; mais ces atroces événements ne furent qu'une des conséquences de la manière dont la guerre d'Espagne fut entreprise et dirigée. Napoléon fut donc la cause de tous nos malheurs en Espagne, lui qui seul pouvait les prévenir, et il le fut parce que, enivré par ses succès, ses victoires, ses conquêtes, sa puissance et sa gloire, enivré par la réussite des perfidies que couronna le guet-apens dans lequel il fit donner Charles IV et Ferdinand VII à Bayonne, il crut devoir substituer à des précautions, à des mesures trop nécessaires de superbes dédains envers une nation qu'il avait pour ainsi dire dépouillée de tous les moyens de résistance. Ce n'est pas tout. Avec une administration détestable, une législation hideuse, une justice au dernier point dérisoire et spoliatrice, ce peuple, honteux de l'ignorance dans laquelle il croupissait, commençait à s'irriter du rôle de ses prêtres, à s'indigner de la masse des abus que chaque jour quelque rayon de lumière éclairait davantage, et il aspirait à de grands changements. Il n'est donc pas douteux que si, au lieu de débuter par humilier, par exaspérer un peuple fier, énergique, et qui, en 1807, lui rendait un véritable culte d'admiration, d'enthousiasme même, Napoléon avait affiché la volonté d'en améliorer la situation, d'appeler les Castillans à un grand rôle, de faire pour eux ce que trop ostensiblement il ne fit et ne voulut faire que pour lui en paraissant le faire pour un des siens; si, au moyen d'instructions adaptées au caractère de cette nation et dont la stricte observance eût été maintenue avec rigueur, il avait prévenu les exactions, les cruautés, les excès; si, au lieu de ces hommes de faveur qui finissent par ne plus être dévoués qu'aux faveurs sur lesquelles ils spéculent, il n'avait employé en Espagne que des gens propres à ce genre de guerre, la plus difficile de toutes; si, au lieu de laisser chacun guerroyer pour son propre compte, il avait arrêté un plan général d'opérations; s'il avait tenu la main à ce que personne ne s'en écartât et par exemple à ce que l'occupation fût limitée aux pays que l'on pouvait maintenir dans l'obéissance; si en outre, prévenant tout risque d'insuffisance pour ses forces, il avait, dès le mois de juin 1808, et non par détachements, mais en masse, porté en Catalogne trente mille hommes de plus que ceux qui s'y trouvaient et réuni la moitié de ce corps au corps avec lequel le maréchal Moncey marcha sur Valence; s'il avait porté à Madrid vingt mille hommes de plus comme réserve, en Andalousie vingt mille hommes, indépendamment du corps entier du général Dupont, dix mille hommes à Badajoz communiquant avec Elvas, dix mille à Salamanque et à Rodrigo communiquant avec Almeïda, le Ferrol étant occupé par trois mille; s'il avait également placé dix mille hommes à Palencia pour observer la Galice et les Asturies, dix mille à Vitoria, cinq mille à Bilbao en sus des troupes qui occupaient la Biscaye, dix mille enfin à Saragosse, le réseau était formé; rien n'aurait pu le rompre; tout était irrévocablement contenu et soumis; l'insurrection, comme la guerre, était prévenue et comprimée; Madrid ne bougeait pas, l'Andalousie ne devenait pas le théâtre du plus effroyable désastre; dans cette Espagne en général salubre et pouvant fournir à tous nos besoins, nos armées ne s'anéantissaient pas par la fatigue et les assassinats ; l'Angleterre se serait gardée d'envoyer dans la Péninsule une armée qui n'y aurait paru que pour être écrasée et qui a fini par changer la destinée du monde ; nous restions maîtres du Portugal ; Napoléon n'était pas réduit à désenchanter sur son compte en montrant, à Madrid, la nécessité ou plutôt l'inutilité de sa présence ; il créait des rôles en proportion de la capacité de ceux à qui il pouvait les confier, et ne rendait pas nécessaires les hommes supérieurs dont précisément il manquait. Au lieu de nous coûter en pure perte quatre cent mille hommes et cinq cents millions, l'Espagne, qui ne tarda pas à devenir si dévorante, n'aurait pas tenté l'impossible contre de telles masses ; elle aurait même vu dans ce développement de forces un hommage rendu à sa valeur intrinsèque. Ces cent trente mille hommes de renfort en auraient économisé trois cent mille à la France ; au lieu de nous épuiser, cette Péninsule, dont la pacification a tenu deux fois à des fils, renforçait nos armées de terre et de mer ; augmentait nos ressources en tous genres et continuait à être pour la France la poule aux œufs d'or ; tout l'ouest de l'Europe nous appartenait. Et, comme dernières conséquences, la troisième Coalition ne se formait pas ; la Russie ne donnait pas lieu à la guerre, dont la retraite de Moscou fut l'épouvantable résultat ; l'Angleterre, qui en 1813 n'était plus dans la possibilité de soutenir pendant six mois le blocus continental, était contrainte à la paix, et, cette dernière ennemie rendue, la France restait la suzeraine du monde et Napoléon se maintenait en s'élevant encore au faîte de la gloire, de la puissance et de toutes les prospérités humaines. Ainsi la première faute, celle qui conduisait à toutes les autres, inculpe Napoléon, et l'inculpe d'autant plus que c'est au moment où la troisième Coalition éclata comme premier contre-coup des affaires d'Espagne, au moment où de sa personne il fut forcé de repasser la Bidassoa, qu'il aggrava et compliqua sa position en faisant faire la seconde expédition du Portugal, comme en 1812 ; et alors que notre situation en Espagne devenait de plus en plus menaçante, il entreprit la guerre de Russie et, croyant se montrer supérieur aux événements, aux hommes, en multipliant ses entreprises et en les rendant plus colossales à mesure qu'il risquait davantage, il se mit dans la néces-

-sité de combattre en même temps aux deux extrémités de l'Europe, et laissa de Moscou à Séville le champ ouvert à toutes les défections, à toutes les trahisons et à tous les genres de revers.

Mais encore, lorsqu'il ne put se dissimuler à lui-même à quel point il s'était trompé, ne devait-il pas faire de suite la part de l'erreur et des fautes pour éviter que le malheur ne la fît, et, avant d'achever de mettre l'ennemi du monde aux prises avec le monde entier, ne devait-il pas traiter de l'évacuation de l'Espagne et lui rendre Ferdinand VII, après avoir fait épouser à ce prince une femme gage d'une alliance que l'on pouvait encore rendre utile et dont quelques places de guerre auraient été la garantie? Ou bien il devait raser dans les provinces qu'il eût évacuées tous les points de défense, vendre les arsenaux et les magasins, afin de réduire cette guerre de la Péninsule à une guerre ordinaire et concentrer toutes ses forces sur la formidable expédition qu'il avait résolue contre la Russie. Je le répète, en tout cela Napoléon peut être accusé d'imprévoyance ou d'excès d'audace et de confiance; sa part doit être faite dans les causes qui ont amené le désastre de Baylen.

Il faut faire aussi la part de Murat. Cédant à ce vertige général qui persuadait encore que le succès était toujours plus assuré à mesure qu'on le compromettait davantage, Murat fait partir le général Dupont avec une poignée de monde, et, sans connaître la situation et les ressources de l'Andalousie, il lui ordonne de s'emparer de cette province et de Cadix.

Soldat de la Révolution, Murat oublie qu'une insurrection est un incendie dont on ne peut prévoir l'intensité; que dans les guerres de peuples, il faut montrer des troupes sur le moins de points possible, attendu que la vue d'un seul soldat de l'armée envahissante fait lever cent hommes du pays envahi, et que par conséquent il ne faut montrer des troupes que pour écraser. Il méconnaît que l'Andalousie, région à feu de paille, était, de toutes les provinces de l'Espagne, celle où il était le plus facile de faire naître la guerre de peuples, et que cette province ne devait être attaquée qu'avec des moyens décisifs. Alors que dans cette province il se trouvait près de trente mille hommes de vieilles troupes, qui chaque jour se renforçaient de nouvelles recrues, de corps de contrebandiers et de paysans armés, les trois divisions d'infanterie du général Dupont et la division de cavalerie du général Fresia eussent à peine suffi pour renverser les obstacles que ces armées pouvaient présenter, et sur les trois divisions d'infanterie, on en retint deux.

Forcé de s'arrêter à Cordoue, de se replier même sur Andujar, le général Dupont demanda des renforts, et, après de longs retards, on lui envoya sa seconde division, commandée par le général Vedel, et le quart de la troisième commandée par le général Gobert, sans considérer ce qu'il pouvait y avoir de chanceux dans le mouvement des quatre mille hommes de l'armée de Portugal qui devaient compléter cette dernière division et qui avaient ordre de la rejoindre à Séville, où le général Dupont ne put arriver, et qui cependant auraient rejoint si Murat les avait fait diriger sur Andujar (1).

Murat enjoignit au général Dupont de rester à Andujar, quand la plus simple inspection des cartes démontrait que c'était à Guarroman que le quartier général du corps du général Dupont devait être établi, du moment où au delà de la Sierra-Morena il était forcé de suspendre son offensive.

Enfin des avis alarmants même sur la situation de Madrid sont donnés à ce général, et ces avis se trouvent consignés dans des lettres écrites et non chiffrées, lettres qui sont enlevées, et on n'a pas considéré que les bandes déjà existantes dans la Sierra-Morena comme ailleurs pourraient intercepter des dépêches, malheur qui aurait été évité si, à son départ pour l'Andalousie, le général Dupont avait reçu un chiffre.

J'arrive à la part de Dupont. Le premier fait que l'on reproche au général Dupont, celui dont tous les malheurs, tous ses torts ont été la conséquence, c'est le pillage de Cordoue, pillage qui selon lui ne dura que peu d'heures, mais qui en réalité dura trois jours ; il dit que l'argent trouvé fut versé chez le payeur ; le pillage de Sainte-Marie peut avoir

---

(1) Ce fait, si impérativement affirmé par le général Dupont, est rétorqué et par le comte Mathieu-Dumas et par le général Vedel, dont la correspondance même justifie le dire, alors que le général Dupont n'a pas été plus heureux en affirmations qu'en dénégations. Il est cependant possible que dans ce cas le général Vedel attribue à Murat ce qui appartient à Savary.

détruit les moyens de prouver le contraire; la soustraction des trois copies de la procédure peut avoir anéanti les derniers documents existant à cet égard (1); mais les notes du général Gobert, le cri de deux populations entières, les effets et malades laissés à Cordoue, la voix publique, la voiture emmenée par M. de Villoutreys et qui, au dire de quelques témoins, est partie chargée d'or; les vases sacrés trouvés dans les bagages du général Dupont; le mot que le marquis de Londonderry, fils de lord Castlereagh, a inséré dans un ouvrage dédié au roi d'Angleterre; l'article de la capitulation relatif aux fourgons des généraux; cette phrase écrasante d'une lettre du gouverneur de Cadix au général Dupont : « Que Votre Excellence cherche par sa conduite et sa résignation à affaiblir la vive sensation des horreurs qu'elle a commises récemment à Cordoue... », ne permettront jamais le doute quant au fait et démontrent le châtiment du ciel exécutant le jugement des hommes, avec lesquels l'Empereur se mit en désaccord en faisant grâce.

Le deuxième fait qui inculpe le général Dupont, c'est de n'avoir pas profité de l'arrivée du général Vedel pour marcher sur Séville. Ce reproche, que lui fait le marquis de Londonderry, me semble judicieux. Le marquis exagère, à la vérité, la force de cette division; mais, avec quatorze mille hommes d'infanterie, trois mille chevaux et trente-six pièces de canon, on ne risquait certes rien contre une armée de quarante mille Espagnols, dont un quart n'était pas habillé, en partie composée de recrues, n'ayant pas fait la guerre, manquant d'ensemble et que cette offensive aurait ébranlée, tout en contenant et étonnant le pays. Le général Dupont devait donc battre le général Castaños, et s'il courait une chance, c'était de le rallier ou de l'anéantir. Bien d'autres considérations cependant commandaient encore cette opération, du moment où elle était possible. C'était l'unique moyen pour répondre dignement à la déclaration de guerre que la junte suprême de Séville venait de notifier, pour bouleverser cette junte dès sa naissance, pour faire proclamer Joseph là où il était le plus anathématisé. Mais encore était-ce un moyen, et le seul qui restât, d'opérer une jonction

---

(1) On assure qu'il existe encore une quatrième copie déposée par Regnaud de Saint-Jean-d'Angély.

avec les quatre mille hommes partis de Lisbonne pour Séville et qui, informés que cette ville n'était pas en notre pouvoir et menacés sur leur droite par les cinq mille Anglais débarqués sous les ordres du général Spencer, n'osaient en approcher. Enfin, quand le général Dupont n'aurait gagné à ce mouvement que de quitter une des villes les plus malsaines en juillet, de faire cesser la disette dont les troupes souffraient si cruellement, de ramener avec lui des approvisionnements considérables et d'éviter des morcellements qui le perdirent, c'est-à-dire de prévenir la série des événements dont son corps d'armée fut la victime, il aurait fait une heureuse campagne. Comprendre son inaction autrement que par l'embarras de rentrer en campagne avec un parc de cinq à six cents voitures, sinon huit cents, et sans la crainte des risques que pouvait courir une partie de ces voitures, est impossible.

Le troisième fait qui l'incrimine, c'est de ne pas avoir attaqué le général Castaños, lorsque, ayant pris position devant Andujar, il ne lui fallait que deux heures de marche de nuit pour engager une action générale; par une partie des raisons qui viennent d'être dites, je pense que ce reproche est également fondé.

Le quatrième lui impute le tort de n'avoir pas compris que, Andujar se trouvant occupée par la plus belle division d'infanterie, presque toute sa cavalerie, les deux tiers de son artillerie, le surplus de ses troupes pouvaient ne pas suffire pour lui conserver une retraite; qu'Andujar était le point où l'ennemi devait le plus désirer qu'il restât; qu'il ne se ferait jamais sur ce point que de fausses attaques; que ce serait ailleurs que le sort des armes se déciderait, et qu'en ne quittant pas Andujar, d'autres diraient ses fourgons, il rendait un autre que lui-même l'arbitre de son salut.

A tout cela le général Dupont répond qu'il avait l'ordre de ne pas quitter cette ville. Dans une des notes jointes à sa traduction de l'ouvrage du marquis de Londonderry, le général Mathieu-Dumas nie le fait; quant au général Vedel, il déclare avoir porté l'ordre de se replier sur les débouchés sud de la Sierra-Morena, ordre que la sagesse de Savary corrobora de suite. Mais, indépendamment de ces faits, il n'est pas de situation extraordinaire, inattendue ou seulement menaçante qui ne fasse à un général un devoir de ne considérer que comme des instructions les ordres qu'il a reçus, et cela, quelque formels que les ordres puissent être. Et en effet c'est dans de telles épreuves qu'un général justifie son élévation et son autorité. Le général Dupont, que sa capacité ne distinguait pas moins que son expérience de la guerre, ne comprit pas cependant que, le Guadalquivir, guéable sur dix points, n'étant plus une ligne, il ne restait ni possibilité ni motif de garder Andujar, du moment où quarante mille hommes manœuvraient sur la rive gauche de cette rivière en arrière de lui et sur le flanc de la seule route de retraite; il ne sentit pas que tout lui prescrivait de prendre position, savoir : à Guarroman son quartier général et une forte réserve, détachant trois bataillons à la Caroline, laissant à Santa-Elena la garnison qui s'y trouvait et éclairant le cours de l'Almadiel surtout en face de Vitalico; sa première division à Baylen, ayant ses avant-postes sur le Rumblar et sa gauche à Toscana; enfin sa seconde division à Linares, ayant sa gauche à Castran, sa droite à Fuente-Riso, et observant le bas Almadiel, position admirable et l'une des plus belles qui existent, position d'ailleurs signalée par une grande victoire sur les Maures.

Mais, alors même qu'il aurait jugé ne pas pouvoir abandonner Andujar, il pouvait continuer à l'occuper par un corps libre de tout bagage, qu'il aurait fait échelonner, et il devait placer son quartier général à Baylen, d'où par lui-même encore il commandait et dirigeait tout, alors qu'à Andujar, où il était comme une sentinelle perdue, il ne voyait et ne dirigeait rien. Vingt autres raisons justifiaient pour lui ce moyen terme, car il se trouvait au centre de ses troupes et de leurs opérations, au lieu de s'isoler à l'extrémité de sa droite, et d'une droite en mauvaise position, absurdement éloignée des autres corps de son commandement et courant le risque d'être coupée; en outre, il se trouvait en face du principal des gués du Guadalquivir et en mesuré de s'en servir ou d'en défendre le passage. Mais bien d'autres reproches se présentent encore.

1° Le général Dupont ne devait jamais permettre que le général Vedel achevât le faux et déplorable mouvement que sans ordres, c'est-à-dire contre la teneur des ordres qu'il avait reçus, celui-ci exécuta dans la nuit du 15 au 16 sur Andujar, mouvement que le général Dupont pressa au lieu de le contremander, et pour lequel il combla le général Vedel d'éloges. Ce n'est pas tout ; par les entretiens qu'il eut avec lui, le général Dupont avait dû juger du peu de capacité du général Vedel, et, sans même recourir à cette considération qu'il ne fallait pas éreinter des troupes qui s'étaient battues la veille et avaient marché la nuit, sans même avoir besoin de se rendre compte que la mort du général Gobert doublait l'importance d'avoir à Baylen un chef habile, il devait garder le général Vedel et sa division à Andujar et faire partir pour Baylen le général Barbou et ses troupes, renforcées par douze cents chevaux. Et tout était encore sauvé.

2° N'ayant pas pris ce parti et au moment où il apprit que, sur un simple avis et sans rien vérifier, le général Dufour s'était permis de quitter Baylen avec toutes ses troupes et de courir à la Caroline pour y précéder le général de Reding qui ne songeait pas à s'y rendre ; informé par la même dépêche que le général Vedel se précipitait sur les pas du général Dufour, sans avoir seulement fait arriver une de ses reconnaissances sur Menjibar, le général Dupont, que les rapports du général Gobert auraient dû éclairer sur les dangers de la position, sur l'urgence de la changer, se trouvait dans cette situation où rien dans le monde ne devait plus retarder son départ pour Baylen ; car, de deux choses l'une : ou le général de Reding marchait avec toutes ses forces et celles du marquis de Coupigny pour s'emparer des gorges de la Sierra-Morena, ou il n'avait voulu provoquer qu'un faux mouvement de la part des généraux Dufour et Vedel ; dans le premier cas, ces généraux pouvaient avoir besoin de l'appui du général Dupont et il ne fallait certes pas laisser quatorze lieues en partie de montagnes entre eux et lui ; dans le second, le général de Reding ne pouvait avoir d'autre but que d'isoler le général Dupont, de le tourner par Baylen et de concourir à l'accabler à la faveur de l'éloignement de plus de la moitié de ses troupes. Dans les deux hypothèses, il ne restait pas un moment à perdre pour arriver et se mettre en mesure.

3° Enfin, quand, le 18 au matin, le général Dupont reçut la nouvelle que le général de Reding et le marquis de Coupigny venaient de se réunir à Baylen, une heure devait suffire pour faire sauter le pont d'Andujar et être en marche, et on laissa le pont intact au général Castaños ; et la tête de la colonne était à peine en marche douze heures après ; dix-huit heures s'écoulèrent avant que les derniers pelotons quittassent cette fatale ville, et on disposa les troupes comme si elles ne devaient servir qu'à l'escorte d'un convoi en retraite, et on les abîma par une marche de nuit, et on arriva devant l'ennemi avec plus de trois lieues d'intervalle entre les premières et les dernières troupes, et on les fit combattre morcelées et haletantes contre des corps massés et en position; on exécuta quatre attaques insignifiantes au lieu d'une bonne, et lorsqu'il n'y eut plus de nouvelles troupes à faire donner, il ne restait plus un seul homme de disponible.

4° Un traité était devenu une nécessité; mais, bien que les négociations fussent entamées, du moment que le général Vedel attaquait, le général Dupont ne devait-il pas revenir sur sa précipitation, faire sa jonction avec Vedel soit en secourant Vedel dans une attaque combinée et en suivant la grande route, soit en réunissant toutes ses forces contre la droite de Reding; ce qui du reste lui fut proposé et fut refusé par lui, malgré l'insistance dont fit preuve le général Pryvé pour qu'on fit ce mouvement, pour qu'on brûlât les bagages et pour qu'on remontât le Rumblar jusqu'à la hauteur de la position occupée par le général Vedel? Celui-ci d'ailleurs se serait porté au-devant du général Dupont. Dira-t-on que les rives du Rumblar étaient difficiles à suivre? Mais elles l'étaient pour la poursuite autant qu'elles pouvaient l'être pour la retraite; elles ne pouvaient manquer d'offrir à chaque pas des positions favorables pour la défense. Ce ne sont au reste que les derniers contreforts de la Sierra-Morena, et où passe une chèvre passe un soldat. Enfin il n'y avait, même en faisant ce détour, que quatre lieues entre les troupes du général Vedel et celles du général Dupont, et, l'un et l'autre marchant pour opérer leur jonction, elle se serait faite en trois heures. Mais, en prenant ce parti, il fallait sacrifier les équipages; mais, en cherchant à se faire jour, on pouvait les perdre; mais, en laissant au général Vedel continuer son attaque, on pouvait, lui repoussé, ne plus être admis même à capituler, tandis que, en le conservant comme épouvantail, on pouvait sauver de grandes richesses, sauf et en cas de besoin à étendre jusqu'à lui la plus flétrissante et dans ses effets la plus désastreuse des capitulations. Enfin à quel motif avouable attribuer cette réticence au moyen de laquelle on laissa le général Vedel près de vingt-quatre heures dans l'ignorance de la nature du traité à intervenir, et comment n'y pas voir le dessein de l'engouffrer peu à peu? Je ne dis pas cependant que tout cela ait été prémédité ainsi, mais c'est ainsi du moins que cela a été successivement arrêté, conduit et exécuté.

5° Le général Dupont traite sans conditions, sans garanties pour la conservation des positions respectives, sans clauses pour la durée de la suspension d'armes, sans un mot pour la manière de la rompre, ce dont un ennemi sans foi profita pour rendre les divisions Barbou et Fresia insecourables.

6° Il exerce sur les divisions Vedel et Dufour une autorité qu'il n'avait plus.

7° Il suspend le cours des succès obtenus par le général Vedel et empêche sa propre délivrance.

8° Il fait rendre des prisonniers, des canons, des drapeaux payés par le sang de braves.

9° Il abandonne le sort de l'armée à un négociateur sans instruction et lui adjoint un officier sans qualité et qui a reçu de lui et secrètement des instructions verbales.

10° Il fait notifier le 21 un traité qui n'est signé que le 22.

11° Il applique à deux divisions libres et victorieuses une capitulation honteuse et criminelle.

12° Il les sacrifie pour obtenir des conditions meilleures.

13° Il sanctionne un traité infâme et renchérit en soumission à mesure que l'ennemi renchérit en exigences.

14° Et, pour dépasser en honte tout ce qu'il a sacrifié en gloire, il laisse ou il fait insérer dans la capitulation que les soldats avaient pu voler des vases sacrés dans le sac de Cordoue, mais que les voitures et équipages des généraux et officiers d'état-major ne seront soumis à aucun examen, comble de l'impudeur et de l'indignité.

Deux autres reproches sont encore faits au général Dupont, l'un de n'avoir pas eu d'assez bons espions pour connaître à temps les mouvements de l'ennemi; ce reproche est une bêtise, attendu que l'on n'a pas d'espions sûrs dans une guerre de fanatisme, à la fois politique, religieuse et nationale; l'autre d'avoir compté sur la loyauté d'un peuple en délire de révolution, d'un peuple auquel et par vingt perfidies nous venions d'escamoter ses places de guerre, sa capitale, ses armées, ses flottes et son roi; et ce dernier reproche est aussi fondé que celui d'avoir stipulé une évacuation par mer sous la garantie de l'Angleterre, de qui la Junte obtint qu'on refusât le passage. Au surplus, à quel point le général Dupont n'a-t-il pas sanctionné sa condamnation par ses impostures, refuge ordinaire des coupables! Ainsi il a dit :

1° Qu'il avait l'ordre [de tenir à Andujar. Mathieu-Dumas affirme le contraire, et Vedel lui avait porté l'ordre de se replier sur la Sierra-Morena.

2° Que la route par Baylen n'était plus libre le 18, et le porteur de dépêches de Vedel y a passé dans la journée et elle n'a été coupée que le soir.

3° Qu'il a désapprouvé le mouvement de Vedel sur la Caroline; il y a applaudi. Voir sa lettre du 17.

4° Que son combat a duré jusqu'à deux heures; à midi la suspension d'armes était accordée.

5° Que la dépêche de Madrid enlevée par les insurgés a tout perdu; elle était heureusement rédigée avec assez de réserve. Voir le rapport Regnaud à la haute Cour.

6° Que, quand il a traité, Castaños arrivait sur lui; il traita à midi, et les premiers éclaireurs de la seule division envoyée à sa suite par Castaños parurent à trois heures.

Sur ce je ferme le dossier des fautes et des responsabilités qui peuvent être attribuées au général Dupont et j'ouvre le dossier du général Vedel. Chargé de défendre à tout prix le Guadalquivir depuis l'embouchure du Rumblar jusqu'au dessus d'Almadiel, et par-dessus tout de répondre de Baylen, ce général concourt, le 15, à repousser l'ennemi maître de Menjibar et forçant le passage du Guadalquivir; puis, sur l'éventualité de la demande faite par le général Dupont d'un bataillon ou d'une brigade de renfort, par une aberration inexplicable et une désobéissance d'autant plus coupable que l'on était non seulement en présence de l'ennemi, mais aux prises avec lui, méconnaissant que ne pas exécuter un ordre en entier ou le dépasser est une égale désobéissance, enfin par un de ces actes qu'on ne peut imputer qu'à la répugnance de morceler la division, il part pour Andujar avec toutes ses troupes, à la seule exception de quatre compagnies qu'il laisse comme renfort au général Liger-Belair chargé de défendre le passage de la rivière; et tel fut le mouvement cause de la perte de tout ce corps d'armée; car, encore que le général Dupont couvrit par son adhésion tacite la responsabilité du général Vedel, cette grande faute n'en reste pas moins imputable à lui seul.

La première conséquence fut l'avantage que, dès le lendemain 16, le général de Reding remporta sur le général Liger-Belair, et la mort du général Gobert, militaire d'expérience, homme de mérite et de résolution et qui eût prévenu tous les malheurs qui suivirent sa perte; la seconde fut en toute hâte le renvoi du général Vedel à Baylen; mais par malheur son ordre portait de se réunir aux troupes qui s'étaient retirées sur Baylen. Or, les troupes qui s'étaient retirées sur Baylen ayant quitté cette ville pour se rendre à la Caroline, le général Vedel les suivit sans même laisser une brigade à Guarroman, comme sans doute, en exécution des ordres du général Dupont et pour lui conserver une retraite, il aurait couru après elles en Chine si elles étaient parties pour Pékin; de plus faut-il, d'après le général Vedel lui-même, faire remarquer ici que le rapport du général Dufour ne parlait que de six mille Espagnols se dirigeant vers la Sierra, que cinq à six mille hommes en pareil cas sont deux mille et que le général Vedel faisait courir dix mille Français pour barrer le passage à ces deux mille Espagnols, ou plutôt pour le faire barrer au général Dupont. Preuves nouvelles que l'on scruterait les annales du monde sans trouver rien de comparable aux fatalités qui se joignirent aux fautes dans les événements qui signalèrent cette fin de la carrière militaire du général Dupont.

Arrivé à la Caroline le 18, à neuf heures du matin, le général Vedel convient lui-même que, par le chef de bataillon Ragusant, venu de Madrid, il acquit la conviction que l'ennemi ne s'était pas dirigé sur les défilés de la Sierra. Il devait donc être sûr dès lors que l'ennemi était sur ses derrières, ne pouvant être ailleurs, et que lui, Vedel, avait été la dupe d'une ruse que tout révélait. Or, que fait-il dans cette circonstance où tout le rappelait à Baylen sans hésitation ni retard? Il envoie le général Dufour à Santa-Elena, et cela par une route qu'il savait parfaitement libre, puisque Ragusant l'avait suivie il y avait deux heures; puis, de sa personne avec toute sa division, et sans même renvoyer une de ses brigades à Guarroman, il passe la journée entière et la nuit suivante à la Caroline, à douze grandes lieues d'Andujar, où le général Dupont doit être entouré et peut-être assailli par quarante mille hommes.

Cependant le 19, à quatre heures du matin, de la Caroline

on entend le canon; or ce canon ne pouvait être celui d'Andujar; donc le général Dupont avait été forcé de quitter cette première ville, et ce ne pouvait être que le canon de Baylen; donc l'ennemi était maître de cette seconde ville et avait coupé la retraite au général Dupont. Le général Vedel dit qu'il croyait à une affaire d'arrière-garde. Un feu roulant d'artillerie ne pouvait faire croire à un combat d'arrière-garde, et jamais la générale, jamais le tocsin, ne furent plus appellatifs que ce canon de détresse. C'était donc le cas de partir à l'instant même et avec des cadres de bataille qui auraient achevé de se compléter en route; on y gagnait même de marcher avant la chaleur, et cependant deux grandes, on peut dire deux mortelles heures, différèrent ce départ. Les deux lieues et demie qui séparent la Caroline de Guarroman auraient d'autant mieux pu être faites en deux heures et demie que la pente conduit de l'une à l'autre et que le canon, qui ne cessait de tirer, ne pouvait manquer de donner des jambes aux soldats; or le général Vedel met plus de quatre heures à parcourir cet espace. Après avoir fait si peu de chemin, on s'attend à ce qu'il passera à Guarroman comme sur un brasier ardent et que, ne se trouvant plus qu'à deux fortes lieues du champ de bataille, il accélérera sa marche par tous les moyens du monde et pressera une coopération qui peut encore tout sauver. On suppose même qu'il tirera le canon en marchant, et de quart d'heure en quart d'heure, pour annoncer son arrivée et en faire calculer le moment. Et comment ne pas sentir à quel point son arrivée était urgente, lorsque, ne recevant aucune nouvelle du général Dupont, il devait avoir cent fois la certitude que la route était coupée, que par conséquent tous les efforts du général étaient restés impuissants et que sa position pouvait être atroce. Eh bien, en dépit de tant et de si criants motifs et pour ne pas perdre une seconde, pour mettre fin à l'indécision du général Dupont et brûlant du désir, du besoin de réparer ses affreux mouvements, les malheurs dont il est déjà la cause, les jours et les heures dont sa conscience doit lui demander compte, le général Vedel s'arrête! Et dans quel moment, grand Dieu! Quand le canon redouble, quand il ne faut plus que marcher pour mettre le général de Reding dans la situation épouvantable où se trouve le général Dupont, pour substituer une victoire décisive à une défaite flétrissante, à la perte d'une armée entière, le matériel y compris. Mais ses troupes étaient excédées et mouraient de faim ; moment auquel un troupeau de chèvres partit à portée de la colonne, et le général Vedel permit qu'on s'en emparât, ce qui donna lieu à une chasse et à une cuisson qui firent perdre pas mal de temps. A en croire le général Dupont, des représentations sont faites au général Vedel, et il y répond en parlant de la confiance que l'Empereur a placée en lui et des prochaines grâces qu'il en attend encore. Des clameurs se font entendre et il prétend que ses troupes ont besoin de repos, et, pour le prouver, il envoie des reconnaissances sur Linarès ; de même, pour calmer l'exaspération que sa halte produit, il prévient qu'il va envoyer un paysan pour savoir ce qui se passe à Baylen, et cela quand le feu le plus terrible ne le disait que trop, et il feint de ne pas savoir ou de ne pas comprendre qu'une des premières maximes de guerre est de marcher où le canon tire. Quoi qu'il en soit, au bout de trois heures selon lui, de six heures selon le général Dupont, de quatre à cinq heures peut-être pour être exact, il se remet en route. « Vers deux heures, dit le général Vedel, je découvris les hauteurs de Baylen. » Baylen n'est qu'à deux lieues de Guarroman ; cela ne prouvait donc pas qu'à deux heures il eût fait grand chemin, de même que cette tournure évasive indique le besoin de donner le change sur le temps perdu.

Il se trouve en face de l'ennemi et, au lieu de l'aborder, il s'arrête encore, et cela sur un avis du général de Reding ; une attente d'un quart d'heure est accordée par lui, de son plein gré, et il fait durer ce quart d'heure : une heure entière quand son agression aurait dû commencer à quatorze minutes et demie. Il attaque enfin, une heure plus tard qu'il le pouvait et sept heures plus tard qu'il le devait. Quoique l'ennemi n'ait affaire qu'à ses troupes, il obtient des avantages qui pouvaient encore devenir décisifs ; un ordre du général Dupont en décide autrement, et le général Vedel, qui deux fois a désobéi quand il devait déférer aux moindres ordres, obéit quand, le général Dupont étant pour ainsi dire devenu l'organe de l'ennemi, il ne lui devait plus aucune obéissance et que, indépendamment de cette raison, il avait à Madrid un généralissime et un roi auxquels il pouvait en référer. Il obéit quand les ordres n'indiquent plus que détresse et non volonté, et il rend à l'ennemi prisonniers, canons et drapeaux, et il repart à la Caroline où ces mêmes ordres le renvoient, puis le rappellent presque aussitôt à Baylen pour déposer les armes, et il y revient sans être éclairé sur le sort que lui réservent les Espagnols, qui malgré la suspension d'armes viennent de massacrer six cents traînards ou malades à la Caroline, et il dépose les armes, sa dernière garantie, lui qui dans sa brochure déclare que les instructions particulières qu'il avait reçues lui prescrivaient de garder les défilés de la Sierra-Morena et de s'établir dans la Manche, ce que plus que jamais il était à même d'effectuer et ce qui eût suffi pour empêcher Joseph d'évacuer Madrid.

J'arrive à la part de Chabert. Muni de pouvoirs pour la rédaction des articles d'un traité, il n'exige aucune instruction écrite et admet que ce qui devait devenir un traité soit changé en une capitulation. Chargé de stipuler pour les seules troupes qui se trouvent avec le général Dupont, il souffre que l'on y comprenne celles que commande le général Vedel. Ayant à régler leur retour à Madrid par la Sierra-Morena, il consent au retour par mer; il ne songe à aucune garantie et se met à la double discrétion des Espagnols et des Anglais; tels sont ses torts. Il est vrai qu'il se trouvait être le mandataire d'un chef qui s'était placé lui-même à la merci de l'ennemi par son combat comme par ses retards à évacuer Andujar, d'un chef qui avait achevé de se livrer par une suspension d'armes faite sans réserve comme sans condition, qui, pour des motifs pires que les faits, avait refusé qu'on le secourût et même qu'on le délivrât, qui n'avait laissé de remède et de palliatif à rien; et dans ces conditions que pouvait opposer Chabert à l'inflexible nécessité, et d'ailleurs qu'a-t-il fait qui n'ait pas été approuvé, sanctionné ou commandé par ce général Dupont lui-même? Quant à la complicité, il serait absurde de la supposer. Personne n'a eu plus horreur des vols commis que le général Chabert; ses notes le prouvent, et, qui n'a pas été complice du motif de tant d'indignités, ne l'est pas du fait qui a couronné l'œuvre. Il pouvait sans doute rendre ses pouvoirs et refuser de continuer à prendre part à cette odieuse capitulation; mais qu'est-ce que les malheureuses victimes des spéculations du général Dupont et des fautes du général Vedel auraient gagné au remplacement d'un homme auquel on n'avait aucun reproche à faire et que les ennemis eux-mêmes étaient forcés d'estimer? Or c'est dans la solution de cette question qu'est la justification du général Chabert.

Quant à Legendre, neveu du curé de je ne sais quel département, il fit, grâce à lui, des études, s'enrôla en 1777 dans un régiment colonial et, son congé obtenu en 1785, il se fit prêtre d'après les conseils de son oncle ; puis, par la protection de celui-ci devint curé en 1788 ou 1789. Assermenté en 1791, marié en 1793, il rentra au service, devint général de brigade, chef d'état-major du général Dupont, et à Cordoue entra dans la complicité de toutes ses soustractions d'argent, ainsi que le général Chabert et beaucoup d'autres l'ont rendu public; ainsi que pour quelques sommes, la révélation en fut faite par le payeur Plouzols qu'il avait pris comme complice. Il n'intervint pas dans la discussion ou la rédaction de la capitulation ; il n'eut pas à la signer (1), mais il donna et signa tous les ordres exécutoires de ces fatales dispositions, ce qui équivalait à sa signature et ce qui établit qu'il n'est pas de rapport sous lesquels sa complicité ne soit évidente. Je sais que ces signatures ne constataient que la transmission des ordres du général Dupont, et qu'en sa qualité de chef de l'état-major, cette transmission était en thèse générale de devoir; mais je sais aussi qu'il est des circonstances qui

---

(1) Le général Legendre, revenu à Paris, se présenta au ministre de la guerre Clarke pour connaître son sort. Ce dernier, en lui parlant de sa position, lui dit : « Mais, général, vous n'avez pas signé la capitulation de Baylen et vous pourriez faire valoir ce fait auprès de l'Empereur. — Cela est vrai », lui répondit Legendre, en prenant cette capitulation qui était sur le bureau du ministre et en ajoutant sa signature à celles qui s'y trouvaient. Je tiens ce fait du général Dupont (4 mars 1837), qui me l'a cité comme un trait de courage honorant le général Legendre et comme la preuve que cette capitulation fut tout ce que les circonstances rendaient possible. Mais les signatures subséquentes données par le général Legendre équivalaient à celle-là, qui devenait insignifiante; de plus, en signant chez le ministre la capitulation, le général Legendre identifiait sa cause à celle du général Dupont et se le dévouait; il acquérait ainsi l'éventualité d'un appui, alors que dans son isolement il n'en avait aucun; enfin c'était sans exemple que la disgrâce d'un général, dans la position de Dupont, fût définitive, et le général Legendre pouvait espérer se relever avec lui.

mettent tout en question, et des ordres auxquels aucune puissance ne peut contraindre d'apposer une signature qui implique une déshonorante responsabilité. Quant à la coopération de pillage et de soustraction d'argent, il n'en résulta pour lui ni un énorme accroissement de fortune, comme celui dont le général Dupont jouit, ni même, à ce qu'il paraît, un avenir quelconque; mais en pareil cas le chef garde l'or et les diamants et partage l'argent; or l'argent fut pillé à Sainte-Marie, et le général Legendre ne fut pas en position d'entrer dans le rachat des bons du trésor que le général Dupont acquit à si vil prix. De toute cette campagne il ne lui reste donc qu'une culpabilité flétrissante, et, si ce fut les mains vides, ce ne fut pas les mains nettes qu'il parut à Valladolid devant l'Empereur.

Ce serait faire trop d'honneur au sieur de Villoutreys que de ne le considérer que comme complice. Cet homme, que sa position auprès de l'Empereur immisçait à tout et qui eut sa part de sommes trouvées à Cordoue, fut un des fauteurs les plus ardents de la capitulation. Et en effet on a vu de quelle circonstance inespérée et si heureuse il nous empêcha de profiter, alors que l'on venait nous offrir, nous proposer ce que l'on nous refusa. De plus de Villoutreys nous lia par cette première convention sans lier l'ennemi en rien et sans une clause ou condition que nous pussions invoquer. Il prit à la conclusion et à la discussion du traité une part que son grade ne comportait pas et qu'il nous rendit aussi fatale que cela put dépendre de lui, fait qui l'incrimine encore; c'est lui qui, dans son trajet de Baylen à Madrid, avec une audace dont les Espagnols eux-mêmes durent être étourdis, à l'aide de mensonges dont l'idée fait horreur, et à l'exception d'un bataillon qui brava et ses ordres et ceux dont il était porteur, força tout ce qu'il rencontra de garnisons et de détachements à aller déposer les armes à Baylen. Spectacle vraiment inouï que celui de troupes hors de la portée de l'ennemi allant, tambour battant, par journées d'étapes et sans que rien les y contraignît, se constituer prisonnières. Enfin c'est ce misérable qui, sous escorte espagnole jusqu'à Madrid, et depuis Madrid sous escorte française, conduisit les deux fourgons chargés de tout l'or trouvé à Cordoue, et ne continua sa route pour Paris, où il devait porter à l'Empereur copie de la capitulation, que lorsqu'il eut mis le chargement de sa voiture en sûreté. C'est après cette campagne qu'il épousa la fille de Vanderbergh, que Rapp avait épousée en premières noces et dont il était divorcé.

FIN DE LA CAPITULATION DE BAYLEN.

TABLE ALPHABÉTIQUE

DES NOMS CITÉS DANS CET OUVRAGE.

ABRANTÈS (duc d'). Voir Junot.
ABRANTÈS (duchesse d'), II, 32, 34; V, 161, 162, 262.
ABRIAL, II, 493, 505, 508, note; III, 267.
ACHARD (général), V, 135, 136, 137, 138, 139, 167.
ACHILLE, II, 33.
ACTON, II, 258, 440, note, 441, 499.
ADALBERT III, IV, 5.
ADAM, I, 359.
ADRIEN (l'empereur), II, 187.
AGOULT (d'), IV, 13, 14, 15.
AIGUILON (d'), II, 403.
AIGREFEUILLE (colonel d'), IV, 76.
ALAVA (général), V, 18.
ALBERT, V, 254.
ALBIGNAC (baron d'), I, 130, 131, 132.
ALBUFÉRA (duc d'). Voir Suchet.
ALDERSON, IV, 316.
ALDOBRANDINI, II, 177, 178, note.
ALEMBERT (d'), I, 102.
ALEXANDRE (l'empereur), III, 409, note 1, 440, 443, note 1, 445, 459, 464, 465 et note, 472, 502, 504, 516, 537; IV, 90, 91, 92, 93, 94, 100, 101, 269; V, 1, 3, 17, 66, 86, note, 377, 379, 397.
ALEZZE (d'), II, 119.
ALEZZE (Mme d'), née Pisani, II, 120, 122.
ALIBAUD, V, 392.
ALIBERT (docteur), V, 220.
ALLOUIS (lieutenant-colonel), V, 284, 285.
ALMEIDA (d'), V, 363, 370, note 1.

ALORNA (marquis d'), III, 225; IV, 205, note, 206, note, 456, 488.
ALPHONSE IX, IV, 480.
ALQUIER, membre du comité de sûreté générale, I, 387, 388, 390, 391, note, 394, note.
ALVINTZY, II, 31, 41, 46, 51, 63.
AMALRIC (M.), V, 408.
AMBRUGEAC (comte d'), V, 308, note, 411, 412, 413.
AMBRUJACUS (le roi), V, 412.
AMOROS (Francisco), IV, 349, 350, 351, 352, 353, 377.
ANDRÉOSSY (général), IV, 155, note.
ANGOSSE (marquis d'), V, 251, note, 406.
ANGOULÊME (duc d'), IV, 57, 313, note; V, 217, 231, 250, 254, 268, 272, 308, note, 309, note, 312, note, 420.
ANGOULÊME (duchesse d'), I, 416; V, 217, 231, 242, 250, 254, 268, 270, 272, 407.
ANISSON DUPERON, I, 489 et note.
ANSELIN, éditeur, IV, 133, note 1.
ANSTRUTHER (général), IV, 263, note, 265, note.
ANTENOR, II, 111.
AOUST (marquis d'), I, 266, 326.
APPONYI (d'), IV, 415, note.
ARBERG (comtesse d'), IV, 42.
ARC (Jeanne d'), III, 390, 399.
ARCAMBAL (marquis d'), III, 177, note.
ARCAMBAL, II, 358, 360, 361, 363.
ARCE (don Ramon-Joseph d'), IV, 306, 307.

Arçon (général d'), III, 354.
Argenton, IV, 338, note, 339, note.
Argoud (général), I, 481.
Arjuzon (d'). V, 340, note.
Arlincourt (d'), IV, 492.
Armagnac (d'), I, 106, 445.
Arnaud, III, 395.
Arnaud (Mme), III, 395.
Arnstœdt (M.), I, 62.
Arstalt (baron d'), IV, 26, 27.
Artois (comte d'). Voir Charles X.
Artois (comtesse d'), V, 212, note 2, 228, 231.
Aspres (baron d'), III, 98, 99.
Assas (d'), II, 45.
Astulez, IV, 287.
Attila, II, 143.
Aubépin (marquise de l'), I, 312, note.
Aubry (membre du Comité de Salut public), I, 521; II, 75; III, 529; IV, 118.
Audouin (Xavier), I, 398, 468, 474.
Auerstædt (duc d'). Voir Davout.
Auersberg (général), III, 439.
Augereau, II, 5, 29, 30, 38, 39, 40, 41, 43, note, 45, 47, 67, 70 et note; III, 362, 409, note 2, 440, 451, 511, note; V, 80.
Augier (comte d'), I, 106, note.
Augirauville (Mme d'), III, 273; V, 323.
Augustin (miniaturiste), IV, 386.
Aumont (duc d'), I, 231; V, 160, 161, 205.
Auriol (Mme d'), V, 406, 408.
Autichamp (d'), III, 350.
Autriche (empereur d'). Voir François II.
Auvray, IV, 234.
Auvray (Mme), IV, 234.

Bacciochi, III, 366, note.

Bacher (docteur), I, 24, 92, 100, 102, 388; II, 8; III, 34, 148, 150, 154, 395; IV, 3, note 1.
Bacler d'Albe, II, 272, note 1.
Bacot père, V, 401, 402.
Bacot (baron), préfet d'Indre-et-Loire, 401, 402.
Bacot (lieutenant-colonel), V, 401.
Bagneris (colonel), IV, 202, note, 275.
Bagration (prince), III, 411, 444, 445, 449, 450, note, 462, 473.
Bailly, I, 229, 231.
Bajalich, II, 85, 88.
Balland (général), I, 263, note 1, 444, 470.
Ballesteros (général), IV, 323, 326, 327, 328, 333, 560.
Ballisle (Mme), V, 399, 400.
Bancal, I, 379.
Bar, I, 463, 464.
Baraguey d'Hilliers, I, 523; II, 146, note.
Baraguey d'Hilliers (Mlle), III, 414.
Barbou (général), IV, 254; V, 438, 465, 467.
Bardenfleth (comte de), V, 63.
Barère, V, 363, 389.
Barnave, I, 274, 275, 282.
Barral (comte de), IV, 447, note 1; V, 347 et note, 348.
Barral (comtesse Zoé de), V, 347 et note, 348 et note 1.
Barras, I, 532, 539; II, 2, 3, 4, 136, 407, 442, 445, 497; III, 65.
Barré (Mme), I, 182, 298 et note, 319.
Barré (Mlle Alexandrine), I, 182.
Barré (Mlle Félicité), I, 182.
Barré (Mlle Sophie), I, 182.
Barrié (général), IV, 537 et note, 541, 546, 547, 552.
Bart (M.), I, 125, 249.
Bart (Mme), I, 125, 197 et note, 219.

TABLE ALPHABÉTIQUE DES NOMS CITÉS. 479

Basire, membre du comité de sûreté générale, I, 387, 394, note.
Basly (Mme), III, 344, 345, 347.
Bassal, II, 149.
Bassano (duc de). Voir Maret.
Bassouin (M.), V, 19, 20.
Basville, II, 66.
Battaglia (comtesse de), II, 118, 124.
Baudin (député), II, 58.
Baudoin (brigadier), II, 388.
Baudouin, imprimeur, I, 489, note.
Bavastro, III, 104, 105, 106.
Bavière (princesse de). Voir Berthier.
Bayard (chevalier), II, 186, note.
Bazin, I, 95.
Beauffremont (prince de), I, 86, 87.
Beauharnais (général de), II, 4.
Beauharnais (Eugène de), III, 363; V, 7.
Beauharnais (reine Hortense de), III, 528; IV, 1, 2, 40, 41, 42, 43; V, 240, 305, note, 338 et note.
Beauharnais (Stéphanie de), IV, 1, 40, 41.
Beaujeu (chevalier de), I, 403, note.
Beaujolais (comte de). Voir Orléans.
Beaujon (M. de), I, 87; III, 310 et note.
Beaulieu (général), I, 448; II, 63.
Beaumarchais, I, 86, 135, 200; V, 199, 201.
Beaumé, I, 352, 353, 354, 355, 356, 361, 367, 377, 401.
Beaumont (comte de), IV, 48; V, 12.
Beauvau (Mlle de), I, 273.
Beauregard (Mme de), I, 182.
Bellanger (adjudant commandant), V, 40, note.

Bellevue (Mme Conrad de), III, 354.
Bellevue (Mlle de), III, 355, note.
Bellevue (Mlle Aimée de), IV, 113, note.
Belliard (général), II, 38; V, 278, 280.
Bellune (duc de). Voir Victor.
Belmonte (princesse), II, 506, 511.
Beltrami, II, 64, note.
Benningsen (général), V, 85, note, 157.
Benoit (Mme), III, 395.
Bentinck (comte de), II, 430; V, 26, 27, 28, 30, 32, 33, 34, 36, 38 et note, 39 et note, 49, 50, 58.
Béranger (le chansonnier), V, 285.
Béraud de la Haye de Rio (Charlotte-Jeanne). Voir Montesson (Mme de).
Beresford (général), IV, 196 et note, 197, 201, 204, 415, note, 490.
Bereuil, I, 181, note.
Berezin (M.), I, 63.
Berg (grand duc de). Voir Murat.
Bergasse, V, 199.
Bernadotte, II, 85, 102, 109, 116, 146, 204, 243; III, 29, 59, 64, 87, 362, 409, note 2, 441, 444, 449, 456, 464, 473, 511, note; V, 66, 81, 83, 89, 100, 105, 107, 108, 124, 182, 183, 184, 185, 186, 187, 204 et note.
Bernadotte (maréchale), IV, 2.
Bernard (colonel), V, 336.
Bernier (évêque), III, 345, 350, 403.
Bernouilli, I, 33, note.
Berruyer (général), I, 529.
Berry (duc de), II, 336, note; III, 536; V, 212, note 2, 217, 228, 231, 233, 234, 246, note, 251, 254, 266, 267, 270, 272, 273, 318, 319, 320 et note, 417, 420, 421, 423.

BERRY (duchesse DE), puis comtesse de Lucchesi-Palli, IV, 447; V, 201, 320 et note, 407.

BERTATTI, II, 409, note.

BERTHIER (prince de Neuchâtel), I, 232; II, 7, 8, 10, 11, 25, 47, 52, 103, 119, 130, 131, 140, 141, 143 et note, 144, 145 et note 2, 146, 147, 148, 149 et note, 150, 152, 153, 154, 155, 165, 167, 169, 170, 178, 187, 227, note, 443, 478; III, 58, 61, 64, 65, 69, 72, 76, 118, 122, 129, 145, 157, 159, 171, 187, 196, 270, 271 et note, 272, 273, 300, 322, 323, 356, 362, 367, 381, 394, 448, 456, 476, 482, 488, 524, 527, 544, 545 et note, 546, 548, 553, 555; IV, 41, 50, 51, 63, 64, 66, 72, 87, 99, 100, 102, 104, 121, 123, 124, 155, note, 157, 179, 242, 282, 322, 385, 390, 392, 393, 401, 402, 407, 408, 410, 412, note 1, 413, note, 415, note, 420, 430, 443, 446, 462, 501, 550, 567; V, 24, 29, 44, 45, 126, 299, 320, 321, 322, 323 et note, 341, 382.

BERTHIER (maréchale), princesse de Bavière, V, 322, note.

BERTHIER (César), II, 405; III, 273, 330, 381, 384, 387, 388; V, 323.

BERTHIER (Léopold), II, 162, note 2, 403, 405, 416, 476, 477, note, 501, 507, note; III, 273; V, 323.

BERTHOLLET, III, 61.

BERTINOTTI (la), II, 113, 115.

BERTRAND (général), III, 482.

BESSIÈRES (duc d'Istrie), II, 76; III, 58, 362, 409 note 2, 456; IV, 322, 424, 425, 426, 430, 433, 437, 449, 454, 459, note, 463, 473, 474, 475, 477, 479, 480, 481, 482, 483, 489, 506; V, 50.

BÉTHUNE (le duc DE), I, 211; II, 240, 242.

BÉTHUNE (Mlle Levavasseur, duchesse DE), II, 240.

BEUGNOT, IV, 559.

BEURNONVILLE (maréchal), I, 372, 378, 379; II, 354, 429; III, 16, 362.

BIEBERACH (comtesse DE), IV, 57.

BIGI (chef de bataillon), IV, 22, note.

BILLAUD-VARENNE, I, 320, 322.

BINOT (adjudant commandant), III, 413.

BISSON (général), III, 190; IV, 21, 22.

BITAUBÉ, I, 2, 3, note, 93, 103, 127, 312, 313, 314, 320 388; III, 150; IV, 76.

BITAUBÉ (Mme), I, 312, 313, 314, 320, III, 150.

BLACAS (duc DE), V, 215 et note 2, 275.

BLANCKENSTEIN, I, 467.

BLANCO DE SALCEDO, IV, 290, 426.

BLÉSIMARE, II, 250, 251.

BLONDEAU, III, 27.

BLÜCHER, V, 81, 83, 84, 85, note, 86, 107, 124, 339, 356, 357, 358, 360, 366, 367, 379, 388, 389, 390.

BOCCHERINI, III, 239.

BODARD (Félix), II, 492.

BOËSSIÈRE (LA), I, 190, 192.

BOIELDIEU, III, 220.

BOIGNE (M. DE), III, 538, 539, 552, note.

BOIGNE (Mme DE), III, 539.

BOILEAU, I, 440.

BOILLEAU (colonel), IV, 126, 127, 128, 129; V, 284, 285.

BOISFLAMEN (DE), III, 242.

BOISGELIN (cardinal DE), III, 275, 279, 306, 308.

BOISGÉRARD (général), II, 452 et note

BOISGIBAUT (Mme DE), I, 401.

TABLE ALPHABÉTIQUE DES NOMS CITÉS.

Boissy d'Anglas, II, 45.
Bombelles (M. de), évêque d'Amiens, V, 201.
Bonaparte. Voir Napoléon.
Bonaparte (Mme). Voir Joséphine.
Bonaparte (Jérôme), V, 338.
Bonaparte (Joseph), II, 142; III, 384, 483; IV, 38, 297, 298, et note, 312, 315, 323, 346, 348, 349, 351, 352, 355, 377, 379, 383, 463, 482, 532, 557, 565, 572, 576, note, 579, 588; V, 8, 338, 339, 370, 439 et note, 440, 454, 472.
Bonaparte (Louis), III, 227, 528, 529, 530; V, 305, note, 339 note.
Bonaparte (Lucien), III, 70, 234, 238, 239, 240, 241, 242, 244, 264, 270, 271, 272; V, 338, 339.
Bonaparte (Caroline) princesse Murat, III, 137, 140, 141, 160, 161, 368, 496, 528, 531, 547; IV, 121, 180, 195, 447; V, 324 et note.
Bonaparte (Pauline), II, 178, 179; III, 200; IV, 443, 444, 447 et note 1; V, 324, note, 348, note.
Bonaparte (Napoléon), fils aîné d'Hortense, IV, 1, 42.
Bonaparte (Louis-Napoléon) devenu Napoléon III, V, 338 et note.
Bonnamy (général), II, 285, 288, 289 et note, 299, 338, 362, note, 407, 434, 435, 476, note, 480.
Bonnard (le chevalier de), I, 202, note.
Bonnaud (général), I, 492, 504, 508.
Bonneuil (Mme de), I, 87 et note; III, 395.
Bonneuille (président de), I, 86.
Bonneuille (présidente de), I, 87.
Bonneval (capitaine de), IV, 561.
Bonté (général), IV, 530, 531.
Bordessoule, V, 311.

Bordier, III, 543.
Borel (adjudant-commandant), III, 340, 342.
Borghese (prince), II, 177; IV, 86.
Borghese (princesse), II, 175, 176, 177, note.
Borghese (prince Camille), II, 177, 178, 179, 182.
Borghese (prince Checo), II, 177, 244, et note, 283.
Borghese (princesse Camille). Voir Pauline Bonaparte.
Bory de Saint-Vincent, IV, 155, note; V, 276.
Bosquille (procureur), I, 440.
Botta, II, 473, note.
Boucher, I, 146, note 2.
Bouchotte, 256, note 2.
Boufflers, I, 431.
Bouillé (de), I, 277, 282.
Bouilly, IV, 277, note.
Boulay de la Meurthe (comte), V, 321.
Bourbon (duc de), V, 268, 269, et note, 272.
Bourbon (duchesse de), V, 269, note.
Bourbons (les), 276, 278, 279, 283, 293, 294, 298, 299, 304; V, 361, note, 362, note, 368, 376, 420.
Bourcard (général), II, 259.
Bourcier (général), V, 46.
Bourdillac (capitaine), IV, 317.
Bourjoli (de), I, 95, note.
Bourjolly, V, 220.
Bourmont, IV, 206, 208, 209, 232, 332, note; V, 311, 316, 333, 334, 355.
Bourmont (Mme de), IV, 208, 232.
Bourrienne, II, 67.
Boursac (vicomte de), I, 86, 88.
Bouvard (docteur), I, 101, note 1; III, 34, note.
Bouvenot (docteur), V, 22 et note, 23, 220, 221.
Boyé (chef de bataillon), II, 370.

Boyer (général), I, 128.
Brancas (de), I, 203.
Brancas (duc de), V, 215, note 2.
Braschi (duc de), II, 194.
Brause (général), V, 85, note.
Breissand (chef de bataillon), II, 206, 207.
Brenier (général), IV, 188, 189; IV, 486, 487.
Breteuil (baron de), V, 149, 174, 175.
Breuilpont (de), V, 406.
Breuilpont (Mme de), V, 406.
Briche (général), I, 445.
Brienne (de), III, 284.
Brizard, I, 171.
Broglie (prince de), I, 274, 275; III, 354.
Broudes (Mme), I, 441; V, 404, note.
Broussier (général), II, 301, 314, 315, 317, 321, 358, 369, 370, 376, note, 382, 383, 384, 388, 389, 392 et note, 395, 397, 399, note, 403, 407, 446, 447, 452, 461, 482, 484, 485, 487, 488, 491; V, 55, note.
Broval, V, 253, note 2.
Brown (Amy), V, 320, note.
Bruix (amiral), III, 186, 191, 193, 391.
Brune (maréchal), II, 35, 77, 84, 102, 103, 113, 114, 142, 203, 227, 259; III, 129, 130 et note, 131, 132, 136, 362, 409, note 1.
Brunet (major), V, 53.
Brunswick (duc de), I, 77, 308, 337, 338, 339; III, 554, 555.
Brunswick (princesse douairière de), I, 77.
Brunswick (prince Guillaume de), I, 45.
Brunswick (princesse de), IV, 107.
Brutus, II, 67, 144.
Bruyères, II, 149, 155, 157 et note, 185.

Buffalini, II, 207, 208.
Buffon, I, 365.
Buffon (comte de), I, 72, et note, 73 et note.
Buhot, inspecteur aux revues, II, 222; IV, 564, 565, 576, note, 582.
Burrard (sir Henri), IV, 263 note.
Burthe, II, 10, 16, 17, 18, 19, 20, 22, 23, 24, 25, 27, 28, 36, 52, 61, 65, 95, 97, 98, 99, 100, 101, 115, 116, 120, 122, 123, note, 124, 126, 130, 131, 132, 133, 171, 172; III, 92, 101, 102, 143, note 2, 501, note 2; V, 376, 381, 382 et note.

C[asabianca] (général). Quelques critiques ayant dans des articles de Revues ou de journaux, déterminé ce nom qui figure en certains endroits du texte simplement sous son initiale, nous le rétablissons d'après leur attribution : II, 144, note 2, 222, 223, 225, 230, 231, 234, 236, 245, 251, 253, 254, 256, 262, 263, 264, 265, 266, 267, 268, 270, 271, 272, note, 273, 274, 275, 294, 296; III, 136.
C... (Mme), II, 250 et pages précédentes.
Cabanis (Mlle), I, 181.
Cabarrus (comte de), IV, 291.
Cacault, IV, 436, note, 499.
Cadet (M.), I, 169.
Cadet (Mlle). Voir Montalembert (Mme de).
Cadet de Chambine, I, 170.
Cadet de Gassicourt, I, 24 et note, 169, 175, 176, 392; V, 371, note, 372 et note.
Cadet de Gassicourt (Mme), I, 169; V, 371, note, 372 et note.
[Cadet de] Gassicourt (Charles-Louis), I 24, note, 128, 165,

TABLE ALPHABÉTIQUE DES NOMS CITÉS.

169, 170, 172, 173, 174, 175, 176, 177, 180, 182, 190, 295, note, 298 et note, 314, 404, 432, 524, 527, 529, 531 ; II, 133, 134, 135, 238 ; III, 150, 173, 395, 405, 527 ; IV, 114, 241, 303, 380 ; V, 41, 370, 371 et note, 372 et note, 373, 374, 408, 416, note, 427.
CADET DE LIMAY, I, 170.
CADET DE VAUX, I. 170.
CADORE (duc DE), II, 76.
CADOUDAL (Georges, III, 350.
CAFFARELLI (général), III, 203 ; IV, 334, 568, 570, 573, 574, 577, 578, 580, note, 581, 582, 583, 584, 585, 586, 587, 588, 589, 590 ; V, 25.
CAILLEUX (DE), V, 253, note 1.
CAIUS CESTIUS, II, 188, note.
CALLOT, I, 327.
CALONNE (DE), I, 211, note.
CALONNE (Mme DE), I, 370, 371.
CALVIN, IV, 75.
CALVIN (chef de brigade), II, 144, note 1, 208, 209, 210, 211, 212, 213, 387, 403, 452, 520.
CAMBACÉRÈS, I, 521 ; II, 41 ; III, 63, 337, 396 ; V, 340.
CAMBACÉRÈS (baron DE), III, 162.
CAMBIS-VILLERON (le marquis DE), IV, 149.
CAMBON, I, 313.
CAMBRAY (général), I, 468, 470, 515 ; II, 551.
CAMPAN (Mme), IV, 30 ; V, 305, note.
CAMPANA, II, 147 ; III, 86, 101.
CAMPARDON (Émile), IV, 491, note 1.
CAMUS, I, 379.
CANDEL, V, 268.
CANOLLE (général), I, 369, 371, 372.
CANOUVILLE (Jules DE), IV, 410, 442, 444, 445, 446, 447.
CANOVA, II, 549.

CANUEL, I, 447 ; IV, 282 ; V, 241 et note.
CARACCIOLO (prince Luca), II, 410.
CARAFFA (colonel Hector), II, 318, 320, 454, note, 553, note ; IV, 139 et note.
CARAFFA (général), IV, 139 et note.
CARBONNEL, III, 396 ; IV, 113, note ; V, 241.
CARLIN, I, 173.
CARLOS (don), III, 306, note, 307, note.
CARNOT (Lazare), I, 463, 464 ; V, 340, 363, 377.
CAROLINE d'Autriche, reine de Naples, II, 258 et note.
CARON-BERQUIER, I, 383, 389, 399.
CARRA-SAINT-CYR (général), V, 45, 55, note.
CARRÈRE (général), II, 77, 91, note.
CARRIER, II, 492.
CARRION DE NISAS, IV, 154, note 2, 298 et note, 301.
CARTEAUX (général), I, 535.
CARTIER-ROSE, III, 314 ; V, 399.
CASA, IV, 291, 564, 580.
CASASECA, IV, 426.
CASSIUS, II, 67.
CASTANOS (général), V, 439 à 468.
CASTLEREAGH (lord), V, 462.
CATEL père, I, 159, note 1.
CATEL fils, I, 159, note 1.
CASTELLANE, III, 293.
CATHERINE II, I, 39, 72, note 2 ; III, 8, 10 et note, 11, 12, 14, note ; V, 210, note 2, 268.
CATILINA, V, 439.
CATON, II, 144.
CATULLE, II, 190.
CAUX (vicomte DE), I, 406, note ; V, 308, note.
CAVAIGNAC (général), V, 406, 407.
CAVAIGNAC (Mme), V, 406, 407.
CAYLA (Mme DU), I, 273.
CAZIN, I, 135.

Cenci (la), II, 183, note.
Censi (Mlle de), IV, 131.
Cérutti, I, 100, 101, et note 1, 102, 103, 127.
Cervantès, I, 137 ; IV, 309 et note.
Cervoni (général), II, 143 et note, 144, note 1.
César, II, 67.
Cesarini (Mme), II, 172.
Cetto (Mme), II, 412, 414, 415.
Cetty (commissaire des guerres), I, 483, 484.
Ceva (duchesse), II, 179, 182, 243.
Chaban (conseiller d'État, comte de), V, 129, 149, 150, 152, 154, 157, 158, 163, note 1, 171, 172, 176.
Chabert (général), IV, 254, 256 ; V, 447, 472, 473.
Chabot (membre du comité de sûreté générale), I, 387, 394, note ; II, 84.
Chabrol de Crousol, III, 343, 345, 348, 349, 390, 399, 400, 401.
Chabrol de Crousol (Mme), III, 344.
Chaffaux (capitaine), I, 409, 468, 507.
Chambel (Mme de), III, 191.
Chambort, II, 498.
Chambure, IV, 499, 500, 501 et note, 502.
Chamfort, I, 103, 127, 313.
Champcenets, III, 190, note.
Champeaux (colonel), II, 158, 159.
Champéron (comtesse de), V, 420, 422.
Champéron (Nelly de), V, 426.
Champion de Villeneuve (Mme), II, 134, 135 et note.
Championnet, II, 222, 228, 254, 255, 256, 257, 259, 276, 283, 286, 288, 290, 293, 294, note, 308, 317, 325, 335, 339, 342, 346, 347, 348, note, 353, 354, 355, 356, 358, 361, 362 et note, 363, 364, 365, 366, 367 et note 1, 368, 383, 400, 403, 404, 405, 406, 408, 409, 410, 420, 426, 429, 430, 431, 432, 437, 438, 440, note, 441, note 1, 442, 444, 445, 446, 449, 450, 452, 453, 455, 473, note, 476, 477, 478, 479, 480 et note, 481, note, 487, 488 et note, 491, 493, 494, 495, 503, 520 ; III, 17, 62, 163, note, 362.
Chancel (général), I, 340, 412, 441, 459, 460, 461, 463, 464.
Chanteloup, II, 443, 445, 481.
Charbonnier (général), I, 443, 445, 446 note, 470 ; II, 430.
Charette, I, 526 ; II, 426 et note ; V, 210, note 2.
Charette (comte Athanase de), V, 320 note.
Charles-Martel, III, 190.
Charles IX, V, 271.
Charles X (comte d'Artois, Monsieur, puis) : 1° Comte d'Artois, I, 92, 106, 146 et note 1, 156, 165, 207, 210, 212, 230, 250, 528 ; III, 247, 284, 285, 355 ; IV, 57, 58, 491 ; V, 210, note 2, 215, 217, 228, 231, 233, 234, 250, 254, 256, 268, 269 et note, 270, 272, 273, 390, 420. 2° Monsieur, II, 336, note. 3° Charles X, II, 190, note ; III, 86, 147, 343, 390 ; V, 212 et note 1, 243, note, 260, 286, 309, note, 382, 396.
Charles-Quint, III, 417 ; IV, 247, 248, note, 261.
Charles IV (roi d'Espagne), III, 247, 264 ; V, 457.
Charles XII (roi de Suède), III, 163, 542 ; V, 126.
Charles (prince), II, 6, note, 73, 74, 75, 85, 87, 88 ; III, 409, note 1, 440, 441 ; IV, 459, note.
Charlot (colonel), II, 348, note ; V, 203.
Charolais (Mlle de), I, 12, note.

CHARPENTIER (M.), I, 54, 55, 56.
CHARTRES (duc DE). Voir LOUIS-PHILIPPE.
CHATEAUBRIAND, II, 33; III, 305; V, 240, 410, 423.
CHATEAU-REGNAULT, I, 376.
CHAUFFARD, II, 536, 540, 552.
CHAUSSARD, I, 353.
CHENAIS (M.), beau-père du baron Thiébault, III, 288, 290, 291, 292 et notes 1 et 2, 293, 294, 295, 315 et note, 332, 333, 370 et note, 384, note, 403, 533, 534; IV, 126, 234, 397; V, 19, 219 et note, 398.
CHENAIS (Mme), belle-mère du baron Thiébault, III, 288, 315, 405; IV, 234; V, 219, 398.
CHENAIS (Elisabeth, dite Zozotte, seconde femme du baron Thiébault), I, 184 et note, 287; III, 288, 289, 293, 295, 299, 313, 314, 315 et note, 325, 332, 333, 344, 369, 370, 372, 373, 376, 377, 379, 380, 384, note, 385, 386, 387, 388, note, 389, 395, 396, 397, 398, 401, 404, 405, 406, 407, 484, 498, 499, 525, 526, 529, 531, 532, 537, 539, 546, 550, 551, 552, 556, 557, 558; IV, 39, 52, 53, 54, 55, 56, 57, 58, 66, 67, 69, 70, 71, 105, 106, 110, 111, 112, 113 et note, 174, 177, 179, 180, 181, 202, 203, 204, 219, note, 229, 234, 236, 239, 241, 283, 312, 313, 314, 315, 316, 317, 318, 319 et note, 320 et note, 321, 382, 386, 389, 398, 431, 441, 556, 558; V, 18, 19, 20, 21, 22, 41, 42, 43, 178, note 1, 179, 188, 219 et note, 220, 221, 222, 223, 224, 242, 290, 291, 347, 367, 395, 398, 399 et note, 400 et note, 402, 403, 404, 405, 407, 408, 411, 413, 414, 415, 416 et note, 417, 418, 419, 420, 421, 422, 424, 426, 428, 432.
CHENAIS (Amédée), III, 406, 407.

CHÉNIER (Marie-Joseph), I, 522.
CHÉTÉ (lieutenant), II, 270.
CHIGI (princesse), II, 178.
CHIMAY (princesse DE). Voir TALLIEN (Mme).
CHIMÈNE, IV, 295, 296, 297 et note 2.
CHINON (comte DE), I, 72, 73.
CHOISEUL (M. DE), I, 25, note 1; III, 310, note; V, 362, note.
CHOISEUL (duc DE), I, 524; IV, 15 et note, 16 et note.
CHOISEUL (vicomtesse DE), I, 87.
CHOISEUL-STAINVILLE (duc DE), I, 282.
CHONCHON (Mlle). Voir LOYAL.
CHRISTINE (Mlle), I, 495, 501, 502, 503, 504.
CICÉ (archevêque DE), I, 287.
CICÉRON, II, 144.
CID (LE), IV, 295, 296, 297 et note 1, 299 et note, 300, 301, 313, 333.
CIMAROSA (Domenico), II, 409, note.
CINTHIA, II, 190.
CLAIRON (Mlle), I, 171.
CLAPARÈDE (général), IV, 422.
CLAPIERS (ordonnateur DE), IV, 474.
CLAPPIER DE LISLE, I, 137, 221, 225, 227.
CLARKE (comte d'Hunebourg et duc de Feltre), I, 447, 486; II, 76; III, 362, 556; IV, 21, 121, 154, 155 et note, 156, 157, 158, 237, 240, 242, 243, 355, 378, 417, 579, 584; V, 29, 30, 33, 181, 183, 278, 286, 290, note, 293, 319, 397, 399, 473, note.
CLAUZEL (général), IV, 483; V, 17, 18.
CLAVIER (M.), III, 150.
CLAVIER (Mme), III, 166.
CLAYE (capitaine), II, 348, note.
CLÉMENT VIII, pape, II, 183.
CLÉMENT DE LA RONCIÈRE, II, 173

et note, 1, 189 et note, 496, 532.
CLERMONT-TONNERRE, V, 316 et note.
CLINCOURT (Mme DE), V, 410.
CLOOTS (Anacharsis), I, 302.
CLOUET, IV, 382, note.
COBENZL (DE), IV, 431.
COBOURG (prince DE), I, 410, 412, 420, 436, 448, 451, 491 ; V, 359.
COCHON DE LAPPARENT (M.), III, note.
COCLÈS (Horatius), II, 67.
COETLOSQUET (DE), IV, 332, 334.
COIGNY (duc DE), V, 250, note.
COLARDEAU, I, 174, note 2 ; III, 540.
COLBERT, I, 152.
COLBERT (Édouard-Pierre-David), II, 139 et note ; III, 318, note 2.
COLBERT (Louis-Pierre-Alphonse), II, 35.
COLCHEN, IV, 20.
COLLI (général), III, 45.
COLLOREDO (général), I, 451.
COLLOT D'HERBOIS, II, 492.
COMBES, IV, 586.
COMPANS (général), III, 501, note 2.
COMTE (M.), IV, 113, 317, note.
COMTE (Mme), IV, 317 et note 1.
CONDÉ (prince DE), III, 52, 183, 285 ; V, 22, note, 268, 270, 273.
CONDÉ (Mlle DE), III, 551.
CONDÉ (princes DE), I, 79 ; V, 251, 256.
CONDORCET, I, 289.
CONEGLIANO (duc DE). Voir MONCEY.
CONFLANS (DE), II, 36.
CONSTANT (Benjamin), V, 367, note, 368, note.
CONSTANTIN (grand-duc), III, 16, 441, 442, 450, note, 462, 465, note, 473 ; IV, 90, 91, 100.
CONTI (Mlle DE), III, 176, note 1.
CONTI (princesse DE), V, 253.

COQUIN, III, 93, note.
CORBET, I, 182, note.
CORBIÈRES, V, 244, note.
CORBINEAU, III, 501, note 2.
CORNEILLE (Pierre), IV, 301.
CORVISART (docteur), III, 532 ; V, 23.
COTTIN (abbé), V, 240.
COTTON (amiral), IV, 187.
COUCHAUD (capitaine), II, 468, 471, 472, 475.
COÜIN (général), IV, 432.
COUPIGNY (marquis DE), V, 442, 443, 444, 446, 452, 465.
COUPIGNY (M.), III, 527.
COURIER (Paul-Louis), III, 150.
COUTARD (commandant), II, 309, 318, 320, 453, 461, 464, 465, 466, 467, 553 et note ; III, 76, 77, 78, 80, 98, 99, 121, 149, note.
COYSEVOX, I, 153.
CRAMAYEL (baron DE), III, 286, note 2.
CRAMAYEL (marquis DE), III, 286, note 2.
CRAWFORD (général), IV, 511.
CRÉQUY (Mme DE), I, 146, 303, note.
CRIGNON - DÉSORMEAUX, maire d'Orléans, III, 348.
CROMWELL, III, 67.
CUNINGHAM (M.), I, 75.
CUOCO, II, 432.
CURIAL (général), IV, 559.
CURTIUS, II, 67.
CUSTINE, I, 372, 400, 412 ; II, 79.
CUYP (Albert), III, 537.

DABOVILLE (capitaine), I, 420, 421, 442.
DAGUZAN, II, 36.
DALBERG (baron DE), IV, 2.
DALLEMAGNE (général), II, 148, 149 et note, 150, 151, 155, 169, 207, 257.
DALMATIE (duc DE). Voir SOULT.

TABLE ALPHABÉTIQUE DES NOMS CITÉS.

DALRYMPLE (général), IV, 263 et note, 267.
DAMAS (maréchal et duc DE), II, 259 et note 1, 284, 285, 286, 287, 342; V. 215, note 2.
DAMAS (général), V. 55, note.
DAMPIERRE (général), I, 345, 411, 412.
DAMPMARTIN (vicomte DE), I, 190 et note 1; V, 14, 15.
DANICAN (général), I, 529, 535, 536, 537.
DANTE, I, 430.
DANTON, I, 315, 318, 322.
DARMAGNAC (général), IV, 281, 282, 283, 284, 285, 287, 288, 311, note, 312 et note, 377, 385; V, 119.
DARNAUD (général), III, 146 et note.
DARRICAU (général), V. 378.
DARU (général), IV, 51.
DATH (capitaine), I, 407; II, 226, 243, 269, 412, 465, note, 466, 467, 507, 512, 514, 518, 521, 527, 528, 532, 533, 534, 545, 546, 548, 549, 550, 551; III, 99, 124.
DAULUS, II, 111.
DAUMESNIL (général), V. 286.
DAUNOU, II, 148.
DAUPHIN (Louis XVII), I, 212, 261.
DAURE, II, 35, 110, 111, 130, et note, 173, 178, 204.
DAV...... (Mme), V. 404.
DAVID (Louis), I, 433, note; III, 547.
DAVIDOVICH, II, 54, 63.
DAVOUT (le maréchal), duc d'Auerstaedt, prince d'Eckmühl, III, 87, 200, 362, 409, note 2, 441, 442, 453, 456, 464, 511, note; IV, 88, 92, 100, 101, 102, 103, 104, 105, 123, 124, 155; V, 7, 25, 29, 31 et note, 33, 38, 45, 49, 51, 57, 59, 60, 64, 65, 66, 67, 68, 69, 70, 71, 72, 73, 74, 75, 76, 77, 79, 80, 82, 86, 87, 88, 90, 91, 92, 93, 94, 97, 98, 101, 102, 103, 104, et note 106, 107, 108, 110, 112, 114, 116, 119, 120, 121, 125, 128, 130, 131, 132, 133 et note 2, 135, 136, 137, 138, 139, 140, 141, 142, 143, 144, 145, 146, 147, 148, 149, 150, 152, 153, 156, 157, 158, 159, 160, 161, 162, 163, note 1, 165, 166, 168, 169, 170, 171, 172, 173, 174, 175, 176, 180, 181, 182, 183, 184, 185, 189, 190, 191, 192, 193, 194, 195, 196, 198, 199, 200, 204 et note, 205, 207, 208, 299, 300, 306, 340, 368, 369 et note, 370 et note, 377, 378, 379, 383, 384, 385, 386, 387, 388,
DAVOUT (maréchale), V, 207, 369, note, 370 note.
DAXE, III, 337.
DEBRAY, éditeur, III, 443, note 1.
DECAZES (duc), IV, 492; V, 399, 402, 412, 313 et note, 414.
DECRÈS, III, 390, 391.
DÉJEAN (général), IV, 304.
DELABORDE (général), 130, 140, 141, 159, 168, 169, 185, 186, 187, 188, 189, 190, 191, 192, 193, 198, 201, 209, 214, 226, 230, 232, 265, 336, 339 et note 2, 341, 344, 345, 415 note.
DELABORDE (Mme), IV, 345.
DELAITRE, III, 377.
DELALANDE, I, 33 note.
DELAUNAY, éditeur, III, 443, note 1.
DELAVEAU, IV, 72, 96, 98, 99, 109.
DELCAMBRE (général), V, 68, note, 78, 79, 86, 87, 92, 97, 105, 113, 193, 194.
DELILLE (abbé), I, 103, 104, 105, 313; V, 409, 410.
DELMAS (général), II, 146, note; III, 46, 276, 363 note.
DELOST, III, 204, 205, 207, 211, 219, 259.

Delpech, II, 238, note; III, 203, 205, 206, 207, 217, 218, 220 et note, 306 et noté, 307 et note.
Demoly, II, 374.
Demont (général), III, 494, 501, note, 2.
Demoustier, III, 395.
Deney (lieutenant), III, 46.
Denniée, IV, 125 ; V, 311.
Denon, I, 40; IV 296, 447, note 1.
Deplanque (adjudant général), I, 495 et note.
Deponthon (général), V, 169.
Derieux; I, 12, note.
Desaix, I, 447; II, 151 et note, 155, 173, 189, 197, 198 et note, 199, 200, 201, 202, 203 et note, 204; III, 58, 122, 362; IV, 119.
Desbureaux, V, 55, note.
Desjardin (général), I, 460, 461, 468.
Deslandes (M.), IV, 565, 566, 575, 576, note.
Deslandes (Mme), IV, 565, 566, 575 et note.
Deslon (docteur), I, 24, 81, 82, 83, 84, 85, 86, 87, 88, 89, 90, 91, 92, 93, 94, 95, 96, 97, 98, 99, 100, 102, 132, 293; II, 240.
Despinoy, I, 447; V, 241.
Desportes (Félix), III, 238, 245, 264, 265, 266, 268, note.
Desprez (général), IV, 587, note; V, 411.
Desroches (adjudant-commandant), IV, 263.
Desrosiers (Mme), I, 180, 186, 188, 189, 215, 438, 452, note.
Desrosiers fils, I, 438.
Dessolle (général), III, 47, note.
Destillières (Mme), III, 552.
Destillières (Mlle), III, 552, note.
Destouches, préfet, V, 399.
Devaux (adjudant général), I, 392 et noté.
Deville (chevalier), I, 11.
Devouges, peintre, III, 532.
Dewint (Jacques), domestique du baron Thiébault, III, 139, 140, 251, note, 370, 376, 405, 426, 484, 485, 487, 490, 491, 492, 499, 515, 518; IV, 27, 72, 109, 227, 233, 235, 280, 288; V, 40, 41.
Dietrich, I, 297, note, 1.
Dietrichstein (major), II, 364. note.
Dieu, II, 144, note 1.
Digeon (colonel), III, 501, note 2.
Dillon (les), I, 97, note.
Doazan aîné, I, 238, 242, 249, 267.
Doazan (jeune), I, 225, 235, 236, 237, 302, note 3.
Dolgorouki (prince), I, 39, 42, 43, 47, 63; III, 6, 445, 446, 449.
Dolgorouki (Serge), I, 37, 40, 42, 77.
Dolomieu (Mme de), V, 259.
Dombrowski (général), II, 197, 349, 357, 362.
Dominique, I, 101, note, 1.
Dommanget, II, 36.
Dommartin (général), II, 61, note, 1.
Donati (docteur), IV, 332, note.
Donnadieu, I, 447; IV, 282; V, 239, 240, 241, 242 et note 1, 243.
Donnadieu (Mme), V, 244.
Donzelot (général), I, 470, 471, 475, 476, 477, 478, 479, 480, 481, 482, 484, 487, 488, 490, 493, 495, note, 497, 498, 499, 500, 501, 503, 515; II, 197, 202; III, 281.
Doria (prince), II, 227.
Doria (princesse), II, 175.
Dorsenne (général), II, 139; III, 50, 203, 318, note 2; IV, 331, 401 et note, 402, 404, 407, 409, 416, 482, 489, 505, 506, 508, 512, 513, 514, 515, 516, 517, 519, 526, 527, 528, 529, 532, 533,

TABLE ALPHABÉTIQUE DES NOMS CITÉS. 489

534, 535, 536, 539, 540, 548, 549, 550, 552, 553, 556, 558, 561 et note, 562, 563, 566, 567, 568, 569, 570, 572, 574, 580; V, 25, 119.

DORSENNE (Mme), IV, 561, 562, 563, 564, 570.

DOTTO DE DAULI (comte), II, 111, 112.

DOTTO (comtesse), II, 124.

DOUENCE (colonel), IV, 126, 128, 202, note.

DOYEN (chevalier), V, 135, 386.

DOZZI, I, 10.

DRAVEIL (curé de), I, 113.

DROUET, membre du comité de sûreté générale, I, 387, 391, note.

DROUIN, III, 199, note, 203.

DROUVILLE (lieutenant), IV, 502, 503.

DUBOIS (M.), V, 427.

DUBOIS (général), V, 129, 158.

DUBOIS DE CRANCÉ, III, 67.

DUBOURG (comte), V, 347, note.

DUBRETON (général), IV, 328, 583.

DUCHESNOIS (Mlle), V, 349, note 2.

DUCOS, III, 65.

DUCREST (César), I, 202, 336; III, 179, 182, 187, 269, 270.

DUCREST (Mme), III, 182.

DUCROT DE BELBEDER (baron), I, 119.

DUCROT DE BELBEDER (Mme), I, 118.

DUDON (intendant général), IV, 409.

DUFOUR (général), V, 444, 445, 446, 465, 467, 469.

DUFOUR (intendant), V, 315.

DUFRESSE (général), II, 294, note, 357, 387, 403, 404, 406, 407, 422, 427, 428, 446, 447, 488 et note, 491.

DUGAZON (Mme), III, 189; V, 410.

DUGOMMIER, I, 447; III, 362.

DUHEM (conventionnel), I, 419; III, 233.

DUHESME (général), II, 295, 296, 297, 298, 300, 301, 302, 304, 305, 307, 308 et note, 309, 310, 311, 312, 313, 316, 317, 318 et note, 319, 320, 321, 322, 323 et note, 324, 326, 327, 328, 329 et note, 334, 349, 351, 352, 357, 358, 361, 362, note, 369, 370, 372, 373, 374, 375, 376, 378, 380, note, 381, 382, 383, 385 et note, 388, 389, 390, 391, 398, 399 et note, 403, 406, 407, 428, 429, 447, 453, 454, 455, 456, 458, 459, 461, 462, 463, 464, 465, et note, 466, 467, 475, 476, et note, 477, 479, 481, 482, 487, 488, 489, 491, 499, 502, 503, 514; III, 81.

DUHOUX (général), I, 529, 535.

DUJARDIN (Karl), III, 537.

DULAURENS (abbé), III, 216, note.

DULONG (colonel), IV, 342, 343 et notes 1 et 2; 344, note.

DUMAS (général), II, 30, 31 et note, 32, 34, 118.

DUMAS (Alexandre) père, II, 32, 34.

DUMAS (général comte Mathieu), V. 461, note, 463, 468.

DUMONCEAU (général), I, 510, 512, 513, 514, 516; V, 51, 56, 57, 60.

DUMOULIN (chef de bataillon), II, 126, 127, 128, 129.

DUMOURIEZ, I, 336, 337 et note, 338, 343, 355, 372, 373, 374, 375, 377, 378, 379, 384, 385, 392 et note, 410, 411, 468; III, 362; V, 183.

DUMOUSTIER, auteur des *Lettres à Emilie*, III, 150.

DUMOUSTIER (Mme), III, 150.

DUMOUSTIER (général), IV, 508, 514, 515, 526, 540, 590.

DUMUY (général), III, 382, 383.

DUNKIN (colonel), IV, 196, 416.

Dupaty (Charles) III, 225 et note.
Dupaty de Clam, III, 192, 207, 208, 214, 216, 225 et note, 234, 242, 243, 254, 255, note, 258.
Duperré (amiral), III, 193.
Duphot (général), II, 142, 147 et note, 171.
Dupin, I, 416, 440.
Duplessi-Bertaux, I, 327 et note 1.
Dupont (général), IV, 172, 184, 229, 244, 247, 250, note, 253, 254, 255 et note, 256, 262, note ; V, 206, 225, 226, 227, 234, 438 à 475.
Dupont-Chaumont, I, 523.
Dupuy (colonel), II, 35, 55, 116, 126, 127, 128.
Duquesnoy (conventionnel), I, 419, 429, 463, 464.
Duras (duc de), I, 445 ; V, 215, note 2, 243, note, 413, note.
Durfort (comte Armand de), V, 15.
Duroc, II, 9, 62 ; III, 88, 122, 337, 338, 544 ; IV, 51, 87, 101, 280, 282, 283, 390, 563 ; V, 4.
Dusaulx, I, 127, 388, 390, 391.
Duthé (Mlle), I, 146, note 2.
Duverger (général), II, 452.
Duveyrier, II, 403, 502.
Duvignau (général), I, 525.

Éblé (général), II, 290, 352, 507 note ; II, 337.
Eckmühl (prince d'). Voir Davout.
Eckmühl (princesse d'). Voir Davout (maréchale).
Égalité (général). Voir Louis-Philippe.
Elchingen (duc d'). Voir Ney.
Elgin (lord), III, 351, 352, 353, 357, 358, 363.
Elgin (milady), III, 352, 353, 358, 359.
Elleviou, V, 322, note.
Emery (docteur), II, 474, note.

Endymion, I, 17, 18.
Enghien (duc d'), I, 406, note 2 ; III, 52, 273 ; V, 203, 304.
Épaminondas, III, 67.
Erlon (comte d'), IV, 419, 420, 422, 423, 424, 488, 489 ; V, 268, 277, 325.
Ermann, IV, 75.
Erskine (général), IV, 472.
Escalle (adjudant général), II, 36.
Espagne (marquis d'), IV, 492.
Espinchat (comte d'), V, 406.
Espinchat (comtesse d'), V, 406, 419.
Essen (général), III, 440, 442, 451.
Estancelin, II, 473, note, 497, 498.
Estissac (duchesse d'), V, 335, note.
Etchegoyen (d'), III, 355 et note, 358, 538 ; IV, 113, note, 173, 311 ; V, 22, 23.
Etchegoyen (Mme d'), III, 397, 552 ; IV, 39, 113, note.
Evain (général), IV, 175, note.
Ève, I, 359.

Fabien, III, 150, 151 et note.
Fabvre (capitaine), II, 15 et note, 17, 23, 125, 131, 133, 223, 231, 236, 237, 264, 268.
Fain (baron), IV, 528.
Fain (éditeur), III, 443, note 1.
Fantin des Odoards (général), IV, 199, note.
Fargues (sénateur), III, 356.
Faria (abbé), I, 94, note, 95, note.
Faucher (frères), I, 162, 163 et note.
Faucigny-Lucinge (comte de), V, 320, note.
Faurie (banquier), IV, 387, 388, 576, note.
Faurie (Mlle), IV, 131, 133.
Faviers (Mathieu), V, 380, note.

FAVRAS. Voir MAHY.
FAYPOULT, II, 148, 443, 447, 448, 449, 450, 481, 487, 492, 493.
FÉLINE père, I, 159, note 2.
FÉLINE fils, I, 159, note 2.
FELTRE (duc DE). Voir CLARKE.
FÉRAUD, II, 45.
FERDINAND IV (roi de Naples), II, 258 et note, 259, note, 276, 284, 291 et note, 353, 435, 441, note 2, 499 et note; V, 328.
FERDINAND VII (roi d'Espagne), V, 8, 436, 437, 457, 460.
FERDINAND (archiduc), III, 410, 440, 452; IV, 391; V, 397, 449.
FERDINAND DE PRUSSE (prince), IV, 79.
FEREY (général), IV, 483, 485.
FERINO (général), I, 476, 478.
FERNIG (demoiselles), I, 467.
FERNY (général), III, 454.
FERRAND (général), I, 460, 461.
FEUILLANT, I, 182, 298, note; V, 19.
FEZENSAC (général), V, 51, 57.
FEZENSAC (DE), I, 106 et note.
FIESCHI, V, 392.
FILOMARINO (Clemente), II, 367.
FISSONT, IV, 159, 160.
FITZ-JAMES (duc DE), I, 212; III, 539; V, 243, note.
FLAHAUT (général), V, 370, note 1.
FLAVIGNY (adjudant général DE), III, 281, 282, 283.
FLESSELLES (DE), I, 223, 224.
FLEURIEU (comte DE), III, 177, note.
FLORENT, II, 148.
FODOR-MAINVIELLE (Mme), V, 173.
FONCIER (bijoutier), IV, 67; V, 306, note.
FONTANAR (marquis DE), III, 238, 242, 243; IV, 38.
FONTENAY (chef de bataillon), III, 470, 471.
FONTENAY (DE), IV, 214, 215, 216, 217, 223, 227, 229.
FONTENAY (Mme DE). Voir TALLIEN (Mme).
FONTENELLE, I, 153.
FOOTE (commodore), II, 515 et note.
FORBIN, V, 241.
FOREST (général), II, 452, 461, 464, 465, note, 520.
FORNÉSY, II, 41, 42 et note, 44, 45.
FOUCAULT (Mme DE), I, 87.
FOUCHÉ, I, 40; III, 394; IV, 235; V, 297 et note, 363, 367 et note, 368 et note, 375, 376, 377, 378, 379, 380, 383, 386, 389.
FOUCHER DE CAREIL (général baron), V, 195, 196, 197, 198, 199, 200, 201.
FOULON, I, 232.
FOUQUES, II, 507, note.
FOUQUIER-TINVILLE, I, 497; II, 407.
FOURCROY, I, 404.
FOURNEAU (M.), I, 206.
FOURNIER (général), III, 271; IV, 435, 436 et note, 437 et note, 438, 440, 443, 444, 449, 484; V, 117, 118 et note, 235, 236, 238, 239, 240, 351.
FOX, IV, 245.
FOY (général), III, 414; IV, 162, 427, 429, 451, 462, 463, 464 et note, 465, 466, 469; V, 316, note, 447, 449.
FOY (Mme), IV, 163, note, 164, 192, 208.
FOYATIER, sculpteur, III, 369, note.
FRANCE (comtesse DE), IV, 67; V, 306 note.
FRANCE (Mesdames DE), I, 28.
FRANCESCHI (général), III, 103, 117, 145, 146; IV, 339.
FRANCESCO, II, 106, 107.
FRANCŒUR (capitaine), I, 408, 409, 458.

François Ier, III, 390 ; IV, 248.
François Ier (empereur d'Allemagne), I, 392, note.
François II (empereur d'Allemagne, puis d'Autriche), III, 409, note 1, 440, 502, 506 ; V, 86, 377, 379, 397.
François de Neufchateau, IV, 20; V, 142.
Frédéric II le Grand, I, 5, note, 25, note, 34, 39, note, 45, 46, 48, 52, 70, 74, 75, 81, 112, 114, note, 123, note, 124 et note, 224, 417 ; II, 150, 171, note 1 ; III, 144, 185, 296, 542; IV, 7, 20, 72, 78, 79, 80, 81 et notes, 83, 94, 258 ; V, 15, 16, 365, note.
Frédéric-Guillaume II (roi de Prusse), I, 52, 53, 70, 124 et note, 190 et note 1 ; III, 296, 298.
Frédéric-Guillaume III (roi de Prusse), IV, 90, 91, 93, 94, 100.
Fréhot, III, 214, 225 et note, 254, 255.
Frennes (comtesse de), V, 420, 423.
Frère (général), III, 37, note.
Fresia (général), IV, 254 ; V, 438, 461, 467.
Frey (major), II, 364, note.
Freyre (général), IV, 263, note.
Friant (général), III, 442, 449, 453, 460, 461 ; V, 77.
Frioul (duc de), II, 76.
Fririon (Nicolas), III, 337.
Fririon (l'un des), V, 319.
Fritz (docteur), I, 7, 29.
Fronsac (duc de), I, 74.
Fualdès, II, 14.
Fulde (abbé de), IV, 50, note.

Gabriel (don), III, 252, note 1.
Galland (docteur), I, 84, 85, 168, 190, 293, 294.
Gambs (adjudant général), II, 304, 305.
Gandaubert, III, 264, 266, 267, 268, note.
Ganteaume (amiral), III, 383.
Garat, III, 313, 396.
Gardanne (la Moustache), général, I, 179, note 1 ; II, 217 et note, 219, note, 220, 223 ; III, 70, 267.
Gardanne (générale). Voir Pinon (Adélaïde).
Gardanne (général Claude-Mathieu), IV, 425, 428 et note, 429, 430, 431, 451.
Garnier, membre du comité de sûreté générale, I, 387, 394.
Gassicourt. Voir Cadet.
Gassine (chef de bataillon), II, 269.
Gasso (duc del), II, 351.
Gaudin (ministre des finances), III, 299.
Gaussen (chevalier de), I, 395, note.
Gauthier (général), III, 88, 100, 101, 143, note 2, 475, note ; IV, 87, 88, 89, 100, 335 ; V, 52, 77, 125.
Gauthrin (chef d'escadron), II, 386, 404, 405.
Gazan (général), III, 52 ; V, 28.
Gelin (capitaine), II, 236.
Gélin (abbé), III, 299.
Gengoult (général), V, 68, note, 90, 105.
Genlis (de Sillery, comtesse de); I, 47, 202, note, 354, 355, note, 356, 357 et note, 358, 359, 360, 361, 362, 363 et note, 365, 364, 368, 369, 376, 377, 378 ; III, 176, 181 ; V, 207, 253.
Genlis (Mlle de). Voir Valence (Mme de).
Genoud (la famille), V, 362, note.
Gentil de Saint-Alphonse (général), V, 312, note, 331, note.
Geouffre, IV, 168.

TABLE ALPHABÉTIQUE DES NOMS CITÉS.

GÉRARD (major), III, 377.
GÉRARD (maréchal), I, 517; III, 501, note 2; V, 195, 196, 203, 207, 333, 356, 357, 358.
GÉRARD (peintre), III, 501, 556.
GERMON (Mme), IV, 71.
GIRARD dit VIEUX (général), I, 476, 477.
GIRARD (général), II, 306, 307, 401, 402; IV, 415, note, 468, note 2; V, 124.
GIRARDIN (général DE), III, 476, 488, 509; V, 288, 289.
GIRARDIN (Stanislas), IV, 310, note.
GIRARDON (général), II, 338, 342, 357, 371, 387, 498; III, 301.
GIRARDON (sculpteur), I, 153.
GIRAUD, I, 341.
GIULAY (général), III, 445.
GIUSTINIANI (princesse), II, 178.
GNEISENAU (général), V, 357.
GOBERT (général), III, 556; IV, 21, 22, 252, note; V, 438, 442, 443 et note, 444, 446, 455, 461, 462, 465, 469.
GOBRECHT (baron), V, 46.
GODINOT (général), IV, 468, note 2.
GODOÏ, III, 221, 246; V, 436.
GOHIER, III, 65.
GOI (M. DE), V, 364, note.
GOIS fils, sculpteur, III, 369, note.
GOLOWKIN (comte), I, 25 et note 2, 26, note.
GOLOWKIN (Mlle), I, 25, 26, note.
GORIS (chef de brigade), II, 465, 467, 468, 470.
GÖTTMANN (commandant), I, 368, 391, 406, 468.
GÖTTMANN (Étienne), I, 407.
GOURDEL (capitaine), II, 348.
GOURGAUD (général), IV, 279, note.
GOUVION-SAINT-CYR (maréchal), II, 170, 179, 196, 197, 198 et note, 203, 208, 226 et note 2, 227 et note, 228, 443; III, 44, 48, 49, 58, 149, note, 222, 223, 240, 362, 409, note 1; IV, 116; V, 84, 314 et note, 315 et note, 396, 397, 411, 421.
GOUVION-SAINT-CYR (maréchale), V, 421.
GRAFEN (baron), II, 88.
GRAND (Mme). Voir TALLEYRAND (Mme).
GRANDSAIGNE (colonel DE), IV, 131, 502.
GRASSET, I, 235, 252, 323, 327 et note 3, 328, 331, 341.
GRAVIER (abbé), I, 117, 118, 134, note, 174.
GRAVINA (duc DE), II, 417, 423.
GRÉGOIRE (évêque), IV, 306 et note.
GRIMOARD (comte DE), IV, 397, 417.
GROS (baron), II, 41.
GROSSIER (marquise de), V, 412.
GROUCHY (maréchal), III, 45, 46 et note, 47, note, 362, 418; IV, 415, note; V, 217, 327, 345, 353, 354, 355, 356, 357, 358.
GROUVELLE, I, 102, 103, 127, 347, 348, 393, 394, 395.
GROUVELLE (général), V, 382.
GRUMKO (comte), II, 109.
GUDIN (général), III, 362, IV, 89, 100, 101; V, 77.
GUÉNARD père, V, 392 et note.
GUERRIERI (Guerriero), II, 205.
GUESSIER (éditeur), V, 457.
GUGLIELMI (jeune), IV, 175.
GUIBERT (comte), II, 173 et note.
GUIBERT, II, 173, 189, 190, 192, 204; III, 269.
GUICHE (duchesse DE), I, 164.
GUIEUX, II, 39, 40, 68, 88, 146.
GUILLAUME, roi de Hollande, III, 556.
GUILLEMARDET, I, 539.
GUILLEMINOT (général), I, 495, note; V, 311, 414.
GUIMAL (capitaine), II, 206, 208, 209.

GUINES (duc DE), I, 2, 25 et note 1, 110, 111 ; III, 184, 185.
GUIOT (banquiers), IV, 173.
GUYOT (général), V, 84.
GUYTON DE MORVAU, IV, 302 et note.

HAGEN (capitaine), IV, 371, 372, 373, 375.
HAINCHELIN (Mme), I, 2; IV, 76.
HAINGUERLOT (Mme), I, 148.
HALLER, II, 149.
HAMELIN (Mme), III, 271, 495, 496, 497.
HAMILTON (M.), beau-père de Betsy, première femme du baron Thiébault, I, 382, 385, 398.
HAMILTON (lady), II, 291, note, 499.
HANACHE (comte D'), I, 95, note; IV, 112, 113; V, 405, 409.
HANACHE (comtesse D'), V, 422.
HANACHE (vicomte Ernest D'), V, 407.
HANACHE (marquise D'), IV, 112, 113.
HANACHE (Mlle D'), V, 407.
HARDENBERG (prince DE), V, 263.
HARDY (M.), II, 152 et note, 154.
HAUGWITZ (comte D'), III, 445, 446.
HAUTOY (comtes DU), I, 10.
HAXO, V, 84.
HAYDN, III, 162.
HECTOR (adjudant), III, 120.
HÉDOUVILLE (général), IV, 313, 388.
HÉLOÏSE, I, 172, note.
HENCK (la), IV, 76 et note.
HÉNIN (prince D'), I, 86, 156.
HENRI II, III, 390.
HENRI IV, V, 197, note, 245, 421.
HENRI de Prusse (prince), I, 33, 36, 45; III, 144, 145, note; IV, 81, 83.
HENRY (M.), III, 534 et note, 535 et note, 536 et note, 537, 556.

HERMANN, IV, 153, 159, 259.
HERMINIE (Mlle). Voir ROYER-COLLARD (Mme).
HERVO (général), IV, 100, 101.
HESSE (prince DE), V, 64.
HEUDELET (général), IV, 339.
HIMBERT DE FERGNY (sous-préfet), V, 73.
HIS, III, 310, 312 et note, 313.
HITZICH, I, 61.
HOCHE, I, 447, 484 ; II, 117; III, 362 ; V, 419, note.
HOFFMANN, I, 31, 71.
HOFFMANN (Philippine), I, 36, 37, 38.
HOGENDORP (général), V, 48, 58, 149, 158, 195.
HOHENZOLLERN-SIGMARINGEN (prince DE), IV, 21, 22.
HOLTZ (colonel), V, 100, 167.
HOMÈRE, II, 33.
HOPE (général), IV, 263, note.
HORACE, II, 190.
HORTENSIUS, II, 144.
HOTZE (général), II, 169 ; III, 52, 53, 116; IV, 459, note.
HOUCHARD (général), I, 448.
HOUDAR DE LAMOTTE (colonel), III, 414, 476; III, 501, note 2.
HOUDETOT (général D'), III, 193, 194, 198, 202, 203.
HUGO (Abel), II, 166.
HULIN (général), I, 405; III, 255; IV, 76, 237, 239 ; V, 55, note, 172, 384, 385.
HUNEBOURG (comte D'). Voir CLARKE.

INFANTADO (duc de L'), III, 251 ; IV, 482.
INGRAND, membre du comité de sûreté générale, I, 387, 391, note, 394, note.
ISABEY, III, 142, 164.
ISSOUDUN (comtesse D'), V, 320, note.

ISTRIE (duc d'). Voir BESSIÈRES (maréchal).
IXION, I, 17, 18.

JACQUEZ (libraire), I, 492, 493, 494.
JEAN (l'archiduc), III, 416, 440, note 1.
JEANROI (docteur), III, 532.
JENNER, I, 7, note.
JOACHIM (capitaine), II, 536.
JOINVILLE (baron DE), V, 313, note 1.
JOLY (jurisconsulte), I, 24, 100, 102, 388; III, 150, 267, 395.
JORDAN (conseiller), I, 39, note.
JORDAN (André), I, 39 et note.
JORDAN (Auguste), I, 39, 40, 41, 137.
JORDAN (Charles), I, 39, 40; II, 78.
JORDY (général), III, 415, 416.
JOSEPH II, empereur d'Allemagne, I, 62; II, 183.
JOSÉPHINE (Tascher de la Pagerie, femme Beauharnais, puis Mme Bonaparte et impératrice), II, 5; III, 29, 61, 63, 142, note, 152, 160, 161, 163, 164, 361, 363, 364, 379, 382, 383, 384, 386, 387, 392, 528; IV, 1, 2, 3, 12 et note, 39, 40, 41, 42, 43, 44, 45, 46, 48, 49, 50, 71; V, 12, 305, note.
JOUBERT (général), II, 47, 52, 56, 57, 60, 68, 259, 260, 358, 365, 491; III, 41, 42, 43, 44, 51, 53, 362; V, 419, note.
JOUFFROY (général), IV, 465, note; V, 35, 38, 48.
JOURDAN (maréchal), I, 447, 462, 463, 464, 494; III, 58, 131, note, 362; IV, 323, 349, 355, 376, 383, 394; V, 142.
JOURGNIAC DE SAINT-MÉARD, I, 320.
JOUSSELIN (ingénieur), V, 169.
JOUY, I, 2, 352, 357, 359, 360, 361, 362, 364, 368, 369, 397, 398, 399, 400, 401, 414, 415, 416, 417, 418, 419, 421, 422, 423, 424, 425, 426, 427, 428, 429, 430, 431, 432, 433, 434, 435, 437, 438, 439, 440, 441, 442, 487, note, 515, 521 et note, 522, 523, note, 524, 525; II, 346; V, 403, 404 et note, 408.
JULIAN (don), IV, 427, 432, 433, 448, 449, 450, 451, note, 452, 453, 483, 492, 499, 500, 503, 504, 505, 507 et note, 530, 531, 534, 537, 543, 547, 548, 552.
JULIEN, chef d'orchestre, III, 271 et note.
JULLIEN (le payeur), IV, 477.
JUNOT (duc d'Abrantès), II, 9, 58, 61, note 1; III, 88, 122, 154, 155, 156, 157, 159, 206, 270, 272, 314, 317, 323, 327, 330, 455, 549, 553, 554, 555, 557; IV, 51, 113, 115, 116, 117, 118, 119, 120, 121, 122, 123, 125, 129, 131, 133, 135, 137, 141, 145, 157, 158, 159, 160, 161, 162, 163 et note, 164, 166, 167, 168, 169, 170, 177, 179, 181, 182, 184, 186, 188, 190, 191, note, 192, 195, 196, 197, 198, 199, 201, 204, 207, 208, 209, 226, 242, 243, 245, 246, 259, 260, 262, note, 264, 265, 267, 268, 269, 270, 271, 272, 298, note, 330, 377, note, 382, 383, note, 410, 411, 412, 420, 433, 438, 447, 459, note, 488, 489, 490; V, 162, 248, 249, 443, note.
JUNOT (Laure Permon, Mme), duchesse d'Abrantès, III, 154, 323, 540, 549; IV, 121, 162, 179, 180, 181, 199, 235, 247, note, 261, 262, note, 377, note, 382, 431, 433, 434, 437, 438, 439 et note, 440, 441, 442, note, 443, 445, 451, note, 454, 458, note, 459, note, 461, note, 462, note, 469, 472; V, 248, 250, 262, 269, 270, 275, 451.

Junot (Alfred), IV, 432.
Jurcsech (général), III, 472.
Justinien, I, 173.
Juvénal, I, 127; II, 223.

Kalckreuth (feld-maréchal de), IV, 81, 82, 83, 84.
Kameke (comtesse de), I, 25, note 2, 42, 43, 44, 48, 49, 50.
Kamenski (maréchal), III, 13, note, 14, note.
Kamenski (la brigade), III, 461, note, 469, 471, 472, 474, 504.
Kaphensk, IV, 83.
Kellermann (maréchal duc de Valmy), I, 338; III, 360, 362; IV, 1, 14, 16, 24, 28, 33, 71; V, 55, note.
Kellermann (général duc de Valmy), II, 6, note, 36, 70, 71, 73, 179, 276, 278 et note, 286, 287, 290, 336, note, 342, 357, 374, note, 387, 388, 396, 403, 404, 429, 452; III, 158, 462, 494, 501, note 2; IV, 169, 189, 190, 193, 226, 231, 322, 323, 354, 375, 466; V, 12.
Kerbourg, III, 206.
Kienmayer (général), III, 444, 445.
Kierelli (lieutenant), II, 412.
Kilmaine (général), I, 421; II, 130.
Kinder (Mme de), I, 495, 502.
Kinder (de) fils, I, 495.
Kister (général), IV, 65, 66, 67, 110, note.
Kléber, I, 447; II, 166 et note, III, 58, 362, 462, note.
Klein (comtesse), IV, 42.
Kleist (M. de), I, 5, note, 46.
Kleist (Minette de), I, 46, 47.
Knaziewicz (colonel), II, 277, 279, 281, 342, 442, 452.
Knoring, II, 173, 174 et note, 204.
Kollowrath (général), III, 472.

Kornmann (Mme), I, 200.
Korsakow, II, 169; III, 52, 53, 411; IV, 459.
Kosciuzko, II, 442.
Koutousow (général), III, 443 et note 1, 444, 449, 450, note, 462, 465, 468 et note, 469, 502, 503, 506, 516; IV, 12, note; V, 7.
Kray (général), III, 41.
Krieg (général), I, 3, 6.
Kriege (général), II, 411; III, 20.

La Balme (Mlle). Voir Champion de Villeneuve (Mme).
La Bédoyère, V, 277.
Labienski, III, 537.
La Blache (comtesse de), I, 86, 88.
La Brusse (Mlle), III, 312.
La Cecilia (Jean), II, 426, 436.
Lacépède (comte de), I, 106, note.
Lacépède (de), IV, 277, note; V, 218.
Lacombe-Saint-Michel, II, 255.
Lacour (colonel), III, 501, note 2.
Lacour (sous-intendant militaire), V, 135, 386, 387, 388.
Lacroix (Pamphile), II, 229 et note, 336, note, 340, 429, 497, note, 501, 507, note; III, 144; V, 236.
Lacroix (Victorine), V, 414.
Lacuée (colonel), III, 253, 410, 419, note.
La Fargue, I, 235, 236, 302, 303, 381, 489.
La Fayette (marquis de), I, 206, 229, 231 et note, 233, 240, 242, 245, 246, 247, 248, 249, 250, 251, 264, 269, 276, 297, 308; IV, 395, 396; V, 361 et note, 362, note.
Laferrière (général), IV, 577, 582.
La Ferronnays (comte de), V, 216, note.

TABLE ALPHABÉTIQUE DES NOMS CITÉS. 497

Laffitte, V, 362, note.
Lafon-Blaniac (colonel), III, 284, note.
Lafond, II, 134, note.
Lafosse, I, 238.
Lagrange (général), III, 330, 332, 556.
Lagrave (de), IV, 198, 218, 219.
Lagreca (Luigi), II, 411, 514, 546.
Lagreca (Michel), II, 176, 411, 412, 419, 512, 514, 546; III, 20, 167, 172, 203.
La Harpe, I, 527; II, 5.
Lahaye (M. de), 112.
Lahaye (de), fils, I, 112, note.
Lahaye de Launay (de), conseiller de Frédéric, II., I, 112, 118, 123, 124, note; III, 287, note.
Lahaye des Fossés (de), fermier général, I, 112.
Lahaye des Fossés (Mme de), I, 112, 127.
Lahorie, III, 337.
Lahure (chef de brigade), II, 217, 218, 277.
Laigue (de), I, 114, 116.
Lainé, III, 85; V, 243, note, 244.
La Joie (mère), III, 483.
Lalande (de), I, 76.
La Leyen (princesse de), IV, 69, 70, 106, 398.
Lallemand, II, 15 et note, 23.
Lallemand (les frères), III, 26.
Lallemand (général Charles-François-Antoine), III, 372; V, 93, 112, 113, 116, 117, 118, 119, 132, 133 et note 1, 142, 143; V, 150, 155, note, 194, 277.
Lally-Tollendal, I, 227.
La Luzerne (de), I, 288 et note 2.
Lamarche (général), I, 412.
La Marlière (général), I, 492.
Lamarque (général), III, 256 et note, 257; V, 217.
Lamartine, V, 423.
Lamballe (princesse de), I, 186, note; V, 416 note.

Lambesc (prince de), I, 218; V, 171 note.
Lambron (docteur), III, 402, 403.
Lameth, I, 274.
Lamothe (général), IV, 474, 486.
La Motte, I, 153.
Lamotte, III, 154, note.
Landriève, IV, 310, note; V, 399 et note.
Langeac (comte de), II, 135.
Langeron (marquis de), I, 482, note; V, 81.
Lannes (maréchal), II, 38; III, 58, 131 note, 362 et note, 388, 409, note 2, 441, 444, 446, 447, 448, 456, 462, 463 et note 1, 464, note, 473, 509, 510; IV, 479.
Lannes (maréchale), IV, 20.
Lante (duchesse de), II, 178, 181.
Laplane (colonel), III, 297.
La Poype (général), III, 367.
Laran (intendant), IV, 25, 51.
Larevellière-Lépeaux, II, 164, 407, 442, 491; III, 274, note.
Lariboisière (Mme de), I, 182.
Larive (Jean-Mauduit Delarive, dit), I, 172 et note 2, 173; III, 155.
La Roche-Aymon (comte de), III, 145, note; IV, 419, note; V, 233.
La Rochefoucauld, III, 287.
La Rochefoucauld (comte Alexandre de), II, 178, note.
La Rochefoucauld (Mlle de), II, 178, note.
La Roncière Le Nourrit (amiral), II, 73 et note 1.
La Roserie (de), I, 319, 320, 321, 349, 444, note, 445, note; III, 69, note, 268, note, 286, note 2; V, 18, 218.
Larrey, III, 486, 489, 491.
La Salle (Mme de), II, 36, 37.
La Salle (de), II, 36, 47, 48, 51, 56, 58, note, 61, note, 68, 69, 70, 71, 72, 73, 83, 104, 158, 159,

172, 173, 176, 201, 202, 204; III, 100, 101, 222, 230, 231, 232, 233, 269, 318, note 2, 380, 475, note; IV, 313, 332, 333 et note, 234, 335.
Lassen (général), V, 63.
La Tour (comtesse de), I, 117, 287.
Latour (docteur), III, 405.
Latour (Mme), III, 405.
La Tour du Pin (comte de), IV, 113.
Latour-Maubourg, I, 274; II, 186, note; V, 309 et note 2, 316.
La Trémouille (général), II, 259.
Latude (surveillant), IV, 303, 304; V, 311.
Lauberdière (général), V, 55, note, 68, note.
Laubert, II, 358, 419, 447.
Laudo (Michel de), II, 368, 398, 399, 400, 402, 403, 424, 425, 426, 435, 436, note.
Lauragais (Mlle de), IV, 348, note.
Lauriston (maréch.), III, 441, 502, note; IV, 419, note; V, 223.
Laval-Montmorency (duc de), III, 295, 296, 297, 298, 299; IV, 76.
Laval-Montmorency (vicomte de), II, 244; IV, 15 et note, 16 et note, 17.
Lavalette (Mme de), III, 182; IV, 180.
La Valette (de), I, 182, 215.
La Valette (Mlles de), I, 215.
Lavalette de Lange (M. de), V, 215.
Lavigne (colonel), IV, 449 et note.
Laville (général César de), V, 46, 60, 67, 68, 97, 116 et note, 124, 141, note, 191, 200.
Layas (marquis de), IV, 136.
Layas (marquise de), IV, 137.
Lays, II, 415.
Leblanc (chef de brigade), II, 465, 466.

Le Bon (Joseph), II, 492; III, 205, note.
Lebrun (Charles), I, 153.
Le Brun (chef de bataillon), I, 327, 333, 343, 345, note.
Lebrun (consul), III, 63, 338.
Le Brun (marchand de tableaux), III, 534, note, 535, note.
Lebrun, sous-gouverneur des enfants d'Orléans, I, 202 note.
Lecamus (aide-major général), IV, 100.
Leclerc (général), I, 495 note; II, 58, note, 77; III, 186, 200, 201, 202, 203, 209, note, 223, 225, 226, 229, 230, 241, 252, 256, 300, 366, note; V, 67, note, 324, note.
Leclerc (Mme), Voir Bonaparte (Pauline).
Lecomte, peintre, III, 527, 528.
Le Coq, I, 235, 302, note.
Lecocq, auditeur au conseil d'Etat, V, 63, 65, 66, 85.
Lecourbe (général), III, 52.
Leczinski (Stanislas) roi de Pologne, I, 10, 11.
Le Dain (Olivier), V, 278.
Le Duc (abbé), I, 272, 273, 274.
Lefebvre (maréchal), I, 495 et note; III, 274, 362; V, 172, 245, 246, 247.
Lefebvre (maréchale), V, 246.
Lefebvre-Desnoettes, V, 277.
Lefèvre (Robert), III, 556.
Legay (colonel), III, 337.
Legendre (général), IV, 247, 248 et note, 249, 250, 252, 254, 256, 258, 262, note; V, 473 et note, 474.
Legrand (général), III, 360, 361, 362, 423, 448, 509.
Legras (M.), III, 296, note.
Legros, II, 249, 250.
Le Gros, III, 190, note.
Leguerney (commandant), V, 167.
Leibniz, II, 200 et note.

LEKAIN, I, 171, 172, note 2; III, 155; V, 352.
LEJEUNE (compositeur), I, 179.
LEMAIRE, II, 135, 152, note.
LEMAISTRE (famille), I, 158.
LEMAISTRE (M.), I, 158.
LEMAISTRE (Mme), I, 158, 160, 162, 163, 188.
LEMAISTRE (Mlles), I, 159.
LEMAISTRE (Olympe), I, 159 et note 2, 160, 163.
LE MAROIS (les frères), I, 525.
LE MAROIS (colonel), III, 88; V, 26.
LE MAROIS (général), II, 9, 53, 430; III, 88, 544; IV, 121; V, 26, 27, 28, 29, 32, 33, 34, 35, 37, 38, 39, 44, 145.
LEMIÈRE DE CORVEY, III, 557; IV, 2, 3, 10, 20, 25, 28, 29 note, 57; V, 343.
LEMIÈRE DE CORVEY (Mme), IV, 57.
LEMOINE (général), II, 275, 294, note, 302, 303, 315, 316, 317, 321, 324, 326, 329, 330, 334, 348, note, 349, 351, 352, 357, 405, 429, 442, 452; V, 28, 36, 37.
LENITZ, I, 137, 159 et note 1.
LENOIR, I, 160, 162, 164, 215, 218, 267; II, 240; III, 150, 164, 395; V, 9, 41.
LENOIR (Mme), III, 395.
LENORMAND D'ETIOLLES (Mme), I, 352.
LENÔTRE, I, 153.
LÉOMONT (vicomte DE), V, 409 et note, 410 et note.
LÉON (saint), pape, II, 143.
LÉONIDAS, III, 145, note.
LEPIC (général), IV, 562.
LEPIC (Mme), IV, 562.
LEPREUX (docteur), I, 102; III, 148.
LEPRI (marquise DE), II, 239.
LE ROY, II, 384, 385, 522, 523, 526, 527, 534, 537, 538, 539, 543.
LESBIE, II, 190.
LESBROSSIER (commandant), V, 95.
LE TELLIER (perruquier), V, 319.
LE TELLIER (Virginie), V, 319, 320.
LE TERRIER, I, 345, note.
LE TOURNEUR, I, 523, 525.
LETOURNEUR (marquis), V, 234.
LETURCQ, II, 103.
LE VASSEUR (général), III, 479, 480, 503, 505, 507.
LEVAVASSEUR (Mme), I, 87.
LEVAVASSEUR (Mlle), I, 87.
LEVIS (duc DE), V, 362, note.
LEZAY-MARNÉZIA (marquis DE), I, 103 et note 1.
LHERMITTE (amiral), V, 157.
LICHTENAU (comtesse DE), I, 190, note 1.
LICHTENSTEIN (prince DE), III, 445.
LIÉBAUT (général), III, 27, 303, 304.
LIÉBERT (général), I, 487, 488; III, 278, 279, 280, 281, 283, 284, 300, 303 et note, 312 et note, 326, 333, 334, 335, 371; IV, 107, 108.
LIGER-BELAIR (général), V, 442, 443, 468, 469.
LILLE (comte DE). Voir LOUIS XVIII.
LISZT, I, 178; V, 258.
LLORENTE (M.), IV, 300.
LOBAU (maréchal comte DE). Voir MOUTON.
LOBAU (maréchale DE). Voir MOUTON (Mme).
LONDONDERRY (marquis DE), IV, 254; V, 439, note 1, 440, 447, 462, 463.
LOISON (général), III, 556; IV, 21, 22, 159, 165, 166, 168, 169, 185, 189, 190, 193, 201, 246, 259, 339,

344, 459, note, 469, 488; V, 93, note, 100, 111, 114, 120 et note, 124, 125, 132, 135, 145, 148, 150, 152, 158, 162, 163, note 1, 168, 169, 172, 176, 181, 182, 183, 184, 192, 195.

LOMET, III, 164, 191 et note, 209, 251.

LONGCHAMPS, I, 523.

Loos (princesse DE), I, 77.

LORGE (général), IV, 339.

LORRAIN (Claude), III, 535, note.

LORRAINE (Charles DE), I, 392, note.

Louis (saint), V, 214.

Louis (abbé), V, 314, note 1.

Louis XI, III, 10.

Louis XIV, I, 79, 152, 312, 314; II, 200, note; III, 284, 557; V, 253, note 2, 390.

Louis XV, I, 272, note, 433 et note; III, 177, note, 284; V, 322, note, 371, note, 372, note, 373.

Louis XVI, I, 81, 101, 151, 152, 156, 210, 211, note, 212, 214, 219, 221, note 1, 229, 230, 238, 239, 240, 243, 244, 245, 250, 251, 252, 256, 261, 262, 263, 264, 265, 266, 269, 271, 272, 274, 276, 277, 278, 279, 280, 281, 282, 283, 284, 286, note, 295, 297, 307, 308, 309, 314, 346, 348, 349, 350, 351, 362, 363, 364, 366, 405; III, 30, 284; IV, 13, 398; V, 245, 250, note, 251, note, 269, 298, note, 368, 375, 376, 426.

Louis XVIII (Monsieur, puis), I, 72, note 1, 106, 146, note 1, 210, 212, 269, 271, 272, 273, 280, 296, 486; II, 142, 190, note; III, 52, 86, 298, 355, 362, note, 368; IV, 57, 199, 255 et note, 419, note, 466, note, 468; V, 190, 192, 194, 195, 197, 199, 200, 205, 207, 210 et notes 1 et 2,

212, note 1, 215, 217, 225, 226, 228, 229, 231, 232, 233, 234, 235, 236, 241, 242, 243, note, 250, 254, 256, 258, 259, 260, 261, 270, 271, 272 et note, 273, 274, 275, 278, 279, 282, 284, 286, 290, 291, 296, 297, note, 318, 319, 320, note, 334, 363, 373, 375, 379, 387, 388, 389, 390, 395, 396, 397, 398, 413, note, 456.

LOUIS-PHILIPPE (duc de Chartres, général Egalité, duc d'Orléans puis), I, 202 et note, 203, 206, 207, 274, 275, 336, 355 et note, 358, 375, 377, 378, 381, 382, 384, 394, note; II, 34, 190, note, 492; III, 47, note, 179, 536; IV, 468, 491; V, 207, 243, note, 251, 252 et notes 1 et 2, 253 et notes 1 et 2, 254, 255, 256, 257, 258, 259, 260, 261, 273, 297, note, 309, note, 338.

LOUISE (reine de Prusse), IV, 91, 93, 94.

LOUVEL, V, 392.

LOYAL (Mme), I, 290, 471.

LOYAL (Mlle, dite CHONCHON), I, 290, 292, 345.

LOYSEAU (M.), I, 127, 128, 388.

LUÇAY (Mme DE), V, 305 note.

LUCCHESI-PALLI. Voir BERRY (duchesse DE).

LUCCHESINI (marquis DE), III, 162.

LÜCKNER, I, 297, note 1.

LUCOTTE (général), III, 392; IV, 346, 588.

LUCOTTE (Mme), IV, 346, 347, 348.

LUSACE (prince DE), III, 206, note.

LUSIGNAN (général), II, 59, 78, 79, 80, 85, 87.

LUTHER, IV, 75.

LUUYT (M.), IV, 199, 200, 201, 438, 440, 443.

MACCARANI (Mme), II, 176.

MACDONALD (maréchal), duc de
Tarente, II, 226, 228, 229, 234,
242, 243, 250, 253, 254 et note,
255, 276, 278, 281, 282, 289 et
note, 335, note, 336 et note,
337, 338, 339 et note, 340, 342,
343, 344, 345 et note, 346 et
note, 347, 350, 353 et note, 355,
356, 363, note, 373, 404, 424,
note, 429, 441, note 2, 443, 444,
445, 446, 449, 452, 474, 478,
479, 480 et note, 481, note,
482, 488, note, 490, 492, 497,
503, 504, 505, 506, 507, 508,
note, 510 et note, 511, 514, 520
et note, 530, 547, 555; III, 16,
17, 27, 53, 304, 362; IV, 128,
155, note; V, 83, 107, 124, 278,
279, 282, 283, 284, 287, 293,
294, 313, note 1.
MACHEMIN (lieutenant), I, 372,
410, note.
MACK (général), II, 258, 259, 275,
277, 282, 283, 284, 289, note,
290, 338, 343, 344, 345, note,
350, 355, 360, 361, 362 et note,
364 et note, 365, 366, 367 et
note 2; III, 409, 410, 416, 418,
425, 464; V, 449.
MACKAU (Mme DE), V. 201.
MACQUART (général), I, 446, note,
447, note, 470; II, 430.
MAGIMEL, éditeur, IV, 133, note
1, 417.
MAGNIEN, IV, 154.
MAHY DE FAVRAS, I, 268, 269 et
note, 270, 271, 272, 273; V, 250.
MAILLARD, I, 320, 321, 322, 344.
MAINE (duc DU), I, 153.
MAINE (duchesse DU), I, 153.
MAINTENON (Mme DE), IV, 75.
MAISON (maréchal), III, 362; V,
316.
MAISONNEUVE (général), I, 468.
MAISSEMY (DE), directeur général
de la librairie, I, 127, 287, 288.
MALÉZIEU, I, 153.

MALIBRAN (Mme), II, 121, note.
MALTZAHNE (comte DE), V, 130.
MANDAT, I, 307, 308.
MANGIN DE MONMIRAIL, I, 119, 120,
121, 122.
MARAIZE (DE), I, 400, 401, 402.
MARAT, I, 301, 302, 322, 416; III,
206.
MARBITZKY (M. DE), I, 93, 94.
MARBOT (général), IV, 338, note,
343, note 1, 428; V, 28, note,
382.
MARCEAU, I, 447; III, 362.
MARCHAIS (général), III, 279,
note 1.
MARCHAIS (docteur), III, 532.
MARCHAND (général), IV, 483.
MARCHAND (Mme), puis comtesse
d'Outremont, III, 288, 526; IV,
241.
MARCHETTI (Mme), II, 553.
MARDELLE (Mme DE LA), I, 87.
MARDELLE (Mlle DE LA), I, 87.
MARÈS (colonel), 501, note 2.
MARESCOT (général DE), IV, 256 et
note 2, 257, note.
MARESCOT, V, 364, note.
MARET (Hugues-Bernard), duc de
Bassano, I, 300; II, 76; III, 176,
note 3, 342, 395, 547, 548; IV,
80; V, 271, 300.
MARET (Mme), duchesse de Bas-
sano, III, 176, note 3, 395.
MARET (Jean-Philibert), préfet,
puis conseiller d'État, III, 342,
344, 348, 349, 398, 399, 400, 401,
405; V, 298, 301, 397.
MARET (Mme), III, 403.
MARGARON (général), I, 193, 467,
note; II, 175, note; III, 415,
note, 460; IV, 192, 231; V, 20,
400.
MARGUERITE, bijoutier, IV, 67.
MARI (prince), II, 482.
MARIA (dona), reine de Portugal,
IV, 207.
MARIE (mulâtresse, servante de

Mme Thiébault), IV, 39; V, 223.

MARIE-AMÉLIE, duchesse d'Orléans, puis reine de France, V, 257, 259.

MARIE-ANTOINETTE, I, 151, 152, 156; 164, 181, 211, 214, 239, 242, 245, 261, 264, 282, 309; II, 440, note; IV, 397, 398; V, 251 et note, 319.

MARIE-LOUISE (impératrice), IV, 245, 389, 390, 393, 398; V, 11, 12, 48, 299, 301; 302, 369.

MARIE-CAROLINE, reine de Naples, II, 440, note, 441, 499.

MARIETTE (Mlle), II, 18, 19, 20; III, 92.

MARIGNY (colonel DE), III, 299, 553, 554.

MARIZY (général), III, 501, note 2.

MARMONT (maréchal), duc de Raguse, II, 9, 76, 365; III, 50, 88, 362, 409, note 2, 441, 501, note; IV, 487, 489, 513, 518, 519, 528, 529, 533, 549, 550, 551, 552, 553, 556, 566, 569, 570, 571, 572, 573; V, 83.

MARTIAL-THOMAS, IV, 256.

MARTIGNY (comte DE), I, 293.

MARTIN, sous-inspecteur aux revues, V, 369, note.

MASSÉNA (maréchal), duc de Rivoli, I, 447; II, 5, 23, 26, 29, 30, 32, note, 35, 36, 37, 39 et note 1, 40, 41, 43, note, 47, 48, 51, 52, 53, 54, 55, 56, 57, 60, 61 et note 1, 64, note, 67, 68, 70, 71, 74, 77, 80, 81, 82, 83, 84, 85, 87, 88, 89, 91, 93, 94, 95, 97, 102, 103, 107, 109, 114, 115, 118, 128, 129, 130 et note, 137, 140, 141, 146, 147, 148, 149 et note, 150 et note, 151, 152, 153, 154, 155 et note, 156, 157, 158 et note, 159, 160, 161, 162, 163, 164, 165, 166, 167, 168, 169, 170, 171, 196, 226, 227, 300, 430; III, 12, 16, 28, 50, 51, 52, 53, 54, 58, 65, 74, 75, 76, 77, 81, 84, 85, 86, 91, 92, 95, 96, 97, 101, 103, 104, 106, 108, 112, 115, 116, 117, 120, 121, 122, 123, 126, 129, 130, 131 et note, 132, note, 135, 136, 140, 142, 143, 144, 145, 146, 147, 159, 163, note, 199, note, 259, 260, 274, 275, 336, 362, 363, 364, 385, 388, 463, 511, note, 522 et note, 531, 540; IV, 19, 176, 206 note, 280, 337, 390, 391, 394, 395, 409, note 1, 410, 411, 412 et notes 1 et 2, 413 et note, 414, note, 416, 418, 420, 421, 424, 428 et note, 429, 440, 442, 448, 451, 454, 455, 458 et note, 460, 461 et note, 462, note, 463; 464, 465, 467, 469, 470, 471, 472, 473, 475, 476, 477, 478, 479, 482, 485, 486, 487, 488, 489, 490, 554, 571, 574, 575; V, 28, 109, 217, 384, 385, 386, 389.

MASSERANO (prince), III, 238, 243, 246, 249; IV, 38.

MATERA, II, 227, 228.

MATHIEU (avocat), I, 10,

MATHIEU (général Maurice), II, 229, 275, 278, 279, 280, 281, 282, 283, 286, 290, 336, 337, 338, 339, 342, 343, 345 et note, 346, 347, 355, 357, 374, note, 404, 452.

MATIGNON (Mlle), I, 118.

MAUCUNE (général), II, 173, 176; IV, 484.

MAULEVRIER (comte DE), I, 529, 535.

MAUPEOU (chevalier DE), I, 187.

MAUPERTUIS, I, 51.

MAUSSABRÉ (M.), IV, 506, 507, note.

MAYER (général), I, 460, 461.

MAYET (M.), IV, 74 et note.

MÉCHIN (contrôleur), II, 443, 481, 493, 498.

MÉCHIN (M.), III, 150.

MEDICIS-MARIGNANO (marquis DE), III, 125.
MEDICIS-MARIGNANO (marquise DE), III, 125.
MEDINACELI (duc DE), IV, 482.
MÉJEAN (chef de brigade), II, 202, 321, 377, 394, 498.
MÉLANCHTHON, III, 417.
MÉLAS (général), III, 95, 96, 97, 118, 124, 411.
MÉNARD (général), II, 35, 77.
MENOU (général), I, 523, 529, 530, 531, 532.
MÉO, IV, 346.
MERLIN DE DOUAI, I, 322, 366, 387, 521; II, 164, 169, 407, 442, 445, 492 et note, 497.
MERMET (général), IV, 339 et note 2, 484; V, 405.
MERMET (Mme), V, 405 et note, 406, note.
MERWELT (général), III, 440, 442.
MESMER, I, 83, 91, 92.
MESNY (payeur général), III, 222, 234, 250.
METSCH (général), II, 259, 279, 280, 281, 282, 283, 286, 289, note.
METTERNICH (M. DE), III, 183.
METZU, III, 537.
MEULAN (comte DE), III, 227, 229.
MICHAUD (général), I, 475; V, 69.
MICHAUD (capitaine), I1, 465, note.
MICHEL (Mme), IV, 348, note.
MICHELS (général DES), V, 406.
MICHELS (générale DES), V, 406.
MICHELSON (général), III, 441, note.
MICHEROUX (général), II, 259, 260, 271, 262, 263, 264, 269, 271, 274, 275, 304.
MIGLIANO (prince), II, 351.
MIGNET, I, 218, note, 243, note, 260.
MIGUEL (don), III, 306, note.
MILLIN DE GRANDMAISON, I, 289 et note 1.

MINA, chef de bande espagnol, IV, 380, 566, 574, 575 et note, 576, 577, 588, 589, 590, 591.
MINUTORO (colonel), III, 237.
MIOLLIS (général), III, 120.
MIRABEAU, I, 123, 124 et note, 227, 228; III, 284.
MIRANDA, I, 375.
MIRBECK (DE), 127 et note.
MIRE (général comte DE), V, 85, note.
MIREUR (général), II, 155, 156, 160, 203, 229.
MITHRIDATE, II, 200.
MOELLENDORF (maréchal), III, 394; IV, 81.
MOÏSE, I, 61.
MOLITERNO (prince), II, 360, 386, 437, 454.
MONCEY (maréchal), duc de Conegliano, III, 46; V, 441, note, 448.
MONDRAGON (marquis DE), I, 117.
MONGE, II, 148; III, 61.
MONGIS, éditeur, III, 443, note 1.
MONNET (général), III, 222, 229, 230, 253, 277.
MONNET (générale), III, 253.
MONNET, III, 77, 78; 109, 110.
MONNIER (général), II, 35, 58, 129, 262, 274, 293, 294, 296, 302, 305, 306, 315, 320, 321, 324, 327, 328, 329, 372, 373, 374 et note, 376, 377, 378, 401, 403, 452; IV, 325.
MONSIEUR. Voir LOUIS XVIII et CHARLES X.
MONTAIGNE, IV, 348; V, 424.
MONTALEMBERT (comte DE), II, 136, 137; III, 286, note 2; IV, 424, note.
MONTALEMBERT (Mme DE), II, 136, 137, 138, 152, note.
MONTBRUN (général), IV, 484, 511, 515.
MONTE HERMOSO (marquis DE), III, 259; IV, 135.

MONTE HERMOSO (marquise DE), III, 259; IV, 38, 134, 135, 136, 346.
MONTESQUIOU (DE), V, 306.
MONTESQUIOU (les), I, 106 et note.
MONTESSON (marquis DE), III, 176, note 1.
MONTESSON (Mme DE), III, 175, 176 et notes 1 et 3, 177, 178, 179, 182, 183, 184, 187.
MONTGAILLARD, IV, 253.
MONTGAILLARD (abbé DE), V, 122, 123.
MONTHYON (comte), IV, 63, 64, 65, note 1, 446, note; V, 242 et note 2.
MONTILLA (Mlle), III, 306, note.
MONTJOIE, V, 253, note 2.
MONTJOIE (comtesse DE), V, 259, 420.
MONTLEZUN (comte DE), I, 105, 107, 108.
MONTLEZUN (comtesse DE), I, 105, 107.
MONTLEZUN (famille DE), I, 105, 106.
MONTLEZUN (MM. DE), I, 105, 106, 108.
MONTLEZUN (Mlle DE), I, 105, 106, 108.
MONTMIRAIL (Mme DE), I, 118, 121, 122, 123.
MONTMORENCY (DE), I, 118; III, 284, 550; V, 298, note.
MONTMORENCY (Mme DE), I, 118.
MONTMORILLON (DE), V, 35, 64, 104, 193.
MONTMORIN (DE), I, 320, 330.
MONTRICHARD, V, 409, note 2.
MONTROND (DE), II, 167, note, 168, note; III, 496, 497.
MONVILLE (DE), I, 155.
MOORE, IV, 263 et note.
MORAND (général), II, 204; III, 362, 412, 413, 414, 417, 419, 421, 436, 448, 455, 461, 463, note, 467, 469, 470, 472, 474, 475, 476, note, 479, 480, 509, 515, 551; IV, 88, 89; V, 52, 77, 125.
MORAS (capitaine), I, 493.
MORE (Mlle), épouse PRADHER, I, 179, note 2.
MOREAU (général), I, 492; II, 198, note, 430, 491; III, 16, 17, 41, 44, 46, 53, 58, 66, 67, 74, 131, 259, 260, 261, 274 et note 1, 304, 305, 334, 335, 336, 337, 338, 339, 362; IV, 414, note; V, 66, 81, 82, 83, 314, note 1, 315, note.
MOREAU (Mme), V, 19.
MOREL, I, 100.
MOREL (Mme), I, 37, 178, 179.
MORENO (matador), III, 235, note.
MORIN (M.), III, 85, 88, 104, 105, 540, 542, 543.
MORINVAL (DE), I, 57, 58.
MORLA (général), IV, 254.
MORLAND, III, 501, note 2.
MORTEMART-BOISSE (DE), V, 407.
MORTEMART-ROUX (DE), V, 406.
MORTEMART-ROUX (Mme DE), V, 406.
MORTIER (maréchal), duc de Trévise, III, 53, 156, 157, 362, 409, note 2, 441, 464, 511, note; IV, 44, 249, 323, 324, 328, 330, 333, 560; V, 7, 83, 449.
MOSKOWA (prince DE LA). Voir NEY.
MOTTE (général), II, 71, 77, 86.
MOUCHÈRE, III, 265, 266, 267.
MOULIN (directeur), 58, 65.
MOUTON (maréchal), comte de Lobau, III, 100, 120, 164; IV, 417.
MOUTON (Mme), comtesse de Lobau, IV, 42.
MOUTON-DUVERNET (général), IV, 531, 533, 590, 591.
MUIRON, II, 38.
MULLER (capitaine), II, 283, 284.
MUNOS (colonel), IV, 447, note 2.

TABLE ALPHABÉTIQUE DES NOMS CITÉS.

Murat (général), grand-duc de Berg et roi de Naples, I, 525, 536; II, 9, 53, 160, 203; III, 58, 88, 122, 123, 141, 142 et note, 144, 270, 272, 273, 318, note 2, 324, 330, 339, 341, 350, 352, 362, 366 et note, 367, 368, 373, 378, 394, 400, 409, 410, 417, 418, 419, 439, 443, note 2, 444, 445, 446, 448, 462, 463, note 1, 464, note, 528, 531, 543, 544, 547, 548, 553; IV, 19, 87, 90, 121, 160, 253; V, 85, note, 304, 323 et note 1, 324 et note, 325, 326, 327 et note, 328, 438, 441, note, 449, 460, 461 et note.

Murat (Mme). Voir Bonaparte (Caroline).

Murat (Achille), III, 142.

Murray (colonel), IV, 196, note.

Musson, II, 249, 250; III, 164, 165.

Nansouty (général), III, 222, 230, note, 319.

Napoléon Bonaparte (empereur), I, 48, 110, 148, 179, note 1, 405, 413, 525, 532, 534, 536, 537, 538, 539; II, 2, 3, 4, 5, 7, 8, 9, 21, 25, 27, 31, 33, 35, 36, 40, 41, 42, 43, note, 45, 46, 47, 50, 53, 57, 58, 59, 60, 61, note, 62 et note, 65, 66, 67, 68, 73, 74, 76, 77, 79, note, 81, 85, 88, 96, 103, 104, 124, note, 129, 130 et note, 138, 139, 141 et note, 143, note, 146, 153, 164, 165, 166, 173, 178, note, 187, 189, note, 190, note, 217, note, 221, 288, 300, 367, note, 430, 478; III, 23, 47, note, 50, 52, 56, 57, 58, 59, 60, 61, 63, 64, 65, 66, 67, 68, 70 et note, 71, 72, 73 et note, 75, 81, 83, 86, 88, 90, 93, note, 97, 103, 108, 115, 116, 117, 118, 121, 122, 123, 129, 131, note, 142, 143, 144, 145, 146, 147, 152, 154, 155, 156, 159, 160, 161, 162, 163, 171, 175, 186, 191, 194, 195, 196, 197, 198, 199, 200, 201, 202, 228, 259, 269, 272, 273, 274 et note, 276, 282, 283, 286, note 1, 298, 300, 301, 302, 304, 305, 307, 324, 325, 326, 335, 336, 337, 338, 339, 340, 348, 349, 350, 351, 352, 355, 356, 357, 359, 360, 361, 363, 364, 365, 366 et note, 367, 376, 379, 380, 381, 382, 383, 384, 387, 388, 390, 391, 392, 393, 394, 401, 408, 409 et note 1, 410, 411, 413, 416, 417, 418, 426, 428, 429, 431, 432, 436, 438, 440, 441, 442, 443, 444, 445, 446, 447, 448 et note, 449, 450, 451, 452, 453, 454, 455, 456, 457, 460, 462 et note, 463, note 1, 464 et note, 465 et note, 470, 473, 474, 476, note, 482, 484, 488, 500, 501, 502, 503, 504, 505, 506, 510, 511, 512, 522, 528, 529, 530, 540, 542, 543, 544, 545 et note, 546, 547, 548, 549, 553, 555; IV, 2, 11, 12, note, 13, 14, 15, 16, 18, 20, 21, 23, 42, 43, 47, 48, 51, 52, 53, 59, 60, 62, 63, 64, 65, 66, 72, 75, 76, 81, 84, 86, 87, 88, 89, 90, 91, 92, 93, 100, 101, 102, 103, 104, 105, 110, note 114, 115, 116, 117, 118, 119, 120, 121, 122 et note, 123, 124, 130, 155, note, 156, 157, 158, 159, 160, 161, 168, 169, 171, 176, 184, 185, 186, 190, 195, 198, 208, 209, 232, 237, 238, 240, 243, 244, 245, 246, 247 et note, 248 et note, 249, 250, 252, 253, 255, 256, 257, note, 258, 259, 260 et note, 261, 262 et note, 263 et note, 264, 265, 266, 267, 268, 269, 270, 271, 272, 275 et note, 276, 277 et note, 278, 279, 280, 282, 283, 286, 298, note, 299, 311, 319, note, 322, 323, 324, 327, 337, 338, 340, 344, 345, 349, 355, 377, 378, 379, 382, 383, 385, 389, 390, 391, 392, 393, 397, 398, 399, 401 et note, 405, 407, 408, 409, 410, 411, 413, note, 414, 415, note, 417, 418, 419, 425, 428, 443, 447, 453, 454, 458, note, 461 et note, 463, 464 et note, 465, note, 468, 469, 470, 477, 478, 479, 482, 485, 487, 491, 501, 515, 516, 519, 528 et note, 532, 554, 555, 558, 563, 566, 567, 570, 584, 586, 587 et note; V, 4, 5, 7, 8, 11, 12, 23, 24, 27, 29, 30, 34, 36, 38, 44, 49, 51, 54, 55, 65, 69, 70, 71, 76, 77, 78, 80, 81, 82, 83, 84, 85, note, 86, 99, 106, 124, 125, 136, 139, 145, 146, 147, 150, 151, 152, 153, 158, 167, 172, 177, 181, 182, 183, 185, 186, 187, 190, 196, 197 et note, 199, 201, 208, 213, 216, 217, 222, 229, 230, 233, 241, 246 et note, 248, 249, 256, 260, 262, 263, 264, 265, 266, 267, 269, 271, 272, 273, 274, 275 et note, 276, 277, 278, 280, 282, 286, 290, 291, 294, 295, 296, 297 et note, 299, 300, 301, 302, 303, 304, 305 et note, 306, 307, 310, note, 313, 321, 323 et note 1, 324, note, 325, 326, 327 et note, 328 et note, 329, 330, 331, 332, 333, 334, 335, note, 336, 337, 338, 339, 340, note, 341, 342, 343, 344 et note, 345, 346, 349, 350, 352, 353, 354, 355, 356, 357, 358, 359, 360, 361, 362 et note, 363 et note, 364, note, 366, 367, note, 368, 369 et note, 370 et note, 373, 374, 375, 376, 377, 378, 380, 382, 387, 389, 390, 394, 397, 400, 435, 444, 449, 454, 456, 457, 458, 459.

NAPOLÉON II, roi de Rome, IV, 453; V, 186, 297, note, 299, 301, 302, 338, 363, 366, 377.

NARBONNE (comte DE), ministre de la guerre, I, 326 et note; V, 310, note.

NASSAU (duc DE), IV, 373.

NAUDIN, V, 363, note.

NECKER, I, 215, 269.

NELSON (amiral), II, 291, note, 410.

NEMOURS (duc DE), I, 106.

NÉRON, II, 192, 514; 515.

NEY (maréchal), duc d'Elchingen, prince de la Moskowa, II, 217, note; III, 50, 274, 362, 409, note 2, 410, 440, 451, 511, note, 323, 332, note 1, 344, 412, 453, 459, note, 487; V, 7, 82, 84, 85, note, 105, 108, 124, 272, 274, 275 et note, 276 et note, 292, 334, 358.

NICOLAÏ (philosophe), I, 37.

NICOLAÏ (Mme DE), V, 410, note.

NICOLAS Ier, empereur de Russie, III, 465, note.

NICOLAS Ier. Voir SOULT.

NICOLO, III, 550.

NIVET (chef de bataillon), I, 419, 420, 422, 424, 425, 426, 427, 428, 429.

NOAILLES (DE), I, 190, note, 267.

NOAILLES (Alexis DE), V, 263.

NOEL, I, 289, note 1.

NOIREAU (colonel), V, 268.

NOLLI (baron DE), II, 311, 312, 313, 314, 318, 328.

NORVINS (DE), IV, 46, note.

NOVION (comte DE), IV, 206, 207, 208, 209, 273, 278, 279.

NOVION (Edmond DE), IV, 206.

NUMA, II, 194.

O'CONNELL (général comte), III, 351, 353, 354, 355 et note, 356,

357, 358, 538, 552, note; IV, 113, note, 311; V, 225.
O'Connell (comtesse), III, 355 et note, 380, 397; IV, 39; V, 23.
Ocskay (général), II, 78, 85, 86, 87.
Odier, commissaire des guerres, II, 322, 323 et note, 468, 474 et note.
Odiot, I, 327 et note 2, 328.
Olave (doña Prudencia de), IV, 315.
Olivet (abbé d'), I, 102.
Olivier (général), II, 403, 447, 452, 453, 454, 455, 456, 458, 459, 460, 475, 481, 482, 487, 488, 489, 496, 502, 503, 505, 518, note, 520, 521, 522, 523, 524, 525, 526, 529, 530, 531, 532, 533, 545, 547, 548.
O'Moran (général), I, 340, 343, 354, 355, 356, 364, 367, 368, 369, 391, 398, 399, 400, 415, 416, 441, 464.
Orange (prince d'), I, 410; III, 555; IV, 3, 9, 26, 31, 43, 49, 50, 78.
Orange (princesse d'), I, 518; IV, 78, 79.
Orléans (chevalier d'), I, 11, 13.
Orléans (Philippe Ier, duc d'), III, 176 et note 1, 177.
Orléans (Philippe-Égalité, duc d'), I, 196, 202, 211, 250, 364.
Orléans (duc d'). Voir Louis-Philippe.
Orléans (duchesse d'), I, 13, 14, 15.
Orléans (duchesse d'). Voir Marie-Amélie.
Orléans (Adélaïde d'), V, 257, 258, 259, 354, 355, note, 357, 358, 359, 360, 361, 364, 369, 377.
Orléans (Antoine-Philippe d'),

duc de Montpensier, I, 202 et note, 203, 206, 355, note.
Orléans (Louis-Charles d'), comte de Beaujolais, I, 202 et note, 203, 206, 355, note.
Orsay (d'), II, 139; III, 318, note 2.
Orsay (Mme d'), II, 139; IV, 401, 561, note.
Osmond (d'), III, 538.
Osmond (Mme d'), III, 538, 552, note.
Osmond (Mlle d'), III, 538, 552, note. Voir Boigne (Mme de).
Osmond (d'), fils, III, 552, note.
Ossuna (duchesse d'), III, 242.
Osten (général), V, 55, note, 167, 172.
Ottoboni (Mme), II, 175, 180, 181, 276.
Oudinot (maréchal), duc de Reggio, III, 77, 78, 92, 108, 112, 128, 160, 161, 409, note 2, 456, 473; V, 82, 84, 86, 89, 90, 99, 100, 104, 105, 107, 108, 124.
Outremont (comtesse d'). Voir Marchand (Mme).
Ouvrard, III, 294, 533, 534; V, 311.
Ouvrard (Auguste), III, 294, 295.
Ouvrier (marquis d'), I, 109, note.

Padoue (duc de), II, 76.
Paenzer (lieutenant), II, 364, note.
Paget (lord), IV, 204, 205, 420.
Paggio, II, 368.
Pagliacella, II, 368.
Pagni (capitaine), II, 412, 540 et note.
Paix (prince de la). Voir Godoï.
Pallavicini (Mme), II, 18, 19.
Papa-Fava (comtesse de), II, 110, 111.
Papillon (docteur), II, 552.
Parabita (duc de), II, 411.

Parabita (duchesse de), II, 411, 412, 413, 414, 456, 501, 502, 517, 518, 540.
Pardiac (de), I, 106, 108.
Pardo (général), III, 246.
Parguez, III, 414, 515 et note, 517, 518, 519, 520, 521, 523, 524, 551, 552.
Paris (diacre), I, 125.
Parme (duchesse de), III, 99.
Parmesan (le), III, 536.
Parque (duc del), IV, 466.
Paruit (M.), III, 488 et note.
Paruit (Mme), III, 488, note, 489, note.
Paul V (pape), II, 177.
Paul (grand-duc, puis empereur de Russie), I, 6, 79 ; III, 10, note, 12, 13, 15, 16, 465, note.
Paul Ier (empereur de Russie), I, 79.
Payen (sous-lieutenant), II, 385.
Pécheux (général), V, 87, 89, 124, 158, 167, 168, 169, 195.
Pedro (don), II, 238, note ; III, 306, note.
Pedrorena, IV, 297, note 1.
Pelet (général), V, 408.
Penières (conventionnel), I, 422.
Péniet (armurier), I, 193, note.
Penthièvre (duc de), I, 153 ; III, 299.
Percy, III, 486, 487, 489, 490, 491, 493, note, 494, 499, 513.
Pérignon (maréchal), III, 44, 45, 46, 362.
Permon (Laure). V. Junot (Mme).
Permon (M. de), IV, 440.
Perreau (sergent), II, 45.
Perrégaux (M.), IV, 181.
Perrin des Vosges, I, 422 et note, 423 ; III, 158.
Pétion, I, 310, 317.
Petit (docteur), I, 98.
Petriconi (capitaine), II, 223, 224, 245, 268, 269, 272 et note 2, 275.

Philippe V (roi d'Espagne), IV, 595.
Philippe-Égalité. Voir Orléans (duc d').
Pichegru, I, 372, 408, 484, 490, 494, 495 ; III, 58, 190, 203, 207, 278, 339, 362.
Picton (général), IV, 472.
Pie VI (pape), I, 39 ; II, 142, 143 et note, 144, 169, 194.
Pie VII, II, 143, note, 144, note.
Pienne (duc de), V, 205.
Pierre le Grand, V, 6.
Pierre III (empereur de Russie), III, 6.
Piet de Chambel (ordonnateur), III, 190.
Pietramaggiore (marquis de), II, 307.
Pietro, IV, 106, 107.
Pieyre, I, 195 ; V, 253, note 2, 257.
Pignatelli (prince), II, 338, 343, 350, 351, 358, 360, 459.
Pinon (général), I, 179 et note 1, 388.
Pinon (Mme), I, 179 et note 1, 180, 183, 388.
Pinon (Adélaïde, d'abord femme de Salafon de Vigcarde, puis du général Gardanne, enfin du comte de Vaulgrenant), I, 179 et note 1 ; V, 267, 406.
Pinon (Constance), I, 179.
Pinon (Julie), I, 179.
Pinon (Emilie), I, 179.
Piquet (capitaine), II, 243, 244, 245, 246, 247, 249, 250, 269, 270, note, 412, 413, 414, 415, 468, 490, 553, 554 ; III, 164 ; IV, 76.
Pisani (frères), II, 554.
Piscatory de Vaufreland, I, 235, 267.
Pitt, I, 436 ; V, 359.
Planta (adjudant général), II, 303, 304, 308, 318 et note, 320, 454, note.

Plantade, V, 241.
Plantrose (de), I, 216.
Plantrose (Mme de), I, 182.
Platen (major de), I, 69.
Pléville (amiral), II, 440.
Pline le Naturaliste, II, 514.
Plouzols (payeur), V, 473 et note.
Pochard (éditeur), IV, 133, note 1.
Pocholle, I, 380, 381, 385.
Podoski (major), II, 229.
Poinsot (général), III, 137, 138.
Poinsot (Mme), III, 139, 140.
Poinsot (colonel), V, 36.
Point (général), II, 316, 430, 452.
Poisson (abbé), V, 428.
Polastron (Mme), III, 171 et note.
Policastro (comte de), II, 111.
Policastro (comtesse de), II, 124.
Polichroniades, V, 427.
Polignac (M. de), I, 11.
Polignano (baron de), II, 441.
Polignano (baronne de), II, 411, 412.
Pommereul (général de), III, 276, 280 et note, 308, 309, 371 ; V, 13.
Pons Saint-Maurice (marquis de), I, 110.
Pontécoulant (de), I, 433, 521, 522, 523 ; V, 404, note.
Potemkin, I, 63 ; III, 14, note.
Pouter (maître d'écriture), I, 6.
Pouzet (colonel), III, 475 ; IV, 335.
Pozzo, I, 177.
Pradher père, I, 179, note 2.
Pradher, I, 179 et note 2, 183.
Prahl (George), V, 61.
Prechari (Giovanne), II, 307.
Preux (général de), V, 438.
Préval (général), I, 272 ; II, 8 ; III, 43, 48, 93, note, 114, 115, 117, 202, note, 318 et note 2, 319, 320, 321, 363, note ; IV, 156 ; V, 17, 228, 242, note, 290, 298, note, 304, 305 et note, 306,
307, 308 et note, 309, note, 314, note 1, 315, note, 316, 323, note, 363, note, 382,
Préval (Mme), V, 305, note, 306, note.
Prévost (baron), II, 45.
Pronio (chef de bande), II, 324, 467.
Properce, II, 190.
Prost (colonel), IV, 126.
Provera, II, 60, note, 61, 62, 63.
Pryvé (général), V, 466.
Putiphar, II, 223.
Puyvert (marquis de), V, 285, 290.

Quesnel (général), IV, 339 et note 2.
Quevedo de Villegas, IV, 309 et note.
Quinette (conventionnel), I, 379.
Quintella (baron de), IV, 159, 205.

Rabaud de Saint-Étienne, I, 289, note 1.
Racine, I, 30, note, 312, note ; II, 21, 200.
Racine (la bru de), I, 312, note.
Ragusant (chef de bataillon), V, 469.
Raguse (duc de). Voir Marmont.
Rainville, V, 163 et note, 183, 184, 185, 199, 201.
Ramel, I, 433, note.
Rampon (général), II, 42, 43, 44, 45, 70, 77.
Rancher (baron de), V, 406.
Rancher (Mlle de), V, 406.
Rapinat, III, 93, note.
Rapp (général), II, 189, note, 190, note ; III, 501, note 2 ; V, 246, 247, 263, 475.
Rapp (Mme), V, 475.
Rast (docteur), I, 23, 59.
Ratton père, IV, 145, 149, 150 et note, 153, note.

Ratton (Mme), IV, 503.
Ratton (Jacques), IV, 150, 151 et note, 152, 153, note, 154.
Ravez, III, 85.
Ray (comte de), I, 435.
Réal, V, 363.
Récamier (Mme), I, 148; III, 495, 497, 499.
Reck (baronne de), IV, 109.
Reding (général de), V, 438, 442, 443, 444, 446, 447, 448, 450, 451, 452, 453, 455, 456, 465, 466, 470, 471.
Reggio (duc de). Voir Oudinot.
Regnac (marquis de), I, 21.
Regnaud de Saint-Jean d'Angely, III, 150, 310, 311 et note, 312 et note, 313, 395, 488, note; IV, 252, note, 255; V, 439, note, 462, note, 468.
Regnaud de Saint-Jean d'Angely (Mme), I, 87, note; III; 311 et note 1, 312 et note, 313, 314, 396, 495.
Reichenbach (capitaine), II, 364, note.
Reille (général), II, 8, 40 et note, 161; III, 86, 112, 441, 502, note; IV, 575; V, 243, note, 244, note, 332.
Reis (docteur), V, 220, 221.
Reiset (général), V, 334.
Remondini (peintre), II, 547, 458, 550; III, 21.
Renaud (Mme), V, 364, note.
Reni (Guido), III, 537.
Repnin (prince), III, 464.
Resta (comtesse), III, 124, 125,
Reuss (comte de), I, 37.
Revals (chevalier de), I, 109, note.
Rey (général), II, 57, 60, 61, note, 150, 160, 284, 285, 336, 340, 341, 342, 348, 349, 357, 362, 364, 403, 407, 453, 476, 488, 491; IV, 328, 559.
Reynaud (général), IV, 436, note, 499, 534, 536, 537, 546.

Reynier (général), IV, 116, 454, 459, note, 471, 472, 488.
Rhaimbaut (Mme), III, 317, 325.
Ricard (général), III, 47, note; IV, 339 et note; V, 291, 397.
Ricciulli (baron de), II, 412, 457, 501, 502, 505, 506, 512, 513, 516, 517, 518, 523, 528, 533, 536, 540, 544, 547, 548, 553, 554, 555, note; III, 20, 21, 133, 135.
Ricciulli (Pauline de), II, 412, 413, 415, 416, 417, 418, 456, 458, 500, 501, 502, 503, 505, 512, 513, 514, 517, 521, 522, 523, 524, 525, 526, 527, 528, 529, 532, 533, 534, 535, 536, 537, 539, 540, 542, 543, 544, 545, 546, 547, 548, 549, 550, 552, 553, 554, 555, 556, 557; III, 1, 18, 20, 21, 22, 89, 90, 91, 118, 119, 120, 121, 124, 125, 126, 127, 128, 129, 133, 134, 135, 136, 138, 139, 140, 153, 160, 162, 196, 239, 243, 244, 245, 250, 251, 253, 277; IV, 39, 176.
Ricciulli (Thérèse de), II, 522, 523, 526, 528, 533, 536, 540, 543, 548, 556, 557.
Richard, I, 382.
Richardson, IV, 256, note 1.
Richebourg (capitaine), II, 144, note 2, 223, 224, 245, 246, 250, 251, 254; III, 136, 139, 140, 164, 192, 207, 208, 214, 219, 225, 234, 245, 249, 254, 255, 256, 257, 258, 263, 266, note, 279, 301, 302, 303, 323, 328, 342, 397, 398, 405, 421, 422, 430, 439, 456, 475, 483, 520.
Richelieu (cardinal de), V, 268.
Richelieu (maréchal de), I, 72, note 1, 75; III, 285.
Richelieu (maréchale de), I, 75.
Richelieu (duc de), IV, 2.
Richemont (colonel de), IV, 550.
Richer de Serizy, I, 530.

RIENCOURT (comte Adrien DE), V, 423.
RIESCO (Manuel), IV, 495, note.
RILLY (DE), I, 376.
RIVAROL (comte DE), I, 2, 102, 103, 104, 105, 109, 269, 430; III, 190, note.
RIVAUD (général), III, 222.
RIVOLI (duc DE), Voir MASSÉNA.
RIVIERRE DE L'ISLE, I, 182, 183, 184, 215, 317; III, 29, 40, note, 109, 150, 164, 165, 166, 167, 168, 169, 170, 387, 388, note, 394, 405, 484; 527, 529, 539, 540, 557; IV, 110, 111, 112, 319; V, 8, 9, 19, 41, 272 et note, 284, 398.
RIVIERRE DE L'ISLE (Mme), III, 171, 395; IV, 39.
RIVIERRE (Caroline), IV, 70, note, 112.
ROBERT (le roi), I, 265.
ROBERT (lithographe), V, 363, note.
ROBERT (traiteur), I, 318, 335, note; IV, 346.
ROBESPIERRE, I, 166, 273, 284, 305, 404, 416, 430, 498, 500, 521, 527; II, 167; III, 273, note; V, 250, note, 395, 396.
ROBQUIN (chef d'escadron de gendarmerie), IV, 3, 24, 25, 51, 55, 56, 57.
ROCCA-ROMANA (prince DE LA), II, 437, 494.
ROCHAMBEAU (général), III, 202 et note.
ROCHAMBEAU (maréchal), III, 202.
ROCHEFORT D'ALLY (comte DE), III, 390; V, 210 note 1, 211, note 1.
ROCHEJEAN, IV, 57, 58.
RODNEY (amiral), IV, 211.
RODNEY (capitaine), IV, 210, 218, 219, 220, 224, 225.
RŒDERER, IV, 333 et note.
ROGER-DUCOS, III, 401.

ROGUET (général), IV, 508, 514.
ROHAN (cardinal DE), I, 211, 213, note, 267 note 1.
ROHAN (Ferdinand DE), archevêque de Cambrai, I, 266.
ROMANSHOFF, I, 45.
ROME (général), V, 132.
ROMIEUX, II, 284, 285.
RONDONNEAU, III, 82, note.
ROSSEL (M.), I, 24, 100.
ROSTOPCHIN, V, 6.
ROTHSCHILD (baron DE), I, 62.
ROTONDI, II, 231.
ROTTERMUND (général), III, 472.
ROUBAUD, II, 82, 84.
ROUCHER (poète), I, 126, 498.
ROUGET DE LISLE, I, 297, note 1.
ROUGET DE LISLE (général), V, 283, 284, 286, 291, 292, 293.
ROUSSEAU (J.-J.), I, 25, note 2, 26, note; III, 539.
ROUSTAN, IV, 563; V, 387.
ROUVELET, II, 14, 15 et note, 17, 23, 28, 56, 125 et note, 126, 131, 132.
ROUYER (général), IV, 423, note, 424, note, 436, note.
ROUZIERS (commandant), I, 505, 517.
ROVÈRE, membre du comité de sûreté générale, I, 387, 394, note.
ROY (comte), I, 148, 182, 298, note; III, 37, 54, 150, 395; IV, 113, 348, note; V, 19, 244, note.
ROY (comtesse), III, 395.
ROYER-COLLARD (Mme), I, 359.
RUBENS, I, 495; III, 536, note.
RUFFO (cardinal), II, 412, 426, 441, 451, 454, 455, 460, 475, 487, 495, 511.
RUGGIERI, I, 479.
RUSCA (général), II, 262, 265, 268, 271 et note, 272, 274, 293, 295, 300, 305, 314, 315, 318, 320, 321, 322, 323, 326, 329,

357, 358, 367, 387, 452, 488, note, 520.
Ruis Diaz. Voir Cid (le).
Ruysdael, III, 537.
Ryssel (général), V, 85, note.

Sabattier, III, 286, note 2.
Sacchini, I, 177.
Sacqueleu (capitaine), I, 410, note.
Sahrer (général), V, 85, note.
Saint-Esprit (chef de bataillon), II, 144, note.
Saint-Farre (abbé de), I, 202, 204, 205.
Saint-Georges (chevalier de), I, 190, 192, 194, 195; III, 151.
Saint-Germain (comte de), I, 213; II, 174, note; V, 313.
Saint-Hilaire (général), III, 404, 412, 413, 416, 417, 418, 419, 421, 423, 426, 428, 431, 433, 435, 436, 437, 448, 461, 462, note, 463 et note, 464, 466, 469, 470, 472, 473, 475 et note, 476 et note, 479, 500, 501, note 2, 505, 506, 509, 512, 521; IV, 275 note, 335.
Saint-Huruguе (marquis de), I, 403 et note.
Saint-Julien (général comte de), III, 132, note, 133, note.
Saint-Just, I, 444, 445, note,
Saint-Laurent (colonel), IV, 506, 546.
Saint-Martin (baron de), IV, 541 et note.
Saint-Ser (Mme de), I, 177, 178 et note.
Saint-Ser (Mlle de), I, 177, 178 et note.
Sainte-Amaranthe (Mme de), mère, I, 166.
Sainte-Amaranthe (Mlle de), I, 165.
Sainte-Aulaire, I, 153.
Sainte-Beuve, IV, 333, note.

Sainte-Suzanne (général), II, 480, 488 et note.
Salaberry (Mme), V, 244.
Saladin, I, 380, 381, 382, 385.
Salafon de Vigearde, I, 179, note 2, 182, 184, 185, 198, 199, 200, 215, 293, 295, 317; II, 267; V, 417.
Salafon de Vigearde (Mme). Voir Pinon (Adélaïde).
Salaignac (colonel de), IV, 421, 422.
Salandra (duc de), II, 366.
Sale (marquis de), II, 68.
Salligny, III, 433.
Salluste, III, 252, note 1.
Salm (général), II, 367, note 2, 519 et note 2.
Salm (prince de), IV, 386.
Salverte (Eusèbe), I, 106, note, 524, 527, 529; II, 133, 134; IV, 223, 277.
Salverte (Mme Eusèbe), III, 177, note, 335, note.
Sambronni (baron X.), V, 31, note.
San Filippo (général), II, 259.
Santa Croce (prince de), II, 283.
Santerre, I, 296, 317.
Santeuil, I, 101, note 1.
Sapt (Mme), I, 64, 65.
Sarrazin (général), II, 452, 487, 488, 489; III, 23.
Sartine (de) père, I, 165.
Sartine (de) fils, I, 165, 166.
Satur (chevalier de), III, 66, 67; V, 257.
Saulanne (capitaine de), I, 467 et note.
Saulanne (Mme de), I, 467 et note.
Savary, duc de Rovigo, I, 41, 476; II, 189 et note, 197, 202, 204; III, 194, 195, 196, 197, 198, 199, 445, 512, 544; IV, 119, 120, 160, 161, 195, 258, 259, 260, 275, note, 276, 277, 278, 279, 280,

TABLE ALPHABÉTIQUE DES NOMS CITÉS

563; V, 9, 248, 441, note, 461, note, 463.
SAVARY (Mme), duchesse de Rovigo, V, 305, note.
SAVOIE (Marie-Joséphine-Louise DE), femme de Monsieur, I, 146, note 1.
SAVOIE (Marie-Thérèse DE), femme du comte d'Artois, I, 146, note 1.
SCALA, II, 161.
SCÉTIVEAUX (Mme), V, 220.
SCÉVOLA, II, 67.
SCHAFFGOTTSCH (comte DE), I, 66, note.
SCHEDLICK (docteur), V, 126, note.
SCHEDLICK (Charlotte), V, 62.
SCHEDLICK (Dora), V, 127.
SCHEEL (comte), II, 412, 505, 512, 518, 521, 522, 523, 527, 528, 533, 536, 540, 544, 548; III, 20.
SCHENK (DE), IV, 23.
SCHÉRER (général), II, 5, 136, 137, 138, 480, 489, 494, 502; III, 16, 53, 63, 64, note, 307.
SCHIDONE, III, 537.
SCHIPANI, II, 460.
SCHMITZ, I, 57, 58 et note.
SCHMITZ (Mme), I, 56, 57.
SCHMITZ (Mlle), I, 58, note.
SCHULENBOURG (comte DE), V, 62 et note 1.
SCHWABBE, I, 110.
SCHWARZENBERG (prince DE), III, 176, note 2; IV, 69, 397; V, 11, 81, 83, 84, 85, note, 107, 124; V, 397.
SCHEVERIN (général DE), I, 5, note.
SÉBASTIANI (maréchal), III, 160, 161, 206 et note, 359, 363, 494, 495, 501, note 2, 536, note; IV, 155, note.
SÉGUR (maréchal DE), I, 114.
SÉGUR (Philippe DE), III, 417.

SÉMÉLÉ (colonel), III, 251.
SÉMIRAMIS, I, 112, note.
SÉNÉCAL (DE), V, 400.
SENFFT DE PILSACH, IV, 58.
SEPTEUIL, IV, 447.
SEPTEUIL (DE), V, 347, note.
SEPTIME SÉVÈRE, II, 187.
SÉRAS (général), III, 203; IV, 478, 508.
SERCEY (Henriette DE), I, 354, 356, 357, 358, 359, 360, 361, 369, 377; V, 258.
SÉRURIER (maréchal), II, 5, 85; III, 63, 64, 362.
SÉVIGNÉ (Mme DE), I, 48.
SIBUET, III, 540, 543, 551.
SICARDI, III, 32, 153, 163, 164.
SIEYÈS, II, 2, 3; III, 59, 65, 70, note.
SILLERY (Mme DE). Voir GENLIS (Mme DE).
SILVEIRA (général), IV, 429, 433, 487, note.
SIMON (capitaine), I, 459.
SINIAVIN (amiral), IV, 167, 268.
SISMONDI, V, 331.
SOL (capitaine), I, 477.
SOL (capitaine espagnol), V, 451.
SOLANO (général), V, 438, note 1.
SOLIGNAC (général), I, 529, 536, 537; II, 10, 11, 12, 13, 14, 15 et note, 16, 17, 18, 20, 21, 22, 23, 24, 25, 27, 28, 29, 52, 61, 84, 109, 123, 124, 125 et note 2, 126, 128, 130, 131, 132, 133, 171; IV, 18, 19, 190, 200, 377 et note, 378, 383, 384, 385, 415, note, 459, note, 469, 489; V, 381, note.
SOLIGNAC (Mme), mère, II, 15.
SOLIGNAC (Mlle), II, 15.
SOLMS (comte DE), I, 93, 94.
SOLTI, III, 534.
SOMBREUIL (DE), I, 222, 277.
SOMBREUIL (DE) fils, I, 277.
SONGEON (adjudant-commandant), IV, 541, note.

Sonnet de la Milousière (abbé), IV, 43, 44, 62, 65 ; V, 12.
Sopransi, V, 322, note.
Soubise (prince de), I, 20.
Souham (général), I, 492 ; III, 203 ; IV, 508, 514, 516, 518, 526, 527, 530 ; V, 382.
Soult (maréchal), duc de Dalmatie, II, 76 ; III, 47 note, 50, 99, 103, 115, 117, 145, 146 et note, 147, 362, 409, note 2, 412, 413, 423, 432, 435, 436, 441, 444, 446, 447, 448 et note, 456, 457, 458, 467, 473, 506, 507, 509, 510, 511, note, 521, 528, 536, note, 548, 549 ; IV, 155, 184, 265, 272, 273, 336, 337, 338, note, 339 et note, 340, 341, 344, 345, 395, 411, 412 et notes 1 et 2, 413 et note, 414, note, 415 et note, 419, 461 et note, 462 et note, 463, 464, 466, 467, 468, 469, 470, 472, 488, 519 ; V, 18, 217, 273, 275, note, 278, 309, note, 311, 316, 354, 355 ; 380 note.
Souvorow, II, 169 ; III, 5, 6, 7, 8, 9, 10, 11, 12, 13 et notes 1 et 2, 14, note, 15, 16, 27, 41, 42, 47, 50, 52, 53, 54, 411 ; IV, 459, note.
Souza (don Rodrigo de), IV, 207, 208.
Sozzi (de), I, 7, 9, 10, 11, 12, note, 13, 14, 15, 16, 19, 21, 22, 23, 24, 59, 135, 169, 171 ; V, 372, note.
Sozzi (Mme de), I, 12, note.
Sozzi (Mlle de), I, 2, 12 note.
Sozzi (MM. de), II, 412.
Spangers (général baron de) III, 423.
Spencer (général), IV, 263, note ; V, 463.
Spinelli (duc), V, 419.
Sprechporten (général), III, 162, 163.

Stadion (comte de) III, 445.
Stael (Mme de), II, 173, note 2 ; III, 182, 183, 307, note.
Stammitz, I, 31, note.
Stolberg Gedern (prince), IV, 42, note.
Stoss (professeur), I, 39 ; 41, 64.
Stoss (Mme), IV, 76, 77, 85.
Stoss (Fritz), I, 39, 41 ; IV, 77, 85.
Stoss (Philippe), I, 39.
Stoss (Wilhelm), I, 39 ; 71.
Strolz (général), V, 379, 382.
Strozzi (Mlle), V, 340, note.
Stuart (lord), IV, 214, 216, 225, 226, 229, 230.
Stutterheim (général), III, 443 et note 1, 444, 448, note, 468, note, 469, 479, 506.
Subervie, III, 448, 464, note.
Suchet (maréchal), duc d'Albuféra, II, 35, 130 ; III, 43, 95, 115, 116, 117, 362, 374, 386, 495 ; IV, 116, 184, 314, 315, 325, 330, 331, note, 332, 415, note ; V, 17, 305, 323 note, 419 et note.
Suchet (le chevalier), IV, 201.
Suétone, II, 192.
Suffren (bailli de), I, 266.
Sugny (comtesse de), IV, 202.
Suleau (François-Louis), I, 303, note.
Suleau (Mme), I, 303, note.

Talhouet (marquise de), I, 182.
Talleyrand, I, 260 ; II, 136, 139, 150, 167 note, 168 note ; III, 390 ; IV, 248 ; V, 212, 213, 225, 263, 273, 325, 335 note, 367, 368, 377.
Talleyrand (Mme Grand, puis de) V, 335, note.
Talleyrand (baron de), IV, 238.
Tallien, I, 521.
Tallien (Mlle Cabarrus, puis Mme de Fontenay, puis Mme),

TABLE ALPHABÉTIQUE DES NOMS CITÉS. 515

enfin princesse de Chimay, I, 148; IV, 214.

TALMA, I, 173; III, 154, 155; IV, 444; V, 352.

TALON (président), I, 272, 273.

TANN (baron DE), IV, 3, 5, 6, 7, 8, 11; 25, 26, 27, 36, 44, 54, 55, 56, 58, 59, 60, 61, 65, 67, 70, note, 72, 78, 109.

TARENTE (duc DE). Voir MACDONALD.

TASCHER DE LA PAGERIE. Voir JOSÉPHINE.

TASCHER (abbé DE), III, 29.

TAUPIN (général), I, 202.

TAVIEL (général), IV, 129, 201 et note, 202, note.

TAVIRA (don), III, 252, et note 1; IV, 427, 493.

TAYLOR, II, 33.

TEXIER, III, 167, 203, 204, 207, 211, 214, 215, 225, 254.

TEXIER (Mme), III, 172, 173, 203.

THABAUD (conventionnel), I, 523.

THÉRÉ (chef de bataillon), II, 158, 159.

THÉROIGNE DE MÉRICOURT, I, 305, 306.

THIÉBAULT (Dieudonné), père du baron Thiébault, I, 3, note, 35, note, 49, 50, 51, 82, 85, 92, 93, 96, 98, 99, 100, 101 et note 2, 102, 103, note 1, 105, 106, 107, 110, et note, 111, 112, 113, 114 et note 115, 116, 117, 121, 125, 127, 128, 129, 131, 134 et note, 135, 158, 161, 171 note 1, 173, 186, 190, et note 1, 216, 218, 221, 232, 243, 244 note, 269, note, 275, 280, 288 et note 1, 289, 290, 311, 348, 352, 353, 355, 356, 361, 366, 367, 368, 377, 380, 383, 388, 389, 393, 395 et note, 397 note, 401, 404, 432, 459, 468, 496, 498, 499, note, 520; II, 2, 8, 133, 226, 492; III, 29, 30, 31, 33, note, 35, 51, 55, 57, 66, 70, 71; 123, note, 140, 142, 153, 154, 157, 185, 186, 209, 338, 339, 367, 527; IV, 73, 74, 76, 80, 81, 82, 83, 108, 109, 110, 111, 125, 126, 153, 154, 183, 239, 258, 311, 376; V, 255, 257, 372, notes; 391, 432.

THIÉBAULT (Mme) mère du baron Thiébault, I, 2, 68, 82, 83, 84, 85, 134 note, 158, 160, 161, 176, 177, 178, 186, 219, 221 note, 243, 252, 286, 289, 345, 388, 471 et note, 472, 473; II, 241.

THIÉBAULT (baron Paul), Avant-propos, VII, VIII, IX, X, XII; I, 174, note, 220 note, 221 note, 273, 303 et note, 326, note, 353, 382, 390, note, 392 note, 394 note, 395, 396, 397 note, 398, 487, note, 489 note; II, 124 note, 125 note, 133, note, 240, note, 290, note, 339, 345, note, 346, note, 364, note, 398, 403, 424, note, 441, note 1, 484, noté, 512; III, 49, note, 73, note, 105, note, 143, note 1, 157, 230, 271, 340, 482, 484, note; IV, 163, note, 202, 205, 218, 243, 257, notes, 261 et note, 262 et note, 263, 264, 265, 266, 267, 268, 269, 270, 271, 273, 280, 288, note, 297 et note 2, 298, note, 299 et note, 310, note, 311, note, 331, note, 332, note 2, 333, note, 339, notes 1 et 2, 345, note, 380, note 2, 384, note, 420, 428, note, 451, note, 475, 476, 478, 491, note 1, 496, note, 504, note, 510, 516, 526, 555; V, 71, note, 92, 97; 125, note, 268, 269 et note, 338 note.

THIÉBAULT (Pauline), sœur du baron Thiébault, I, 48, 96, 134, note, 158, 207, 219; 243, 288, 289, 347, 471 et note; III, 35; IV, 154 et note 1.

THIÉBAULT (Adolphe), fils aîné du

baron Thiébault, II, 133, note; III, 31, 531, 532; V, 280, 285, 428,

THIÉBAULT (Alfred), second fils du baron Thiébault, V, 216.

THIÉBAULT (Claire) deuxième fille du baron Thiébault, avant propos X, XI; IV, 235, 236 et note; IV, 313; V, 417, 418, note.

THIÉBAULT (Edouard), fils du baron Thiébault et mort encore enfant; III, 403, 405; V, 418.

THIÉBAULT (Laure), fille aînée du baron Thiébault, V, 42.

THIÉBAULT (Naïs) troisième fille du baron Thiébault, IV, 52, 111, 235, 237; V, 42, 220, 221, 222, 417, 418 et note, 422, 426, 428,

THIÉBAULT (pamphlétaire), I, 114, note.

THIÉMET, I, 173; II, 249.

THIERRI DE VILLE D'AVRAY (baron), I, 112, 320.

THIERS, I, 243, 244, 245, 247, 248, 250, 355 note, 449, note; II, 40 et note, 56; note, 58 note; 60 note 1, 88, note; II, 166, 167, 168, note; IV, 339, note 2.

THIRON, (capitaine), III, 231.

THOMAS (ordonnateur), V, 174.

THOMASSIN DE LA FORTELLE, III, 520, 525, 543, 551, 552.

THOMIÈRES (général), IV, 438.

THOMIÈRES (Mme), IV, 437, 438, 442, note.

THONNELIER (payeur général), IV, 153, note, 200, 202, 564, 565, 566, 568, 569, 576, note; V, 380, note.

THONNELIER (Mme), V, 406, 414.

THONNELIER (Mlle), V, 406.

THOREL (Mme), I, 181.

THOUVENOT (chef d'état-major de Dumouriez), I, 336, 337, note.

THOUVENOT (général), I, 336, note; IV, 330, 573, 582, 585, 586, 588; V, 414.

THOUVENOT (Victorine Lacroix, femme du général), V, 414.

THURN (comte DE), II, 440, note,

TILLET (André), IV, 486.

TILLY (général DE), IV, 330, 573, note.

TILLY (comte DE), V, 439.

TITUS, II, 187,

TITIEN, III, 536, et note.

TORRE (duc DE LA), II, 367, 436, note.

TORTONI, V, 419.

TORTORA (Pascale), II, 470.

TOSCANE (grand-duc DE), II, 213, 259, note I.

TOURTON-RAVEL, I, 494.

TOUSSAINT-LOUVERTURE, III, 300, 301 et note, 302.

TRAXLER (colonel), IV, 404.

TREILHARD, (conventionnel), I, 366, 419.

TREILLIARD (général), IV, 339.

TRÉNIS, III, 172, 173, 174, 422.

TRENTIGNAN (DE), IV, 313:

TRÉVISE (duc DE). Voir MORTIER.

TRIAL, I, 166.

TRINQUALLYÉ, II, 282, 345.

TRISTAN-L'HERMITE, V, 278,

TROUSSEL (DU), I, 5, note, 45, 46, 47.

TROUSSEL (Mme DU), I, 5, 7, 46, 50.

TROUSSET (ordonnateur), IV, 163, 164, 167.

TROUSSET (Mme), IV, 162, 163, note, 164.

TUBY, I, 153.

TURENNE, II, 186, note.

TURGANT (Mme), V, 305, note.

TURGANT (Caroline). Voir PRÉVAL (Mme DE).

TURGOT (la marquise DE) IV, 201.

TURREAU (général), V, 242.

TURREL (Jean), III, 284, 285, 286.

VACHOT (général), I, 481.
VALDECANOS, V, 443, 444, 446, 452.
VALENÇA (marquis DE), IV, 438, 440.
VALENCE (général, comte DE), I, 375 et note, 376, 377, 378, 379, 384, 442; III, 270; IV, 351, 468, note 1; V, 201, 207, 257, 349, 350, 351, 360, 377, 378, 379, 380, 383, 385, 386.
VALENCE (Mme DE), III, 177, note, 178, 180, 181, 182.
VALETTE (général), II, 148, 203, 206, 207, 208, 209, 213, 214 et note, 216, 217, 220, 221, 223, 229; III, 102.
VALETTE (agent général des vivres), III, 102.
VALHUBERT (général), III, 494, 501 et note 2.
VALLIER (chef de bataillon), IV, 171, 227, 388, 397, 465, 496, note, 516; V, 35, 40, 41, 114, 122, 193, 207, 280.
VALMODE (général), V, 107, 113.
VALMONT (M. DE), I, 2.
VALVILLE (commissaire des guerres), II, 180, 276.
VANDAMME (général), II, 35; III, 130, note, 362, 448, 461, 462 et note, 464, 465, 467, 479, 505, 507; IV, 16; V, 51, 84, 85, note, 107, 114, 124, 135.
VANDERBERGH, I. 148; V, 475.
VARÉ (général), III, 412, 413, 414, 435, 461, 462, 505, 507.
VAUBAN (comte DE), V, 210, note 2, 211, note.
VAUBOIS (général), II, 52, note.
VAUDÉMONT (princesse DE), III, 182.
VAUDREUIL (comte DE), I, 211, note.
VAULGRENANT (comte DE), I, 179, note 1, V. 406.
VAULGRENANT (comtesse DE), V, 267, 406.

VAUX (baron DE), II, 168.
VAUXCELLES (abbé DE), I, 86, 138.
VEDEL (général), IV, 172, 244, 248, note, 251, 253, 254, 255 et note, 256; V, 438 à 475.
VEGA, IV, 427, 496, 498.
VELASQUEZ, IV, 297, note.
VERDIÈRE (général), III, 301.
VERNET (Carle), I, 195, 235.
VERNET (Joseph), I, 178; II, 190, 191, 192.
VERNEUIL (M. DE), III, 538.
VERNIER (conventionnel), II, 45.
VÉRY (restaurateur), III, 384, note; IV, 346.
VIAL (général), II, 160; V, 28, 29, note, 35, 38.
VICENCE (duc DE), II, 76.
VICENTE, II, 205.
VICHERY (général), V, 89, 93, note, 98, 111, 112, 113, 114, 124, 143, 158, 168, 169, 172, 195, 199.
VICTOR (maréchal), duc de Bellune, I, 447; II, 76, 430; III, 362, note; IV, 86, 333; V, 28, 316.
VICTOR-AMÉDÉE III, roi de Sardaigne, I, 146, note 1.
VIDAL DE VALABRÈQUE, IV, 142, 143, 144, 227, 305, 360, note, 395.
VIDAUD DE LA TOUR (DE), I, 113, 116, 117, 118, 128, 287.
VIDAUD DE LA TOUR fils, I, 117.
VIENNE (DE), V, 298, note.
VIENNET, I, 103, note 2; V, 19, 351, 352, 404, 405.
VIERZON (comtesse DE), V, 320, note.
VIGEARDE (DE), I, 293, 294, 296, 298, 299, 300, 301, 302, note, 307, 314, 316, 317, 318, 324, 329, 331, 341, 342, 344, 345, 386, note, 433, 434, 438, 439, 452, note 2.
VIGEARDE (Salafon DE), Voir SALAFON.

VIGNOLLE (général), II, 39 ; III, 137 ; IV, 155, note.

VILLA-CAMPO (marquis DE), IV, 368, 369, 370.

VILLARCEAUX (DE), III, 557, 558 ; IV, 5, 20, 24, 25, note, 33, 53 ; V, 20.

VILLARET (chef de brigade), III, 100.

VILLATTE (général), III, 87, 312 et note.

VILLEGRIS (DE), V, 347.

VILLÈLE (DE), III, 193 ; V, 244, note.

VILLEMAIN (Mlle), I, 162.

VILLIERS (DE), IV, 387.

VILLOUTREYS (DE), IV, 254, 256 ; V, 451, 454, 462, 474.

VILLUÉNA (marquise DE), IV, 299.

VINCENT (général), III, 508, 509 ; IV, 528, note ; V, 379, 382.

VINCENT (colonel du génie), III, 201, note ; IV, 265.

VINTERNIER (général), I, 444 et note.

VINTIMILLE (prince DE), I, 196, 197 ; III, 120.

VIOMÉNIL (maréchal DE), III, 354, 362.

VISCONTI (Ennius), II, 226 ; III, 85.

VISCONTI (Mme), II, 175.

VISCONTI (Mlle), II, 146, 226 ; V, 322, note.

VISMES (DE), receveur général des finances, I, 225.

VISMES (DE) fils, I, 225, 235, 236, 267.

VITROLLES (DE), V, 383.

VOLLANT (ordonnateur), III, 93, note ; IV, 474, 505, note, 535 ; V, 383.

VOLTAIRE, I, 12, note, 51, 153 ; II, 21 ; III, 216, note ; IV, 309, note.

VOSGIEN (M.), I, 292.

WALSH-SERRANT, IV, 154, note 2.

WALSH-SERRANT (Mme veuve), IV, 154, 155, note.

WALTHER (général), II, 213 ; III, 501, note 2.

WASHINGTON, II, 7.

WAST (ordonnateur), III, 93 et note, 94, note, 95.

WATIER DE SAINT-ALPHONSE (général), IV, 484, 508, 514, 515, 516, 520, 521, 523, 524, 525, note, 527 ; V, 124, 158, 169, 172, 176, 191, 195, 201, 331 et note, 421.

WATRIN (général), II, 452, 520, 524, 526, 528, 530, 531 et note ; III, 48, 49.

WEIROTHER (général), III, 444, 476, note, 513, 516, 518.

WEITH (lieutenant), IV, 219, 220, 223, 227, 230.

WELLINGTON (sir Wellesley, duc DE), IV, 263 et note, 336, 241, 411, 414, note, 433, note, 455, 456, 457, 458, note, 459, note, 460, 468, note, 470, 471, 482, 483, 484, 485, 486, 488, 492, 510, 511, 515, 519, 522, 525, 533, 537, 538, 542, 543, note, 549, 551, 552, 571, 572, 582, 583 ; V, 16, 17, 18, 222, 263, 325, 339, 357, 358, 360, 366, 379, 380 et note.

WICAR (dessinateur), III, 128 et note, 129.

WILLIAMS (Mlle), I, 312, 313.

WINCH (Mme), III, 150, 166.

WOUILLEMONT (général), II, 267, 268, 269, 270 et note, 461 ; III, 99, 121.

WREDE (maréchal DE), III, 409, note 2.

WUBBE, V, 157.

WURMSER, II, 69, note, 61, 62, 63 ; III, 410, 411.

X... (Mme), créole, I, 88, 89, 90, 91.

XIMÈNES ou CHIMÈNES (marquis DE), I, 103 et note 2.

YORK (duc d'), I, 410, 420, 448.
YVAN (docteur), III, 486.

ZESCHAU (lieutenant général), 85, note.
ZIETHEN (général), I, 35 et note.
ZOZOTTE. Voir CHENAIS (Élisabeth).
ZURLO (cardinal), II, 402, 509.

FIN DE LA TABLE ALPHABÉTIQUE.

TABLE DES MATIÈRES

CHAPITRE PREMIER

Rentrée en France. — L'état d'esprit. — Cruauté des Russes. — Paris mécontent. — Griefs contre l'Empereur. — Aigle et fleurs de lis. — L'opinion dans l'armée. — Tristesse à la cour. — Bévues de Marie-Louise. — *Manuel général du service des états-majors*. — Chapitre supprimé. — M. Dampmartin. — Les *Souvenirs* de mon père. — *Lettre à Wellington*. — Publication interdite. — L'unique Zozotte. — Souvenirs rétrospectifs sur elle. — Ses mésaventures. — Départ pour la Grande Armée. — De Mayence à Wesel. — Impressions de voyage. — L'affaire du comte de Bentinck. — Le Marois. — Office de procureur impérial. — Morale de guet-apens. — Une lettre de l'Empereur. — Entre l'intérêt et le devoir. — Le comte de Bentinck sauvé. — Les suites d'une bonne action. — Fugue à Paris. — Mauvais effet d'un testament... 1

CHAPITRE II

Commandant supérieur à Brême. — Les curiosités de Brême. — Scène avec le maréchal Davout. — Le général César de Laville. — Unanimité sur le maréchal. — Commandant supérieur à Hambourg. — Travail sans répit. — Arrivée à Lübeck. — « Ah! le méchant général! » — Commandant supérieur à Lübeck. — Révolte à Lübeck. — Nos alliés les Danois. — L'armistice de Pleswitz. — Faux avis du commissaire supérieur de police à Lübeck. — Minutes du maréchal Davout. — Avant la reprise des hostilités. — Dernière fête de l'Empereur. — Sa célébration à Lübeck.. 44

CHAPITRE III

L'armistice dénoncé. — Mesures prises à Lübeck. — Mouvements préparatoires. — Le maréchal exécré. — Réflexions à son sujet. — Dix-sept lieues de trop. — Coup d'œil sur les opérations de la campagne de 1813. — L'infamie de Moreau. — Désastre de la campagne de 1813. — Fautes, malheurs et trahisons. — Mise en mouvement du 13ᵉ corps. — Marche à rebours. — A la remorque du maréchal. — Extension de colonne. — Le maréchal en désarroi. — Sommeil de Son Excellence. — Chassé-croisé dans le Mecklembourg. — Inutile occupation de Schwerin. — Le maréchal en reconnaissance. — L'inaction du 13ᵉ corps. — Ce qu'aurait pu faire ce treizième corps.................. 72

CHAPITRE IV

A la tête de ma division. — Nouveau commandement à Lübeck. — Le général Lallemand. — Son caractère. — Explication avec le maréchal. — Les travaux de Lübeck. — Correspondance fastidieuse. — Parallèle entre les généraux Lallemand et Fournier. — Manie de détails. — Ordre de coups de bâton. — Le garde-magasin Montgaillard, comte, abbé et voleur. — Fatale dispersion. — Entretien à ce sujet entre Loison et le maréchal. — Course au pays d'Eutin. — Richesse de ce pays. — Réquisitions qui y sont levées. — Cinq millions de rations. — Réquisitions à Lübeck. — Livraison impossible. — A la recherche de barriques. — Anecdotes sur le maréchal Davout. — Le colonel Achard. — L'enlèvement des vins de Lübeck. — Travaux inutiles. — Mésaventure du maréchal. — Que faisons-nous ici? — Second commandement à Hambourg. — Question de subsistances..... 109

CHAPITRE V

Entretien avec le comte de Chaban. — La cause du blocus. — Approvisionnements en vue du blocus. — Organisation des services. — Les trois qualités du maréchal. — Caisses d'argent cachées dans les fossés de Flavigny. — L'hôtelier Rainville. — Tablettes de bouillon. — Pour les malades. — Faits de guerre du 13ᵉ corps. — Le colonel Holtz. — Le général Vichery. — Mort du comte de Chaban. — Coups de canon et funérailles. — Réunions en conseil chez le maréchal. — J'achève d'écrire mon roman. — Mon portrait peint à Hambourg. — Lettre de Clarke. — Que faites-vous à Hambourg, monsieur le maréchal? — Une idée de Bernadotte. — Rainville son émissaire auprès du maréchal. — Couronne de France et trône de Suède.......... 151

CHAPITRE VI

Drapeaux blancs abattus à coups de canon. — Nouvelles de France. — La Restauration. — Adresse à Louis XVIII. — Qui portera l'adresse? — Le général Delcambre. — En faveur de mes aides de camp. — La fin du blocus. — L'arrivée d'un commissaire du Roi. — Le général Foucher de Careil. — Réponse à une brochure de Bergasse. — Vilenies faites au général Foucher. — Les émigrés à Hambourg. — Coup de théâtre dont ils sont le sujet. — Terreur du grand prévôt Charlot. — Le maréchal remplacé par le comte Gérard. — Rentrée en France; retour à Paris 188

CHAPITRE VII

Les nouveaux princes. — Le Roi. — Incapacité des Bourbons. — Charles X, jésuite à robe courte. — Jolis mots de M. de Talleyrand. — Fautes des Bourbons. — Souvenirs personnels. — Mort de M. Chenais. — Maladie de Naïs. — Le médecin Bouvenot. — Tribulations de Zozotte en fuyant Paris 209

CHAPITRE VIII

Chez le ministre Dupont. — Présentation au Roi. — Devant Louis XVIII. — Réceptions des Princes et de Madame. — Réceptions chez le Roi. — Un mot de Louis XVIII. — Propos du général Fournier. — Son apostrophe au Roi. — Son tailleur. — L'éloquence de Donnadieu et la manière dont il compose un discours. — Canuel et Donnadieu. — Despinoy. — Donnadieu donne au diable. — Cordons et chamarrures. — L'habit du maréchal Lefebvre. — L'esprit du maréchal Lefebvre. — La maréchale. — La fin de Junot. — Le duc d'Orléans. — Sa jeunesse et son odyssée. — Présentation au duc d'Orléans. — Réceptions au Palais-Royal. — Réceptions à Neuilly. — Les salons du duc d'Orléans 225

CHAPITRE IX

La pensée de Napoléon à l'île d'Elbe. — Le retour de l'île d'Elbe. — Les troupes en face de Napoléon. — Le comte d'Artois. — Sa mission à Paris. — Sa pusillanimité. — Les Bourbons en face de Napoléon. — Serment à la Charte. — Le rôle du maréchal Soult en 1815. — Marche triomphale. — Derniers actes défensifs des Bourbons. — Volontaires royaux. — Macdonald général en chef. — Défense de Charenton. — Départ de la famille royale. — Le marquis de Puyvert. — L'hésitation des officiers. — Derniers cris de : « Vive le Roi. » — La fin du 20 mars 262

CHAPITRE X

Napoléon aux Tuileries. — Délire enthousiaste. — La magie du retour. — Le conseiller d'État Maret. — Mauvais conseil. — Fausse démarche. — Napoléon à l'Élysée. — Audiences des

Cent-jours. — Le général Préval. — Scène de courtisans. — Au conseil supérieur de la guerre. — L'armée et l'intendance. — L'avidité des intendants. — Commission nommée par le maréchal Saint-Cyr. — Les officiers de l'intendance. — L'abus des assimilations 294

CHAPITRE XI

La joie publique au début des Cent-jours. — Caricatures politiques. — Tristes présages. — La fin de Berthier. — La fin de Murat. — Les articles additionnels. — Désenchantement. — Les trois époques de Bourmont. — La femme de M. de Talleyrand. — Solennité du champ de Mai. — Costume impérial. — Armements suprêmes. — Départ de Napoléon pour l'armée. — Anecdotes sur Napoléon. — La fortune lassée 318

CHAPITRE XII

Ma maison de la rue de l'Arcade. — « Qui bâtit ment. » — Le comte de Valence. — L'armée de réserve. — Tout est perdu. — Après Waterloo. — Fuite de Napoléon. — Causes de la défaite de Waterloo. — Gérard contre Grouchy. — L'attitude des Chambres. — Dernière visite à l'Élysée. — Déchéance ou abdication. — Attitude de Napoléon. — Le généralissime Fouché. — Davout menace de tuer l'Empereur. — Gassicourt pharmacien de l'Empereur. — L'Empereur s'empoisonne. — Contrepoison 346

CHAPITRE XIII

Après le départ de Napoléon. — Fouché traître entre les traîtres. — Carnot chez Fouché. — Fouché appelle les coalisés. — Confidences à ce sujet faites par Wellington. — Capture d'un régiment de hussards prussiens. — Forfanterie de Burthe. — Noblesse du général Vincent. — M. de Vitrolles et Fouché. — Maréchaux et généraux convoqués par Davout. — Conseil de guerre ridicule. — Entente de Davout avec le Roi surprise par M. Lacour. — Menaçante proclamation de Louis XVIII. — Traité de Paris. — Rentrée de Louis XVIII aux Tuileries. — Les développements de l'instruction. — Ne pas savoir plus qu'il ne faut 375

CHAPITRE XIV

Le bilan de la Restauration. — Commandement à Dijon. — Révocation. — Exil à Tours. — La société de Tours. — La famille

Bacot. — Lettre à M. Decazes. — Autorisation de rentrer à Paris. — Notre société à Paris. — Les œuvres de Jouy. — Viennet. — Le général Cavaignac, le marquis d'Angosse, etc. — Zozotte au bal de l'Opéra. — Diatribe contre les bals de l'Opéra. — La famille d'Hanache. — Le vicomte de Léomont. — Le corps royal d'état-major. — Les généraux Desprez et d'Ambrugeac. — M. Decazes et sa police. — Espions de la Restauration. — La femme du général Thouvenot. — Serments indélébiles. — Maladie de Zozotte. — Crises préliminaires. — L'assassinat du duc de Berry. — La chapelle ardente. — Visite à cette chapelle avec Zozotte. — Attaque de nerfs et congestion. — Affreuses ténèbres. — Jour fatal. — Mort de Zozotte. — Deuil éternel.   393

CHAPITRE XV

Dernières réflexions. — Ombres et tombeaux............   430

PIÈCE JUSTIFICATIVE

La capitulation de Baylen......................   435

Table alphabétique des noms cités................   477

FIN DE LA TABLE DES MATIÈRES

PARIS

TYPOGRAPHIE DE E. PLON, NOURRIT ET Cie

8, rue Garancière.

www.ingramcontent.com/pod-product-compliance
Lightning Source LLC
Chambersburg PA
CBHW051408230426
43669CB00011B/1805